汉译世界学术名著丛书

经济和谐论

〔法〕巴师夏 著

唐宗义 译

唐肇文 校

商务印书馆
创于1897 The Commercial Press

Frédéric Bastiat

HARMONIES ÉCONOMIQUES

本书据 Paris Guillaumin Et Cie, Libraires 1870 年第 6 版译出

汉译世界学术名著丛书
出 版 说 明

我馆历来重视移译世界各国学术名著。从五十年代起，更致力于翻译出版马克思主义诞生以前的古典学术著作，同时适当介绍当代具有定评的各派代表作品。幸赖著译界鼎力襄助，三十年来印行不下三百余种。我们确信只有用人类创造的全部知识财富来丰富自己的头脑，才能够建成现代化的社会主义社会。这些书籍所蕴藏的思想财富和学术价值，为学人所熟知，毋需赘述。这些译本过去以单行本印行，难见系统，汇编为丛书，才能相得益彰，蔚为大观，既便于研读查考，又利于文化积累。为此，我们从 1981 年至 1998 年先后分八辑印行了名著三百四十种。现继续编印第九辑。到 2000 年底出版至三百七十种。今后在积累单本著作的基础上仍将陆续以名著版印行。由于采用原纸型，译文未能重新校订，体例也不完全统一，凡是原来译本可用的序跋，都一仍其旧，个别序跋予以订正或删除。读书界完全懂得要用正确的分析态度去研读这些著作，汲取其对我有用的精华，剔除其不合时宜的糟粕，这一点也无需我们多说。希望海内外读书界、著译界给我们批评、建议，帮助我们把这套丛书出好。

商务印书馆编辑部

2000 年 6 月

目　　录

致法国青年

热爱学习，需要信仰，不存偏见，不怀仇恨，热心宣传，富于同情，大公无私，献身精神，真诚，对于一切善良的、高尚的、纯朴的、伟大的、正直的、虔诚的事物所表现的热忱，这些都是青年的宝贵品质。因此，我把这本书献给青年。这本书就像一粒种子，如果不在我播种它的沃土里发芽，它本身就没有生命了。

我本想献给你们一幅绘好的图画，我交给你们的却只能是一张草图；在这样的时代，谁能完成一部重要的作品呢？请原谅我吧：看到这张草图，但愿你们之中的一位会像伟大的画家那样大声喊道：Anch'io son pittore![①] 并拿起画笔，在这张不完整的画稿上添上色彩和血肉，阴影和光线，并赋予它感情和生命。

青年们，你们会觉得这本书的标题过于雄心勃勃：经济协调论！难道我企图泄露社会范畴中的天机，以及上帝为实现进步而赋予人类一切力量的机构吗？

当然不是；我不过想引导你们到一条真理的道路上去：一切正当的利益都是和谐的。这就是这本著作的中心思想，而且其重要

① 意大利文："还有我，我也是画家。"据说，此系拉斐尔的对手——意大利名画家柯莱奇(Le Corrège,1489—1534)在前者的"圣·赛茜尔"画像前所说的豪言壮语。——译者

性是无法低估的。

有一个时期，曾流行着对人们称之为社会问题的嘲笑；必须承认，有些对社会问题提出的解决办法理应受到这种嘲笑。至于问题本身，无疑它是毫无可笑之处的；这是麦克白宴会上班郭的幽灵[①]，只是，这并不是一个缄默的幽灵，它向惊恐万分的社会大声疾呼道：如果不予解决，就会死亡！

然而，你们会懂得，这个解决办法应该因为利益是自然和谐的还是对立的而完全不同。

在前一种情况下，必须在自由中去寻求解决办法；在后一种情况下，则必须在强制中去寻求解决办法。对于前者，只需不妨碍利益；对于后者，就必然要妨碍利益。

但是自由只有一种形式。当人们深信不疑组成液体的每一个分子本身就具有造成一般水平面的能力时，人们便从而得出结论：要取得这个水平面，最简单和最可靠的办法莫过于不进行干预。因此，一切赞成利益是和谐的这个出发点的人都会同意解决社会问题的实际办法是：不妨碍和不转移利益。

与此相反，强制却能以无数的形式和见解表现出来。因此，持利益是对立的这个论据的所有学派，它们除了排斥自由之外，对于问题的解决都无所作为。它们还得在强制的无数形式中，寻求哪一种是好的形式，如果其中会有一种是好的。然后，最困难的是，

① 麦克白(Macbeth)谋杀苏格兰王邓肯后登上苏格兰王位(1040—1057)，随即又谋害了知道实情的友人与邓肯属下的班郭(Banco 或 Banquo)，以便安心为王。莎士比亚于 1606 年以此历史事实掺以臆想写成悲剧《麦克白》，此处系指莎翁剧中剧情，出现的幽灵只有麦克白能看见。——译者

它们还必须使人们、使自由因素普遍接受这种为它们所偏爱的强制形式。

但是，在这个假定中，如果人类的利益由其本性引向一个必然的冲突，如果这个冲突只有通过一种偶然发明的人为的社会秩序才能避免，那么，人类的命运就算是好的了。于是，人们怀着恐惧的心情想知道：

1. 是否有一个人能找到一种令人满意的强制形式？

2. 这个人会使那些想出各种不同形式的无数学派赞同他的主张吗？

3. 人类会听任自己屈服于这种依照假定势必会妨碍一切个人利益的形式吗？

4. 即使假设人类甘心穿上这件衣服，而如果另一个发明家带来一件更加完美的服装，那时又将会发生什么事呢？人类是否应该在一个明知是坏的组织中坚持到底，还是随着时尚所趋和发明家的丰富创作而决定每天改变组织呢？

5. 一切发明家在他们的主张遭到否决以后，难道不会联合起来反对另一个被选定的主张吗？正因为这个主张，就其本质和目的而言触犯一切利益，他们就越有可能扰乱社会。

6. 归根结底，是否存在一种足以克服对立的人类力量，而那种对立却被认为是人类所有力量的本质呢？

我可以无限地提出上述这样的问题，并且还可提出下面的难题：

如果个人利益同大众利益相对立，那么，你们把强制的行动原则放在哪一边呢？根据又何在呢？莫非是在人类之外吗？也许只有如此，才能逃避你们的法律的后果。因为，如果你们把专断权托付给一些人，那么，请你们证明，这些人是用不同于我们的材料做成的；证明他们不会同样受到必然的利益原则的驱使，并证明处在为所欲为和缺乏有效抵抗的情况下，他们的思想不会犯错误，他们的手不会是贪婪的，他们的心不会总是垂涎三尺的。

经济学派同各种社会主义学派（我这里所指的是在一种人为的组织中寻求社会问题的解决办法的那些社会主义学派）的根本分歧并不是对于某种细节上的见解或某种政府的组合；而是不同的出发点，即这个前提和中心问题：人类的利益，在听其自由存在时，是和谐的还是对立的？

显然，社会主义者们之所以只能寻求一种人为的组织，就是因为他们认为，自然形成的组织是恶劣的或者不能胜任的；而他们之所以认为，自然形成的组织不能胜任和恶劣，则是因为他们认为，利益中存在着一种根本的对立，否则他们就不会去求助于强制。本来就是和谐的东西，又何必动用强制手段呢？

因此，他们到处看到对立：

有产者与无产者之间存在对立，

资本与劳动之间存在对立，

平民与资产阶级之间存在对立，

农业与工业之间存在对立，

乡下人与城里人之间存在对立，

本地人与外来人之间存在对立，

生产者与消费者之间存在对立，

文明与组织之间存在对立。

总而言之：

自由与和谐之间存在对立。

这就说明，为什么虽然他们心中尚以慈悲为怀，而仇恨之意却不禁脱口而出。他们之中每个人把他所有的热爱留给他幻想的社会。至于那个我在其中生活的社会，则照他们的心意只有赶快覆灭，以便在它的废墟上建立新的耶路撒冷。

我曾说过，经济学派从利益的自然和谐出发，得出的结论就是自由。

然而，应该承认，虽然一般说来经济学家们得出的结论是自由，他们的原理却不真能坚定地证明那个出发点：利益的和谐。

在继续往下讲之前，为了使你们提防有人会用从我的上述意见中引出的推论来影响你们，我应该就社会主义同政治经济学各自的情况说几句话。

我不会毫无理性地说，社会主义从未找到过一条真理，而政治经济学则从未犯过错误。

这两种学派的深刻分歧在于研究方法上的不同。社会主义像占星术和炼丹术，是以想象作为方法的，政治经济学则像天文学和化学，是以观察作为方法的。

两位天文学家观察同一个现象，当然不一定会得出相同的结论。

虽有这个暂时的分歧，但他们觉得彼此是由共同的方法连在一起的，迟早分歧是会消除的。他们承认殊途同归。但是在运用观察的天文学家同运用想象的占星术者之间，鸿沟则无法逾越，尽管他们有时会偶然相遇。

政治经济学同社会主义的情况就是如此。

经济学家们观察人、人的组织的规律，以及由这些规律产生的社会关系。社会主义者们则想象一种幻想的社会以及和它相配合的一种人心。

然而，如果科学不会搞错，学者们却会搞错。因此，我并不否认，经济学家们会作出错误的观察，我甚至要说，他们必然要从这些错误的观察开始。

但是请看所发生的事情吧。如果利益是和谐的，其结果是，任何错误的观察势必合乎逻辑地得出对立的结论。那么，社会主义者们的策略是什么呢？它就是把经济学家们的著作中若干错误的观察汇集起来，从中得出一切后果，并证明这些后果是有害的。直到这里为止，他们有权利这样做。然后，他们起来反对那个观察者，我假定是马尔萨斯或李嘉图。这仍是他们的权利。但他们并不停留于此。他们转而反对政治经济学，控告它残忍和想作恶。在这里，他们触犯了理性和公正；因为政治经济学对一种做得不好的观察是不能负责的。最后，他们更进而要社会本身负责，他们威胁要毁灭这个社会，以便重起炉灶。而这是为什么呢？因为，他们认为，政治经济学已证明，现社会正被推向一个深渊。他们在这里违反了良知，因为，或者政治经济学并没有搞错，那么，他们为什么攻击它？或者科学搞错了，那么，在这种情况下，他们就不应该去惊动社会，因为社会并未受到威胁。

但是，这种策略，尽管不合乎逻辑，对于经济学仍然是有害的，尤其是对于那些研究经济学的人，他们出于十分自然的好意，不幸地认为，他们彼此之间和他们与前人之间必须联合一致。科学的一举一动必须是坦率和自由的。小集团的气氛会把它杀死。

我已经说过，在政治经济学中，任何错误的建议不可能不引出对立来。另一方面，经济学家们，即使是那些最杰出的经济学家们，在他们的许多著作中，也不可能没有某种错误的建议。为了政治经济学和社会的利益，我们应该指出其中的错误并加以更正。如果，为了我们团体的荣誉，我们固执己见去支持那些错误，这不但会使我们，而且会使真理蒙受社会主义的打击，这对于我们说来虽是小事，对于真理却非同小可。

言归正传，我要继续说：经济学家们得出的结论是自由。但是，为使这个结论获得有识之士的赞同和深得人心，它必须坚定地以下面的前提为基础：自由自在的利益趋于和谐的结合，趋于使大众利益的不断增长的优势地位。

然而，许多权威经济学家发表的一些建议，却从后果到后果，合乎逻辑地引向绝对的祸害，必要的不公正，渐进的而必然的不公平，不可避免的贫困化，等等。

据我所知，很少有人不给予自然因素一定的价值，这些因素是上帝无偿地施与人类的恩赐。价值这个词意味着，具有价值的事物，我们只能通过报酬来出让。于是，就有些人，特别是地主们，以出卖上帝的恩赐来交换实际的劳动，并为他们未曾为之贡献过劳动的成果接受报酬。有些作家说：这是明显的不公正，但是必要的。[①]

---

① 这一段话说明，巴师夏不满他的前人的价值论。他既不把价值归结于劳动，也不把它归结于物品的本性，而是把它解释为人与人互相贡献的服务。他认为物品所提供的服务是无偿的，唯有人所提供的服务才是有偿的。所以，巴师夏观念中的价值是同物质无关。

然后出现了李嘉图的著名理论。这个理论概括如后：生活资料的价格取决于在最贫瘠的土地上为生产这些生活资料所付出的劳动。然而，人口的增长迫使人们去求助于愈来愈贫瘠的土地。因此，全人类（除了地主们）为获得同等数量的生活资料，必须付出不断增加的劳动量；换言之，用同等的劳动量只能获得不断减少的生活资料；而地主们则每次随着他人对劣等土地的开发，却增加他们的地租。结论是：悠闲者日趋豪富、劳动者日趋贫困；这就是说：必然的不平等。

最后出现了马尔萨斯更为著名的理论。在人类生活的任何特定时期，人口趋向于比生活资料增长得更快。然而，如果人们没有粮食吃，就不会幸福和相安无事。对于这种不断威胁人类的人口过剩，只有两种障碍：减少出生率，或者增加死亡率，并用种种可怕的形式促其实现。道义上的强制要收效，就应该带有普遍性，但是谁也不相信能做得到。因此，只剩下惩罚性的障碍：邪恶、贫困、战争、瘟疫、饥馑和死亡，这就是说：不可避免的贫困化。

我不再引述其他意义较小的，但也达到失望绝境的学说。例如，托克维尔先生[①]以及其他许多和他一样的人。他们说：如果人们承认长子权，其结果就是最集中的贵族制；如果不予承认，则其结果就是领土的四分五裂和一片荒芜。

值得注意的是，这四种令人不愉快的学说并不相互抵触。如果他们相互抵触，一个毁灭另一个，我们想到它们都是错误的也就

① 托克维尔（Jocqueville，1805—1859），法国政论家和政治家，著有《论美国的民主》（1836—1839）及《旧制度与大革命》（1850）。——译者

聊以自慰了。但是不，它们是趋向同一个目标的，它们属于同一个总理论，这个理论以可怕的权威形象出现在人们既消极又混乱的思想面前，用大量似是而非的事实作为依据，似乎想在几位经济学大师的同意下，说明现代社会的动荡不定的状态。

还需要了解，泄露这种可悲的理论的人们是如何能够提出把利益的和谐作为原则，并以自由作为结论的。

因为，显然，如果人类必然要被价值法则引向不公正，被地租法则引向不平等，被人口法则引向贫困，以及被遗传法则引向绝育，不应该说，上帝已把人类社会，如同物质世界一样，造成了一件和谐的杰作；必须低头承认，上帝故意把人类社会建立在一种令人愤慨的和不可救药的不协调上面。

青年们，请不要相信，社会主义者们已驳斥和拒绝了那种我称之为不协调的理论（这是我为不得罪任何人而取的名称）。不，不管他们说些什么，他们对这个理论却是信以为真的；而且正因为他们信以为真，才提出以强制来代替自由，以人为的组织来代替自然的组织，以他们发明的东西来代替上帝的杰作。他们对其对手们说（在这方面，我不知道他们是否较其对手们更加彻底些）：正如你们所说的那样，如果自由自在的人类利益趋于和谐的结合，那么，我们只要像你们那样欢迎和颂扬自由，就再好不过了。但是你们曾以无可辩驳的方式证明了，利益如任其自由发展，就会把人类推向不公正、不平等、贫困和不生产。那么，正因为你们的理论是对的，我们才反对它；正因为现社会服从于你们所描述的必然的规律，我们才要粉碎它；既然上帝的威力失败了，我们就要试试我们的威力。

就这样，出发点是一致的，只是在结论上有分歧。

上面谈到的那些经济学家说道：来自上天的伟大规律正在促使社会走向祸害；我们不要去扰乱这些规律的作用，因为这种作用幸而被其他能延迟最终覆灭的次要规律所妨碍了，而且任何专断的干预只会削弱堤岸，而不能制止波涛必然的上升。

社会主义者们说：来自上天的伟大规律正在促使社会走向祸害；我们必须废除这些规律，而在我们取之不竭的论据中选择其他的规律。

天主教徒说：来自上天的伟大规律正在促使社会走向祸害；我们必须放弃人类的利益，安于节欲、牺牲、苦行和屈从，以此来逃避这些规律。

在这种纷乱中，在这些忧虑和求援的呼声中，在这些进行颠覆或者听天由命的号召中，我试图让人们听到这句话：来自上天的伟大规律并不是真的在促使社会走向祸害。如果这句话被证明是正确的，那么一切分歧就应该消失。

所有的学派就这样对于从他们共同的前提中应引出什么结论的问题上发生分歧并互相攻击。我否认那个前提，难道这不是终止分歧和攻击的方法吗？

这本著作的中心思想，即利益的和谐，是简单的。难道简单不正是真理的试金石吗？光、声、运动的规律，我们觉得，它们愈是简单就愈是真实；为什么利益的规律就不能同它们一样呢？

这个中心思想又是妥协性的。指出职业与职业之间、阶级与阶级之间、国家与国家之间，甚至学说与学说之间的协调，还有什么比这更有妥协性呢？

它又是令人欣慰的，因为它指出以祸害在增长作为结论的那些学说的错误之处。

它又是虔诚的，因为它告诉我们，不仅天体机构，而且社会机构也显示出上帝的明智，并歌颂上帝的荣耀。

它又是注重实际的，因为人们显然不会想象出比下面的主张更易于实践的主张来：听任人们去劳动、交换、学习、结社、彼此影响和彼此牵制，因为根据上帝的意旨，从这些智慧的本能中只会产生秩序、和谐、进步、利益，最佳，还要好，乃至无限好。

你们将会说：这就是经济学家们的乐观主义！他们死抱着他们的学说不放，竟然闭起眼睛来不敢看事实。面对着折磨人类的一切贫困、一切不公正、一切压迫，他们泰然自若地否认祸害。他们麻木的感官嗅不到暴动的火药气味；他们对街垒的石块无动于衷；等到社会就要覆灭的时候，他们还会一再说："在这个最好的世界中，一切都处于最佳状态。"

当然不是，我们并不认为一切都处于最佳状态。

我完全信仰天定规律的明智，因此我信仰自由。

问题在于知道我们是否有了自由。

问题在于知道这些规律是否充分发挥了它们的作用，它们的作用是否被那些人类的组织机构相反的作用所深深地扰乱了。

谁能否认祸害和痛苦呢!？除非必须忘却我们是在谈论人类，必须忘却我们自己也是人。要把天定规律看成是和谐的，并不需要这些规律排斥祸害。只需祸害有它自己的解释和它自己的使命，由它自己给自己规定范围，由它自己被自己的作用所毁灭，同时，每种痛苦只需对其产生的原因加以制约，以防止一种更大的痛苦。

作为社会要素的是人，而人则是一种自由的力量。既然人是自由的，他就能够进行选择；既然他能够选择，他就可能搞错；既然他可能搞错，他就可能感到痛苦。

我要进一步说：人会搞错和感到痛苦，因为他的起点是无知，而在无知的面前则敞开着无数陌生的道路，除了其中的一条，它们全都把人引向错误。

然而任何错误都产生痛苦。或者，痛苦要由误入迷途的人承受，这时发生作用的就是责任。或者，痛苦打击了与错误无关的无辜者，在这种情况下，痛苦就启动那个奇妙反应仪器：连带责任。

这些规律的作用同我们追本溯源的天赋相结合，应能通过痛苦把我们引回到善良和真理的道路上来。

因此，我们不但不否认祸害，而且我们承认，它在社会范畴中，正如在物质范畴中一样，具有一种使命。

但是，为了使它完成这种使命，我们不应该人为地扩大连带责任，以致毁灭责任，换言之，必须尊重自由。

倘若那些人类的组织机构干扰了天定规律，祸害还是随着错误而来，它只是改变了位置。它打击它不应该打击的人；它不再发出警告，它不再是一种教训；它不再给自己规定限度，也不再以自己的作用来毁灭自己；它坚持到底，恶化起来，正如在生理范畴中会发生的情况那样，如果这一半球的人把他们的轻率和越轨的行为所造成的悲惨的结果只转嫁给另一半球的人。

然而这恰恰不仅是我们大多数政府机构的倾向，而且也是和特别是人们想用来治疗使我们痛苦的祸害的那些机构的倾向。借口博爱而在人们之间发扬一种虚假的连带责任，这就使得责任越来越不起作用。由于政府的妄加干涉，劳动与报酬之间的关系改变了，产业与交换的法则受到干扰，教育的自然发展受到破坏，资本和劳动被引入歧途，观念受到曲解，非分之想受到鼓吹，幻想的希望受到炫耀，闻所未闻的人力上的消耗随之发生，人口中心随之转移，实验本身失去效用，总之，人们把虚假的基础给予一切利益，让它们互相冲突，然后叫喊道：你们看，利益是对立的。全部祸害就是自由所造成的。让我们诅咒和窒息自由吧！

但是，既然自由这个神圣的词还具有打动人心的威力，有人就把这个词去掉，以此来剥夺它的声望；于是，在竞争的名义下，可怜的被害者便被送往祭台，而把手臂伸向奴役的锁链的那些群众则大声喝彩。

因此，不仅要在其庄严的和谐中阐明社会范畴的自然规律，还必须指出使这些规律不起作用的那些扰乱原因。这就是我在这本书第二部分所试图做到的。

我在书里竭力避免争论。这可能使我失掉给予我想推行的原理一种稳定性，而这种稳定性正是经过深入的辩论才产生的。但是被离题的话所引的注意力会不会从主题上被转移开呢？如果我描写一座建筑物的本来面目，而他人则有不同的看法，甚至教导我该怎样去看，那又有什么关系呢？

现在我有信心向那些把正义、大众利益和真理置于学说之上的一切学派的人们发出号召。

经济学家们，和你们一样，我的结论也是自由；如果我动摇了几个使你们仁慈的心肠感到悲痛的前提，你们也许会从中看到，又多了一个动机去爱护我们的神圣事业并为它服务。

社会主义者们，你们信仰组合。我恳请你们在读了这本著作以后说，现社会，在没有它的恶习和束缚的情况下，即在自由的条件下，是不是一切组合中最美好、最完善、最持久、最普遍、最公平的组合。

平均主义者们，你们只承认一个原则，互相服务。只要人类的交易是自由的，我认为，这些交易只是而且只能是一种价值愈来愈小、而效用却愈来愈大的服务的互相交换。

共产主义者们，你们要兄弟般的人们共同享受上帝赐予他们的福利。我却要证明，现社会只需取得自由，就能实现，并超过你们的心愿和希望，因为这个社会的一切都是大家共有的，只要每个人乐于去收取上帝的恩赐，这是十分自然的；或者自由地把这种服务还给那些代劳的人，这才是十分公正的。

各种信仰的基督教徒们，你们在这本著作中不会发现有一句话同你们最严厉的道德或最神秘的教义发生抵触，除非你们是唯一对上帝最辉煌的杰作中所表现出来的明智表示怀疑的那些人。

地主们，不管你们的地产规模如何，如果我证明，你们今天被否认的权利，和最普通的壮工的权利一样，只限于以你们或你们的祖先贡献过的实际服务来交换他人的服务，这个权利今后就将建立在一个不可动摇的基础上。

无产者们，我要竭力证明，你们在你们并不占有的土地上所得到的收获，是用较少的劳动得到的，因为这不同于你们用直接的劳动去开发一片土地，也就是说，这是一块原始状态的土地，未曾经过一番劳动为生产做好准备的土地。

资本家们和工人们，我相信能确定下面的法则："随着资本的积累，资本在生产总量中所提取的绝对份额在增加，而按比例提取的份额则减少；劳动的相对所得份额增加，绝对所得份额更会增加。而当资本散失时，则产生相反的效果。”①——如果这条法则被确定了，则其结论显然是劳动者与资本家之间的利益是和谐的。

马尔萨斯的门徒们，真诚而受到诽谤的博爱者们，你们唯一的谬误就是让人类预防一条必然的规律。既然我相信这条规律是必然的，我就要向你们提供另一条更令人欣慰的规律：“在一切都相同的情况下，人口密度的增长相当于生产机会的增长。”如果诚属如此，你们就一定不会因看到荆冠②从我们钟爱的科学头上去掉而感到忧愁。

掠夺者们，你们这些行使暴力或诡计、蔑视规律或利用规律的人，你们在用人民的营养来养肥自己；你们散布错误，你们维持愚昧，你们燃起战火，你们对交易施加障碍，你们就靠这些为生；你们使劳动失掉活力以后，还要课税，并加以尽情榨取；你们以设置障碍为生，以便为随后撤去一部分障碍时，又有机会索取报酬；恶意的利己主义的生动表现，错误政治的赘瘤，你们准备好你们用来批评的腐蚀性的墨水吧：唯有向你们，我不能发出号召，因为这本书

① 我要以数字来说明。假设有三个时期，在其中资本增长，劳动不变。假设这三个时期的生产总量为：80，100，120，分配如下：

	资本份额	劳动份额	总　量
第一期：	45	35	80
第二期：	50	50	100
第三期：	55	65	120

当然，这些比例的日的仅为阐明我的思想而已。

② 耶稣在十字架上被戴上的荆棘圈，此处指痛苦。——译者

的目的就是牺牲你们，或者不如说是牺牲你们不公正的企图。尽管人们想妥协，但是在自由和强制这两个原则之间是不能有妥协的。

如果天定规律是和谐的，这是当这些规律自由地发挥作用时，否则它们本身就不会是和谐的。因此，当我们注意到世界上缺乏和谐时，这只能同缺乏自由、缺乏公正联系起来。所以，压迫者们，掠夺者们，侮蔑公正的人们，你们不能进入普遍的和谐中去，因为正是你们把它扰乱了。

莫非说这本书会有削弱政权、动摇它的稳定性、缩小它的权威的效果吗？我认为它的目的恰恰是相反的。让我们且来取得一致意见。

政治学的目的在于辨别国家的职能中哪些应该存在，哪些不应该存在；而为了区分，我们不应忘记，国家永远是通过强制力来行事的，它在把它的服务强加于人的同时，又以赋税的名义强使他人偿还其提供的服务。

因此，问题可归结如后：哪些是人们有权使用强制力来互相强加的东西？然而，我只知道有一种东西，这就是公正。我无权去强迫任何人信教、仁慈、博学、勤劳；但我有权去强迫任何人公正；这是一个正当防卫问题。

然而，在一大批个人里，任何权利都不能事先存在于每个人本身之中。所以，如果只有在正当防卫情况下才有理由使用个人暴力，那就只需承认，政府的活动永远以强制力的形式表现出来，以便得出结论说，这种强制力基本上只限于维持秩序、安全和公正。

任何超出这个范围的政府活动都是一种对良心、智慧、劳动的侵犯，总之，是对人类自由的侵犯。

据此，我们应该不懈地，无情地致力于从政府的侵犯中把私人活动的整个领域解放出来；只有在这个条件下，我们才会获得自由或者和谐的规律所自由发挥的作用，这些规律是上帝为人类的发展和进步所准备的。

政权是否会因而削弱呢？它的活动范围的缩小是否会使它丧失一些稳定性呢？它的职能的减少是否会降低它的权威呢？人们对它的怨言的减少是否会影响人们对它的尊重呢？当人们要削减捣乱集团用作诱饵的那些庞大的预算和令人眼热的权势时，它是否会更受到捣乱集团的愚弄呢？当它的责任减少时，它是否会冒更多的风险呢？

与此相反，我觉得显而易见的是，如果把政府力量局限在它唯一的，但是基本的、无人否认的、施惠于人的、众所期望的、大家同意的使命之内，这才能使它博得尊重和普遍的配合。那时，我就再也看不出还能从哪里产生有组织的对立、议会斗争、街头暴动、革命、意外、捣乱集体、幻想，人人都想用各种形式来统治的企图。教导人民完全依赖政府的那些既危险又荒谬的学说，那种影响声誉的外交，那些始终在望的战争，或者那些几乎同样有害的武装的和平，那些沉重而又无法公平摊派的捐税，那种对一切事物都要进行政治上既耗费精力而又很不自然的干预，那些资本和劳动的虚假的大调动，这都是造成无益的摩擦、动荡、危机和损害的源泉。所有这些原因和其他无数的骚乱、愤慨、疏远、贪婪和混乱的原因，都不会再有存在的理由；执政者们行将致力于普遍的和谐，而不是去扰乱它。和谐虽然并不排斥祸害，但只留给它愈来愈受限制的活动范围，这个活动范围是我们软弱本性的无知和堕落所造成的。

和谐的使命就是预防或者惩戒无知和堕落。

青年们，在这样一个时代，痛苦的怀疑似乎是观念的混乱状态所造成的结果和惩罚，我将感到荣幸，如果你们在顺着本书所阐述的观念读完这本书以后，从你们的嘴里吐露出这个如此令人欣慰的字句，这个如此芬芳的字句，这个不仅是一个庇护所而且是一种力量的字句(人们曾说它力能移山倒海)，这个开启基督教徒圣经的字句：我相信。“我相信，并不是出于顺从和盲目的信仰，因为这与启示的神秘领域无关，而是出于科学和推理的信仰，正如在涉及由人类探讨事物时应该做的那样。——我相信，物质世界的安排者对人类社会的安排并未想置身事外。我相信，他知道如何把自由的因素结合起来，并使之和谐地运动，就像对待静止的分子那样。我相信，上帝在约束利益与意志的规律中所表现的天意，如果不是更多，至少也是和在决定重力与速度的规律中所表现的那样。我相信，社会中的一切，即使是伤害社会的东西，都是完美与进步的原因。我相信，坏事导致好事并起促进作用，而好事则不能导致坏事，因而好事终将取得统治地位。我相信，不可阻挡的社会趋势是人类不断追求在物质、精神和道德的共同水平上彼此接近，同时还力求逐渐而无限地提高这个水平。我相信，为了人类逐步而平静的发展，只需其趋势不受干扰并恢复其运动的自由。我相信这些，并不是因为我想要得到它们和因为它们满足我的心意，而是因为我的智慧给予它们经过深思熟虑的赞同。

啊！倘若你们说出这句话：我相信，你们就会热心传播它，而社会问题也就会迎刃而解了，因为，不论人们怎样说，这个问题是容易解决的。利益是和谐的，因此，解决的办法就完全在自由这个词里。

第一章　自然的组织，人为的组织[①]

社会机构是否确实像天体机构和人体构造一样服从于一般规律？它确实是一个和谐地组织起来的整体吗？特别令人注意的情况，难道不正是，在其中并无任何组织吗？一切有前途的热心人、一切先进的政论家、一切先驱思想家今天所寻求的不正是一种组织吗？我们难道不是一些简单排在一起、完全自由行动的、各自为政的个人吗？无数的群众，在艰苦地陆续重新获得一切自由之后，不是在等待一位伟大的天才来把这些自由安排在一个和谐的整体中吗？在破坏之后，难道无须建设吗？

如果这些问题只限于下述的意义：社会能否不使用成文法、规章、镇压措施？每个人能否无限制地运用他的能力，即使这会伤害他人的自由，或者会伤害整个集体？总之，是否必须把一切任其自然这个准则看成是政治经济学的绝对公式？我认为，如果这就是问题所在，那么，解决办法对于任何人来说都是毋庸置疑的。经济学家们并不认为，一个人可以杀人、破坏、放火，而社会只好让这个人自由行动；他们说，针对这样的行为，即使并无任何法律，社会抵抗事实上也会出现；所以，这种抵抗就是人类的一条一般规律；民

---

① 这一章第一次发表在 1848 年 1 月的《经济学家杂志》上。——原编者注

法或者刑法应该对这些一般规律的作用加以调节,而不是加以阻碍,因为它们就是以这些规律为前提的。一种建立在人类一般规律基础之上的社会组织同那种人为的、想象的、臆造的组织是有区别的,后者毫不考虑这些规律,否定它们或者藐视它们,这正是一些近代学派想要强加于人的那种组织。

因为,如果存在不依据成文法而起作用的一般规律,而且成文法只应该对其作用加以调节,就必须研究这些一般规律;一般规律可以是一门科学的研究对象,因此有了政治经济学。与此相反,如果社会是一项人类的发明,如果,按卢梭的说法,人只是些惰性物质,要由一个伟大的天才给予感情与意志,动作与生命,那么,就不存在政治经济学;那么,就只有无数可能的和偶然的安排,国家的命运则有赖于某个创始人,而他却是出于偶然才负起这种重任的。

我不想大做文章来论述社会是服从于一般规律的。我只想指出若干事实,这些事实虽然有点通俗,却仍然很重要。

卢梭曾说:“观察身边琐事需要不少哲理。”

这些琐事就是我们在其中生活和活动的社会现象。由于习惯使然,我们对这些现象已经不介意,除非这些现象表现出某种突然而反常的情况迫使我们去观察它们。

试举一个社会地位不高的人来说,例如一个乡村木匠。我们在观察他对社会所作的贡献和他从社会所得到的报酬之后,会立刻注意到两者之间明显而巨大的差异。

这个人终日刨板子、做桌子和柜子,他抱怨自己的境遇。然而为交换他的劳动,他实际上从这个社会所得到的是什么呢?

首先,他每天起床时要穿衣服,但他没有亲手做过这些衣服的任何一部分。然而，这些衣服虽然很平常，却必须经过大量的劳动、行业、运输、灵巧的发明，才能归他来使用。必须由美国人生产棉花，印度人生产靛青，法国人生产羊毛和亚麻，巴西人生产皮革；这一切物资必须运送到各个城市里去加工、纺织、染色，等等。

然后，他要吃早饭。要供应他每天早上吃的面包，就必须开垦土地、圈围耕田、耕作、施肥、播种；必须小心预防收成被抢；必须在众人之间采取一定程度的安全措施；小麦必须经过收割、研磨、捏揉和调制；必须把铁、钢、木材、石头加工成劳动工具；必须有一些人使用畜力，另外一些人则利用水力，等等；在所有这些过程中每件事，在空间上和在时间上，都要消耗无法计算的大量劳动。

这个人每天还吃一点糖，一点油，使用若干器具。

他要送他的儿子上学，以便在学校里受到教育；这种教育虽然有限，却也需要研究工作、以前的学习、难以想象的知识。

他走出门去，看到的是一条明亮的铺石路。

在发生产权争执的时候，他要找律师们来保护他的权益，请法官们来做出裁决，请执法官员们来使判决得到执行；这一切事情又需要先获得知识，因此需要学问和生存手段。

他上教堂去。这个教堂是一座不可思议的纪念物，而他带到那里去的那本圣经也许是人类智慧的更为不可思议的纪念物。在那里，他懂得了道德，他的思想得到启发，他的灵魂变得崇高；而要做好这一切，就需有另一个人能够先行涉足图书馆，去修道院，去汲取人类传统的一切源泉，他还要能够不必为自身的需要而直接操心。

这个工匠如果去旅行，他就会发现，为了节省他的时间和减少他的辛劳，别人已平整了土地，填满了沟壑，削低了山岭，连接了江河两岸，减少了一切摩擦力，把车子放在石块路上或者铁轨上，驯服了马匹或者发明了蒸汽机，等等。

使我们感到吃惊的是，这个人从社会那里取得的满足，如果与他以自己的力量可能得到的相比，这两者之间的差异确实是无法估量的。我敢说，他仅在一天之内所消费的东西，他就是用上十个世纪也不能靠自己生产出来。

这种现象还有更奇怪之处，那就是一切其他的人也处于同一情况。社会的每个成员都消费了千百万倍于他自己所能生产的东西；然而每个成员却丝毫不曾互相偷窃。如果我们再仔细观察一下，我们就会发现，这个木匠已经用他的服务偿还了一切向他提供的服务。如果他准确无误地记下所有的账，人们就会相信，他所接受的东西就是用他平凡的技艺去偿付的；任何在时间上或空间上为他服务过的人，都接受了或将要接受报酬。

因此，社会机构必须十分精巧又十分强大，因为它导致这个奇异的结果：每个人，即使是被命运安置在最低微地位的人，在一天之内所得到的满足也要多于他在几个世纪中所能生产的。

不仅如此，如果读者愿回顾一下自身，这个社会机构就会显得更为精巧。

我假定这个读者是个普通的学生。他在巴黎做些什么呢？他在那里怎样生活呢？不能否认，社会向他提供食品、衣服、住所、消遣、书籍、学习手段，总之，许许多多东西；仅仅说明如何生产这些东西就需要大量时间，更何况要进行制造。这一切不知需要多少工作、汗水、疲劳、体力或者脑力劳动、运输工具、发明、交易，而这个学生向社会提供哪些服务作为交换呢？没有任何东西；他只是在准备向社会提供服务。那么，那些从事积极的、实际的、生产性的劳动的千百万人，又如何把劳动成果转让给了社会呢？可以说明如下：这个学生的父亲曾是个律师、医生或商人，以前也许对中国社会提供过服务，而从中得到的并不是当时的服务，而是将来享受服务的权利，他可以在他认为合适的时间和地点，以及用他认为合适的形式要求取偿。社会今天所偿付的就是这些遥远的、过去的服务；而且奇怪的是，如果人们在想象中去追溯为达到这一结果而应进行的无数交换活动的过程，就会了解到，每个人的劳动都已得到偿付；就会了解到，这些权利时分时合，经过多次易手，直到通过这个学生的消费而使一切取得平衡。这难道不是一个十分奇怪的现象吗？

如果有人拒绝承认，社会若不服从一种非常巧妙的机构，它就不能显示出在其中民法、刑法很少有份的如此复杂的结合，那么，此人就是有意视而不见。这种机构就是政治经济学的研究对象。

另外值得注意的一件事情，那就是，在一日之间养活一个学生的这些确实无法计算的交换活动中，也许连百万分之一都不是直接完成的。他今天享受的无数东西，都是前人的业绩，他们中许许多多人早已去世。然而那些人都如愿以偿地取得了报酬，虽然今天享受他们的劳动成果的人并未为他们做过什么。他不认识他们，永远也不会认识他们。谁在读我这本书，就在读它的这一时刻，谁就有力量，虽然他也许并未意识到这个力量，去发动各国，各族的人们，而且我几乎要说，谁就有力量去发动各个时代的人，白种人、黑种人、棕种人、黄种人；他使前人和后代都来满足他现时的需要；而他之所以有这种非常的力量，就是因为他的父亲过去曾对别人提供过服务，而那些人，从表面上看，同今天从事劳动的人毫无共同之处。然而在时间上和空间上都产生了一种平衡，即每个人都获得了报酬并接受了他经过计算应该接受的东西。

实际上，如果社会中不曾存在一种所谓在我们不知道的情况下活动的自然而巧妙的组织，上述的一切能否完成呢？这样不平凡的现象能否出现呢？

当前，人们纷纷谈论要发明一种新组织。任何思想家，不管人们设想他是怎样的天才，不管人们给予他怎样的权威，是否的确能想象出并推行一种组织，而这种组织比我刚指出其若干效果的组织更为高明呢？

我所谈到的那种组织，其机构部件、原动力和动机是什么呢？

机构部件就是一些人，即能够学习、思维、推理、搞错并自行纠正的一些人，他们因而也能够影响机构本身的改进或破坏。这些人能够感到满足和承受痛苦，正因如此，他们才不仅是机构部件，而且是原动力和动机，因为活动的根源就在他们自身之中。不仅如此，他们还是机构的对象和目的，因为一切最终的解决就表现在个人的满足和痛苦上。

然而人们注意到了，而且这可惜并非是难以注意到的，在这种强大的机构的活动、发展和进步（有些人承认的）的过程中，许多机构部件不可避免地、必然地被压碎了；对于很多人，不应受到的痛苦的总和大大超过了他们的享受的总和。

看到这些，许多诚恳人，许多好心人就对机构本身产生了怀疑。他们否定机构，拒绝研究它，常常激烈地攻击那些探讨过，并阐述过它的规律的人；他们起来反对事物的本质，最后他们提出用新的方案来组织社会，在其中不会再有不公正、痛苦和错误的立足之地。

我并不想反对那些明明是仁慈而纯洁的意愿！但是，如果我不说，依我看，这些人走入了歧途，那我就是背弃了我的信念，就会在我自己良心的命令前面退却。

首先，由于他们的宣传的性质，他们必然不得不否认社会所发展的福利，不得不否定社会的进步，把一切祸害归咎于社会，几乎费尽心机地去搜求这些祸害，并加以过分地夸大。

当有人以为发现了一种不同于来自人类自然倾向的组织的社会组织时，为了使人们接受他的发明，这个人就必须把他想废除的那个组织的成绩描绘得一团漆黑。因此我谈到的那些政论家，在热情洋溢的同时也许夸大其词地宣扬了人类的完善性之后，就陷入异常矛盾之中，而说社会在愈变愈坏。照他们所说，人类要比在奴隶桎梏下和封建制度下的古代还不幸千百倍；世界变成了一个地狱。如果有可能展示一下十世纪时的巴黎，我敢说，这种说法是站不住脚的。

其次，他们竟然谴责人类的活动根源，即个人利益，因为是它把事情弄糟了。请注意，人就是这样造成的，他追求满足而规避艰苦；我认为，就是由此产生一切社会祸害，战争、奴役、垄断、特权；但也是由此而产生一切福利，因为人类的动机就是要满足需要和排斥痛苦。因此，问题在于知道，这个由于其普遍性而从个人的动机转变为社会的动机，它本身是否就是一种进步的根源。

总之，新组织的发明家们难道看不到，这种人类本性所固有的根源将跟随他们进入他们的组织中去吗？而且这个根源将在那里造成另外一些破坏吗？在我们的自然的组织中，某个人的不公正的奢望和个人利益至少还受到全体抵抗的制约。这些政论家一直在设想两件行不通的事：第一件就是，他们所设想的社会将由不会搞错又不以利益为动机的一些人来领导；第二件就是，他们设想群众将听任这些人来领导。

最后，那些组织者似乎毫不关心实施的手段。他们将如何推行他们的制度呢？他们将如何使所有的人同时放弃那个推动他们的动机，即满足需要和排斥痛苦？因此，就必须像卢梭所说的那样，改变人的精神和肉体构造吗？

要使所有的人都丢弃现有的社会秩序就像对一件不舒服的衣服那样，而这个社会秩序正是迄今人类就在其中生活和发展的社会秩序。要使他们赞同一种由人发明的组织并成为另一个机构的驯服成分，我看只有两个办法：强制力，或者普遍的赞同。

组织者必须拥有足以克服一切抵抗的强制力，以便把人类像一块任其搓捏的软蜡那样掌握在手中；或者用说服办法取得一种如此全面的、如此专一的，甚至是如此盲目的赞同，以致无须使用强制力。

我不信有人能提出第三种办法，在人类实践中建立一个法朗吉[①]或者任何人为的社会组织。

然而，如果只有上述两种办法，而它们又被证明都是行不通的，我们就能由此证明那些组织者是徒劳无功的。

至于拥有一种物质力量去制服天下所有的国王和人民，这是

① 法国空想社会主义者傅立叶幻想要建立的社会基层组织。——译者

那些空想家，不管是怎样的空想家，所从未幻想过的。阿尔封斯王曾骄傲地说："如果我参与了上帝的智囊，这个世界就会得到更好的安排了。"但是，尽管他把自己的智慧置于造物主的明智之上，他至少并未疯狂到想同上帝较量威力的程度；而且历史也未记载过他试图使恒星按照他发明的规律运转。笛卡儿也只是满足于组织一种由顶针和细线组成的小世界，因为他明知他无力扭转乾坤。我们只知道一个名叫谢尔谢斯[①]的人，他陶醉于他的威力，竟敢对波涛说："停止前进。"然而波涛并没有在他的面前退却，而是他在波涛面前退却，而如果他没有采取这种丢人的但是明智的预防措施，他就会遭到灭顶之灾了。

因此，那些组织者要把人类当作他们的试验品，却又缺乏力量。当他们可能为他们的事业赢得了俄国君主、波斯王、鞑靼汗，以及那些对其属下操生杀大权的各国领袖的时候，他们还不会拥有足够的力量来把人类编队分组，并消灭财产、交换、继承和家庭的一般规律；因为，即使在俄国，即使在波斯和鞑靼，也必须考虑要和人打交道。如果俄国皇帝想改变其臣民的精神及肉体构造，就会有人来继承他，而这个继承人是不会试图重蹈覆辙的。

既然强制力完全不是我们的许多组织者力所能及的一个手段，他们就不得不乞灵于普遍的赞同。

对此有两个办法：说服和欺骗。

说服！我们从未见过两个聪明人对仅仅一门科学的各个论点取得完全一致。那么，所有散布在地球上的各种不同语言的、不同

① Xercès，波斯王，公元前 486—前 465 年。

种族的、不同风俗的人，他们中大部分人目不识丁，注定到死也不会听见改革家这个名词，他们将如何能一致接受这门普遍的科学呢？这门科学牵涉到什么？它牵涉到改变劳动、交换、家庭关系、民众关系、宗教关系的方式，一句话，改变人类的肉体和精神构造；而有人竟然希望通过信心来团结全人类！

任务看来委实很艰巨。

当有人对他的同胞说：

“五千年来，上帝与人类之间就有了误会”；

“从亚当到我们，人类走入了歧途，只要人类肯相信我，我就把他引入正途”；

“上帝原本要人类另走他途，人类却不愿意，这就是祸害进入世界的原因。但愿全人类，在我的召唤下，回头走相反的方向，普遍的幸福之光就将普照人类。”

当有人以上述这些话来作为开场白时，我认为，如有五六个门徒相信他，这就已经算多了；而要十亿人相信他，那就差得很远很远了！何止十万八千里！

而且请想一想吧：社会发明的数量同想象领域一样是无穷无尽的；没有一个政论家，在独居斗室若干小时之后，不能提出一项人为的组织的计划；傅立叶、圣西门、欧文、卡贝、勃朗等人的发明，彼此之间毫不相似；而且每时每刻都有其他的发明出现；人类为了在许许多多的社会发明中作出一个决定性的和最终的选择，在抛弃上帝所赋予的那个社会组织之前，需要深思熟虑和犹豫不决，这确实是有理由的。因为，如果人类在这些计划中选择了一项之后，又出现了一项更好的，情况会怎样呢？人类能在不同的基础上每天建立财产、家庭和进行劳动、交换吗？难道人类应该处于每天改变组织的状况吗？

"所以，如卢梭所说，立法者既然不能使用强制，又不能运用说理，他就必须求助于另外一种权力，这种权力要能不以暴力来带动和不用强制来说服。"

这个权力是什么？欺骗。卢梭不敢说出这个词；但是按照他在这种场合的惯例，他把这个词放在一套雄辩的长篇大论背后。他说：

"我们看到，是什么迫使各个时代的君主去求助于上天的干预，并把他们自己的智慧献给诸神，以便那些遵守国家法律如同遵守自然规律，并承认在人和城市的形成中存在着同样权力的人民，自由地服从和顺从地带上那个公共幸福的桎梏。这个至高无上的理由把立法者置于芸芸众生之上，并由立法者把一些决定交给诸神去宣布，以便用神的权力来带动那些不为人类的谨慎所动摇的人。但是并非任何人都能使诸神讲话，等等。"

为了使人们不致搞错，他引用马基雅弗利[①]的话来完成他的思想：Mai non fu alcuno ordinatore di leggi STRAODINARIE in un popolo che non ricorresse a Dio[②]。

为什么马基亚弗利教人乞灵于上帝，而卢梭则教人求助于诸神？这个问题，我留给读者自己去解决。

当然，我并不是说，那些现代的君主进行了这些令人愤慨的欺骗。然而，无须掩饰，如果有人采纳他们的观点，他就会理解，他们

① Machiavel (Machiavelli)(1469—1527)意大利政治家和历史学家，重要著作有《君主论》。——译者

② 拉丁文：在人民中，没有一个卓越的立法者不曾乞灵于上帝。——译者

是容易为成功的愿望所引诱的。当一个诚恳而博爱的人深信不疑他拥有一种社会秘密，使他所有的同胞能用来在这个世界上享受无限福利时；当他清楚地看到，他既不能使用暴力又不能运用说理来推行他的观念，而只能进行欺骗时，他会感受到一种十分强烈的诱惑。人们知道，那些宣扬要深恶痛绝谎言的教士们，也并未放弃善心的欺骗；同时人们从卢梭的例子中看到，这位严肃的作家在他一切著作的卷首都写上了这句箴言：Vitam impendere vero[①]，而骄傲的哲学本身也能被为了目的不择手段这另一个不同的格言所吸引。因此，那些现代的组织者也想把他们自己的智慧献给诸神，借诸神之口宣布他们的决定，不以暴力来带动和不用强制来说服，这又何足为奇？

大家知道，按照摩西的榜样，傅立叶在他的“申命记”前面写了一段创世记。圣西门及其门徒们在他们不坚定的使徒意图中走得更远。其余更为谨慎的人们，则和最广泛的宗教联系在一起，按照他们的观点予以更改，然后名之为新基督教；而几乎一切现代改革家在其说教中所表现出来的那种神秘的矫揉造作，使得每一个人都大吃一惊。

但在这方面所尝试的努力只证明了一件确实重要的情况：今天并非谁想当先知就能成为先知。有人徒劳地自称为上帝，但是谁也不相信他，这包括公众、他的同伙和他自己。

既然我谈到了卢梭，我就在这里谈谈对这个组织者的一些感想，主要是因为这些感想将使人理解人为的组织不同于自然的组

① 拉丁文：毕生致力于真理。——译者

织之处。此外，这种题外之话并非全然不合时宜，因为最近以来，人们把《社会契约论》标榜为未来的预言。

卢梭深信，孤立是人的自然状态，因此，社会是人类的发明。“社会秩序”，他开宗明义地说，“并不来自大自然；因此它是建立在契约之上的。”

此外，这个哲学家虽然热爱自由，对人却抱有悲观的看法。他认为，人完全不能给予自己一个良好的制度。因此，就必须有一个创始人、立法者、君主的干预。

他说：“遵守法令的人民应该是这些法令的制定者。只有那些结社的人才能安排社会的条件；但是他们如何予以安排呢？是否由于突然的灵感而一致同意？这样一大批盲目的群众，他们常常不知道想要的是什么，因为他们很少知道什么对他们有好处，他们将如何由他们自己去实施一种如此庞大、如此困难的法制呢？……个人看到他们所抛弃的利益，公众却要自己所看不到的利益；大家都同样需要向导……这就是必须有一个立法者的原因。”

这个立法者，人们已经看到，他“既不能使用暴力又不能运用说理，他就必须求助于另外一类的权力”，即用正确的法文来说，求助于骗术。

卢梭把他的立法者高高置于其他的人之上，其高不可攀的程度令人无法想象：

“必须有神明来给予人类以法令……谁敢筹建一种人民，他就应感觉到，他能改变人的本性……以改变人的构造来加强他……他必须除掉人本身固有的力量，而代之以外来的力量……立法者在各方面应是国家中的一个非常人物……他的职能是一种特殊而优越的职能，同人类的权威毫无共同之处……如果一个大君主确实是一个稀有的人物，那么，一个大立法者将是怎样的人物呢？前者只需仿效后者应向他提供的模型。后者是发明机器的机械师；前者却只是装配和开动机器的工人。”

那么，在这一切里面，人类是什么呢？构成机器的无价值的物质。

实际上，这不是极端的傲慢吗？就这样，人是由君主开动、立法者提供模型的那部机器的材料；而哲学家则操纵立法者，因而置身于所有人之上，包括老百姓、君主和立法者本人：他超越人类，推动、改造、陶冶人类，或者不如说，他教导那些君主该如何工作。

然而一种人民的创始人应给自己定出一个目的。他掌握人这个物质，他必须为一个目的去支配这种物质。既然人缺乏首创精神，并且一切以立法者为转移，立法者将决定一个民族应该是商人还是农民，是野蛮人还是食鱼者，等等；但愿立法者不要犯错误，并且过于粗暴地对待事物的本性。

所以在同意组合，或者不如说，在立法者的意志下组合之后，人便有了一个十分明确的目的。就这样，卢梭说，希伯来人以及最近阿拉伯人把宗教作为主要对象；雅典人致力于文学；迦太基和提尔从事商业；罗得从事航海业；斯巴达从事战争；而罗马则以品德作为主要对象。

我们法兰西人，使我们走出孤独或自然状态以便形成一个社会的目的将是什么呢？

或者不如说（因为我们只是惰性物质，机器的材料），我们的伟大创建人将把我们引向什么目的呢？

在卢梭的想法中，这既非文学，又非商业，更非航海业。战争是一个较为高尚的目的，而品德则是一个更为高尚的目的。然而，还有一个非常高尚的目的。任何法制的目的就是“自由和平等”。

但是必须知道卢梭所说的自由是什么意思。按照他的意思，享受自由，这并非是有自由，这是投票，甚至当这是“被人以非暴力形式所带动和在半信半疑中进行的”，因为当时“人们是自由地服从，而且驯服地带上公共幸福的桎梏的”。

他说：“在希腊人那里，须做的一切都由他们自己来做；他们经常在广场集合，居住在气候温和的地方，毫不贪婪，有奴隶为他们做一切工作，他们关心的大事就是他们的自由。”

“英国人，他又说，以为自己是自由的，他们大错特错了。他们只在选举议员期间是自由的；一旦选出了议员，他们就成为奴隶，成为无足轻重的人。”

因此，如果人民要自由，他们就应自己去从事一切公共服务，因为这就是自由的含义。他们应该永远任命，永远在广场开会。如果他们想为生活而工作，就会遭受不幸！只要一个公民想要照料自己的事务，立刻（这是卢梭很喜爱的词）一切就都丧失了。

但是，困难的确不小。怎么办？因为，即使为了行善，即使为了行使自由，也必须生活。

人们看到，卢梭在什么样的雄辩伪装下隐藏了欺骗这个词。现在人们将看到他乞灵于一个辩词来提出他全书的结论：奴役。

“你们的恶劣的气候使得供应困难，每年有六个月无法待在广场上；你们无法在露天讲话，你们害怕贫困甚于奴役。”

“你们清楚地看到，你们是不能自由的。”

“什么！自由只靠奴役来维持吗？也许。”

如果卢梭停止在这个可怕的词上面不继续说下去，读者一定会感到愤慨。于是就必须慷慨陈词。卢梭当然不会错过机会。

“所有不是出于自然的东西（这里指的就是社会）都有其弊病，而平民社会更是这样。在有些不幸的情况下，人只有损害他人的自由才能保存自己的自由，同时，在这种情况下，只有奴隶是绝对的奴隶的时候，公民才能完全自由。至于你们这些现代人民，你们没有奴隶，但你们就是奴隶；你们用你们的自由来偿付他们的自由……尽管你们颂扬这种偏爱，我在这里面却看到懦弱多于人道。”

我倒想知道，他这是否想说：现代人民，你们最好不当奴隶，而要拥有奴隶。

请读者原谅这段冗长的题外话。我相信，它并不是无益的。最近以来，有人把卢梭及其公约的门徒们描绘成人类博爱的使徒。把人作为材料，君主作为机械师，君主作为发明家，哲学家凌驾这一切之上，以欺骗作为方法，把奴役作为结果；难道这就是他们许给我们的博爱吗？

我也认为，这种对于《社会契约论》的研究能使人了解人为的社会组织的特征。从社会是一种反自然的状态这个观念出发；寻求能使人类服从的组合办法；看不到人类本身还具有动机；把人看作是无价值的材料；期望给予人以行动与意志，感情与生命；因而高不可攀地自置于人类之上：这些便是一切社会组织发明家的共同特征。发明各有不同，发明家却彼此相同。

在软弱的人类应邀参与一些新的安排之中，有一种安排的名称引人注意。它叫作自愿的和渐进的组合。

但政治经济学正是建立在这个论据之上的，即社会不是别的东西而只是组合（有如上述那个名称所说的），这个组合先是很不完善，因为人是不完善的，但它随着人的完善而完善起来，即是渐进的。人们是否要谈一种更紧密的组合，它把劳动、资本和才干结合在一起，从而为人类大家庭的所有成员创造出更多的利益和一种分配得更好的福利。如果这些组合是自愿的，并无暴力和强制的干预，组合的成员们并不企图把他们组合的代价转嫁给那些拒绝参加的人们，那么，这些组合同政治经济学有何格格不入的地方呢？难道政治经济学，作为科学，不应审查各种形式的组合吗？这些形式正是被人们用来把他们的力量联合起来并进行分工，以争取更大和分配得更好的福利。难道商业不是常常向我们提供两个、三个、四个人之间组合的榜样吗？难道租佃制不也算是资本与劳动之间的一种畸形组合吗？难道最近我们没有看到成立了一些股份公司，使最小的资本也能参加到最大的事业中吗？难道在我们国土上没有若干工厂，在其中有人试图组合一切共同劳动者来共享劳动成果吗？难道政治经济学谴责这些试验和人们为更好使用他们的力量而作的努力吗？难道政治经济学在什么地方肯定过，人类已经不能有所作为吗？恰恰相反，我认为，没有一门科学比政治经济学更为明确地证实，社会还处在童年时代。

但是，不管人们对于未来寄予怎样的期望，如何设想人类为其相互关系的完善，以及为了福利、知识和道德的普及，将能找到的形式，仍然必须承认，社会是一种组织，其成分是由一个聪明的、有道德的、具有自由意志和可臻完善的因素构成的。如果从中除掉自由,它就成为一种可悲而粗俗的机构了。

自由!今天人们似乎不要自由了。在时装得宠的法兰西这片土地上,自由似乎已过时了。至于我,我说:谁排斥自由,谁就是对人类缺乏信心。最近有人自称发现了一件令人忧伤的事:自由必然要导向垄断。① 不,这种可怕的因果关系,这种反自然的结合并不存在;它是一种错误所造成的空想结果,这个错误在政治经济学的火炬下会自行消失。自由产生垄断!压迫当然从自由里诞生!但是我们要注意,肯定这种说法,就是肯定,人类的倾向根本是恶劣的,其内涵是恶劣的,其性质是恶劣的,其本质是恶劣的;就是肯定,人的自然倾向是趋于败坏,而精神上不可抗拒的诱惑则是引向错误。那么,我们的学校、学习、研究,除了把我们更快地推向这种必然的倾向之外,还有何用?因为对于人类来说,学会选择就是学会自杀。而且,如果人类的倾向本质上是邪恶的,那么,为了改变人类的倾向,那些组织者将到哪里去寻求他们的依据呢?根据他们的前提,这种依据当存在于人类之外。他们将从他们自己身上、他们的智慧中、他们的心灵中去寻求吗?但他们还不是神明;他们也是人,因此将同全人类一道被推向必然的深渊。那么,他们将乞求国家的干预吗?但国家是由人组成的;而且必须证明,这些人组成另一个阶级,社会一般规律对他们不适用,因为就是他们担任制定这些规律的。没有这种证明,困难就仍旧存在下去。

我们在未研究过人类的规律、力量、能力、倾向之前,不要这样

① “现在已经证实,我们的自由竞争制度,这个被一种无知的政治经济学所要求并谕为废除垄断的制度只是导致了在各个部门中,大垄断组织普遍建立起来。”(孔西德兰《社会主义原理》,第15页)——原注

谴责人类。自从牛顿意识到了引力作用以后，他每次说出上帝的名字的时候就要脱帽致敬。智慧高于物质，正如人类社会高于牛顿所赞赏的那个世界：因为天体机构服从于它并不意识到的规律。当我们看到社会机构的形象时，我们怎能不更有理由在永恒的智慧面前鞠躬致敬？因为 mens agitat molem[①] 这个普遍思想也活在社会机构之中。但是这个社会机构还显现出一个不平凡的现象，即每个微粒是一个活跃的人，他有思维能力，具有这种奇妙的精力，这种一切道德、一切尊严、一切进步的根源，人类专有的象征——自由！

① 拉丁文：精神推动物质。——译者

第二章　需要，努力，满足[①]

呈现在我们面前的法兰西是一幅多么令人深感悲伤的景象啊！

很难说，无政府状态是从观念转变为事实，还是从事实转变为观念，但是无政府状态肯定侵入了一切。

穷人反对富人；无产阶级反对产业；平民反对资产阶级；劳动反对资本；农业反对工业；乡村反对城市；外省反对首都；本地人反对外来人。

于是，理论家们应运而生，把这种对立编成一种体系。他们说："对立是事物的本性，即自由的必然的结果。人爱自己，这就是一切祸害之源，因为，既然他爱自己，他就追求本身的福利，而且他只能在他的兄弟们的不幸中找到这个福利。因此，我们要阻止他只服从他的倾向，窒息他的自由，改变人心，用另一种动机代替上帝给他安排的动机；让我们发明和领导一个人为的社会吧！"

当人们到了上述这样的地步时，在逻辑或想象的面前就敞开了无限广阔的前途。如果有人具有一种同忧郁的本性相结合的辩

---

① 这一章及下一章于 1848 年 9 月及 12 月刊登在《经济学家杂志》上。——原编者注

证精神，他就会热衷于对祸害的分析，把它解剖，把它放入熔锅，以观究竟，追溯其原因，推断其后果；而既然由于我们自身的先天缺陷，祸害无所不在，他就随时随地都有要诋毁的东西。他只从造成破坏或者伤害的角度来描写财产、家庭、资本、工业、竞争、自由、个人利益；他就这样把人的自然历史放到临床教学中去。他向上帝提出挑战，要他把他的无限仁慈与邪恶的存在协调起来。他玷污一切，厌恶一切，否定一切；但是，他毕竟从那些被痛苦折磨得濒于绝望的阶级身上获得一种可悲而危险的成功。

如果，与此相反，另一个人有一颗善心和一种敢于幻想的思想，他就会向虚幻之国挺进。于是他梦想一些地方，诸如奥赛亚娜、阿特朗蒂得、萨朗特、斯本塞尼、伊加利亚、乌托邦、法朗吉；在那些地方安置一些顺从的、多情的、忠诚的人，他们永远也不会阻挠幻想家的空想。幻想家则踌躇满志于其所扮演的上帝角色。他随心所欲地安排人类，支配人类，制造人类；没有任何东西使他停止，他从不失望；他很像是那个罗马布道者，这个人在以卢梭形象出现之后，激烈地驳斥《社会契约论》，并且因为其对手被批得哑口无言而沾沾自喜。改革者就是这样在那些受苦的人的眼前炫耀一幅理想的幸福的诱人画面，使他们厌弃现实生活中的那些严酷的需要。

然而，乌托邦主义者很少只局限于这些天真的空想。一旦他想引导人类进入乌托邦，他便感到，人类并不是轻易就范的。人类反抗，他就变得乖戾。为了使人类下决心，他不仅对人类谈他们所拒绝的幸福，还特别对他们讲他如何把他们从祸害中拯救出来的企图。他对于祸害不会画出一幅过于动人的图。他习惯于使用调色板，加深画的色调。他在现实社会中寻找祸害，其热情程度不亚于另一个在其中寻求福利的人。他只看到苦难、破衣、瘦弱、营养不足、痛苦、压迫。他为看到社会对其本身的贫困缺乏敏感而表示吃惊和愤慨。他力求治好社会的这种麻木不仁，他从一片善意开始，自己却也以愤世嫉俗而告终。[①]

我并不是在这里诽谤任何人的诚意！但是，实际上，我无以自解的是，那些政论家在社会自然秩序的深处看到一种根本对立之后，却能享受片刻安宁和休息。我认为，他们理应悲哀地感到灰心与失望，因为，如果大自然在把个人利益作为人类社会的大原动力时是搞错了(而且一旦承认利益必然是对立的，大自然的这个错误便显而易见了)，他们怎么看不到祸害是不可救药的呢？我们自己是人，所以只能乞援于人。为了改变人类的倾向，我们将到哪里去取得我们的依据呢？我们将求助于警察局、法官、国家、立法者吗？但这是在向人呼吁，即向易患共同疾病的生物呼吁。我们将求助于普选吗？但这是让普遍倾向得以尽情发挥。

因此，那些政论家只有一个办法，这就是自命为启示者，以另一种材料制成的先知，他们从中汲取灵感的源泉也不同于其他人的；所以这无疑就是为什么人们常常看到他们把他们的体系和主张包上一层神秘的辞藻。但是，如果他们是上帝的使者，就请他们证明他们的使命吧。归根结底，他们所要求的就是统治权，就是从未有过的最绝对的专制权力。

---

① "我们的工业制度是在无保障和无组织的竞争中形成的，所以它只是一种社会地狱，一种古代戴那尔的一切折磨和酷刑的大规模的成就。然而这里有一个区别：存在牺牲者。"(见孔西德兰)——原注

他们不仅想统治我们的行为，而且企图改变我们的感情的本质。他们至少应说出他们的资格来。他们彼此都不一致，难道还希望人类会轻信他们所说的吗？

但是甚至在检查他们的人为的组织计划之前，是否应该核实一下他们从一开始就搞错了？下面的情况是否肯定，即：利益是自然而然对立的；在个人利益的影响下，一种不平等的不可补救的原因必然在人类社会的自然秩序中发展；因而当上帝命令人类追求福利时，他显然是搞错了？

这就是我有意探讨的问题。

试就上帝决定创造出来的那样的人而论，他有预见性和经验，他是可臻完善的，他爱护自己，这是无可争辩的，但这是一种为感应原则所节制的情感，而且，无论如何，这种情感，在它的活动范围里，由于遇到一种普遍存在的类似的感情而受到遏制、平衡。我要知道，从这些因素的结合和自由倾向中势必会产生什么样的社会秩序。

如果我们发现，这个结果不是别的，而只是一种向福利、完善和平等逐渐的进军；一切阶级都致力于在同一物质、精神和道德水平上的经常不断地接近，并且同时持续地提高这个水平，那么，上帝的业绩就被证实是正确的。我们将欣喜，创造物中不存在缺陷，而且，社会秩序，一如其他一切秩序，证实这些和谐的规律的存在。这些规律使牛顿折服并使赞美诗作者欢呼：Cœli enarrant gloriam Dei[①]。

卢梭说过：如果我是君主或者立法者，我不会浪费我的时间去说应该做些什么，我要么自己去做，要么闭口不言。

---

① 拉丁文：上天讲述上帝的荣耀（圣经语）。——译者

我不是君主，但是我的同胞们的信任使我成为立法者。也许他们会对我说，现在是我行动起来的时候，而不是著作的时候。

愿他们原谅我；不论是真理本身在催促我，还是我受到了一种幻想的欺骗，我始终觉得需要把迄今我还未能让人接受的那些零乱而片段地提出来的观念加以集中，使其成为一个整体。在社会自然规律的作用中，我似乎觉察到卓绝而令人欣慰的和谐。难道我不应该试图把我所看到的或者我以为看到的一切向别人指出来，从而把许多迷途的有识之士、许多愤懑的人重新集合在一种融洽而博爱的思想周围吗？当祖国的这只钟爱的船遭到暴风雨的袭击时，如果，为了进行思考，我有时好像远离我被任命的岗位，这是因为我软弱的双手无能为力。再说，对暴风雨的起因进行思考并力求对这些原因施加影响，这难道是背叛我的职责吗？而且，今天我不可能做的事，谁知道明天会不会有人交给我做呢？

作为开始，我将确定几个经济学概念。借助于我的前人工作，我将竭力把政治经济学概括在一个真实的、简单的和富有成果的原理中；这个原理，政治经济学从一开始就对它有所认识，并不断接近它，而现在也许是到了为这个原理确定一个公式的时候了。然后，在这个火炬的照耀下，我将试行解决几个尚有争论的问题，如竞争、机器、对外贸易、奢侈、资本、地租，等等。我将指出政治经济学同伦理学和社会学的关系，或者不如说同它们之间的和谐，并谈一谈个人利益、财产、共有财产、自由、平等、责任、连带责任、博爱、统一这些词所表达的严重问题。最后，我将请读者注意人类社会和平的、正常的和渐进的发展所遇到的人为的障碍。从和谐的自然规律和干扰性的人为的原因这两个观念中，人们将推论出社会问题的解决办法。

不难看出这一事业将遇到的双重障碍。在带动我们的那个旋涡中，如果这本书是抽象的，它就不会赢得读者；如果有人阅读它，这是因为那些问题仅在其中略加触及而已。如何调和政治经济学的权利同读者的要求呢？为了满足内容上和形式上的一切条件，必须斟酌每个词，推敲其适当的位置。水晶就是这样一点一滴地在寂静和黑暗中形成的。寂静，黑暗，时间，思维的自由，这一切我都缺乏；于是我只好把自己置于公众的洞察力之下，祈求公众的宽容。

政治经济学的研究课题是人。

但它并不研究人的一切方面。伦理学已经深入到宗教感情、父母的慈爱、儿女的孝心、爱情、友谊、爱国心、慈善、礼貌这些用来充实同情心的一切引人入胜的领域的各个方面。伦理学留给政治经济学的只是个人利益这个冷酷的领域。当人们责怪这门科学没有伦理学的魅力和热忱时，上述事实被人们不公正地忘怀了。这可能吗？否认它的生存权利吧，但请不要强迫它伪装起来。如果以财富为对象的人类交易是广泛和复杂得足以构成一门专门科学，那么，我们就应该保留它的适当形象，而不要强迫它用感情的语言谈论利益。至于我，我不认为，近来人们硬要它使用一种热烈而温情的腔调的做法是给它帮了忙，因为在它的嘴里这种腔调只能是夸张的文笔。涉及的问题是什么呢？这涉及互不相识，只知公正，捍卫并谋求利益的一些人之间所进行的交易。这涉及互相约束的奢望，在其中克己和献身精神不起作用。那么，用一首诗来谈论这些事吧。我也可以希望，拉马丁[①]先查阅一下对数表，再写他的诗篇。[②]

这并不是说，政治经济学没有它的诗篇。哪里有秩序和和谐，哪里就有诗。但诗存在于结果里，而不在论证里。它本身会出现，而不是被创造出来的。凯柏勒[③]并不自诩为诗人，但他所发现的规律确实是真正的智慧的诗。

因此，政治经济学只着眼于人的一个方面，而我们就应该首先从这个观点来研究人。这就是为什么我们不得不追溯到人类的感受性和能动性的最主要的现象。请读者放心，我们不会在形而上学的云雾之乡逗留很久，我们将只借用这门科学中的一些简单明了的概念，以及，如有可能，一些公认的概念。

灵魂(或者为了不把精神问题牵连进去)，人具有感受性。不论感受性是存在于灵魂或者肉体之中，人，作为被动的生物，始终感受到艰辛的或愉快的感觉。人，作为主动的生物，则努力避开前者而增加后者，其取得的结果，就人作为被动的生物而言，可称之为满足。

从感受性这个一般观念中产生更为明确的观念：一方面是辛劳、需要、欲望、爱好、嗜欲；而另一方面则是快乐、享受、消费、福利。

介于这两个极端之间的是手段，而从能动性这个一般观念中

---

① Lamartine (1790—1869)法国浪漫主义诗人。——译者

② 见卷四，《经济诡辩》第二部分第二章。——原编者注

③ Keppler (1571—1630)德国天文学家。牛顿从其著作《Astronomia》中得出万有引力定律。——译者

则产生更为明确的观念：辛劳、努力、疲劳、劳动、生产。

我们分析感受性和能动性的时候，发现这两个领域共有的一个词：辛劳。感受某些感觉这就是一种辛劳，同时，我们只能通过努力来终止辛劳，而这种努力也是一种辛劳。这就告诉我们，我们在世上只有对祸害的选择。

这一切现象，只有人才能感受到，在作出努力前的感觉是如此，随努力而来的满足也是如此。

所以，我们不能怀疑个人利益就是人类的大动力。当然，这个词在这里是表示一种由于人的组织而产生的、普遍的、无可争议的事实，而丝毫不是一种批评性的判断，因为它不同于利己主义。如果人们事先把精神科学所必须使用的术语加以曲解，这些科学就不可能存在了。

人类的努力并非是始终和必然置于感觉和满足之间的。有时满足能自行实现。更通常的情况是，努力通过大自然无偿地赋予人类的力量而对物质发挥作用。

如果把能够让人的需要得到满足的一切事物称为效用，那么，就存在两种效用。一种是上帝所无偿地赋予我们的，另一种则是所谓要用努力来购买的。

全部演变就这样包括或能够包括下面四个观念：

$$\text{需要}\begin{cases}\text{无偿效用}\\\text{有偿效用}\end{cases}\text{满足}$$

人具有进步的能力。他比较，预见，学习，通过经验而自我改造。因为，如果需要是一种辛劳，努力也是一种辛劳，当他能够减少辛劳而并不妨害作为辛劳目的的那个满足时，他就没有理由不设法减少辛劳。当他做到用无偿效用来代替有偿效用时，他就成功了，而这正是他终生追求的目的。

由于我们有图利的本性，我们总是不断设法增加我们的满足与努力之间的比率，同时，由于我们又有智慧的本性，对于每个特定的结果，我们都能用增加无偿效用与有偿效用的比率的办法来达到上述目的。

每当一种这样的进步实现时，我们一部分的努力就成为备用的了；于是，我们可以或者选择一个较长久的休息，或者为满足新的欲望而劳动，如果这些新的欲望的强烈程度足以激励我们的能动性。

这就是经济范畴中一切进步的根源，但也是一切失望的根源，这一点是易于理解的，因为进步和失望的根源都存在于上帝赋予人类的那个奇妙而特殊的恩赐之中：自由意志。

我们具有比较、判断、选择和随之而来的行动的那种能力，这就意味着，我们能够作出一个好或坏的判断，作出一个好或坏的选择。当有人谈到自由的时候，提请人们注意这个问题绝非是无益的。

的确，我们对我们的感觉的固有性质是有所认识的，而且我们会以一种不会搞错的本能来区别感觉是艰辛的还是愉快的。但我们的错误能以多少不同的形式出现呢？我们可能搞错原因，于是就热烈追求那些势必会给我们带来艰辛的事物，因为我们误认为，这些事物会给我们带来满足；或者我们可能搞错作用的连贯性，而不知道，随着一种当时的满足而来的将是一种更大的艰辛；或者我们还可能搞错我们的需要与我们的欲望的相对的重要性。

因此，我们不仅由于无知，还由于意志堕落而可能把我们的努力指向一种错误的方向。“人”，德·波那尔先生说，“是一种能支配器官的智慧。”什么！我们身上没有别的东西吗？没有情感了吗？

所以，我们谈论和谐时，并不是说，在人类社会的自然安排中，错误和邪恶已被排除；面对事实而支持这种说法，这就是对体系的嗜好达到疯狂的地步。为了使和谐维持一致，人必须或者丧失自由意志，或者是永远正确。我们仅仅说：社会的重大趋势是和谐的，因为一切错误导致失望，而一切邪恶则导致惩罚，所以，不协调就不断趋于消失。

财产最初的模糊的概念便是从这些前提中演绎出来的。既然是个人感受到感觉、欲望、需要，既然是他作出努力，那么满足就应该归于他，否则努力便无存在的理由。

对于继承权也是如此。任何理论、任何夸夸其谈都不会让父亲不爱他的孩子。那些沉醉于安排幻想社会的人会觉得这很不恰当，但事实就是如此。一个父亲为他的孩子们的满足所作出的努力，同为他自己的满足而作出的努力是一样的，也许更多。因此，如果有一条反自然的法律禁止转移财产，这条法律就不仅会侵犯财产，而且还会妨碍财产的形成，因为这会使得至少一半的人类努力归于消沉。

个人利益、财产、继承权，这些问题我们将有机会再谈。让我们首先探讨我们所关心的政治经济学牵涉到的领域。

我不同意有些人的看法，他们认为一门科学本身就有自然而不变的界限。在观念领域中，如同在事实领域中，一切都互相联系，一切都互相连贯，一切真理都互相融合，而且没有一门科学，尽管很全面，也不应包罗所有的真理。人们有理由说，对于一个无穷的智慧，只会有一个真理。所以我们的无能才使得我们孤立地研究某一类现象，而从中得出的分类就不能避免某种专断。

真正的功绩在于正确地阐明事实，其原因及其结果。以一种并不精确的（因为精确是不可能的），但是合理的方法来确定人们要研究的事实的分类，那也是一种功绩，但这种功绩要小得多而且纯粹是相对的。

我所以这样说，目的是让人们不会认为，我想批判我的前人，如果万一我给政治经济学确定的界限与前人稍有区别。

近来，人们大肆责备经济学家们过分热衷于研究财富，人们本想要经济学家们做的是，把一切以任何方式造成人类的幸福或痛苦的东西都列入这门科学；而且人们甚至设想，经济学家们否定一切他们所不过问的东西，例如感应原则的现象，这个原则在人类心灵中是与个人利益原则一样自然的。这就好像人们指责矿物学家否定动物界的存在一样。什么！财富，以及其生产、分配、消费的法则，这些难道不是一个足够广泛、重要的课题，因而成为一门专门科学的研究对象吗？如果经济学家的结论是同政治学或者伦理学的结论相矛盾的，我还可以理解指责的理由所在。人们会对经济学家说："你在限制你自己，所以，你就迷途了，因为两个真理是不可能互相冲突的。"也许从我向公众提供的著作中会产生一个结论，即：研究财富的科学同其他一切科学是完全协调一致的。

在包含人类命运的感觉、努力、满足这三个术语中，第一个和末一个始终而且必然是在同一个人身上混在一起的。不可能设想，它们是互不相干的。人们可以想象一种不满足的感觉，一种未满足的需要；但是从来没有人能理解在一个人身上的需要而在另一个人的身上理解其满足。

如果对于努力也是如此，人就会是一种完全孤独的生物。经济现象会在孤独的个人身上全部完成。可能会存在一些并列的个人，但不会有社会。那就只会有一种个人经济学，而不会存在政治经济学。

但是情况并非如此。很可能并且经常出现的情况是，一个人的需要是由另一个人的努力而得到满足的。这是事实。如果每个人愿意检阅一下一切归于他的满足，他就会承认，其中大部分的满足并不是通过他自己的努力而取得的；同样，我们在我们各自的职业中所完成的工作，几乎始终是为了满足那些并不是我们自己的欲望。

这就告诉我们，必须在人类努力的本质中寻求社会根源，即政治经济学的起源，而不是在需要也不是在满足中，即这些必然是个人的和不可转移的现象中去寻求根源。

因为就是这种赋予人类的而且是在万物之中仅仅赋予人类的能力：互相服务；就是这种努力的传递，这种交换服务及其在时间上和空间上所产生的一切复杂而无穷的结合，正是这一切构成了经济学，指出其起源并确定其界限。

所以，我说：

构成政治经济学领域的是，在互利的条件下，任何能够满足另一个人的需要的努力，以及与这种努力有关的需要和满足。

例如，呼吸活动虽然包含构成经济现象的那三个过程，却不属于政治经济学范畴，其理由是：在这里所牵涉的全部行动中，不仅需要和满足是不可转移的（它们始终是不可转移的），而且努力也是不可转移的。为了呼吸，我们并不要求任何人的协助；这里既不存在接受服务，也无须提供服务；这是一种本质上属于个人的行为，而非社会的行为，因而不能被列入一门论述关系的科学，正如其名称所指出的那样。

但是，在特殊情况下，为了呼吸，有些人也需要互助。例如，当一个工人在一架潜水沉箱里潜水时，或者当一个医生做人工呼吸时，或者当治安部门采取措施来净化空气时，这时，就有一种需要，必须通过感受者以外的另一个人的努力才能得到满足，就有提供的服务，而呼吸至少在协助和报酬这个关系上，被列入政治经济学的领域。

要使劳动具有经济性质，无须进行交易，只需交易是可能的。农民为了自己的用途而耕种小麦，这就是完成一件经济行为，因为小麦是可以交换的，仅仅这一点就够了。

进行一种努力来满足他人的需要，这就是向他人提供一种服务。如果一种服务约定要偿还，这就是交换服务；既然这是最常见的情况，政治经济学就可确定为：交换论。

不论缔约双方的一方有多么强烈的需要，以及另一方作出多么紧张的努力，只要交换是自由的，两种互相交换的服务的价值就是相等的。因此，价值就是对互相交换的服务的比较评价，于是，政治经济学又可称为价值论。

我为政治经济学下了定义，并限定了其领域，但未谈及一个主要因素：无偿效用。

所有作者都指出，我们从这个源泉中汲取大量的满足。他们把空气、水、阳光等等的效用称为自然财富，作为社会财富的对立面，然后，他们就不再过问了；情况确实如此，上述自然财富既然无须任何努力、任何交换、任何服务和由于缺乏价值而无法被列入任何财产清册，它们似乎不应被列入政治经济学的研究范围。

作出这种排除是合理的，如果无偿效用是一个固定不变的、始终同有偿效用分开的数量；但是，这些自然财富经常成反比例地互相混合着。人类孜孜以求的就是以无偿效用代替有偿效用，即依靠自然的、无偿的要素，用较少的努力来达到同样的结果。他利用风力、引力、热、气体的膨胀力来完成他本来只能用他的体力来完成的工作。

然而发生了什么呢？虽然有用效果相等，努力却较少。较少的努力意味较小的服务，也就是较小的价值。所以每一项进步就消灭一部分价值；但怎样消灭呢？并非是取消有用效果，而是以无偿效用来代替有偿效用，以自然财富来代替社会财富。在一个观点上，这一部分被消灭的价值越出政治经济学的领域，就像它从我们的财产清册中被剔除了那样；因为这个价值不再互相交换，不互相买卖，于是人类就几乎是无意识地无须努力而享受它；它不再被列入相对财富中，而被列入上帝的赐予中。但是，另一方面，如果政治经济学不考虑这部分价值，它就一定会犯错误，因为它忽视的正是一切事物中本质的、主要的东西：结果，即有用效果；它会认不出那些集体主义和平均主义的最顽强的趋势，它会看到社会秩序中的一切，却看不到和谐。但是，如果说，这本书的目的是使政治经济学前进一步，主要就是它将使读者不断注意到这部分被消灭的价值,它随后又以无偿效用的形式被全人类所继承了。

我将在这里用一注解来证明,科学是多么互相接近和互相渗透。

我给服务下了一个定义。就是说,努力出自一个人的身上,而需要和满足则出现在另一个人的身上。有时,服务是无偿提供的,不存在报酬,也无须以任何服务来偿还。这时,它是从感应原则,而不是从个人利益原则出发的。它构成赐予,而不是交换。因而,它似乎不属于政治经济学范畴(交换论),而是属于伦理学范畴。因为这样一种行为,由于其动机,与其说是经济的,不如说是伦理的。然而我们将看到,由于这些行为的效果,它们同我们所研究的科学有关。另一方面,有偿服务,由于以偿还为条件而基本是经济性的,但在效果方面,并不因而与伦理无关。

因此,这两类知识具有无数接触点;而且,既然两个真理不会互相对立,当经济学家把一些有害的结果归因于一个现象,而与此同时伦理学家却作出相反的结论时,人们便可肯定前者或后者都迷途了。科学就是这样自相检验的。

第三章　论人的需要

提出一个完整而有系统的人的需要的目录，这也许是不可能的，而且在任何情况下，这也不会是十分有用的。一切具有实际意义的需要可列举如下：

呼吸（我在这里仍把这个需要作为转移劳动或交换服务开始的界限），饮食，衣着，住所，健康的保持和恢复，交通，安全，教育，消遣，美的感受。

需要是存在的。这是一个事实。探讨这些需要是否最好不存在和为什么上帝让我们受制于这些需要，这是幼稚的做法。

的确，当人不能满足其机体所产生的需要时，他便会感到痛苦，甚至死亡。但是，当他过分满足其中某些需要时，他也会感到痛苦，甚至会死亡。

我们的大部分需要，只有在付出一种辛劳的情况下才能得到满足，这种辛劳可视之为一种痛苦。同样，克制欲望的行为也会使我们痛苦。

因此，痛苦对于我们来说是不可避免的，我们只能在祸害中进行选择。此外，痛苦是世界上最内在的和最与个人有关的东西，从而产生一种情况：个人利益，这种今天被冠以利己主义、个人主义而加以斥责的感情，是不可摧毁的。大自然把感受性安排在我们的神经末梢，放在心灵和智慧的一切通道上，如同一个前沿哨兵，以便在满足缺乏或过度时，提请我们注意。因此，痛苦有一个目的，一个使命。人们常常提出，祸害的存在是否能同造物主的至善调和，这是哲学一直在讨论而又可能永远无法解决的一个棘手问题。至于政治经济学，它应该研究人的本来面目，因为想象力本身想象不出，理性更不能设想，一个活跃而终有一死的生物能够免除痛苦。要想理解没有痛苦的感受性或者没有感受性的人，我们的一切努力将会是徒劳无功的。

今天，若干伤感主义学派对于任何社会科学，只要它未想出使痛苦从这个世界上消失的办法，就被认为它是错误的而加以反对。这些学派严厉地评价政治经济学，因为它承认无法否认的东西：痛苦。他们进而要政治经济学对痛苦负责。这正如把我们的器官的脆弱性归咎于研究它们的生理学家一样。

当有人宣称，在他的头脑里有一个人为的社会组织计划，在其中任何形式的痛苦都被排除时，他可能在一段时间内赢得民心，他可能吸引那些受苦的人到他身边来，并激怒他们去反对社会的自然秩序。他甚至能够自称窃取到了上帝的奥秘，并宣称，从大地上排除祸害就是阐明他所推定的上帝意志。于是他把不标榜这种说法的科学称为亵渎宗教的，指责它认不清或者否定造物主的预见或威力。

与此同时，这些学派还把现社会绘成一幅可怕的图画，他们却没有发觉，如果预见将来的痛苦是亵渎宗教，观察过去的或目前的痛苦同样是亵渎宗教。因为无限是不承认界限的；同时，如果自创世以来，只要有一个人在世上受过苦，这就足以使人们承认，痛苦是被纳入上帝的计划的，而这并不是亵渎宗教。

伟大的自然现象不仅存在，而且没有这些现象，人类便无以自解，承认这一事实确是更为科学的和更有魄力的。

因此，人是易受痛苦的，所以社会亦然。

痛苦在个人身上有一种作用，所以在社会中亦然。

对于社会规律的研究将向我们显示出，痛苦的使命是逐渐摧毁其自身的起因，自限于愈来愈狭隘的界限内，最后，在使我们收买它和无愧于它的情况下，保证善与美的优势。

在上述目录中，首先列入了物质需要。

我们生活的这个时代迫使我在这里再提请读者防备一种十分流行的感情用事。

有些人把他们轻蔑地称之为物质的需要和物质的满足的东西置于无足轻重的地位。他们可能会像培里士对克里萨尔[①]那样对我说：

> 身体，这个无关紧要的东西，难道是这么重要，值得人们想到它？

虽然一般说来，他们不虞匮乏，我为此诚恳地祝贺他们，他们却要斥责我把例如对饮食的需要作为我们的首要需要之一。

当然，我承认，道德的完美比肉体的保养更高一筹。但是，难道我们被这种浮夸的装腔怪癖左右得如此厉害，以致不准再说，为

① Bélise，Chrysale都是莫里哀喜剧“博学妇女”中的人物。——译者

了进步，也还要生活吗？我们应该提防这些阻碍科学的幼稚想法。一心想成慈善家的人，结果却变成了虚伪的人，因为，把发扬道德、注重尊严、培养高雅的感情置于简单的保养身体需要之先，这是一种违反推理和事实的做法。这种假正经完全是现代的产物。卢梭，这个自然状态的热烈歌颂者，就曾提防过这种做法；而费纳龙这样一个具有出众的高尚情操、内心充满热忱、唯灵论达到寂静主义的程度并奉行禁欲主义的人却说过："总之，意志的坚定就是愿意完全用构成人类生活基础的事物的形成方式来教育自己。一切大事业都有赖于此。"

因此，我们无须试图把需要加以井井有条地分类，就能够说，人只是在供给有关保存和维持生命的需要以后，才会把他的努力引导去满足最高尚和最高级的道德需要。从这里我们已能得出结论说，任何造成物质生活困难的立法措施都妨害国家的精神生活，即和谐（我顺便向读者指出和谐这个问题）。

同时，趁此机会，我再指出另外一个问题。

既然物质生活的持续需要是对智力和道德修养的一种障碍，那么，人们就应该在富裕的国家和阶级中比在穷苦的国家和阶级中发现更多的美德。天哪！我刚才说了些什么，我是被什么叫嚣震耳欲聋呢！今天，我们把一切效忠、一切牺牲、一切构成人类道德高尚和伟大之处都让穷苦阶级来垄断，这真是一种怪癖；而这种怪癖最近在一种革命的影响下又有所发展，这种革命把那些阶级提升到社会表层上之后，不会不在这些阶级的周围招引来一群吹拍奉承的下等人。

我并不否认，财富，尤其是豪富，主要是当它被极不平等地分配的时候，会趋向于发展某些特殊的恶行。

但是，是否有可能普遍地承认，美德是贫困的特权，而恶行则是富裕的可悲而忠诚的伴侣呢？这会是等于肯定，只和一定程度的闲暇和福利相容的智力和道德修养要损害智力和道德。

我在这里向受苦阶级的真诚发出呼吁。这种谬论会引向什么可怕的不协调呢？

所以必须说，人类面对着一种可怕的选择，或者永远停留在贫困状态中，或者向发展中的不道德前进。嗣后一切导致财富的力量，例如积极性、节约、条理性、能干、善意，都是恶行的种子；至于那些把我们固定在穷困之中的力量，例如缺乏远见、懒惰、放荡、漫不经心，则都是品德的宝贵胚芽。在道德领域中，还能设想出一种更为使人失望的不协调吗？如果诚属如此，谁敢对人民讲话，并在人民面前提出劝告呢？可能要这样说：你为你的痛苦而诉苦，而且你急于看到痛苦终止。你为戴上最迫切的物质需要的桎梏而呻吟，而且你在追求摆脱这个桎梏的时刻，你也需要一些闲暇来发挥你的智力和情感。正因如此，你才寻求在政界拥有发言权并为你本身的利益作出规定。但是，你必须知道你所要的东西是什么，同时还要知道，在你如愿以偿之后，你会多么不幸。福利、富裕、财富发展恶行。因此，珍惜你的贫困和品德吧。

所以，如果人民的阿谀者一方面指出财富领域是一个充满利己主义和恶行的肮脏地方，而另一方面又把人民推向那里去，并且常常在急忙中使用一些最不正当的手段来实现其目的，他们便陷入了一个明显的矛盾之中。

不，在社会的自然秩序中，不可能存在一种这样的不协调。下面的情况是不可能的，即所有的人都渴望福利，而达到福利的自然途径又是依靠最艰苦的道德行为，并且，人追求福利却只是为了置身于恶行的桎梏之下。这样的夸张之词只能点燃和维持阶级仇恨。如果这些话是对的，人类就会处于贫困和不道德之间。如果是错的，则它们是使用谎言来制造混乱，并用欺骗手法使那些本应相爱和互助的阶级对立起来。

不错，人为的不平等，法律以扰乱社会各阶级发展的自然秩序来实现的那种不平等，它对于任何阶级都是一种造成愤懑、嫉妒和恶行的丰富源泉。所以，还必须证实，这种自然秩序是否引向一切阶级的平等和逐渐改善条件；但是，我们在这种探索中，会被一种无法克服的拒绝所阻挡，如果这双重的物质进步势必意味着一种道德上的双重堕落。

我必须就人的需要做一个政治经济学上重要的，甚至是基本的注解：需要并不是一个固定不变的数量。它们在本质上并不是静止的，而是渐进的。

这个特性甚至在我们纯物质性的需要中也可看出：随着人在精神上欲望和爱好的提高(正是在这方面人区别于动物)，这个特性就变得更为显著了。

如果说，大家应该在哪方面有相似之处，这似乎就是饮食的需要，因为，除了反常的情况之外，人的胃几乎是一样的。

但是，在某一时期是罕有的食物，在另一时期却变成了普通的食物，而满足一个拉萨罗尼人①的食谱会使一个荷兰人遭受折磨。

① 指那不勒斯最下层的人。——译者

可见,这种一切需要中最迫切的、最粗糙的,因而是最单一的需要,也因年龄、性别、体质、气候和习惯的不同而有所不同。

其他一切需要莫非如此。人刚有蔽身之所,便想到居室,刚有蔽体之衣,便想把自己装饰起来,肉体需要刚得到满足,在其欲望面前便敞开了一个要求学习、科学、艺术的无限天地。

有一种值得注意的现象,即由于满足具有持续性,原来只是一种模糊的欲望迅速变成一种爱好,而原来只是一种爱好则迅速变成需要,甚至变成迫切的需要。

请看一个艰苦而勤劳的工匠。他习惯于一种粗糙的饮食、朴素的衣着和简陋的住屋。如果他能有一个比现在略高一些的生活水平,他便会认为自己是最幸福的人,不会再有什么欲望了。他对那些已经达到这个水平却还是忧心忡忡的人感到奇怪。因为只要他发了一笔他所梦想的小财,他就觉得幸福了;幸福,可惜呀!只幸福了几天。

因为,不久他便熟悉了他的新处境,而且他甚至慢慢地不复感觉到他的所谓幸福。他以无所谓的心情穿着这件他曾非常羡慕的衣服。他找到另一个天地,结交到新朋友,时刻发现新的嗜好,渴望再上升一级。但是,他只需稍事反省,他就会感到,如果他的财富改变了,他的灵魂却依旧是一个欲望的无底洞。

似乎大自然赋予习惯以这种奇特的威力,以便它在我们身上起作用,如同机器上的棘轮一样;同时,永远被推向愈来愈高的境界的人类,也似乎不能在任何程度的文明状况上停留。

尊严感也许在这方面起到更为有力的作用。斯多噶学派哲学常常斥责人不守本分。但是,一般地来看事物,难道显露自己不正是人的一种存在方式吗？

当由于工作、条理性、节约，一个家庭的社会地位逐步上升的时候，当爱好变得愈来愈高雅，相互关系更为彬彬有礼，感情更为纯洁，智慧更富于修养的时候，谁不知道，如果命运的转变迫使这个家庭降低其社会地位，这将会是怎样的刺心之痛？这是因为，那时，不仅是肉体在受痛苦。这种衰落打破了那些已成为所谓第二本性的习惯；它刺伤尊严感，并随之而损伤灵魂的一切力量。因此，在这种情况下，牺牲者在屈服于失望之后，随即跌入堕落的深渊；这种事例并不少见。社会环境如此，大气层也是如此。习惯于清新空气的山居者，住到我们城市的狭窄街道里不久就会委靡不振。

我听见有人对我叫喊道：经济学家，你已经犯错误了。你曾宣称，你的科学是同道德一致的，而你现在却认为骄奢淫逸是正当的。我会说：哲学家，脱掉这些从来不是原始人穿的衣服，打碎你的家具，烧掉你的书籍，吃生的兽肉，然后，我再来回答你的异议。否认习惯势力，这是太方便的事，人们同意自己就是这种习惯势力的活生生的证明。

人们可以批判大自然所给予我们器官的这种禀赋，但是批判却不能使这种禀赋不带有普遍性。人们到处都看到禀赋，在所有古代的和现代的、野蛮的和文明的人民中，在遥远的地方和在法国。没有这种禀赋，就无法解释文明。然而，当一种人们的禀赋是带有普遍性的，而且是不可摧毁的，社会科学难道就可以不予考虑吗？

那些以作为卢梭的门徒而引以为荣的政论家将提出异议。但是，卢梭也从未否定过我所说的现象。他正面证实需要的无限伸缩性、习惯势力，以及我为禀赋指定的那个作用本身，即防止人类中的一种倒退行为。只是，我所欣赏的东西，他却为之惋惜，而这会是如此的。卢梭假定有一个时代，那时，人们既无权利，也无义务，没有情感，没有语言；据他看来，那时人类是幸福的和完善的。因此，他势必厌恶社会机构的这个部件，因为它不断使人类远离那个理想的完善。有些人认为，恰恰相反，完善并不存在于人类进化的开始，而是在其终结，他们欣赏把我们推向前的动力。但是，关于动力本身的存在和作用问题，我们是一致的。

他说："享有很多空闲的人们，使用了这种空闲去取得几种为他们先人所不知道的舒适，而这正是他们在不知不觉中给自己戴上的第一个桎梏，同时，这也是给他们的后代准备的第一个祸害源泉，因为，除了他们这样使自己的身心继续委靡之外，这些舒适，由于习惯而几乎已经失去了任何吸引力，同时又退化成为真正的需要，丧失它们所造成的苦痛大大超过占有它们所带来的愉快，于是，人们为失去它们而感到不幸，却并没有为占有它们感到过幸福。"

卢梭深信，上帝，大自然和人类都搞错了。我知道，这种见解尚统治着很多心灵，但这并不是我的见解。

总之，我并不想在这里反对人类最高贵的固有的特性，最高尚的品德，即自我克制、控制情欲、节制欲望、轻视奢侈的享受！我并不是说，人应该成为这种或那种人为需要的奴隶。我是说，如果需要是产生于人的有形与无形的本性，而且是同习惯势力与尊严感相结合的，那么，这种需要是可无限扩张的，因为它来自一个不会干涸的源泉，欲望。如果一个富人是俭朴的，不爱修饰，不讲究排场和不追求舒适，谁会斥责他呢？但是，难道就没有更高尚的欲望使人顺从吗？对教育的需要有无限制？为国效劳，奖励艺术，传播有益的思想，援助不幸的兄弟们，为这些所作的努力，难道同很好使用财富这一点有什么不相容之处吗？

再者，不管哲学认为人的需要是好还是坏，这个需要却不是一个固定不变的数量。这是一个确实的、不可否认的、普遍的事实。从任何方面看，关于饮食、住所、教育问题，14 世纪时的需要并不是我们今天的需要，而且人们可以预言，我们今天的需要并不等于我们后代的需要。

况且，财富、劳动、价值、服务，等等，总之，一切属于人这个主体的多变性的事物，对于这些纳入政治经济学的要素，观察结果是共同的。政治经济学不具备几何或物理的优越性，即对可衡量的对象进行思辨；这便是政治经济学遇到的第一个困难，这也是经常造成错误的一个原因，因为，当人的思想专心致志于一类现象时，他自然而然地倾向于寻求一个标准，一个他能够用来比较一切事物的共同尺度，以便给他所从事的学科一种精确科学的特性。所以，我们看到大部分作者都在寻找固定性，有的在价值中找，有的在货币中找，这个在小麦中找，那个在劳动中找，即是说，在变动性本身中去寻求固定性。

经济学之所以有很多的错误，就是因为人们把人的需要看作是一个指定的数量；所以，我认为，我应该在这个问题上发挥一下：我不怕预先简略地说人们是怎样推理的。人们取得其时代的所有一般的满足，并设想人类不承认其他的满足。于是，如果大自然的施与，或者机器的威力，或者节欲和节制的习惯在一个时期内节省出了一部分人的劳动，人们就对这种进步感到不安，把它看作是一种灾害，其借口是一些荒谬的，但又非常有用的公式，诸如：生产过剩，我们就因过剩而死；生产能力超过了消费能力，等等。

如果把需要看作是一个不变的数量，不知道其无限扩张性，就不可能找到一个解决机器、对外竞争、奢侈等问题的良好办法。

但是，如果人的需要是无限的、渐进的，其有增长能力和欲望这个对需要来说是取之不尽、用之不竭的源泉一样，则大自然也必须，为了避免在社会的经济法则中造成不协调和矛盾，在人的身上和他的周围安排无限的和渐进的满足方法，因为方法和目的之间的平衡是任何和谐的首要条件。这就是我们要加以研究的。

我在这本著作的开头曾说过，政治经济学的对象是人，是从其需要和取得这些需要的方法这个观点来看待的那个人。

因此，从研究人及其构造入手是很自然的。

但是我们也看到，人并不是一种孤独的生物；尽管由于感受性的性质，人的需要和满足同他的存在是分不开的，他的来自主动定律的努力却不一样。这些努力是可以移转的。总之，人就是为彼此而劳动的。

然而，发生了一件很奇特的事情。

当人们一般地，而且抽象地考察人、他的需要、他的努力、他的满足、他的构造、他的爱好、他的倾向时，人们获得一系列似乎无可置疑和昭然若揭的观察结果，每人在自身上都找到了证明。这就使作家不知道如何把如此显著又如此平凡的真理提交公众，而不致贻笑大方。作家似乎有理由认为，愤怒的读者会把书抛掉，并呼喊道："我才不想浪费时间去学习这些陈词滥调。"

然而，只要在社会环境中去观察人，这些只需是一般地提出来的就可作为无可争辩的真理，这些我们几乎认为没有必要再提出的真理，现在却变成了一些可笑的错误、荒谬的理论。在把孤独的人作为考察对象时，谁会说：生产过剩，消费能力跟不上生产能力，奢侈和人为的爱好是财富的源泉，机器的发明消灭劳动，以及其他同样有力的警句，这些警句一旦应用到人类的聚居区却变成了铁一般的公理，以致人们把它们当作我们的工、商法令的基础。

交换在这方面造成错觉，这是最明智的人都无法避免的。我可以肯定，只有政治经济学明确证明了：凡是对人是真实的，对社会也是真实的，它才算达到了目的和完成了使命。孤独的人兼为生产者和消费者，发明者和经营者，资本家和工人；所有的经济现象都在他身上完成，他就像是社会的一个缩影。同样，从整体来看，人类是一个庞大的、集体的、复杂的人，在个人身上观察所得的真理也完全适用于全人类。

在继续进行关于人的研究之前，我需要提出这个意见，希望它在以后能被进一步证实其必要性。否则，我怕读者会把随之而来的那些发挥，那些真正的常识弃之不顾。

我刚谈到人的需要，并在约略列举这些需要之后，指出它们在性质上并不是固定的而是渐进的；这一点，不论是从每个需要本身来考虑，还是特别是在物质、精神和道德领域中考虑它们全部，都是真实的。这是必然如此的。有些需要是我们的机体所亟待满足的，否则就是死亡；在一定程度上，可以说，这些需要是些固定的数量，虽然这种说法并不是严格正确的，因为，只要人们不想忽略习惯势力这个主要因素，同时只要人们肯以某种善意来自我检查，人们就会不得不承认，即使是最粗俗的需要，例如吃饭的需要，在习惯的影响下，也经受了无可否认的变化；如果有人在这里反对这个意见，诋毁它是唯物主义和享乐主义，而如果另有些人把他的话当真，硬让他吃斯巴达人的黑饭，或者一个隐士的苦饭，那么，他就会感到很不幸了。但是，无论如何，在这一类需要以可靠的和经常的方式得到满足之后，其他的需要就会来自我们的那个最有扩张性的能力，即欲望。能否设想有一个时候，人不再有欲望，即使是合理的欲望呢？我们不要忘记，对于某一程度的文明，在一个所有的人类能力都用于满足低级需要的时代，一种被认为是不合理的欲望，当改善了的人类能力为自己敞开了一个更为广阔的天地时，这种欲望就不再是不合理的了。两个世纪前，期望每小时前进四十公里是不合理的，而今天却是合理的了。认为人的需要和欲望是些固定不变的数量，就是不认识心灵的本性，就是否定事实，就是使文明成为不可解的。

如果伴随需要的无定限发展而来的不是可能满足这些需要的无定限发展的方法，文明依然会是不可解的。如果到了一定限度，我们的能力不能再前进，如果我们的能力遇到一个不可变的界限，那么，为实现进步，需要的扩张性在实现进步方面还有什么意义呢？

因此，除非大自然、上帝，或不论是什么主宰我们命运的力量陷入了最激起反感的、最残酷的矛盾中，我们的欲望既然是无定限的，就可以推测，我们为满足这些需要的方法也是无定限的。

我说是无定限的，而不是无穷的，因为属于人的一切都不是无穷的。这正是因为我们的欲望和我们的能力是在无穷中发展的，它们没有可指定的限度,虽然它们还是有绝对的限度。人们可以举出在人类之上存在的许多点,这是人类永远不能达到的点,但人们却不能因而说,人类在某一时期停止向这些点接近。①

我也不想说,欲望和方法是并肩前进的。欲望在奔跑,而方法却在跛行跟随。

欲望的这种灵敏而冒险的本性,同我们能力的迟缓相比,告诉我们,在文明的一切发展过程和进步的一切阶段,一定程度的痛苦是,并将始终是人类的份额。但是这种本性也教导我们,痛苦有一个使命,因为,如果欲望只是追随我们的能力而不是走在前面,要说欲望刺激我们的能力,那就会无法理解。然而,我们不要指责大自然把残忍安放在这个机构之中,因为必须注意,只有当欲望是由经常得到满足的习惯所造成的时候,换言之,当我们手头有了满足欲望的方法时,它才变成真正的需要,即痛苦的欲望。②

今天我们应该研究下列问题:我们有哪些方法来满足我们的需要?

我认为,显然有两种方法:大自然和劳动,上帝的赐予和我们的努力的成果,或者说,把我们的能力应用到大自然向我们提供的事物身上。

就我所知,任何学派都未把我们的需要的满足仅仅归功于大

① 政治经济学上屡见不鲜但屡被忽视的数学定律。——原注

② 这本书的间接目的之一就是驳斥现代感伤主义学派,他们无视事实,不承认痛苦在任何程度上都具有一种天意。既然这些学派自称遵循卢梭,我就对他们引述这位大师的一段话:“我们所看到的恶并非是一种绝对的恶,而且它从不直接攻击善,而是与善共同致力于普遍的和谐。”——原注

自然。这样一种说法已经为经验所驳斥，而且我们无须研究政治经济学就知道，我们的能力所进行的干预是必要的。

但是有些学派却给予劳动这种特权。他们的公理是：任何财富来自劳动；劳动，就是财富。

我不禁要在这里说，这些按字面理解的公式曾导致重大的学说上的错误，从而招致令人惋惜的立法措施。我将在以后再谈此事。

这里，我只限于通过事实来证明，大自然和劳动协同满足我们的需要和欲望。

让我们来考察事实。

放在我们目录开头的第一个需要，就是呼吸的需要。在这方面，我们已看到，这通常是由大自然完成的，只在某些特殊情况下，例如必须净化空气时，才须投入人类的劳动。

我们止渴的需要，在不同程度上，是由大自然来满足的，这要看它供给我们的水是远或是近，是否清澈，是否充足；水距我们愈远，我们就走得愈远，还须把水澄清，并且掘井和修水池来弥补不足，于是需要的劳动也愈多。

在饮食方面，大自然对于我们更非一律乐善好施，因为，如果土地有肥瘠之分，森林有禽兽多寡之别，河流有鱼虾多少之差，谁会说，我们所担负的劳动是始终如一的呢？

对于照明，在夜短的地方较之夜长的地方当然要少动用人的劳动。

我不敢把这一点当作一条绝对法则，但我认为，随着人的需要升级，大自然的协作便减少，而更多地让位于我们的能力。画家、雕刻家，甚至作家都必须依靠仅由大自然所提供的物资和工具；但必须承认，他们是在他们本身的天才中汲取其作品的魅力、优点、效用和价值的。对学习的需要是几乎专门由我们非常恰当地运用智能来满足的。然而，难道不能说，这里大自然又在不同程度上向我们提供观察和比较的对象，从而协助了我们吗？植物学、地质学、博物学能以相等的劳动到处实现相等的进步吗？

再举出其他的例子是多此一举的。我们已可看到，大自然向我们提供在不同的效用（此字最接近词源的词义是：服务的性能）的先进程度上的满足方法。在很多情况下，在几乎一切情况下，尚须从事某种劳动才能使得这种效用完整；同时人们懂得，这种劳动的作用，在每一特定情况下，因大自然本身的作用不同而有所不同。

因此，可以提出下面两个公式：

1. 效用有时是仅由大自然提供的，有时是仅由劳动提供的，几乎始终是由大自然和劳动的协作所提供的。

2. 为了把一件东西引导到其完整的效用状态，劳动的作用是与大自然的作用成反比例的。

在把这两个建议同我们上面所说的需要的无定限扩张性相结合以后，请允许我从中得出一个推论，其下文将证明它的重要性。假设有两个彼此之间并无关系的人处于不相等的地位，大自然对一个慷慨，对另一个却悭吝；前者对每一满足所用的劳动显然要少，此人的一部分力量将成为所谓可自由支配的力量，那么，这部分力量是否会无所作为，同时，他却由于大自然的慷慨而被迫赋闲呢？不，其结果是，如果他愿意，他将能使用这部分力量来扩大他的享受范围；另外就是，以同等的劳动，他将取得两种满足而不是一种；总之，他将更容易取得进步。

我不知道这是否是我的错觉，但我认为，任何科学，即使是几何学，都未在其开始时就提出更为无懈可击的真理来。然而，如果有人突然向我证明，这一切真理都是些错误，则不仅会在我身上摧毁我对这些真理的信心，而且会摧毁任何确实性的基础和对于事实的信念，因为还能有什么推理比这个要被推翻的推理更值得理性去承认吗？直线是两点之间最短距离，这是一条定理。如果有一天，人们找到了另一条定理来否定它，那时，人的精神就只有绝对怀疑论这个归宿了，如果这也算是一个归宿的话。

因此，这些重要的真理是如此显而易见而达到幼稚的程度，而我还要再三强调，这真使我感到惭愧。

然而，必须说，这些简单的真理在人类复杂的交往中却被低估了；为了向读者说明为什么我把他的注意力如此长久地吸引到英国人称之为常识的上面，我将在这里向读者指出一些聪明人是如何被引入迷途的。他们把同我们的需要的满足有关的大自然的协作完全加以忽视，而另行提出一个绝对原则：任何财富来自劳动。据此前提，他们提出下述三段论法：

“任何财富来自劳动；

“因此财富是与劳动成正比例的。

“然而劳动是与大自然的施与成反比例的；

“因此财富是与大自然的施与成反比例的！”

而且，不管人们愿意与否，我们的很多经济法就是从这个奇怪的推理中得到启发的。这些法律对于财富的发展和分配只能是有害的。这正是为什么我认为，必须阐述表面上十分平凡的真理，用来预先准备驳斥现社会正在争论的那些错误的和不幸的成见。

让我们现在分析一下大自然的这种协作。

大自然将两样东西听任我们使用：材料和力量。

大多数用来满足我们的需要和欲望的物质，只有通过劳动，应用人类的能力，才达到能供我们使用的效用状态。但是，在任何情况下，组成这些物质的元素也好，原子也好，都是大自然的赐予，而且，我要补充说，都是大自然的无偿赐予。这个观察非常重要，我相信，它将使财富论的面目焕然一新。

我愿读者记住，我在这里一般地研究人的肉体及精神构造、他的需要、他的能力，以及他和大自然的关系，而不涉及交换；我只在下一章才谈交换，那时，我们将看到社会交往是在哪方面和怎样改变这些现象的。

很显然，如果孤独的人应该用劳动、努力来购买他的大部分满足，我们可以准确无误地说，在他投入任何劳动、任何努力之前，他手头的材料都是大自然的无偿赐予。经过初步努力，不管是怎样轻微的努力，这些赐予就不再是无偿的了；如果政治经济学的用语向来是正确的，就是这种未经任何人类活动的材料被称为原料。

我在此重申，在投入劳动之前，大自然赐予的这种无偿性是有极其重大的意义的。因为，我在第二章中说过，政治经济学是价值论。我现在预先说，只有当劳动赋予事物价值时，它才开始具有价值。我想在以后证明，凡是对于孤独的人是无偿的东西，对于属于社会的人仍是无偿的，而大自然的无偿赐予，不论其效用如何，都无价值。我说，一个人无须任何努力就直接从大自然收取一种恩赐，他不能认为这是给自己提供的一种有偿服务，因此，他不能用大家共有的东西来对他人提供任何服务。然而，哪里不提供和接受服务，哪里就不存在价值。

我在此所说关于材料的一切也适用于大自然向我们提供力量。引力，气体弹性，风力，平衡法则，植物界，动物界，这些都是我们设法用来为我们服务的力量。我们为此而耗费的辛劳、智慧，总是可以收到报酬的，因为我们无须把我们的努力无偿地用于为他人谋求利益。但是，这些自然力量，从其本身来看，姑且不谈一切智力或体力劳动，都是上帝的无偿赐予，因而它们在复杂的人类交易中仍是无价值的。这就是本著作的中心思想。

我承认，如果自然协作经常是一律的，如果每个人随时随地从大自然接受始终相等而不变的协作，则这种观察意义不大。在此情况下，如果政治经济学不考虑这种始终和到处如一的、对交换服务有同样影响的因素，它就情有可原了。如同人们在几何中消去两个要加以比较的图形的共同部分一样，政治经济学可以忽视这种目前不变的协作，并且，像它至今所做的那样，只限于说："自然财富是存在的；政治经济学早就看到这一点，也就不再过问了。"

但情况并非如此。人类智慧是为利益所推动并佐以一系列发现的，它有一种不可阻挡的倾向，那就是，以自然无偿的协作来代替人类有偿的协作，以致某一特定的效用，虽然它的结果和它所供给的满足都一样，需要的劳动却愈来愈少。当然，无法不看到这个奇妙的现象对于价值概念的巨大影响。因为，其结果是怎样呢？那就是，在任何产品中，无偿部分要逐渐代替有偿部分；那就是，效用既然是有偿和无偿的合作的结果，那么，只和有偿合作有关的价值，随着大自然被迫作出更有效的协作，对于同一效用来说，就降低了。因此，可以说，人类拥有的价值愈少，他的满足或财富就愈多。然而，大多数作者把效用、财富、价值这三个用语作为同义词，从而产生了一种不仅是错误的，而且是违背真理的理论。我衷心相信，更为准确地说明这种自然力量与人力在生产劳动中的结合，换言之，给价值下一个更正确的定义，这将终止理论上错综复杂的混乱现象，并使目前有分歧的各个学派取得意见一致；我之所以现在就预先说出本阐述的后续部分，这是为了向读者说明为什么我停留在这些概念上，因为，否则读者是难以理解其重要性的。

在这段插话之后，我再来研究仅从经济观点来看待的人。

另一个经常为很多作者所忽略，而由萨伊作出的显而易见的观察结果，就是，从创造这个词的严格词义上看，人既不创造自然力量，也不创造材料。这些材料，这些力量本来就存在。人只限于把它们结合、移动来为自己的利益或他人的利益服务。如果这是为自己的利益，他就向自己提供服务。如果这是为他人的利益，他就对他的同类提供服务，并有权为此而要求一种等价的服务；从而又可看出，价值仍是与所提供的服务成正比例的，而绝不是与事物的绝对效用成正比例的。因为这种效用的绝大部分也许是大自然无偿活动的结果，在这种情况下，人的服务、有偿的和可报酬的服务的价值就很小了。这个事实来自上面提出的公理：为把一件东西引导到其完整的效用状态，人的作用是与大自然的作用成反比例的。

这个观察结果推翻了那个把价值置于事物的物质性中的学说。与此相反的说法才是正确的。物质性是由大自然赋予的一种性质,因而是无偿的、缺乏价值的,虽然它具有一种无可否认的效用。人的活动绝不能创造物质,这种活动只构成孤独的人自行提供,或者属于社会的人互相提供的服务,而价值的基础就是对这些服务的自由评价;因此,非但不像斯密所想的那样,价值只有和物质结合才可理解,而且物质与价值之间并无任何关系。

我谈到的错误学说曾严格地从其原理推论出,唯有那些运用物质的阶级才是生产性的阶级。这样,斯密就准备好了现代社会主义者们的错误,他们不断把他们称之为生产者和消费者之间的中间人,诸如批发商、零售商等描绘成非生产性的寄生者。这些中间人不提供服务吗?他们是否在为我们承受一种辛劳?在这种情况下,他们在创造价值,虽然他们并不创造物质;甚至于可以完全正确地说,我们大家,包括农民和制造商在内,彼此之间都是些中间人,因为谁也不创造物质,因为我们大家都只限于互相提供服务。

这就是我目前关于大自然的协作问题所要谈的。大自然根据气候、季节和我们知识的先进程度,以不同的标准但是始终无偿地把材料和力量交由我们支配。因此,这些材料和这些力量并无价值;如果它们有价值,那会是很奇怪的。我们根据什么标准来评估这种价值呢?如何了解大自然接受和给予报酬呢?我们将在以后看到,交换是确定价值所必需的。我们并不购买自然物资,我们收取这些物资,而且,如果为了收取它们而必须作出某种努力,价值原理就是在这种努力里面而不是在大自然的赐予里面。

现在,让我们谈谈人的活动,即一般所指的劳动。

劳动这个词,如同政治经济学使用的几乎所有的词一样,其含义是十分模糊不清的；每个作者给予这个词一种有伸缩性的意义。政治经济学并不像大多数科学那样，例如化学，具有创造自己的词汇的优越性。它所探讨的是自有世界以来人类所从事和经常谈论的事物，因此不得不使用它所找到的一些现成的用语。

人们常把劳动这个词的意义限于几乎专指人对于物的体力活动。所以人们把在生产中使用力量的那些阶级称为劳动阶级。

读者会理解，我给予这个词一种更广泛的意义。我认为，劳动就是应用我们的能力去满足我们的需要。需要，努力，满足，这就是政治经济学的领域。我们将看到，努力可以是物质的、智力的或者甚至是道德的。

无须在这里指出，我们所有的器官，我们所有的或者几乎是所有的能力都能够协作，并且确实正在生产中协作。注意力、精明、智慧、想象力肯定都包括在其中。

屠能先生在其大作《劳动的自由》中，以其完整的科学严谨性，把我们的道德能力列入使我们取得财富的因素；这是一种新的和富有成果的观念，也是一种正确的观念；它是用来扩大和提高政治经济学领域的。

我之所以在这里强调这个观念，这只是因为，它给我机会来初步探讨一个我尚未谈过的问题，即一个有力的生产因素的起源：资本。

如果我们一一检查用来满足我们的需要的物品，我们就会很容易承认，制造一切或者几乎一切物品所需的时间，即我们的一部分生命，要超过一个人所能付出的时间，如果他不恢复力量，即是说，如果他的一些需要得不到满足，这就假定，制造这些东西的人曾预先保留、存放、积累了在操作期间生活所需的各种用品。

对于非物质的需要也是如此。如果一个牧师要布道、一个教授要教学、一个法官要维持秩序，他们就需要由自己或他人准备好现成的生活资料。

让我们再追溯更远些。假设有一个孤独的人被迫以狩猎为生。如果每晚他消费掉日间所获得的全部猎获物，他就绝不能进行任何别的工作，例如建筑一间小屋子、修理他的武器；他因而永远也不会有任何进步，这是易于理解的。

这里不是阐明资本的性质和功能的场合；我唯一的目的就是使人们了解，某些道德品质，如秩序、远见、自我克制、节约，即使专从财富的角度来看，都是十分直接有助于我们境况的改善的。

远见是人的高尚特权之一，而且几乎无须说，在几乎一切生活环境中，谁最知道其决心和行为将有什么结果，谁就会更走运。

压制自己的嗜好，控制自己的热情，为了将来而牺牲眼前，为了一种高贵的，但是遥远的利益而忍受眼前的匮乏，这些都是形成资本的必要条件；同时，我们已约略看到，资本本身就是任何稍微复杂或者稍微延长的劳动的必要条件。十分明显，如果两个人处于完全相同的境况中，如果再假定这两个人的智慧和能动性也一样，他们之中，谁因积累了生活用品而能从事长期性的工作，改进其工具，因而使大自然的力量来协助实现其计划，谁的进步就会更大。

我不准备多说，只需稍事环顾周围就能深信，我们的一切力量、一切能力、一切品德都在协助人和社会前进。

由于同样理由，我们的任何恶行都是贫困的一个直接或间接原因。懒惰使努力这个生产动力陷于瘫痪。无知与错误把努力引入歧途；无远见为我们准备失望；放纵于眼前的嗜好妨碍资本的积累或形成；虚荣引导我们的努力，在损害真实满足的情况下，去致力于虚假的满足；暴力，诡计引起报复，迫使我们采取耗资的自卫预防措施，从而使力量大受损失。

这个对人的初步研究，我将以阐述需要时所作的一个观察来结束，那就是，本章中所指出的那些列入并构成经济学的因素，基本是变动的和各式各样的。需要、欲望、大自然所提供的材料和能力、体力、器官、智力、道德品质，这一切都因人、因时、因地而异。没有两个人在任何一方面都是相同的，更不用说在所有的方面；更有甚者，任何人在接连两小时期间也并不完全与自己相似；一个人知道的东西，另一个人却不知道；这个人欣赏的东西，那个人却厌恶；大自然在这里慷慨，在那里却悭吝；一种在某一温度下难以实行的美德，在别的气候条件下却易于实行。因此，经济学不像精确的科学那样，它没有一个尺度、一个它可用来作比较的绝对性、一条刻度线、一台它可用来测试欲望、努力和满足强度的仪表。如果我们，像某些动物那样，只从事单独的劳动，我们大家就会处于在若干方面各不相同的境况中，而且，这些外界境况即使相似，我们大家即使是在同样的环境中活动，在我们的欲望、需要、观念、洞察力、精力上，在对事物的估计和评价方式上，在我们的远见和活动上，我们在这种种方面还会是各有不同的，以致在人与人之间会出现一种悬殊而不可避免的不平等。当然，绝对的孤独，人与人之间完全没有往来，这只是在卢梭的想象中产生的一种幻觉。但是，假定这种被称为自然状态的反社会的状态从未存在过，试问卢梭及其信徒们是通过哪一系列想法来把平等置于其中的？我们将在以后看到，如同财富、自由、博爱和团结那样，平等是一个终点而不是起点。它来自社会的自然和正常的发展。人类并不脱离平等，而是趋向平等。这种说法是较为令人欣慰的和较为真实的。

在谈过我们的需要和我们取得这些需要的手段之后，我还须再谈谈我们的满足。满足是整个机构活动的结果。我们是通过人类所享受的物质、精神和道德方面的满足程度来判断这台机器工作的好坏。这就是为什么被经济学家们采用的消费这个词会含有深意，如果人们，在保存其原义的情况下，把它作为终结或完成的同义词。可惜，在通常的用语，甚至在科学的用语中，这个词在人的思想里产生一种物质的和粗俗的意义，这对于物质需要可能是正确的，但对于高一级的需要就不正确了。种小麦，织呢绒，都以消费而告终。但对于艺术家的劳动，诗人的诗词、法学家的思考、教授的教学、牧师的布道，这是否也如此呢？这里我们又发现这个根本错误的弊端，它使斯密决定把政治经济学局限在物质性范畴内：我经常使用满足这个词，认为它适用于我们的一切需要和欲望，更适应我认为能给予政治经济学的那个扩大了的范围。

有人常责备经济学家们专门关心消费者的利益："你们忘记了生产者。"但是，满足既然是一切努力的目的、终点，并像经济现象的大消费那样，满足本身就是进步的试金石，这难道还不明显吗？一个人的福利并不是以其努力来衡量，而是以其满足来衡量的；对于人的聚居区来说，也是如此。这也是，在谈到孤独的人时，谁也不予否认的真理之一，但是一旦应用到社会身上，人们就对之争论不休。遭到指责的句子的意义无非是：任何经济措施并不是以它所引起的劳动，而是以由此产生的最后效果来评价的，这个效果取决于大众福利的增加或减少。

我们在谈到需要和欲望时说过，没有两个人是相似的。对于我们的**满足**也是如此。大家对满足的评价各有不同；这是常识：爱好各异。然而正是由欲望的强烈程度和爱好的千变万化来决定努力的方向的。这里，道德对于职业的影响是明显的。可以设想一个孤独的人，他屈从于虚假的、幼稚的、不道德的爱好。不难看出，在此情况下，他的有限的力量将只有在损害更恰当、更聪明的欲望的情况下，才能满足堕落的欲望。但是一谈到社会，这个明显的公理就被看作是一个错误了。人们相信，被认为是个人贫困的源泉的那些虚假的爱好和幻想的满足，却是一种国家财富的源泉，因为它们为大批职业找到了出路。如果确实如此，我们便会得出一个很可悲的结论：这种社会状态把人置于贫困和不道德之间。政治经济学再一次以最令人满意和最精辟的方式来解决这些显而易见的矛盾。

第四章　交换

交换就是政治经济学，即整个社会；因为没有交换就无法理解社会；同样，脱离社会谈交换，亦是不可理解的。因此，我不打算在本章中对一个如此广泛的问题穷原竟委。本著作对这个问题也仅将提供一个初稿而已。

如果人们像蜗牛那样在彼此完全隔离的环境中生活，他们之间既不交换他们的劳动和思想，也不存在交易，那么，就不会有社会，只会存在一群群的人，一些人的群体，一些并排存在的个人。

我甚至说，不会有个人，因为对于人来说，孤独状态就是死亡。如果人离开社会就不能生活，严谨的结论就是，社会状态就是他的自然状态。

一切科学都归结为这个在十八世纪还如此不为人知的真理，它把政治和道德建立在相反的论点的基础上。于是，人们不满足于把自然状态来同社会状态对立起来，并且让前者对后者拥有明确的优势。蒙田①曾说："当人们生活在无联系、无法律、无语言、无宗教的环境中时，他们是多么幸福啊！"人们知道，卢梭体系对舆论和行为曾起到，并仍在起着多么大的影响，它全部建立在这样假

---

① Montaigne（1533—1592），法国作家，著有《试笔》，主怀疑论。——译者

设的基础上，即有朝一日，众人不幸约定放弃无可指责的自然状态，而代之以动乱不安的社会状态。

本章的目的并不在于汇集人们对这个危害政治学的最有害的根本错误所提出的一切驳斥，因为，如果社会产生于发明和约定，那么，每个人都能发明一种新的社会形式，而这正是自卢梭以来的思潮。我认为，证实孤独状态排斥语言似乎很容易，正如没有语言就没有思想一样；无疑，一个去掉思想的人就绝不是自然界的人，甚至不是人。

但是，从对交换的观察中，无须我们去寻求就会直接得出对卢梭学说所依据的思想的一个不容置辩的驳斥。（需要，努力，满足，这就是在经济观点上表现的人。）

我们已看到，处于两端的词基本上是不能转移的，因为它们是在感觉中形成的，它们就是感觉，而感觉则是世界上最属于个人的东西，形成于努力之前并决定这个努力的感觉是如此，形成于努力之后并构成对这个努力的报偿的感觉也是如此。

因此，被交换的是努力，而不是别的，因为交换牵涉到活动，而且唯有努力才表现我们的活动根源。我们不能替别人受苦或享乐，虽然我们对他人的痛苦和快乐有感受。但是我们能够互助、互相提供劳动、互相提供服务，用我们的能力或来自我们能力的东西去为他人服务，只需他人以相等的服务来偿还这个服务。这就是社会。那些交换的原因、效果、法则则构成政治和社会经济。

我们不仅能够这样做，而且必须这样做。我肯定地说：我们的组织就是我们必须互相提供劳动的组织，否则就要死亡，甚至立即死亡。如果情况是这样，社会就是我们的自然状态，因为我们只能在这个状态中生活。

关于需要和能力的平衡问题，有必要提出一个注意事项，这是使我对于支配我们命运的上帝所做的安排永远表示赞赏的注意事项。

在孤独状态中，**我们的需要超过我们的能力**。

在社会状态中，**我们的能力超过我们的需要**。

所以，孤独的人不能生存；对于处在社会状态的人，高一级的欲望取代最迫切的需要，他就这样逐渐进入一种无人可加以限定的、精益求精的历程。

这并非夸夸其谈，而是一个能以推理和类比来精确证明的论点，如果它不是已被经验所证实。它为什么不能为经验、为直接观察所证实呢？恰恰是因为它是真实的，恰恰是因为，既然人不能在孤独状态中生活，就无法在真实环境中证明绝对孤独的效果。感官无法感觉到不存在的事物。人们能向我证明，三角形从未有过四边，但不能作为根据，给我看一个有四边的三角形。如果真能做到，以上论点就会被这种展示本身所推翻。同样，要我提出一个经验证明，要我研究在真实环境中孤独状态所产生的后果，这就是给我强加一种矛盾，因为，对于人来说，孤独状态和生存是相互排斥的，而且人们从未见过，并且将绝不会看到互不联系的众人。

如果有些动物，我不知道是否有，因其身体构造注定要在绝对的孤独状态中度过一生，显然，大自然会在其需要与能力之间安排一个正确的比重。如果这些动物的能力高强，那么，它们可以日臻完善和逐渐进步，这是人们尚能理解的。但是，需要与能力之间准确的平衡使它们停滞不前，高尚的需要就无法设想。在它们刚出生时，即在生活中初次出现时，它们就必须具有满足它们需要的充分能力，或者至少其能力与需要协调地发展，否则，这些动物就会在出生时死去，因而我们也就无法进行观察。

在我们周围的一切生物中，任何生物的需要都肯定不及人的需要多。任何生物都不像人那样幼年如此羸弱、如此漫长、如此一无所有、成年时又担负如此重大的责任、晚年又是如此虚弱和受苦。而且，好像人觉得他的需要还不够多，他还有爱好也需由他的能力来加以满足。人刚能吃饱，就想要山珍海味，刚能蔽体，就想修饰一番，刚有栖身之所，就想美化他的房屋。其精神之不安不亚于其肉体之需求。他想深究大自然的奥秘，驯服动物，控制自然力，深入大地心脏，漂洋过海，乘风破浪，废除时空；他想认识他的动机、动力以及他的意志和心灵的规律，控制他的情欲，获得永生，和他的造物主并驾齐驱，使大自然、他的同类、他自己，总之，一切都服从他的权力：总之一句话，他的欲望在无穷中无限扩张。

因此，任何其他生物的能力都不会像人的能力那样发展。只有人能比较和判断，只有人能推理和说话，只有人能预见，只有人为将来而牺牲眼前，只有人把他的工作、思想和经验的宝库一代一代传下去，最后，也只有人能有可完善性，其无法估量的链子似乎甚至是系在这个世界之外的。

让我们在这里做一个经济观察。不论我们能力的领域如何广大，它也不能把我们一直提高到具有创造力。因为人不能增加或减少现有的分子数目。人的活动仅限于改造和结合分布在他周围的物质，使其适于自己的用途（萨伊语）。

改造物质以便增加其对我们的效用，这就是生产，或者，这就是一种生产方式。我从中得出的结论是,价值绝不会存在于这些物质本身之中,而是存在于为改造这些物质而加入的努力以及通过交换而与其他类似的努力做过比较的努力里面,这一点,我们以后将会看到。所以,价值只是对所交换的服务的评价,不管曾加入物质与否。例如,我为别人进行一次外科手术,是一项直接的服务;或者,我为他制作一种药品,这是一项间接的服务;在这两种情况下,价值观念是完全一样的。在后一种情况中,效用存在于物质里,而价值存在于服务里,在一个人为别人所做的物质的和智力的努力之中。人们把价值归因于物质本身,这纯粹是出于隐喻,而在这种场合如同在其他很多场合一样,隐喻却使政治经济学走了弯路。

我回过来再谈人的构造。如果人们只停留在上述概念上,那么,人区别于其他动物的地方也只在于他有范围最广泛的需要和能力上的优势,因为一切动物都服从于需要并具备能力。鸟为寻找适宜的气候而长途飞翔;海狸在其修筑的桥上过江;雀鹰公开逐猎;猫伺机捕鼠;蜘蛛网罗昆虫;一切动物都为求生存与繁殖而劳动。

然而,一方面,大自然在动物的需要和能力之间安排了一个正确的比重;另一方面,如果它对人表现得更为伟大和慷慨,如果它为迫使人生活于社会之中而宣布:在孤独状态中,人的需要会超过其能力,而在社会状态中,他的能力却会超过其需要,并会为其高尚的享受开辟无限天地,我们就应承认,如同在人与造物主的关系中,他因有宗教意识而高于禽兽,在人与其同类的关系中,他要依靠公正,在人与其本身的关系中,他要靠道德来提高,同样,在人与其生活和发展手段的关系中,人又由于一个值得注意的现象而表现得出色。这个现象就是交换。

一个无交换能力的人，他即使未从地球上消失，也得永远沉沦在那种贫困、一无所有和无知的状态之中，这还要我来描绘吗？

一位最知名的哲学家，在一本使历代儿童入迷的小说中，向我们展示了一个人如何用他的精力、积极性、智慧克服了绝对孤独的困境。他为了阐明这个高尚的人的一切本领，就假定，这人偶然退出了文明世界。因此，笛福[①]的构思就把一个只身的鲁滨逊抛到绝望之岛，他衣不蔽体，缺乏协作、分工、交换、社会，这一切能增加人力的东西。

然而，虽然障碍只是想象出来的东西，如果笛福过于忠实地发挥其思想，而不对社会状态作出必需的让步，不容许他书中的主人公从遇难的破船中救出若干必需品，如粮食、火药、一支枪、一把斧子、一把刀、绳子、板子、铁器，等等，那么，他的小说就会失掉真实感；这就是一个有决定意义的证据，它证明，社会是人的必需的环境，因为连一个小说家都不能让他的人脱离社会环境而生活。

请注意，鲁滨逊带到孤独状态中去的还有一件更要贵重千百倍的社会宝库，一件波浪无法淹没的东西，我要说的是他的思想、记忆、经验甚至他的语言，因为没有语言，他就不能与自己谈心，就不能思维。

我们有一种可悲的和不合理的习惯，即把我们身受的痛苦归咎于社会状态。如果我们想要对处于两个不同的进步和完善阶段的同一个社会进行对比，我们的这种想法在一定程度上是对的；但

① Daniel de Foë，《鲁滨逊漂流记》的作者。——译者

是，如果我们把即使是不完善的社会状态同孤独状态对比，我们就错了。为了能够肯定社会使人的状况恶化（我不是指一般情况的人，而是指一些最悲惨的人的状况），首先必须证明，我们最苦的同胞，在社会状态中，所必须承受的贫穷痛苦的负担比在孤独状态中会承受的要重。然而，请考查一下地位最低的短工的生活吧。请你们详细查看一下他每天的消费品。他穿的是几件粗衣，吃的是一点儿黑面包，睡在屋里地板上。现在请你们想想，缺乏交换手段的孤独的人是否可能取得这些粗衣、这点儿黑面包、这个硬地板、这个陋室？对自然状态最热衷的欣赏者卢梭本人也承认，这是根本不可能的。他说，人们一无所有，赤身裸体，睡在露天。因此，卢梭为了赞扬自然状态，竟然认为幸福是在困境之中。但我可以肯定，这种消极的幸福是妄想，而且孤独的人必然会在很短时间内死去。也许卢梭甚至会说，这就是完善所在。这样，他会前后一致，因为，如果幸福就在困境之中，完善就存在于虚无之中。

我希望，读者不要从以上的叙述里得出结论说，我们对同胞的社会性的痛苦无动于衷。虽然这些痛苦在不完善的社会中要比在孤独状态中少，我们却仍然衷心召唤进步，以不断减少这些痛苦；但是，如果孤独状态是比社会状态中最坏的东西还要坏，我就有理由说，它使我们最迫切的需要完全超过我们的能力。

交换是如何为了我们的利益而把这个次序颠倒过来，让我们的能力超过我们的需要呢？

首先，这个事实已由文明本身所证明。如果我们的需要超过我们的能力，我们就会是些径直退化的生物；如果出现平衡，我们就会是些永远停滞不前的生物。但是，我们在进步，因此，社会生活的每个时期，同前一个时期相比，在获得一定数量的满足后，就腾出我们的一部分能力作为备用。

让我们试行说明这个奇妙的现象。

我认为，孔狄亚克[①]对这个现象的说明似乎是完全不充分的、经验主义的，或者不如说，他什么也没有说明。他说："交换仅仅因为缔约双方都获利而完成，否则就无交换可言。因此，每一次交换对于人类都意味着双方的利益。"

即使这个提法是对的，人们也仅能从中确认一个结果。无病呻吟者[②]就是这样解释鸦片的麻醉性能的：

Quia est in co
Virtus dormitiva
Quae facit dormire[③]

你们说，交换构成两利。问题在于知道为何和如何构成两利。这是既成事实的结果。但是，这个事实为何完成了呢？什么动机促使人去完成这个事实呢？是否交换本身具有一种神秘的、必然有利于人而又无法说明的性能？

另外一些人认为，交换的好处在于互通有无。他们说，交换就是用剩余的东西换取必需的东西，一种物物交换。除了这是违反我们亲眼看到的事实之外（因为谁敢说，农民出让他所耕种的、却

① Condillac（1715—1780），法国哲学家，著有《人类认识起源论》和《感觉论》。——译者

② Malade imaginaire，喜剧，莫里哀的最后一部作品。——译者

③ 拉丁文：因为鸦片具有使人睡眠的性质。——译者

决不吃的小麦是剩余的东西),我在这个原则中确实看到两个人如何偶然达成协议,但我却看不到关于进步的解释。

对于交换的观察将使我们获得一个更令人满意的解释。

交换有两种表现形式:协力、分工。

很显然,在很多情况下,几个人的协力总要高于他们中每个人单独的力量的总和。譬如说,搬动一件重的东西。一千个个人可能会接连失败,但是四个人联合起来就有可能成功。试想,如果没有这种团结,世界上就会有多少事情是绝不能完成的!

这尚且仅是为了共同目的所做的体力联合。大自然赋予我们各种各样的体力的、智力的、道德的能力。在这些能力协作中,结合的形式是无穷尽的。譬如说,筑一条路或者巩固国防,是否应该实现这种有益的事业呢?为了集体的利益一个人贡献力气,另一个人贡献灵敏,这个人贡献胆量,那个人贡献经验、远见、想象力甚至他的声誉。不难理解,同一些人如果每人单独行动,他们就不能取得同样的结果,甚至不能设想这种结果。

然而,协力意味着交换。人们要想同意协作,他们就必须在心目中有分享所获得的满足的展望。按照协议的比例,每个人让他人从自己的努力中得到利益,同时,自己也从他人的努力中得到利益,这就是交换。

人们在这里看到,这种形式的交换如何增加我们的满足。这是因为同样强度的努力,一经联合起来,就能获得更大的成绩。这里毫无所谓以剩余换取必需的物物交换的迹象,也无孔狄亚克所提出的双重的和经验主义的利益的迹象。

对于分工,我们也有同样的看法。事实上,如果仔细观察一下，自行分配职业，这无非是另外一种更为经常的协力、合作、组合的方式；而且现在的社会组织，只要它承认自由交换，就是最美好的、最广泛的组合，这种说法是十分正确的，并将在以后得到证实：这种组合要比社会主义者们所梦想的那些组合卓越得多，因为它以一个奇妙的机构同个人的独立性调和起来。每个人可以随时进入或退出组合。他向组合提供他愿意提供的东西；他从中取回一份较为优越而始终递增的满足，这种满足是按照公正法则和根据事物的性质来决定的，而不是由一个领袖的专断来决定的。但这里，这个观点似乎是一种预测。此刻，我要做的就是说明分工如何增强我们的能力。

在这个问题上，我们不准备多谈，因为它是并不引起异议的少数问题之一，但稍加说明却并不是无益的。也许人们轻视了这个问题。为了证明分工的威力，人们着重指出了分工在某些制造厂中例如别针厂中所完成的奇迹。可以把这个问题提高到一个更全面的和更带有哲学性质的观点上。习惯势力具有这样一种奇异的特性，它使我们对我们置身其中的环境里所发生的现象熟视无睹。卢梭曾说过一句十分中肯的话："观察日常所见需要不少哲理。"因此，有必要提醒人们，他们并没有意识到交换给他们带来的好处。这样提醒一下，并不是无益的。

交换能力如何把人类提高到了我们今天所看到的高度？这是通过它对劳动、自然要素的协作、人的能力和资本所施加的影响而达到的。

亚当·斯密在交换能力对劳动的影响这个问题上曾很好地加以证明。

这位著名的经济学家说:“同等数目的人通过分工而能提供的工作量,其增长是由三种情况决定的:1.每个劳动者所获得的熟练程度;2.时间的节省,因为从一类职业转到另一类职业当然要浪费时间;3.每个人聚精会神地去达到一个目标,因此有更多的机会发现达到这一目标的更容易、更快速的方法。

那些和亚当·斯密一样的人把劳动看成是财富唯一的源泉,于是就局限于探讨分工以后的劳动是如何得到完善的。但是我们已在前一章中看到,劳动并不是我们的满足的唯一要素。自然力量在协作,这是无可异议的。

因此,在农业方面,阳光和雨水的作用、隐藏在土壤中的养分、散布在大气中的二氧化碳气,这些肯定都是在植物生产过程中同人类劳动协作的要素。

在制造工业中,某些物质的化学特性、瀑布的能量、蒸汽的膨胀力、引力、电力向我们提供类似的服务。

在商业方面,为了人类利益,已经利用某些动物的力气和本能,利用能使船只扬帆的风力,利用使指南针起作用的磁场定律。

有两条不容置辩的真理。其一,人愈是善于利用大自然的力量,他就愈是万事俱备。

其实,人以同样的努力,在一块宜于种植的良田上比在不毛的沙土上或不能生产的岩石上要获得更多的小麦,这是显而易见的。

其二,自然要素在地球上的分布是不均衡的。

谁敢说,一切土地都适于同类作物的耕种,一切地区都适于同一类的工业?

然而,如果自然力量在地球各处确实分布得不均,如果,另一方面，人愈是善于利用自然力量，他便愈富有，那么，交换能力就能以无法估量的比重增加这些力量的有效协作。

这里我们又看到无偿效用与有偿效用。由于交换，前者在代替后者。因为，如果由于缺乏交换能力，在赤道上生活的人被迫生产冰，而在两极附近生活的人则要生产糖，他们就必须以多得多的辛劳来生产现在热和冷无偿地向他们提供的东西。同时，对于他们来说，自然力量在很大程度上会处于无用状态，这不是明显的事吗？由于有了交换，人们才普遍地运用这些力量。在适宜种小麦的土地上种了小麦，在宜于栽种葡萄的土地上，栽种了葡萄，海边有渔民捕鱼，而山上则有樵夫砍柴。在这里，人们利用水，在那里，风车代替十个人力。大自然变成一个无须供给衣食的奴隶。我们无须偿付它的服务，也无须以我们的服务来交换。我们既不付钱，我们的良心也没有负担。[①] 同样数量的人类努力，即同样的服务、同样的价值所实现的效用总和愈来愈大。每一特定的结果仅吸收一部分人类活动；另一部分则由于自然力量的参与而成为备用的，闲置的那一部分人类活动就被用来应付新的障碍，满足新的欲望，实现新的效用。

交换对于我们的智力的作用之大，使得最活跃的想象力也无法估计其影响。

特拉西[②]先生说："我们的知识是我们获得的最宝贵的财产，

---

① 这个奴隶以其优越性终将降低其他一切奴隶的作用和释放所有的奴隶。这种和谐，我让读者的洞察力去观察其后果。——原注

② Tracy (1754—1832)，法国感觉论派哲学家。与孔狄亚克的观点相似，称自己的学说为观念学。——译者

因为它们指导运用我们的力量，并且，随着知识变得更加健全和更加广泛，这种运用更富有成果。然而，任何人也不能万事精通，而且学习要比发明容易得多。当几个人在一起交流情况时，其中一个人所观察到的东西很快就会被其他的人知道，而且只要其中有一个有创造才能的人，一些宝贵的发现就会很快成为大家的财产。因此，知识应当比在孤独状态中更为迅速地增长，且不说，知识能够保存下来，因而是能世世代代积累的。

一方面，大自然向人类提供多种多样的资源；另一方面，它在人类能力的分配上也并非千篇一律的。我们大家并不都具备同样程度的力气、胆略、智慧、耐性，和艺术上、文学上、技艺上的禀赋。如果没有交换，这种差异就不会有利于我们的福利，而会促成我们的贫困；每个人对他的能力所带来的好处习以为常，而对他所缺少的能力造成的困难却感受很深。由于交换，在一定程度上，有力气的人可以无需天才，而有知识的人可以无需力气：因为，通过人们之间建立起来的令人赞赏的集体，每个人都分享其同类的特长。

在大多数情况下，运用自然要素还不足以满足人的需要和爱好。还必须有工具、机器、储备品，总之，必须有资本。假设有一个由十户组成的小部落，其中每户专为自己一户劳动，每户就须从事十种不同的职业。每户家长将必须有十套职业设备。部落中将有十张犁、十对牛、十台锻炉、十个粗细木作坊、十台织布机，等等；通过交换，只要有一张犁、一对牛、一台锻炉、一台织布机，这就够了。交换给资本带来的节约是无法计算的。

读者现在或许明白了交换的真正力量所在。并非像孔狄亚克所说，交换意味着两利，因为缔约的每一方估计所收受的要多于所给予的。更非其中每一方出让了剩余的东西来获得必需的东西。当一个人对另一个人说："你只做这个，我将只做那个，然后我们来分享"时，劳动、能力、自然要素、资本就被更好地运用，因而有更多的东西可以分享，事情就是这么简单。如果有三个、十个、一百个、一千个、几百万人组合起来，那就更不待言了。

因此，我所提出的两点看法是千真万确的，即：

在孤独状态中，我们的需要超过我们的能力。

在社会状态中，我们的能力超过我们的需要。

第一个看法是正确的，因为整个法国也不会让仅仅一个在绝对孤独状态中的人生存下去。

第二个看法是正确的，因为，事实上，法国的人口和福利都在增长。

交换的演进。交换的原始形态就是易货（即以物易物）。两个人中每个人都有一种欲望并拥有能满足另一个人的欲望的物品；他们互相出让，或者协议各自做一样东西，然后按照商定的比例来分享总产品。这就是易货，即社会主义者们所说的交换，即交易，雏形的商业。我们在这里看到作为动机的两种欲望、作为手段的两种努力、作为整个演变的结果或结束的两种满足。在孤独状态中完成的演变基本上是相同的，只是在社会状态中，欲望和满足，根据其性质，是不可转移的，所交换的仅是努力而已；换言之，两个人为彼此劳动，他们互相提供服务。

所以，政治经济学就是真正从这里开始的，因为我们在这里才能观察到价值的初次出现。易货只有经过协议、商讨才完成；缔约的每一方都根据其个人利益做出决定，其意图是："如果易货能使我以较少的努力来满足我的欲望，我就进行。"以较少的努力取得同样的欲望和满足，这的确是一个奇妙的现象，这一点我在本章第一节中所作的论述中已加以说明。

当两种产品或两种服务进行交换时，人们可以说它们是等价的。我们以后将要深入研究价值的概念。目前，这个泛指的定义已够用。

人们可以设想包括缔约三方的环形易货。例如，保尔向皮埃尔提供一项服务，皮埃尔向雅克提供一项等价的服务，而雅克又向保尔提供一项等价的服务，一切就这样达到平衡。我无须说，这个循环之所以能进行，就是因为它使各方都受益，而又不改变易货的本质及其结果。

即使缔约者的人数更多，易货的本质依然会保持不变。在我的市镇里，葡萄种植者以酒支付铁匠、理发师、裁缝、教堂执事、本堂神甫、杂货商的服务。铁匠、理发师、裁缝也以他们从葡萄种植者那里收到的酒支付杂货商，以换取他们常年消费的货物。

我要一再重复，这种环形易货丝毫不损害在前几章中所提出的那些最重要的概念。当演变结束时，每个参加者都提供了三个现象：欲望、努力、满足。其中只多了一样东西，努力的交换，服务的转移，分工及由此而产生的一切利益。每个人都分享了这些利益，因为单独的劳动是一种一直保留下来的万不得已的办法，而人只是为了某种利益才放弃单独的劳动。

以实物进行的环形易货不能得到很大的发展，这是易于理解的，我也无须强调阻止其发展的那些障碍，举例说，某人想用他的房屋换取全年所需的各种消费品，他将怎么办？在任何情况下，易货都不能脱离相识的人的狭窄圈子。如果人类未曾发现一种便利交换的方法，分工和进步就会很快地达到极限。

所以，从社会建立时起，人就把小麦、酒、动物和几乎所有的金属作为媒介货物引进交易。这些货物多少总算顺利地完成了使命，但是，只是努力在其中可由价值表现出来，因为要进行转移的无非是努力，任何货物都是可以作为媒介的。

由于这种媒介货物的协助，出现了两种经济现象，人们称之为卖和买。显然，卖和买的观念并不包含在简单易货之内，甚至也不包含在环形易货之内。当一个人用饮料向另一个人换取食物时，这仅是一个不可分割的事实。然而，在政治经济学开始部分就应注意的是，通过一种媒介来完成的交换并未失去易货的性质、本质、特性；这只是一种复合的易货而已。按照萨伊十分明确和十分深刻的看法，这是一种具有两种因素的易货，其中之一是卖，另一个是买，两种因素必须结合在一起才能构成完整的易货。

一种方便的易货方法在世界上的出现确实并不改变人类的本性，也不改变事物的本质。对于每个人，始终是需要决定努力，和满足报偿努力。只有当一个人为他人做出一种努力从而获得了等价的服务，即获得了满足时，交换才算完整。为此，人出卖其服务来换取媒介货物，然后以此媒介货物买进等价的服务，于是两种因素对于他又构成简单易货。

例如一位医生。他多年致力于疾病和药物的研究。他治疗病人，指导他们，总之，他提供了服务。为补偿医生的服务，病人所提供的不是构成简单易货的那种直接服务，而是给予他一种媒介货物，金属，使他用来获得满足，而这些满足，归根结底，就是他所追求的目标，病人并未向他提供面包、酒、家具，而是这些东西的价值。病人能出让金钱，就是因为他们自己以前曾为获得这些金钱而提供过服务。因此，他们的服务得到了补偿，医生的服务也得到了补偿；如果有人能通过想象把这种循环观察到底，他就会看到，由于货币的介入，交换分解为众多的简单易货。

在简单易货制度下，价值就是对两种所交换的服务的评价，这两种服务之间可直接进行比较。在复合交换制度下，两种服务也互相评价，但是通过人们称为货币的媒介货物来比较。我们将在以后看到从这种错综复杂情况中产生出哪些困难、哪些错误。在这里，我们只需注意，这种媒介货物的出现丝毫不损害价值的概念。

一旦承认交换兼为分工的原因和结果，一旦承认分工使努力成正比地增加满足(其原因已在本章开始时加以阐述)，读者便很容易理解，由于货币便利了交换，它因而对人类提供了服务。由于货币的出现，交换才能得到真正无限的发展。每个人把他的服务投入社会，而并不知道谁将从他的服务身上获得满足；同样，每个人从社会上所取得的并不是那时的服务而是金钱，最后，他将用这些金钱随时随地购买服务。这样，在谁也不知道的情况下，至少在大多数情况下，交易可在不同的时间和空间、在不相识的人之间进行；某人的需要将由不知是谁的努力得以满足，而此人自己的努力则将去满足不知是谁的欲望。交换以货币为媒介，成为互不相识的各缔约方之间的无数次的易货。

然而，交换给社会带来的利益是如此之大(而且难道交换不就是社会本身吗?),以致社会为了便利交换、扩大交换,不仅限于采用了货币。按照逻辑次序,首先,通过单独的努力,需要和满足在同一个人身上结合在一起实现,然后,出现简单易货,然后,出现两种因素的易货,即由卖与买组成的复合交换,最后,通过信贷、典契、汇票、钞票,等等,交易在时间上和空间上都得到扩充。这些从文明中诞生的奇妙的机制使文明完善,并和文明一起自行完善。就这样,今天在巴黎所实现的一种努力将穿越海洋和世世代代地去满足一个陌生人;而从事这种努力的那个人现在依旧可得到他的报酬,办法是,由一些人预先垫付这个报酬,而这些人则同意向远方或日后取偿。这种错综复杂的情况既令人惊异又妙不可言。经过仔细的分析,它最终向我们表明,需要、努力、满足这个完整的经济现象是按照公正法则在每个人身上完成的。

交换的界限。交换的一般性质是缩小努力与满足的对比。介于我们的需要和满足之间的障碍,通过协力或分工,即通过交换,是可以减少的。但交换本身也遇到障碍,要求作出努力。它发动大量的人类劳动,这就是证明。贵重金属、道路、运河、铁路、车辆、船舶,这一切东西消耗极大一部分人类活动。请看,有多少人专门从事便利交换的工作,有多少银行家、批发商、零售商、掮客、车夫、水手啊!这部巨大而耗资的机器比一切推理更好地证明交换能力中蕴藏的力量;否则人类如何会同意进行呢?

既然交换的性质就在于节省努力和要求做出的努力,这就易于了解它有哪些自然界限。有一种力量推动人在两种坏事中总是选择那种最小的。因此,只要所要求的努力少于他所节省的努力,交换就将无限地扩大。但如果由于交换中的困难,通过分工而获得的满足总和少于直接生产所得的满足，交换就将自然而然地停止。

试举一个部落为例。如果它想获得满足，它就必须做出努力。它可向另一个部落说：“请为我们做出这个努力，我们将为你们做出另一个努力。”假如第二个部落，由于它的处境，能在较大的程度上得到无偿的自然力量的协作，这个协议就对大家都有利。在此情况下，它将以 8 分努力来实现第一个部落原来要用 12 分努力才能实现的结果。由于只需 8 分努力，第一个部落就节省了 4 分努力。但运输费用、中间商的报酬接踵而来，一句话，随之而来的是交换机器所要求的努力，显然，必须把它加到 8 分上。只要交换本身所要求的努力不超过 4 分，它就将继续进行。一旦达到这个数字，它就将停止。无须为这个问题制定法律；因为或者，在达到这个水平之前，法律加以干涉，这样法律就是有害的，因为它阻碍了努力的节省，或者，法律在事后进行干涉，在此情况下，它就是多此一举了，因为这好像一项禁止在中午点灯的法令那样。

当交换由于不再有利而停止时，商业机器中的少许改进就会使交换重新活动起来。在奥尔良和安哥来姆之间完成一定数量的交易。这两个城市，每当用此办法获得的满足都多于它们直接生产所得到的满足时，就进行交换。当通过交换的生产，由于加上交换本身的费用，超出或达到直接生产的努力时，交换就停止。在此情况下，如果人们改进交换机器，如果商人降低其协作的价格，如果人们打通一座山，如果人们在河上架一座桥，如果人们铺一条路，如果人们减少障碍，交换就将发展，因为人们想从公认的利益中获得好处，因为人们想获得无偿效用。因此，商业机器的改进等于让两个城市在物质上接近。而人们在物质上的接近等于是交换机器的改进，这一点是十分重要的；这就是人口问题的解决办法；这是马尔萨斯在这个重大问题上所忽略的一个因素；马尔萨斯所看到的失调之处，正是这个因素使我们看到和谐。

如果人们进行交换，这是因为他们用这个方法能以较少的努力达到同样的满足，其理由则是，他们彼此提供服务，这些服务，作为渠道，带来更大比重的无偿效用。

然而，交换遇到的障碍愈少，它要求的努力愈少，人们就愈是进行交换。

而人们愈是接近，交换所遇到的障碍就愈少，它要求的努力也就愈少。因此最大密度的人口必然伴随有更大比重的无偿效用。它给交换机器以更大的能力，腾出一部分人类备用力量；它是进步的一个原因。

让我们现在离开概论，而看看事实：

一条长度相等的街道在巴黎所提供的服务难道不比在一个荒凉的城市中为多吗？一条一公里长的铁路在塞纳省所提供的服务难道不比在郎德省为多吗？一个伦敦商人，由于进行大量的交易，难道不能满足于从他做的每笔交易中收取较少报酬吗？在任何情况下，我们将看到，两个相同的交换机器，在人口密集的或人口分散的环境中，它们所提供的服务大不相同。

人口的高密度不仅使交换机器更有成效，而且能够使这个机器扩大和改进，因为在人口密集的环境中节省的努力要多于所需的努力，而这种有利的改进在人口分散的环境中就不能实现，因为所需的努力会多于能节省的努力。

当人们暂时离开巴黎住到外省一个小城市的时候，在很多情况下，要费钱费时和排除万难才能得到某些服务，人们对此感到惊奇。

由于人口密度这唯一事实，运用和改进的不仅是商业机器的物质部分，还有它的精神部分。彼此接近的人们知道更好的分工、协力，联合起来创办学校和博物馆，建筑教堂，保障安全，开设银行或保险公司，总之，每人以少得多的努力来获取共同的享受。

我们在讨论人口的时候，将对此再进行研究。目前，我们只限于提出下述意见：

交换是给予人们的一个手段，它可使人的能力更有成效，可节约资金，可使大自然的无偿要素更多地配合，扩大无偿效用对有偿效用的比重，因而缩小努力与结果的比例，使人们腾出一部分备用力量，即从其力量中除去用在最迫切的首要需要方面的日益巨大的部分，使之致力于愈来愈高级的享受。

一方面，交换节省努力；另一方面，它也要求进行努力。它扩大范围、获得进展、增加数量，直到它所需要的努力与它所节省的努力相等为止，然后停下来，直到商业机器有了改进，或仅仅由于人口密集和人们的接近，它才又恢复发展。由此可见，限制交换的法律始终是有害的或多余的。

那些始终认为没有它们就不会有任何福利的政府拒绝了解下述的和谐的法则：

交换自然而然地发展，直到其有偿程度超过有用程度为止，并且以此为界限而自行停止。

所以，人们看到那些政府到处忙于发展交换或者限制交换。

为了把交换发展到超越它的自然界限之外，它们去征服市场和殖民地。为了把交换抑制在它的自然界限之内，它们又千方百计地限制和妨碍它。

人类交易中的这种强制力的干预是贻害无穷的。

这种强制力的增加本身就已构成第一个祸害，因为，很显然，国家若不大肆增加其官吏，就不能进行征服、统治遥远的地方，就不能通过海关的作用来扭转商业的自然趋势。

国家强制力的偏差是一个比它的增加更大的祸害。它的合理的使命本应是保护一切自由和一切财产的，而现在却被用来破坏公民的自由和财产。政府就这样似乎致力于在理智上磨灭一切概念和一切原则。一旦压迫和掠夺披上了合法的外衣，只需通过法律或国家强制力，并在公民之间予以实行，从而使压迫和掠夺的正当性得到承认，人们就会逐渐看到，每个阶级都要求其他一切阶级为它作出牺牲。

在交易中，这种强制力的干预或者会导致一些可能达成却未达成的交易，或者会防止一些本来会达成的交易，但这种干预却不会同时造成劳动和资金上的损失和转移，从而扰乱人口的本来会自然形成的分布。自然利益在这一点上消失，在另一点上却出现人为的利益，而人则因利之所在，势必趋之若鹜。人们就这样看到，在不应建立大工业的地方建立了巨大的工业，例如，法国在制糖，英国在纺织来自印度平原的棉花。必须经过长期战争，鲜血遍地，所费不赀，才会达到这样的结果：在欧洲，用朝不保夕的工业来代替富有活力的工业，因而给危机、失业、不稳定、最终给贫困造成机会。

但是我发现，我是在做预测。我们首先应该认识人类社会自由的和自然的发展的规律。然后，我们再研究其扰乱情况。

交换的道义力量。我们会冒犯近代感伤主义学派，但是必须重申：政治经济学是研究人们称之为贸易的，而贸易则是在个人利益的影响下完成的……社会主义的清教徒们再三叫嚷："真可怕啊，我们将改变这一切；"这是徒劳的。他们在这方面的夸大其词已被永远地戳穿。请你们以博爱的名义，到伏尔泰码头去买这些夸张词句吧！

把个人利益所决定和指挥的行为说成是美德，这是陷入另一类夸大其词。但是，巧妙的大自然确实把社会秩序安排得很好，使这些丧失道义动机的行为获得有道义的结果。劳动难道不就是如此吗？然而我说，交换，或者处于简单易货状态，或者成为广泛的贸易，在社会中发展较其动机更为高尚的趋势。

我并非想把凡是造成我们命运的伟大、光荣和魅力的一切都归因于一个唯一的能力！如同物质世界中的两种力量那样，一种从圆周走向中心，另一种自中心走向圆周，在社会中也有两个要素：私人利益和同情心。谁会可怜到不了解，通过友谊、爱情、孝心、父爱、慈爱、爱国心、宗教信仰、对于善和美的热忱表现出来的同情所产生的好处和快乐呢？有些人说，同情只是个人主义的一种漂亮形式，而爱他人，实际上只是爱自己的一种聪明方式。这里不便深究这个问题。不论我们两种天赋的能力是分明的还是混淆的，我们只需知道这两种能力，远不像人们不断在说的那样，互相冲突，而是互相结合并协同实现同一结果：普遍的福利。

我已证明了下面两个命题：

在孤独状态中，我们的需要超过我们的能力。

通过交换，我们的能力超过我们的需要。

它们阐明了社会存在的理由。下面是另外两个保障社会无限完善的命题：

在孤独状态中，幸运事件互相妨碍。

通过交换，幸运事件相辅相成。

如果大自然注定人们过孤独生活，一个人的幸福就会妨碍另一个人的幸福，这还需要加以证明吗？他们的人数愈多，获得好处的机会就会愈少。在任何情况下，人们清楚地看到人多会妨害什么，却不了解怎样去利用人多。而且我还要问，同情心会以哪种形式表现出来？它在哪种情况下产生？我们甚至能设想它吗？

但是人们在进行交换。我们已知道，交换意味着分工。它产生职业、行业。每个人都为了集体而致力于克服某一类障碍。每个人都致力于为集体提供某一类服务。然而对于价值的全面分析却证明，每项服务的价值首先取决于它的内在效用，其次取决于它是否在一个更富有的环境中提供的，即是否向一个更急于要求服务和更有偿付能力的集体提供的。经验表明，工匠、医生、律师、商从、车夫、教授、学者在巴黎、伦敦、纽约提供服务所得的利益要多于在加斯高尼的荒野上，或者威尔士的山里，或者西部的草原上的所得。这个经验难道不是向我们证实了这样一条真理，即人愈是在一个富裕的环境中，他就愈有兴旺发达的机会吗？

在我笔下所有的和谐中，这个和谐肯定是最重要、最高尚、最有决定意义、最富有成果的。它涉及并概括其他一切的和谐。所以，我只能在这里对它做一个很不全面的论证。如果它从这本书的精神中涌现出来，我将感到高兴。如果它至少能具有足够的或然性，促使读者通过自己的努力把它提高为必然性，我也将为之高兴！

因为，无需怀疑，这就是在自然组织和人为的组织之间作出决定的理由所在：这里，只有这里，才是社会问题所在。如果大家的繁荣是每个人的繁荣的条件，我们就不但能够信赖自由贸易的经济力量，而且能够信赖它的道义力量。只要人们了解他们的真正的利益，就可能使限制、行业之间的妒忌、商业战、垄断在舆论的制裁之下消失，就可能使人们在请求某种政府措施之前，所要考虑的并不是："我将从中得到什么好处？"而是："集体将从中得到什么好处？"对于这后一个问题，我同意，有时候人们是出于同情心而提出的，但是随着问题的明朗化，人们也将会出于个人利益而这样提出。那时候，就确实可以说，我们本性的两个动力已经协作来谋求同一个结果：普遍的福利；而且将无法否认个人利益，以及从中产生出来的交易（至少在其效果方面）所具有的道义力量。

人们在人与人、家庭与家庭、省与省、国与国、这半球与那半球、资本家与工人、有产者与无产者的关系方面可以进行考虑，我认为，在对下述两个准则之间作出选择之前，他们显然不能在任何观点上解决，甚至接触这个社会问题。这两个准则是：

一个人的利益就是另一个人的损失。

一个人的利益也是另一个人的利益。

因为，如果大自然把事物安排得使对立成为自由交易的法则，那么，我们唯一的办法就是去征服大自然和窒息自由。相反，如果这些自由交易是和谐的，即是说，如果它们谋求使状况改善和平等，我们的努力就应该限于听任大自然活动和维护人类的自由权利。

所以,我恳求读我献给他们这本书的青年们小心研究书中所包含的公式,分析交换的实质和效果。是的,我有信心,他们中间总有一个人将终于能精辟地论证下述主张:个人的福利促成大家的福利,正如大家的福利促成个人的福利一样;他将会使关于这条真理的证明变得简单、明了、毋庸置疑,因而使它深入人心。这个人将解决社会问题,这个人将是人类的恩人。

让我们来注意下述事实:自然的社会规律是和谐的还是对立的,要看这个准则是对的还是错的。根据这些自然的社会规律是和谐的或对立的,我们的利益就在于服从它们或回避它们。因此,如果一旦很好地论证了,在自由制度下,利益是调和的和互利的,那么,我们今天所看到的政府为扰乱这些自然的社会规律的活动所做的一切努力,就将会转而让这些规律尽量发挥它们的全部威力,或者不如说,除了避免干预之外政府会对此无须作出什么努力。政府的对抗性活动是什么呢?这要根据政府要达到的目的本身来推断。什么目的呢?纠正被认为是来自自由的不平等。然而,要恢复平等,只有一个办法,那就是取自一些人来给予另一些人。实际上,这就是政府为自己规定的或接受的使命,而造成严重后果的那个公式就是:一个人的利益就是另一个人的损失。这个公认的原则既然被认为是对的,那就必须由强制力来纠正自由所造成的祸害。因此,我们原以为是为了保障每个人的自由和财产才成立的那些政府,却承担了侵犯一切自由和一切财产的任务。如果祸害的根源已存在于自由和财产之中,这种做法就是有理由的。因此,我们看到,政府到处忙于人为地调动劳动、资金和职务。

另一方面，实在无法估计的智力被浪费在谋求建立人为的社会组织上。取自一些人来给予另一些人，侵犯自由和财产，这是一个非常简单的目的，但是手段却变化无穷。由此而产生的众多制度把一切劳动者阶级投入恐怖之中，因为从它们的目的的本质来看它们就是要威胁一切利益。

因此，专断的和复杂的政府，对于自由和财产的否定，阶级和人民之间的对立，这一切就合乎逻辑地被包含在以下准则中：一个人的利益就是另一个人的损失。基于同一理由：政府的精简，对于个人尊严的尊重，劳动和交换的自由，国与国之间的和平，个人和财产的安全，这一切就包含在以下真理中：利益是和谐的，但是唯一的条件就是，这条真理要得到普遍的承认。

然而，这条真理必须得到普遍的承认。很多人读到上述一切时，会对我说：你多此一举；谁想认真地否认交换优于孤独状态呢？你在什么书里，也许在卢梭的书里，碰到过这种奇怪的谬论？

那些用这种看法来打断我的人，忘记了我们近代社会的两件事，两种迹象，或者不如说两种现象：理论家用来充斥我们头脑的那些理论，以及政府强加于我们的那些行动。然而，利益的和谐并不为人们所普遍地承认，因为，一方面，国家强制力经常为扰乱利益的自然结合而进行干预；另一方面，人们却谴责国家干预得不够。

问题是：把祸害（我这里所说的祸害，显然并不是我们先天缺陷的必然后果）归咎于自然的社会规律的作用，还是归咎于我们对这种作用所施加的扰乱？

然而，两个事实是并存的：祸害和用来对抗自然的社会规律的国家强制力。难道祸害不是国家干预的后果吗？我认为是如此，我甚至说：肯定是如此。但与此同时，我还要证实下一点：随着祸害的发展，政府在对这些规律的活动所施加新的扰乱中寻求办法，理论家们则谴责政府对这些规律还扰乱得不够。难道我无权从中得出结论说，人们对这些规律缺乏信心吗？

是的，毫无疑问，如果这是孤独状态与交换之间的问题，人们的意见是一致的。但是，如果牵涉到自由交换与强迫交换之间的问题，我们的看法是否还会一致呢？在法国有关商业、信贷、运输、艺术、教育、宗教互相交换服务的方式中，难道毫无人为的、强迫的、限制的或者强制的性质吗？劳动和资本是否在农业和工厂之间得到自然的分配？利益，在转移过程中，是否始终服从于其本身的推动力？我们没有到处都碰到阻碍吗？难道我们之中大多数人不是被禁止从事许多职业吗？难道天主教徒并不勉强偿付犹太教长的服务，而犹太人也并不勉强偿付天主教神甫的服务吗？在法国，难道有一个人受到了他的父母本应给予他的教育，难道他们是自由的吗？难道我们的智慧、我们的风俗、我们的观念、我们的技艺不都是在专制制度下，或者至少在人为的制度下形成的吗？然而，我要问，扰乱服务的自由交换，这难道不是否定利益的和谐吗？根据什么理由强夺我的自由呢？不就是我的自由被认为有害于他人吗？难道可以说，我的自由对我自己有害吗？那么，这又多了一种对立。天哪！如果大自然在每个人的心灵里安放了一个经久不变的、无法制服的动力，因而使这个人伤害大家和伤害他自己，那么，我们是在什么样的境界中生活呢？

啊！人们尝试过多少事物，什么时候人们尝试一下一切事物中最简单的事物：自由？不伤害一切公正的行为的自由；生活、发展、完善的自由；运用能力的自由；交换服务的自由。情景会是多么美好而庄严，如果二月革命所产生的政权曾对公民们讲了下面这样的话：

“你们授予我以国家强制力。我只将在允许运用强制力的事物中使用它，然而只有一种事物，那就是公正。我将强迫每个人停留在他的权利范围之内。但愿你们每个人白天自由地劳动，晚上平安地睡觉。我负责人身和财产的安全，这是我的使命，由我来完成它，但是我不接受其他使命。愿我们之间不要再有误会。今后你们将只上缴为维持秩序和公正的分配所必需的轻微捐税。但你们也应该知道，今后你们各人的生活及其改善由各人自己负责。你们不要再事事找我；不要要求我给你们财富、工作、信贷、教育、宗教、道德；不要忘记，你们自身发展的动力就在你们的身上；至于我，不要忘记，我是从来只通过强制力来行动的；不要忘记，我一无所有，绝对一无所有，只有从你们那里得来的东西；因此，不要忘记，我只有牺牲一些人的利益，才能把最小的利益给予另一些人。所以，耕你们的田，制造和运送别人的农产品，做买卖，你们互相给予信贷，自由地交换服务，抚养你们的孩子，为他们找职业，研究艺术，提高你们的智慧，纯洁你们的感情，互相接近，组织工业联合会或者慈善协会，团结起来致力于个人福利和大众福利事业；顺从你们的本性，按照你们的能力、你们的观点、你们的预见而履行你们的职责吧。你们从我这里只期待两件事：自由、安全，同时，你们得了解，你们只有在丧失这两件事之后，才能向我要求第三件事。”

是的，我深信，如果二月革命宣布了这个原则，它就是最后一次革命。完全自由的公民们渴望推翻一个政权,而这个政权的活动仅限于满足社会需要中最迫切的、最起码的需要,即公正,对此人们能理解吗?

但是,可惜国民议会没有可能走上这条道路而讲出那些话来。那些话既不符合国民议会的意旨,也不符合公众的期望。它们会在社会里制造恐怖,其程度可能同共产主义宣言造成的恐怖一样。有人说:我们对自己负责!不再依靠国家来维持秩序和和平!不要期待它给我们财富和知识!不要再把我们的过失、我们的疏忽、我们的目光短浅归咎于它!

依靠我们自己获得生活手段、改善我们的物质条件、提高精神和道德方面的修养!天哪!我们将会变成怎样呢?贫困,无知,错误,无宗教信仰和邪恶不是要在社会上蔓延吗?

如果二月革命宣布了自由,即宣布了控制社会的自然的社会规律,人们将承认,这些就会是各方面表现出来的恐惧。因此,我们或者不认识这些规律,或者对它们没有信心。但我们不能否认有这样的思想,认为上帝赋予人的动机基本是邪恶的,认为唯有政府的愿望和观点才是正确的,认为人类的趋势是指向无组织、指向无政府状态;一句话,我们相信各种利益的必然对立。

因此,二月革命时,法国社会非但没有表示出向自然组织发展的任何愿望,反而使这些思想和希望也许从未如此热烈地转向人为的组合。哪些组合呢?人们不大清楚。用当时的术语,这是做试验:Faciamus experimentum in corpore vili[①]。人们似乎对个性

① 拉丁文:在我们卑下的身上做试验吧。——译者

的轻视达到了如此程度，把人完全当作无生气的物质，以致在谈到以人做社会试验时，就像是用碱和酸做化学试验那样。第一次试验始于卢森堡，其结局是众所周知的。不久，立宪议会任命一个工作委员会，于是涌来了成千上万个社会计划。人们看到，一位傅立叶派的代表人物严肃地要求用土地和金钱（毫无疑问，他随即也会要求人）来开发他的模范社会。另一位平均主义的代表人物也献出了他的秘方，但未被采用。那些较为幸运的制造商却得以保留他们的办法。那时，立法议会终于责成一个委员会来进行协助。

在这里面，令人惊奇的是，那些执政者为了政权的稳定，并未有时讲下面这些话："你们在使三千六百万公民习惯于设想，我对他们在这个世界上所遇到的一切好事或坏事负责。在此情况下，就不可能有政府。"

无论如何，这些美其名曰组织的社会发明，如果在手段上彼此各异，它们却都是从同一原则出发的：取自一些人来给予另一些人。然而很明显，这样的原则之所以能在国内得到如此普遍的同情，那是因为那里的人们深信，利益是自然对立的，同时，人类的倾向必然是邪恶的。

取自一些人来给予另一些人！我知道，很久以来，情况就是如此。但是，为了医治贫困，在为实现这个古怪的原则而想象各种方法之前，难道无须考虑一下，贫困的原因不正是来自这个原则在某种形式下的实现吗？在对自然的社会规律施加的新的扰乱中寻求办法之前，难道人们无须明确一下，不正是这些扰乱构成社会所承受的和人们要医治的祸害吗？

取自一些人来给予另一些人！请容许我在此指出，这种在群众中酝酿，并在二月革命时如此强烈地迸发出来的所谓社会的愿望，在经济思想上所造成的危险性和荒谬性。[①]

当社会还存在几个阶层时，人们设想，最上面的阶层享有特权，而其他一切阶层则负责供养。这是可恶的，但并不是荒谬的。

第二阶层肯定反对这些特权，而且依靠人民群众的力量，迟早会起来革命。在此情况下，强制力转到这个阶层的手里；人们又可设想，这一阶层又为自己制定特权。这仍是可恶的，但并不是荒谬的，至少不是不切实际的，因为，只要底下有广大群众的供养，特权就有可能存在。如果第三阶层、第四阶层也起来革命，如果可能，它们也会达成协议，用策划得十分巧妙的特权来剥削群众。但是现在轮到被压迫的、被压榨的、奄奄一息的广大群众也起来革命。为什么呢？他们要干什么呢？你们也许以为，他们将废除一切特权，开始普遍公正的治理吧？你们也许以为，他们会说："废除限制；废除障碍；废除垄断；废除政府为一个阶级所进行的干预；废除苛捐杂税；废除外交上的及政治上的阴谋！"不，他们别有企图，他们变成要求者，他们自己也要求享有特权。他们，这些广大群众，效法上层阶级，也要求起特权来了！他们要求劳动权利、信贷权利、受教育权利、受救济权利！但是靠谁呢？他们对此是不会担心的。他们只知道，如果他们全部无偿地得到劳动、信贷、教育、退休的保证，那将会是非常美满的；当然，这是谁也不予否认的。但是这是否可能呢？可惜！不可能，所以我说，这不可恶，但是荒谬却达到极点。

---

① 见卷2"有害的幻想"，及卷4"诡辩"第二部分第一章末。——原编者注

给群众以特权！人民，你们且想一想你们所处的恶性循环吧。所谓特权，就是假定某人在享受它，而另一人则要为他付出代价。一个人享有特权，一个阶级享有特权，这是可以理解的；但是能设想全民都享受特权吗？难道在你们下面还有另一阶层来承受特权的负担吗？难道你们将永远被这奇怪的哄骗所蒙蔽吗？难道你们还不明白，国家从你们身上拿走的要多于它给你们的吗？难道你们将永远不明白，在这种安排里，你们的福利不仅远远不可能有任何增长，而且，作为这一安排的后果，却出现一个专制的、更令人烦恼的、更负起责任的、更大肆挥霍的和更不稳定的政府吗？这将意味着捐税更为沉重，不公正增多，恩惠更加伤人，自由受到更多限制，人力被浪费，利益、劳动和资本被转移，激起贪婪心，引起不满和个人精力消失。

上层阶级对群众的这种可怜的思想状态感到不安，并不是没有理由的。他们从中看到了不断革命的萌芽，因为有哪一个政府能够维持得住，如果它曾不幸地说过："我有强制力，我将使用它，在损害大家的情况下来养活大家。我对普遍的幸福负责！"但是那些上层阶级所感到的不安不正是一种应得的惩罚吗？正是他们自己向人民提供了一个有害的榜样，因为他们也有他们所反对的那种同样的心理。他们不是始终在等待着国家的恩惠吗？除了对人民的工作、对体力劳动的关心之外，对那些工厂、银行、矿山、地产、艺术，直到他们的休憩和消遣方法如舞蹈、音乐，他们何尝没有给以某种或大或小的特权呢？难道他们不是在损害到群众利益的情况下，为增加他们的生活资料而增加官职吗？而且今天有哪一位家长不在想为他的儿子谋求一官半职呢？他们是否曾心甘情愿地取消捐税上的许多公认的不平等中的仅仅一种呢？难道他们不曾长期行使特权，直到对选举的特权吗？而现在，他们却因人民表现出同一偏向而为之吃惊、为之忧郁了！但是，当求乞心理在那些富有的阶级中如此长期盛行的时候，人们为什么却期望这种心理不深入到那些受苦的阶级中去呢？

然而，一次大革命完成了。政治权力、立法权力、强制力的使用权，通过普选，如果还不是在事实上，但已潜在地过渡到了*人民*的手里。这样，*人民*提出的问题就要由人民来解决了；如果一个国家，按照以往向它提供的榜样，到*特权*中去寻求解决办法，这个国家就会遭受不幸，因为特权始终是一种对他人权利的侵犯。显然，它将会因此而感到失望，也从中获得一次大教训，因为，如果有可能为了少数人的利益而侵犯多数人的权利，人们又怎能为了大家的利益而去侵犯大家的权利呢？但是，为了得到这个教训，要付出多大的代价呢？为了防止这种可怕的危险，那些上层阶级可能干些什么呢？两件事：放弃自己的任何特权，开导群众，因为只有两件东西能挽救社会：*公正和开导*。他们应该仔细研究：他们是否享受一些特权，以便予以放弃，他们是否利用某些人为的不平等，以便予以取消，*贫困化*是否可归咎于，至少部分地，对自然的社会规律的某种纷乱，以便终止贫困化；他们就这样才能把他们的手伸给人民看，并且说：这手虽是满满的，但是干净的。这就是他们所做的吗？除非我是视而不见，他们所做的恰好相反。他们从保持他们的垄断开始，有人甚至看到他们利用这场革命来试图加强其垄断。就这样，他们不说真话，抛弃原则，并且为了不显得过于自相矛盾，他们许诺要像对待自己那样来对待人民，把特权作为诱饵来吸引人民。但是他们自以为很狡猾，他们以为，今天只让给人民一个小特权，即受救济的权利，希望以此来防止人民要求一个大特权，即劳动权。但是他们看不到，愈来愈扩大取自一些人，用之于另一些人这条公认准则并使之制度化，这种做法等于是加强那个造成目前的困难和将来的危险的幻想。

然而，我们不必夸大。当上层阶级在特权的扩大中寻求对付特权所造成的祸害的方法时，他们是善意的，我深信，他们的做法是出于无知，而不是出于不公正。法国各届政府始终阻挠政治经济学的教学，这是一个无法弥补的不幸。另一个重大的不幸就是，在大学教育里，充斥我们头脑的全是罗马的偏见，没有比这与社会真理更加对立的了。这正是使上层阶级走入歧途之处。今天攻击他们是时髦的做法。对于我来说，我却认为，他们在任何时期都未曾有过比目前更善良的愿望。我相信，他们渴望解决社会问题。我相信，他们会比放弃他们的特权更进一步，以慈善事业名义心甘情愿地牺牲他们的一部分既得财产，如果他们认为，这会给劳动阶级的痛苦规定一个期限。人们可能要说，激励他们的是利益或者恐惧，而且，他们用放弃一部分财产的做法来挽救其余的财产，这并不是宽宏大量的表现。这不过是常见的舍车保帅做法而已。我们可不要这样诽谤人类的本性。为什么我们会拒绝承认一种不太自私的感情呢？在我们国家里，盛行的民主习惯使人们对其同胞的痛苦表示同情，这不是很自然的吗？但是，不论占上风的是什么感情，无法否认的是，一切能够表现舆论、哲学、文学、诗歌、戏剧、传教、议会辩论、新闻的东西，这一切都显示出，在富裕阶级中，不仅有一种解决重大问题的欲望，而且是一种渴望。那么，我们的立法议会为什么没有制定出任何东西呢？因为他们无知。政治经济学向他们提议一个解决办法：法定公正——私人慈善事业。他们却反其道而行之，不自觉地屈从于社会主义的影响，他们想把慈善事业置于法律之中，即从法律中排除公正，而这就会扼杀私人慈善事业，因为在法定慈善事业面前，私人慈善事业始终是迅速退却的。

为什么我们的立法者这样颠倒一切概念呢？为什么他们不让每件事物各就各位：让同情处于其自然的领域，即自由之中；让公正处于其自然的领域，即法律之中呢？为什么他们不把法律只专门应用于推行公正呢？难道说，他们不喜欢公正吗？不，但是他们不信任公正。公正就是自由和财产。然而他们已经不自觉地成了社会主义者；对于逐渐缩小贫困的问题，对于无限扩大财富的问题，不论他们怎么说，他们既不相信自由，也不相信财产，因而也不相信公正。所以，他们才诚心诚意地用经常侵犯权利的办法去谋求实现福利。

不论从其动机还是效果来看，支配人类自由交易的整个现象都是自然的社会规律。

据此，问题在于：

是听任这些规律发生作用，还是阻止它们发生作用？

这个问题也可以表述如下：

是否必须承认每个人的财产和自由，每个人的劳动权利和自行负责（惩罚和服酬的责任）交换的权利？是只为了保护这些权利才运用法律这个强制力呢，还是希望通过侵犯财产和自由、以规章制度管理劳动、扰乱交换和调动职务，来达到更大的社会幸福？

换言之：

法律是应该推行严格的公正呢，还是应该成为巧妙地组织起来的掠夺工具？

很显然，这些问题的解决从属于对自然的社会规律的研究和认识。人们要想发表明智的意见，就必须先搞清楚，财产、自由、自愿交换服务的种种安排，究竟是像经济学家们所认为的那样，把人类推向改善呢，还是像社会主义者们所肯定的那样，把人类推向堕落。在前一种情况下，应该把社会祸害归咎于对自然规律的扰乱和对财产和自由的合法侵犯。必须制止这些扰乱和侵犯。因而政治经济学是对的。在后一种情况下，政府的干涉还不够；人为的和强制性的安排还未充分代替自然的和自由的安排；公正、财产、自由这三个有害的原则还占很大的优势。我们的立法者们还未给予这些原则以相当严重的打击。取自一些人的还不够，因而给予另一些人的也就不够。迄今，情况是取自多数人给予少数人。现在必须取自大家给予大家。总之，必须组织掠夺，而救星将来自社会主义。[1]

交换所产生的必然的错觉。——交换就是社会。因此，对交换的全面看法就是经济真理，而对交换的片面看法则是经济谬误。

如果人不进行交换，各个经济现象就只会在个人身上完成，我

① 以下内容系转载在作者文件中所发现的一段笔记。如果作者健在，他会将这段放到他的交换论中。我们的任务仅限于将这段笔记放在本章末尾。——原编者注

们就会很容易通过观察看到它的效果好坏。

但是交换带来了分工，用通俗的话来说，带来了职业和行业。因此各种服务（或者各种产品）具有两重关系，其一是与提供服务的人的关系，其二是与接受服务的人的关系。

在交换过程结束时，群居的人如同孤独的人那样，可能兼为生产者和消费者。但是必须看到区别。孤独的人始终是他所消费的东西的生产者。而群居的人却几乎从来不是如此。这是无可争议的事实，每个人都可在自己身上得到验证。这是因为社会是服务的交换。

我们都是生产者和消费者，但我们并不是我们所生产的东西而是所生产的价值的生产者和消费者。在交换东西时，我们始终是这些东西的价值的所有者。

就是从这种情况中产生出一切错觉和一切经济谬误。在这里指出人类思想在这方面的进程，无疑不是多此一举。

凡是介于我们的需要和满足之间并要求我们付出努力的东西，可以统一称之为**障碍**。

需要、障碍、努力、满足这四个因素的关系，在孤独的人的身上是显而易见和可以理解的。我们绝不会想到：

“可惜鲁滨逊不曾碰到更多的障碍，否则他就会有更多的机会来发挥他的努力，他就会更加富有了。

“可惜大海把有用的物件，板子、粮食、武器、书籍抛到了绝望岛的岸上，因为这就剥夺了鲁滨逊发挥努力的机会，他因而不那么富有了。

“可惜鲁滨逊发明了捕鱼或狩猎的罗网，因为这就减少了他为取得一定成果而作的努力，他因而不那么富有了。

“可惜鲁滨逊不曾经常生病。否则，他就会有机会医治自己，这是一种劳动；既然任何财富来自劳动，他就会更加富有了。

“可惜鲁滨逊扑灭了威胁他的小屋子的那个火灾。这样，他就丧失了一个宝贵的劳动机会：他因而不那么富有了。

“可惜绝望岛上的土地不是更贫瘠，水源不是更遥远，阳光不曾照射得更短些。否则，鲁滨逊为了饮食、照明，就会付出更多的辛劳，他就会更加富有了。”

我想，人们永远不会，作为真理的权威性意见，提出这些如此荒谬的主张。财富，对于取得的每次满足而言，并不包括在努力的强度中，这是十分明显的，而且情况恰恰相反。人们知道，财富既不存在于需要之中，也不在障碍之中，更不在努力之中，而是在满足之中；而且人们会毫不迟疑地承认，鲁滨逊虽然兼为生产者与消费者，但不能以他的劳动来判断他的进步，而是必须看所取得的效果。简而言之，在宣布以消费者的利益为重这个公认准则时，人们会认为，这只是表达一个真正的显而易见的道理而已。

如果一些国家清楚地了解如何和为何，对于孤独的人来说，我们认为是错的或对的一切，对于群居的人来说，也同样是错的或对的，这些国家就真是幸运的……

然而有一点是肯定的，那就是，在绝望岛上应用的那五六个我们认为是荒谬的主张，如果是在法国，却是如此无可置疑，竟变成我们整个经济立法的基础。相反，对于个人来说，如果我们把我们认为是真理的准则援用到社会身上，却总是引起轻蔑的微笑。

难道交换确实破坏我们的个人组织达到这样的程度，造成个人贫困的东西竟是造成社会财富的东西吗？

不，这不是真的。但是，必须说，这是一种似是而非的东西，甚至是十分似是而非的，因为相信的人是如此之多。

社会就是：让我们为彼此而劳动，我们提供的服务越多，我们接受的服务也越多，或者说，我们所提供的服务越受重视、越受欢迎、价值越高，则我们所接受的服务也就越多。另一方面，分工使我们每个人能用自己的努力去克服阻止他人满足的那些障碍。农民同饥馑这个障碍战斗，医生同疾病这个障碍战斗，牧师同邪恶这个障碍战斗，作家同无知这个障碍战斗，矿工则同寒冷这个障碍战斗，等等。

由于我们周围所有的人越强烈地感到那些障碍在妨碍他们，他们就更乐于报偿我们的努力，所以在这个观点上，并以生产者身份来说，我们大家都乐于崇拜那个我们要与之战斗的障碍。如果障碍增加，我们就自觉更为富有，同时我们就可以得出结论说，我们的特殊利益就是普遍利益。[①]

---

① 对于这种错误的驳斥，见后述《生产者及消费者》一章以及卷四《经济诡辩》第一部分，第二章及第三章。——原编者注

第五章　论价值

写论文，烦恼。写关于价值的论文，烦恼加烦恼。

因此，在面临一个经济问题时，有哪一个初出茅庐的作者，在不考虑任何价值的定义的情况下，没有试图解决这个经济问题呢？

但是，他很快就会承认，这种办法是多么不够好。价值理论之对于政治经济学，就和计算之对于算数一样。如果勃苏[①]为了节省他的学生的一些精力，在向他们讲授四则运算和比例之前，不预先对他们解释什么是数字从图形或者位置那里借用的价值，他会陷入怎样束手无策的境地呢？

但愿读者能揣测到从价值理论中推断出来的那些精彩的结论！这样，他才会接受这些乏味的初步概念，就像由于看到几何学的基础知识向智力所开辟的天地，人们才不辞艰苦地研究这些知识那样。

但是这种直觉的揣测是不可能的。我愈致力于找出价值与效用或劳动的区别，以便指出，政治经济学自然会是从在这些困难上的失误开始的，无疑，人们就在这个棘手的讨论中愈会只看到一些无结果的、无用的、不可捉摸的问题，最多也只能满足同行的好奇

① Bezout（1730—1783），法国数学家。——译者

心而已。

人们将对我说，你在辛辛苦苦地探讨财富是否存在于事物的效用中，或是存在于其价值抑或在其稀有性质中。有一个学派提出：形式是存在于实体中，还是在偶然性中呢？你的问题是否和这个相似？而你不怕一个街头莫里哀会教你在杂耍剧院当众出丑吗？

然而，我应该说：在经济观点上，社会就是交换。交换的第一个创造就是价值概念，以致由这个词引入理智中的任何真理或者任何错误都是一种社会的真理或者社会的错误。

我打算在这本著作中阐明支配人类社会的那些上帝法则的和谐。这些法则之所以是和谐的，就是因为一切原则、一切动机、一切动力、一切利益协同趋向一个伟大的最终结果，这是人类由于自己的先天缺陷而永远达不到的一个结果，但是由于其不可抑制的可完善性，人类将始终在接近它；这个结果就是：一切阶级都向一个始终在提高的水平不断接近；换言之：在普遍改善中，所有的人的平等化。

但是，要取得成功，我必须说明两件事，即：

1. 效用逐渐脱离个人占有的领域，变得愈来愈无偿，愈来愈成为共有；

2. 与此相反，唯一可占有的，唯一构成法律上的和事实上的财产的那个价值，同其所依附的效用比较，则趋于愈来愈减少。

这样，一个基于所有权，而且仅仅基于价值的所有权，和基于公有制，而且仅仅基于效用的公有制的论证，如果做得好，我认为，这样的论证，由于承认一切学派都瞥见了真理，但这是从各个不同角度看到的部分真理，它应能满足和调和这些学派。

经济学家们，你们为所有权而辩护。在社会范畴里，不存在别的所有权，只有价值所有权，而价值所有权才是不可动摇的。

共产主义者们，你们梦想公有制。你们已经有了公有制。社会秩序使一切效用归于共有，条件是，所占有的价值的交换必须是自由的。

有一些建筑师，他们当中每个人只观察了建筑物的一面就争论起来。你们就像这些建筑师。他们没有看错，但他们没有看到全面。要使他们取得一致，只有让他们环视一下整座大厦。

但是这座社会大厦，我如何能在公众的面前把它重建得完全和谐，如果我抛弃它的两个基石：效用，价值？我如何能期望一切学派在真理领域达成妥协，如果我在这两个观念的分析面前退却，而分歧正是来自对这两个观念的分析的那种不幸的混淆？

为了取得读者片刻的注意、疲劳和很可能的厌烦，这样的开场白是有必要的。或者我是在痴心妄想，或者后果的令人欣慰的美好景象将抵消这些前提的乏味之处。如果牛顿在一起始时就对初级数学感到厌烦，他就永远不会为看到天体机构的和谐状态而万分激动；所以，我主张，只要鼓起勇气对若干基础概念进行研究，就会承认，上帝在社会机构中表现出了同样令人感动的善意、令人赞赏的单纯和宏伟的光辉。

在第一章中，我们看到：人是被动的和主动的；需要和满足只对感受性产生影响，并且，在本质上，是个人的、内在的、不可转移的；与此相反，努力是需要和满足之间的联系、原则和目的之间的手段、以我们的能动性、自发性、意志为出发点的，并且是能够约定的和能够转移的。我知道，在形而上学观点上，人们会否认这种论点，并且主张努力也是个人的。我不想深入观念学的领域，我希望，我的思想将以下述通俗的形式毫无异议地被人接受：我们不能感觉他人的需要；我们不能感觉他人的满足，但我们能互相提供服务。

这种努力的转移，这种服务的交换就构成政治经济学的内容，而且，另一方面，经济学概括在价值这个词里，并且只是对价值的详细说明。因此，价值概念将是不全面的和错误的，如果价值概念是建立在我们的感受性里所发生的极端现象的基础上，即在需要和满足的基础上，这种因人而异的内在的、不可转移的、无法估量的现象，而不是建立在我们的能动性的表现、努力、互相交换的服务的基础上，因为服务是能够加以比较、评价、估价的，而正因为服务可以互相交换才能够加以估价，那么，价值概念将是不全面的和错误的。

在同一章中，我们得出了以下公式：

"效用（某些行为或某些事物所具有的为我们服务的性能）的组成：一部分是由于大自然的活动，另一部分则是由于人的活动。""为取得一定的成绩，大自然的贡献愈多，所需要的人类劳动就愈少。""大自然的协作基本上是无偿的；人的智力上的或者物质上的、交换的或者未交换的、集体的或者个人的协作，基本上是有偿的，努力这个词本身就具有这个含义。"

既然无偿的事物不会含有价值，因为价值的观念就意味着有偿取得的概念，可见，如果把价值的全部或者部分归因于大自然的赐予或协作，而不是把它专门归因于人类的协作，人们对价值的概念的理解仍是错误的。

因此，从两个方面，从两条不同的道路，我们得出了这个结论：价值应与人类为满足自己的需要而作的努力有关。

在第三章中，我们看到了人不能在孤独状态中生活。但是，如果我们在思想上爱用这种荒诞的局面，这种18世纪颂之为自然状态的反自然的状态，我们很快就会承认这种状态尚未揭示价值的概念，虽然它也提出我们曾称之为努力的那个主动本原的表现。道理很简单：价值意味着比较、评价、估价、衡量。要使两件事物得以彼此衡量，它们必须是可彼此估量的，为此，它们的性质就必须相同。在孤独状态中，人们用什么和努力作比较呢？同需要，同满足作比较吗？这只能导致承认它具有或多或少的随机应变性和因时制宜性。在群居状态中，人们所进行比较的（就是从这种比较中产生价值的观念）是一个人的努力和另一个人的努力，这是两种性质相同的、因而是可估量的现象。

因此，价值是这个词的正确定义应该不仅与人类的努力有关，而且还与那些已交换的或者可交换的努力有关。交换的作用不仅是证实和衡量价值，它还使价值存在。我并非说，它使被交换的行为和事物存在，而是使价值的概念存在。

然而，当两个人互相出让他们现时的努力，或者他们以往的努力的成就时，他们都是在互相提供服务。

所以，我说：价值就是两种所交换的服务的比率。

价值的观念是这样初次进入世界的。一个人对他的兄弟说道："你为我做这个，我为你做那个"。他们同意这样做了，因为那时人们才第一次说：两种被交换的服务是等价的。

令人奇怪的是，人们在众多巨著中遍寻无着的真正的价值理论，却得之于弗劳里昂[1]的美丽的寓言《盲人和瘫痪者》中：

让我们互助吧，
不幸的担子将因而减轻。
我们两人各具必要的长处。
我有腿，你有眼。
我，我来背你；你呢，你来引路；
这样，不用我们的友谊来裁决
我们两人中谁起最大的作用，
我将为你走路，你将为我看路。

价值就这样被发现了和得到解释。除了其中把我们带进另一境界的、有关友谊的动人之词以外，这里的价值在经济上是完全正确的。人们理解到，两个不幸者在互相提供服务，而不去深究两人之中谁扮演最有用的角色。寓言作者所想象出来的特殊境况充分说明，同情原则强有力地把对被交换的服务的细微评价包括在内，这种评价对完全突出价值概念是必不可少的。所以，如果所有的人或者其中大部分人瘫痪了或者失明了，这个价值概念就会完全显露出来，因为那时严酷的供求律就会占上风，而且由于取消了起最有用的作用的人所经常作出的牺牲，供求规律将会把交易重新放在公正的基础之上。

我们大家在某种情况下都是盲人或瘫痪者。我们很快就了解

① Flolian (1755—1794)，法国寓言作家。——译者

到，互助将减轻不幸的担子。因而产生交换。我们为了衣、食、住、照明、治疗、防御、互相教育而劳动。因而互相提供服务。这些服务，我们对其进行比较、讨论、估价：因而产生价值。

许多情况可以使一项服务的相对重要性增加。一项服务对于我们的重要程度如何，须视有多少人准备对我们提供此项服务，须视它要求付出多少劳动、辛劳、才干、时间，须视事先应学习什么，并且须视它使我们在这些方面所免除的情况。价值不仅有赖于这些情况，还取决于我们对这些情况的判断。因为我们有时，甚至常常对一项服务给予很高评价，因为我们认为它对我们很有用，而实际上，它却对我们有害。正因为如此，虚荣、无知和错误也对价值产生影响，而价值就是一种基本上有弹性而又不定的比率；可以肯定地说，人类愈有知识，愈有道德和愈能自行完善，对服务的评价就愈趋于接近绝对的真理和公正。

迄今，人们在物质、时间、效用、稀有性、劳动、困难、判断等等这些使价值增加或减少的情况中寻求价值原理，这是一开始就对科学给予的一个错误的方向，因为改变现象的偶然性并不是现象本身。加以每个作者都认为，这些情况中的一种是最重要的，因而他是这种情况的命名者，而这不过是人们通过大力普及始终会达到结果，因为一切都存在于一切之中，只要竭力扩大一个词的意义，就没有什么东西不可以包含进去。因此，价值原理，对于斯密，存在于物质和时间里；对于萨伊，存在于效用里；对于李嘉图，存在于劳动里；对于西尼尔，存在于稀有性里；对于斯多奇，则存在于判断里；等等。

发生了什么情况，而且会发生什么情况呢？这些作者天真地损害了政治经济学的权威和尊严;他们表面上看来自相矛盾,实际上,从他们各自的观点看,他们都是对的。此外,他们把政治经济学的初步概念搞得无法理解,因为,对于他们,同样的词不再代表同样的概念;而且,虽然一种情况被宣称为基本的,其他的情况也因为起很明显的作用而占有一席之地,于是定义就不断增加。

这本书的目的并不是进行争论,而是进行解说。我指出我所看到的一切,而不是他人所看到的一切。然而,我不禁要呼吁读者对人们寻求价值根据的那些情况要加以注意。但是,首先,我应该用一系列例子让价值向读者自我表现出来。只有通过各种实践,一个理论才能被人理解。

我将指出为何一切都不过是服务的易货活动。我只请大家回忆一下前章已谈过的易货问题。简单的易货是少见的;有时候它通过几个缔约者之间的流通而完成,通常则通过货币的媒介而完成,于是,它分解为两个因素,卖和买;为了更加方便起见,我将假设这是一种即时的和直接的易货,因为这不会改变它的性质。这不会导致我们对价值的本质产生任何误解。

我们大家生来就有一个迫切的、生死攸关的物质需要,这便是呼吸的需要。另一方面,我们大家都处在一个能满足这种需要的环境中,一般无须从我们方面投入任何努力。因此,空气有效用而无价值。它之所以无价值,是因为它不要求作出任何努力,因此就不造成任何服务的机会。对某人提供服务,就是让他避免一种辛劳;哪里能实现满足而无须承担辛劳,哪里就无须避免辛劳。

但是,如果一个人在潜水钟里下沉到江底去时,有异物介入空气和他的肺部之间,为了使呼吸恢复畅通,就必须开动压气筒;这里就须作出努力，承担一种辛劳；这个人将全力以赴，因为这关系到生命，这是他向自己提供的一项最重要的服务。

这个人自己不作出这种努力，却请我代劳；而且为了促使我代劳，他承诺，他将承担一种使我从中获得满足的辛劳。我们讨价还价，终于成交。我们在这里看到什么呢？没有转移的两种满足、两种需要；作为一笔自愿交易的对象的两种努力，两项互相交换的服务。于是出现了价值。

现在有人说，效用是价值的根据；既然效用是空气所固有的，这就诱使人们在思想上同样看待价值。这是一种明显的混淆。由于空气的构成，它具有同我们的生理器官之一的肺部相协调的物理性能。我从大气中汲取空气充满潜水钟，这个空气在本质上并不起变化，始终是氧气和氮气，没有加入任何新的物理性能，没有任何反应会从中产生出一种称为价值的新的成分。实际情况是，价值只从所提供的服务里产生。

当人们提出效用是价值的根据这个准则时，如果其含义是：服务是有价值的，因为它对接受它和偿付它的人是有用的，我就会不加争论了。在这里，服务这个词已经充分考虑到了这个常识。

但是不容混淆的是，空气的效用和服务的效用是不同的。这是两种截然不同的效用，种类不同，性质不同，彼此之间不存在任何比例、任何必要的比率。在有些情况下，一种很轻微的努力能使某人避免一种微不足道的辛劳，因而向他提供的是一项很小的服务，但这却使此人获得一种具有很大内在效用的物质。

我们是否想知道，两个缔约者，当一个向另一个递送空气时，如何对这项服务进行估价？必须有一个比较标准，而这只能是在潜水人所允诺偿还的服务里。他们彼此的要求将取决于他们各自的处境，他们的欲望的强烈程度，他们彼此互相依赖的程度，以及证实价值是在服务里的那些情况，因为价值是随着服务的增长而增长的。

如果读者愿意承受这个辛劳，他随意变动这个假设，以便看到，价值并非必须同努力强度成正比例；我在此所提出的意见是有其目的的，因为我应该证明，价值既不存在于效用里，也不存在于劳动里。

如果我不时常喝水，我就会死去，而水源离村子有一里路。这是大自然把我造成的样子。所以每天我得去找我需要的那份水，因为水使我认识到它解除渴的痛苦的那个有用特性。需要，努力，满足，一切尽在其中。我已认识了效用，我尚未认识价值。

然而，我的邻居也去水源那里，于是，我对他说："让我避免这次旅途的辛劳吧，为我服务一次，把水给我带来。在这段时间里，我将为你做些事情，我将教你的孩子读拼音。"我们两人就这样讲妥了。于是就有了两项服务的交换；可以说，这两项服务是等价的。请注意，这里所比较的是两种努力，而不是两种需要和两种满足，因为人们会根据什么尺度来比较喝的好处同知道读拼音的好处呢？

不久，我对我的邻居说："你的孩子叫我讨厌，我宁愿给你做别的事情；你继续给我送水，我将付给你五个苏[①]。"如果对方接受我的建议，那么，经济学家就可以毫无顾虑地说：服务值五个苏。

① sou，法国辅币名，为法郎的二十分之一。——译者

后来，我的邻居不再等待我的请求。他从经验中知道，每天我需要喝水。他抢在我的欲望前面。同时，他也向其他的村里人供水。总之，他变成了水贩子。于是，人们开始说：水值五个苏。

但是，水的性质实际上有没有改变呢？存在于服务里的价值是否物质化了，因而并入到水里并添加了一种新的化学成分呢？我的邻居和我之间的协议在形式上微小的变动能够转移价值的原理和改变它的性质吗？我不是一个纯粹主义者，因此并不反对人们说：水值五个苏，就像不反对人们说：太阳落了。但是须知，这些是换喻；换喻并不影响事实真相；在科学观点上（因为我们研究的是科学），价值之不存在于水里就和太阳不落入海里一样。

因此，让每个事物保持其固有的特性吧：水、空气具有效用，服务具有价值。我们说：水是有用的，因为它有止渴的特性；服务具有价值，因为它是协议的对象。水源有远有近，水的效用不变，而价值却有增减，这种说法是完全正确的。为什么？因为服务有大有小。所以，价值存在于服务里，因为它随服务的变化而变化，并且朝着同一方向变化。

在经济学家的著作中，钻石扮演一个重要角色。他们用它来阐明价值法则，或者用它来指出这些法则的所谓紊乱情况。这是一切学派用来互相攻击的著名武器。英国学派说："价值存在于劳动里"，法国学派就拿一颗钻石给它看，并说："瞧，这是一个无须任何劳动的产品，但它含有巨大价值。"法国学派肯定价值存在于效用里，英国学派当即把钻石同空气、光和水来对比，并说道："空气是十分有用的，但是并无价值，对钻石的效用是有争论的，但是它比所有的空气还值钱。”于是，读者会像亨利四世那样说：“他们两派都有理。”最后，人们终于在这个超过另外两个错误的错误上面取得了一致：必须承认，上帝把价值放到其杰作中，而价值是物质性的。

我认为，这些逻辑上的片面性在我的简单的定义面前会消失，因为我的定义是被上述例子所确认的，而不是被否定的。

我在海边散步。偶然的幸运让我拾到一颗出色的钻石。于是，我占有了一个巨大的价值。为什么？是否我将为人类做一件大好事？莫非我曾从事过一项长期而艰巨的劳动？都不是。那么，为什么这颗钻石具有如此大的价值呢？这无疑是因为接受我的钻石的那个人认为，我向他提供一项重要的服务，特别是因为许多富人都在寻求这颗钻石，而只有我才能提供此项服务。那个人作出判断的动机是可以争论的，不错。这些动机来自虚荣、骄傲，这也不错。但是，这个判断存在于一个准备为此而行动的人的头脑里，这就够了。

这个判断远不是基于一种对效用的合理评价，可以认为，完全相反。指出炫耀能为无用作出重大牺牲，这正是炫耀的目的。

这里，价值同提供服务的人所完成的劳动之间根本没有一个必要的比例，倒是可以认为，价值是同接受服务的人所节省的劳动成正比的；再者，价值法则这个普遍的法则，就我所知，却未曾为理论家们遵循过，虽然它支配着普遍的实践。我们将在以后谈论价值通过什么奇妙的机制逐渐同自由的劳动成正比；但是价值的原理存在于接受服务的人所节省的努力中，而不是存在于提供服务的人所完成的努力中，这也是确实的。

有关那颗钻石的交易可以假设有以下对话：

——先生，把你的钻石让给我吧。

——先生，我很愿意；用你整整一年的劳动来交换吧。

——先生，你并未为了取得它而牺牲过你一分钟呀。

——那么，先生，请你试试去找类似的一分钟吧。

——可是，在公正的基础上，我们理应以相等的劳动来交换。

——不，要是讲公正，由你来评价你的服务，而由我来评价我的服务。我并不强迫你，为什么你要强迫我呢？要么，你为我劳动整整一年，要么，你自己去寻找一颗钻石。

——可是这会让我去苦苦寻找十年，到头来还说不定一无所获。我认为，以另一种方式来使用这十年是更为明智、更为有利的。

——正因如此，我才认为，只向你要一年的劳动，这还是在为你效劳呢。我让你节省九年的劳动，这就是我赋予此项服务很高价值的原因所在。如果你认为我苛刻，那是因为你只考虑到我所完成的劳动；可是你也应考虑一下我让你节省的劳动吧，这样，你会觉得我是个好好先生。

——你得益于大自然的劳动，这也是千真万确的。

——但是，我如果毫无代价地，或只以微小的代价把我找到的东西让给你，那就会让你从中受益。再说，这颗钻石之所以有很高的价值，并不是因为大自然，自开天辟地以来，把它像露水那样点点滴滴地制造出来的。

——不错，可是如果钻石多得像露水那样，你就不会向我索取高价了。

——毫无疑问，因为在这种情况下，你就不会来找我了，或者你也不会愿意为了一种你可以很容易地向你自己提供的服务而向我付出高价。

我们从这段对话中可以看到，价值既不存在于水里，也不存在于空气里，当然也不存在于钻石里，全部价值就存在于为这些东西所提供和接受的服务里，并且是由缔约者的自由商讨所决定的。

请阅读一下经济学家们的丛书，并且比较其中所有的定义。如果那里面有一个定义适用于空气和钻石，这表面上如此对立的两种情况，你们就把那本书烧掉。但是，如果我所给出的这个简单的定义能解决困难，或者不如说，它能消除困难，那么，作为诚实的读者，你就应该坚持读下去，因为在科学开头处放一个良好的标签，这不会是徒劳无功的。

请允许我多举一些这样的例子，一方面，这是用来阐明我的思想；另一方面，这也是使读者熟悉一个新的定义。在一切方面指出原理所在，对于原理的这种探索还为对后果的理解铺平道路，这些后果将是重要和出人意料的。

在我们生理上的需要当中，有一个饮食的需要；而最适于满足这个需要的物品之一，就是面包。

当然，既然我有吃的需要，我理应从事有关生产我所必需的面包的一切操作。既然我的同胞们感到同样需要，并且被迫付出同样的努力，我就无法要求他们向我无偿地提供此项服务。

如果我自己做我要吃的面包，我就要从事一项非常复杂的劳动，但是这完全和我为到水源取水所付出的劳动相似。面包的成分在大自然中确实到处存在。按照萨伊正确的意见，人毫无创造的必要性和可能性。气体、盐类、电、植物生长力，这一切都存在；我要做的是，用这个被称为土地的大实验室来集中、帮助、结合、输送这些东西；在这个实验室里，进行着一些神秘的活动，而人类的科学在这方面只是刚刚揭开其帷幕。一方面，我为达到我的目的而从事的全部活动是非常复杂的；另一方面，其中每项单独的活动却像到水源那里去汲取大自然已安置的水那样简单。因此，我的每一种努力不是别的东西而只是为我自己提供的一种服务而已；而如果通过自由协商所达成的协议，其他的人让我节省部分或者全部努力，这就是我接受了同等数量的服务。把这些服务同我应偿还的服务进行比较，这就构成并确定面包的价值。

出现了一种简便的媒介物，它使服务的交换更加便利，它甚至可用来衡量这种交换的相对重要性，这就是货币。但是事物的实质仍旧不变，正如力的传送服从同一法则，而不论它是通过一个或者几个齿轮系进行的。

现举例说明一下。当面包值四个苏时，如果一个好会计想分解这个价值，通过一些可能非常繁复的交易，他会找出所有用服务来协同构成价值的那些人，所有使某人节省了一种辛劳的那些人，而这个受益的会计将首先发现，面包师傅从中扣除了二十分之一，并在此二十分之一中扣除了付给为他砌炉灶的泥水匠、为他供应柴火的樵夫，以及其他人的报酬；随后，磨房主不仅要接受他本身劳动的酬报，而且还要偿付为他做磨的石匠、为他筑堤的挖土工人。剩下的部分将用来酬报打麦存仓的人、收割的人、耕地的人、播种的人，直到分光为止。没有一文钱是用来偿付上帝或者大自然的。这样一种假设本身是荒谬的，然而主张把产品的一部分价值归诸物质或自然力量的那些经济学家在他们的理论中，却完全使用这种假设。不，在这里，具有价值的并不是面包，而是向我提供面包的那一系列服务。

在构成面包价值的基本成分中，我们的会计发现，他很难把一个成分和一项服务联系起来，至少和一项需要付出努力的服务联系起来。他发现在此二十份中，有一两份是归地主的，即那个实验室的拥有者的。面包价值的这一小部分就是所谓地租；而我们的会计由于在措辞上，在这种换喻上搞错了，也许将会认为，这个份额和自然要素有关，和土地本身有关。

我认为，如果他是聪明的，他将发现，同其他一切同样性质的服务一样，这还是一些十分真实的服务的代价。我们在探讨地产时，将要对此做充分的证明。目前，我提请注意，我在此探讨的是价值，而不是地产。我并不研究一切服务是否都是真实的、正当的，以及有些人是否竟然能未提供服务而得到报酬。唉！天哪！世界充满了这样的不公正，其中却不应包括地租。

我在此要加以论证的是，所谓事物的价值只是一些真实的或想象的、接受的和提供的服务的价值；就是，价值并不存在于事物本身之中，它既不存在于面包里，也不存在于钻石里，也不在水或空气里；就是，报酬的任何部分都不归诸大自然；就是，全部价值，通过最后的那个消费者，在一些人之间被分配了；就是，最后的消费者之所以把这个价值付给那些人，是因为他们曾向他提供过服务，欺骗或者强暴的情况除外。

两个人认为，冰在夏天是一样好东西，而煤在冬天则是一样更好的东西。冰和煤满足我们的两种需要：其一是使我们凉爽，其二是给我们供暖。我们要不厌其烦地提请注意,这些物体的效用来自同我们的物质性器官相适应的某些物质性能。此外,我们还须注意,在这些物理和化学性能中,并不存在价值或其他类似的东西。因此,人们如何能想到,价值存在于物质里,并且是物质性的呢?

如果上述两个人不达成协议而想得到满足,他们各人将为各自的需要品而劳动。如果他们取得谅解,则一个将到煤矿里去为两人寻找煤,另一个则到山里去为两人寻找冰。但是,在此情况下,就需要有协议。必须妥善规定所交换的两种服务之间的关系。人们将估计到一切情况:要克服的困难,要冒的风险,要损失的时间,要承担的辛劳,要发挥的才干,要试的运气,用另一种方式来满足的可能性,等等。当人们取得一致时,经济学家就会说:两种交换的服务是等价的;用通俗的话来说,就是:多少数量的煤值多少数量的冰,好像价值以物质的形式进入到物体中去了。但是,如果说通俗的措辞足够表明结果,唯有科学用语才揭示原因的真相,这是易于承认的。

两种服务和两个人之间的协议可进而包括许多服务和许多人,由复合的交换代替简单的易货。在这种情况下,货币便应运而生以利交换的实行。我还需要说明,价值原理既不会因而转移,也不会改变吗?

但我应就煤的问题再提一个看法。可能国内只有一个煤矿,而且只有一个人占有它。如果情况是如此,这个人将为所欲为,他将为他的服务或者他所认为的服务索取高价。

我们尚未谈到权利和公正的问题,区别正直的服务和欺骗性的服务。这在以后再谈。目前,重要的是巩固价值的真正理论,并使这个理论摆脱影响经济学的一个错误。如果我们说:"大自然所造就的或给予的一切,都是无偿的,因此没有价值",人们就以分析煤的价格或者任何其他自然产物的价格来回答我们。人们认识到,这个价格的绝大部分与人类提供的服务有关。一个人挖掘了土方,另一个人抽干了水;这个人挖出了燃料,那个人输送了这些燃料;这些工作的全部几乎构成全部价值。然而仍有一部分价值,它和任何劳动或任何服务都无关。这就是蕴藏在地下而尚未开采的煤的价格;它构成矿主的份额;而且既然这部分价值不是人类的创造,它就应该是大自然的创造。

我反对这样的结论,我要提醒读者,如果他多少同意这样的结论,他就不能在科学上前进一步。不,大自然的作用并不能创造价值,正如人的作用并不能创造物质一样。二者必居其一:要么,矿主为了最终结果而进行了有用的协作,并提供了真实的服务,他给予煤的那部分价值就属于我下的定义范围;要么,矿主作为寄生虫出现,在这种情况下,他就巧妙地为他并未提供过的服务要求报酬;煤的价格因而不正当地上涨了。这种情况证明,交易中存在不公正;但是它不会推翻理论,竟然认为,这部分价值是物质性的,并把它像物理元素那样,与神的无偿赐予结合在一起;其证明是:只要终止不公正,如果存在不公正,那么,相应的价值就会消失。如果价值是物质所固有的,并且是大自然的创造,情况就当然不会如此。

现在,让我们谈谈我们最迫切的需要之一,对安全的需要。

一些人来到一个荒野无人的海滩。他们开始劳动。但他们中每个人必须时刻分身来防备猛兽,或比野兽更凶的人的侵犯。每个人除了把时间和努力用于直接自卫之外,还须用很多的时间和努力去取得武器和弹药。他们终于认识到,如果他们当中某些人放弃其他的劳动而专门担负这项防卫服务,那么,总的努力消耗就会非常之少。他们让那些最机智、最勇敢和最有气力的人来担负这项服务。这些人会在作为他们固定职业的这一本领中精益求精;而在他们保卫集体安全的时候,集体则以自己今后不间断的劳动为大家谋得满足,这些满足将多于十个成员的调离劳动所能造成的损失。一切就这样安排就绪。在这里,除了看到职业上的分工所产生的新的进步,而这个进步又引来和要求服务的交换,还能看到什么呢?

这些军官、兵士、民兵、卫士,他们的服务是生产性的吗?毫无疑问,因为这种安排只是为了使总的满足与总的努力的比例增加。

这些服务具有一种价值吗?当然有,因为人们对这些服务评估、标价、估价,总之,人们要以与之相当的其他服务偿付这些服务。

规定这种报酬的形式,集资的方式,商讨和达成协议的方法,这一切丝毫不损害原理。一些人是否让另外一些人节省了努力?一些人是否让另外一些人获得了满足?在此情况下,就有被交换、比较、估价的服务,也就有价值。

这类服务,在错综复杂的社会环境中,常常造成可怕的现象。这一类劳动者所提供的服务,其性质就要求集体把强制力和能战胜一切抵抗的力量交付给他们,这就有可能发生这些受托者滥用强制力，转而反对集体本身的情况。还有可能发生一种情况，那就是，这些人从集体那里得到的服务是和集体对于安全的需要程度成正比的，所以，他们可以制造不安全，以便成为不可或缺的人，并且通过一种很狡猾的外交手腕把自己的同胞们投入到无休止的战争中。

这一切是屡见不鲜的。我认为，这就在互相提供服务的恰当平衡中造成极大的紊乱。但是这并未破坏价值的基本原理和科学理论。

再举一两个例子。请读者相信，我至少同读者一样感到这一系列假设的令人厌倦和烦琐之处，这些假设都引出同样的证明，得出同样的结论，并且都是用同样的术语来表示的。但愿读者了解，如果这种方法并不是最引人入胜的，它却至少是建立价值的真实理论，是为我们打通前进的道路的最可靠的方法。

我们是在巴黎。在这个广阔的都市中酝酿着许多欲望；它也拥有满足这些欲望的许多方法。许多富有的人或生活宽裕的人从事工业、艺术、政治活动；到了晚上，他们热烈地追求一小时的休息。在他们最渴望的乐趣中，首先是聆听由马丽布兰夫人演唱的罗西尼的音乐作品，或者是聆听由拉歇儿朗诵的拉辛的动听的诗词。全世界只有两个女人能够提供这些优雅而高尚的享受；除非使用折磨手段，这大概是不会成功的，人们就必须和她们的意志打交道。因此，人们期待于马丽布兰和拉歇儿的服务就将有很大的价值。这种解释虽很平淡无奇，却并非不对。

如果一个富有的银行家，为了满足他的虚荣心，想请这些大艺术家中的一位在他的客厅里表演，他将从经验中感到，我的理论在各方面都是正确的。他热烈地渴望满足，世界上却只有一个人能够给予他这种满足。他除了拿出一大笔酬金之外，就别无他法让那位艺术家同意演出。

这笔交易将在什么限度之间变动呢？银行家的限度是逾此宁可放弃满足，而不付出更高的代价；女歌唱家的限度则是宁可接受送给她的报酬，而不愿一无所得。这个平衡点将决定此次特殊服务的价值，如同决定其他一切服务的价值一样。可能在许多情况下，由习惯来确定这个微妙的平衡点。在上流社会中，人们特别爱好对某些服务的讨价还价。甚至可能的是，这种报酬被以相当风雅的形式改装起来，以便掩盖经济法则的庸俗之处。但是经济法则仍然主宰这笔交易，就像它主宰其他最普通的交易那样，因而价值并不因为经验或者礼仪可以避免在任何场合下讨价还价而改变其性质。

这就说明那些非凡的艺术家之所以能够发财致富的原因所在。另外一种情况也对他们有利。那就是，由于他们的服务的性质，他们能够以同样的努力向许多人提供服务。不论大厅面积有多大，只要拉歇儿的声音响彻剧场，这种无法模效的朗诵就能打动每个观众的心灵。这是一种新的协议的基础。怀有同一欲望的三四千人可以协议并集资；于是每个人向这位演员提供的大批服务就和她同时向所有的观众提供的唯一的服务取得了平衡。这就是价值。

既然许多观众能一致同意来听戏，几个演员就能一致同意来唱一出歌剧或者一出话剧。一些承包商就能参与这项活动，为那些缔约者避免大批的次要的安排事宜。价值因此增加，变得复杂，形式多样化，进行分配，但仍不改变性质。

让我们最后谈谈所谓特殊情况。这些情况是对正确的理论的检验。如果法则是正确的，例外就不会否定它，而是加以确认。

例如，我们看到一个年老的传教士，他拄着拐杖，腋下夹着日课经，沉思地向前走去。他的神色多么自若！外貌多么富于表情，目光多么深邃！他上哪儿去？你没有看见天边那座钟楼吗？村里年轻的本堂神甫感到信心不足；他请求这个年老的传教士的帮助。但是，事先要做一些安排。传教士将在本堂神甫那里找到食宿。但是在两个封斋期之间这一段时间里，人总得生活；这是共同的规律。因此，我们的本堂神甫从村里的富人那里募得了一些布施，虽然不多却也够用了；因为年老的传教士要求不高，有人曾就这个问题写信问他，他回答说："给我一些面包，这就是我的必需品；给穷人的一文钱，这对我已经是多余的钱了。"

经济前提就这样完成了；因为那个讨厌的政治经济学无所不在，无所不管，我确信，它曾说过："Nil humani a me alienum puto。"①

让我们稍许讨论一下这个例子，当然这是从我们所关心的观点来加以讨论。

这确实是一种服务的交换。一方面，是一个年老人将把他的时间、他的精力、他的才能、他的健康用于启发为数不多的村民的智力，提高他们的道德水平。另一方面，给予传教士的则是够吃几天的面包、一件漂亮的毛布黑袍和一顶新的三角帽。

但是这里还有别的东西，即一系列的重大牺牲。老传教士拒绝任何并非是他绝对必需的东西。这份可怜的口粮由本堂神甫负

① 拉丁文：任何人类的事都和我有关。——译者

担一半，另一半则由村里的富人们替他们的同胞们负担了，而后者也是来听布道的。

这些牺牲否定我们对价值的定义吗？绝不。每个人可自由地以他认为合适的条件来出让他的努力。如果人们不计较这些条件，或者甚至不要求任何条件，结果会怎样呢？服务虽然保存了其效用，它的价值却丧失了。老传教士深信，他的努力将在别处获得报酬。他并不坚持要这些努力在今世获得报酬。他无疑知道，对他的听众们讲道就是为他们服务；但是他也相信，听众们听他讲道就是为他自己服务。因此，交易是在缔约者一方同意之下，并在对另一方有利的基础上进行的，如此而已。通常，服务的交换是由个人利益所决定和估价的。但是，感谢上天，有时交换是由同情原则所决定和估价的。于是，或者我们让与他人一种我们本来有权利给自己保留的满足，或者我们为他人作一种我们本应用于我们自身的努力。慷慨、献身、克己，这些都是我们本性的冲动，它们和其他许多情况一样，对某一特定的服务的现实价值产生影响，但并不改变价值的一般法则。

我可举出另一个性质完全不同的、同这个令人欣慰的例子相对立的例子。要使一项服务具有经济意义上的价值，事实上的价值，此项服务无须是真实的、认真的、有用的；只要人们接受它，并愿以另一项服务来偿付它，这就够了。世界上有许多人让公众接受和偿付一些质量非常可疑的服务。一切取决于人们对此项服务所作的判断，所以，道德将始终是政治经济学的最好助手。

一些骗子手推行一种错误的信仰。他们自称是上天的使者。他们可任意打开天堂或地狱的大门。当这种信仰扎下了根时，他们就说:“这是一些小图像,我们已赋予它们一种功能,谁在身上佩戴一张,谁就会永远幸福。让给你一张这样的图像,就是向你提供一项巨大的服务,因此,作为回报也向我们提供服务吧。”一种价值就这样创造出来了。人们会说,这种价值来自一种错误的评价,的确是如此。对于许多具有一定价值的物质的东西,也可以这样说,因为那些东西在拍卖所也会找到买主。如果经济学只承认那些被精确评价的价值,就不可能有经济学了。每走一步,它就须更新物理学和伦理学的课程。在孤独状态中,由于堕落的欲望或反常的理智,一个人可能竭力追求一种荒诞的满足,一种失望。同样,在社会中,正如一位哲学家说过的,我们有时会以高价去购买遗憾。如果人类理智的性质就是具有在真理方面,同谬误相比,有一种更为自然的比重,那么,一切欺骗就注定要消失,一切虚假的服务就注定要被人拒绝并丧失其价值。文明,久而久之,将使每个人每样东西各就各位。

然而必须结束这个冗长的分析。呼吸、饮食的需要,对虚荣、智慧、情感、见解、合理的或荒诞的希望的需要,我们曾到处寻求价值,在存在价值的地方,我们都看到它,即哪里有服务的交换,哪里就有价值;我们已看到,价值,到处都是一样的,它是建立在一个明晰的、简单的、绝对的原理的基础之上的,虽然它受到许多不同条件的影响。我们可以检查我们其他的一切需要,我们可以提到木匠、泥水匠、制造商、裁缝、医生、执达员、律师、批发商、画家、法官、共和国总统,但是,我们只会发现下面的东西:常常是物质,有时是大自然无偿地供给的力量,始终是互相交换、彼此衡量、对比、评价、估价的人类服务,而且唯有人类服务才能表示这种估价的结果——价值。

然而我们的需要中有一个性质非常特殊的需要，它是社会的纽带、产生我们一切交易的原因和结果、政治经济学上的永久性问题，这就是对交换的需要。

在上一章里，我们已描述交换的奇妙作用。这些作用是如此奇妙，以致人们很自然地乐意为交换提供方便，甚至不惜作出重大牺牲。正因如此，才有道路、运河、铁路、车辆、船只、批发商、零售商、银行家。如果人类在交换中得不到一种巨大的补偿，就不可能设想，人类为了交换的方便而会甘心付出自己一部分如此巨大的力量。

我们也已看到，简单易货是一种非常不方便和非常受限制的交易。

为此，人们才想象出把易货分解成两种因素：卖和买，利用一种易于分割的，特别是一种具有价值的媒介货物，以获得公众的信任。这就是货币。

我在此提请注意的是，人们用省略语或换喻称之为黄金和白银的价值是和空气、水、钻石、我们的老传教士的布道或者马丽布兰的表演的价值一样建立在同样的原理之上的，即建立在所提供的和所接受的服务之上。

因为分布在萨克拉门托河[①]两岸的黄金得自大自然的许多宝贵性能：延展性、比重、色彩、光泽，甚至效用。但是有一样东西，大自然并未给它，因为这与大自然无关，这就是价值。有一个人知道，黄金是很急需的、很受欢迎的东西。于是，他到加利福尼亚去

① Saclamento，美国加州一大河流，盛产黄金。——译者

寻找黄金，就像我的邻人到水源去寻找水那样。他付出艰苦的努力，他挖掘、淘洗、熔炼，然后，他来对我说：我向你提供服务，把这块黄金让给你；你偿还我什么服务？我们讨价还价，每人权衡所有能够决定此项服务的条件；我们终于成交了。于是，价值表现出来，并被确定下来。人们受到黄金有价值这个省略语的欺骗，就认为，价值和比重、延展性一样存在于黄金里，是大自然把价值放在黄金之中的。我希望读者现在会深信，这是一种误解。读者以后还会深信，这是一种可悲的误解。

还有一种关于黄金，或者不如说关于货币的误解。既然货币是一切交易中惯用的媒介，是介于复合易货两种因素之间的东西，人们就始终以它的价值来和所交换的两种服务的价值作比较，它变成了衡量价值的尺度。在实践中，这也只能如此。但是政治经济学应该考虑到，谈到价值，货币和其他任何产品或服务一样，它也服从于同样的变动。政治经济学常常忘记这一点，但这是不足为奇的。一切现象似乎都让人把货币看作是衡量价值的尺度，就像用公升来衡量容积那样。货币在交易中起着类似的作用。人们对货币本身的变动并不知情，因为法郎在任何数量上始终保持同样的名称。最后，算术本身也参与传播混淆，把法郎当作尺度而与米、公升、公亩、立方米、克等等并列。

我已给价值下了定义，至少是按照我所理解的情况作出的。我已让我所下的定义去经受种种事实的考验；我认为，没有一个事实否定过它；最后，我给这个词下的科学定义同普通的含义有些混淆，这倒既非一种不屑一顾的好处，也非一种无足轻重的保证，因为科学若不是经过推理的经验，又能是什么呢？理论若不是对普遍实践有系统的阐述，又能是什么呢？

现在，应允许我对迄今占优势的体系作一个简略的论述。我进行这个研究，本意并不是想争论，更不是想批判，而且，如果我不是深信这个研究能够使我这本著作的基本思想进一步明确，我是情愿放弃它的。

我们已经看到那些作者曾在一个或几个对价值有较大影响的次要的事实中，例如物质性、可保存性、效用、稀有性、劳动等等，寻求价值原理，就好像一个生理学家会在发展生命的一个或几个外部现象中，例如空气、水、光、电等等中，寻求生命原理那样。

物质性。德·波那尔先生说："人是一种由器官来服务的智慧。"如果唯物主义学派的经济学家们所要说的仅是，人类唯有通过其有形器官才能互相提供服务，并从而得出结论说，在这些服务中，也就是在价值中，始终存在某些物质性的东西，我就不再过多论述，因为我深恶在词句上的争论和那些烦琐的高谈阔论，而有些人正是在这方面非常活跃。

但是他们所指的并不是这个。他们相信的是，价值或是通过人的劳动，或是通过大自然的作用，已被传送给物质了。一句话，"黄金价值多少，小麦价值多少"这样的简略词句欺骗了他们，他们在物质里竟然看到有一种叫作价值的品质，正如物理学家在物质里看到不可渗透性和重力这些有争议的属性那样。

无论如何，我正式否认物质有价值。

首先，人们不能否认，物质和价值常常是分开的。我们对一个人说：把这封信按地址送去，给我取水去，教我这门科学或者这个方法，给我的病症或者我的诉讼出个主意，请在我劳动或睡觉时照管一下我的安全；我们所要求的是一项服务，我们当众宣布，它有一种价值，因为我们愿意以另一项等价的服务去偿付它。在理论上拒绝承认在实践上已被普遍同意所承认的一切，这会是奇怪的。

的确，我们的交易常常是有关物品的；但这证明什么呢？这证明，由于远见，人类准备提供会向他们要求的那些服务；不论是我买一件成衣，还是请一位裁缝来我家做临时工，价值原理在哪方面起了变化，竟使得时而存在于衣服里，时而存在于服务里呢？

人们会在此提出这样一个微妙的问题：是否必须在物品中看到价值原理，从而用类比法把它归诸服务？我说，完全相反，必须在服务中看到价值原理，然后，如果人们愿意，用换喻把它归诸物品。

我以练习方式向读者举出的许多例子使我可以无须在这个问题上再加强调。但我仍想要为进行了这样辩论而自我辩解，我要指出，如果一门科学在一开始就出现一种错误，或一种不完整的真理，这就会导致怎样不幸的后果。

我所反对的那个定义，其最小的害处也是它断章取义和删节政治经济学。如果价值存在于物质里，那么，哪里没有物质哪里也就没有价值了。重农论者把四分之三的人口称为不生产的阶级，而斯密则缓和了一下用语，称其为非生产性的阶级。

但是由于事实终归胜于定义，就必须把这些阶级在某一方面纳入经济学的研究范围。人们在其中通过类比法称呼它们；但是，根据另一种论据制订出的科学语言却事先已非常具体，因而使得这种扩大适用范围不合时宜。什么是："消费一种非物质的产品？人是一种积累起来的资本？安全是一种商品？"等等。

人们不仅把语言过分地具体化，而且不得不用一些微妙的区别来加重语言的负担，其目的就是把曾被错误地区分的观念调和起来。于是，就出现了使用价值这个词，以此作为交换价值的对立面，等等。

最后，由于对财产及共有财产这两大社会现象的混淆，前者仍然是难以辩解的，后者则仍是难以辨别的，而这是一种更为严重的情况。

因为，如果价值存在于物质里，它就和对人有用的那些物体的物质性能混淆在一起。然而，这些性能常常是由大自然安排在物体里的。那么，是大自然在协同创造价值，而我们就只好把价值归诸本质上是无偿的和共有的东西。那么，财产的基础在哪里呢？如果我为取得一种物质性的产品，例如小麦，而付出的报酬将在所有为此产品向我提供过某种服务的劳动者之间进行分配，那么，对于与人类无关而应归功于大自然的价值所应得到的报酬应交给谁呢？交给上帝吗？谁也不会同意这个主张，而且人们从未见过上帝索取工资。交给一个人吗？以什么名义呢，因为，根据假设，他没有做任何事。

但愿人们不要设想，我在夸大其词，不要设想，为了维护我的定义，我在夸张经济学家所给出的定义的严厉的结论。不会的，这些结论是他们自己在逻辑的压力下十分明确地得出来的。

例如，西尼尔得出结论说："那些强占了自然要素的人以地租的形式收取一种他们并未为之作出牺牲的报酬。他们的作用就限于伸出手来接受集体中其余的人的贡献。"斯克劳伯说："土地所有权是一种人为限制，用来限制享受造物主为满足大众需要所施与的恩赐。”萨伊说：“可耕地似乎应该列入自然财富内，因为这并不是人类的创造，而是大自然无偿地给予人的。但是，由于这种财富并不像空气和水那样瞬间即逝，因为田地是某些人在所有其他人的同意下，得以占有的一个固定并标定范围的空间，土地这个本是自然存在的和无偿的财富，就变成了一种社会财富，要使用它就应该付出代价。”

如果诚属如此，普鲁东就有理由提出下述可怕的疑问，以及随之而来的更为可怕的肯定：

“地租该交给谁？无疑给土地的生产者。谁创造了土地？上帝。在此情况下，滚开吧，地主。”

是的，由于一个错误的定义，政治经济学让逻辑为共产主义者撑腰。这个可怕的武器，我将在他们的手里粉碎它，或者不如说，他们将愉快地把它还给我。在我摧毁了原理之后，也就没有结论可言了。而且我认为能证明，如果在财富的生产中，大自然的作用和人类的作用结合起来，那么，本质上是无偿和共有的大自然的作用，通过我们的一切交易仍是无偿和共有的；唯有人类的作用代表服务、价值；唯有它能取得报酬；唯有它是财产的基础、说明和必要性。一句话，我认为，人类在彼此的关系上只是物品的价值的所有者，同时，在产品转手时，他们只能在价值上商讨，即在彼此提供的服务上商讨，而且彼此互赠这些产品得自大自然的一切品质、性能和效用。

一方面，政治经济学迄今还否认这种基本的看法，从而动摇了财产的监护原则，而财产则是作为一种人为的、必要的，但是不公正的制度出现的；另一方面，它对财产逐渐共有化现象，这个上帝给予人类的最令人感动的现象，却完全置之不顾。

财富，从这个词的广义来说，是大自然的作用和人的作用的结合所产生的。由于神意，前者是无偿和共有的，而且这个特性永远不会消失。唯有后者才具有价值，因此可以被占有。但是，由于智力的开发和文明的进步，在实现一种特定的效用时，前者所占的份额愈来愈大，后者的份额则愈来愈小；从而在人类内部，和价值及财产领域相比，无偿性及共有财产领域在不断扩大：这是一种内容丰富的和令人欣慰的概况，而只要政治经济学把价值归诸大自然的协作，它就完全看不到这种情况。

在一切宗教中，人们都感谢上帝的恩惠；家长为他的孩子们的面包而表示感谢；这种动人的习俗，如果在上帝的施舍中没有任何无偿的东西，理智是不会为它辩解的。

可保存性。价值的这种所谓必要条件和我刚才讨论的条件有关。为了使价值存在，斯密认为，价值必须固定在某种可以交换、积累、保存的东西上面，因而固定在某种物质性的东西上面。

他说："有一类劳动增加[①]工作对象的价值。另一类则并无这种效果。"

斯密又补充说："制造业的劳动在某种可销售的商品里进行并固定下来，此项经过加工的商品可以维持至少一段时间。相反，仆人的劳动（作者在这个问题上把军人、官吏、音乐家、教授等等的劳动都等同视之），并不固定在任何可销售的商品上。服务是随提供

① 增加！那么，工作对象在加工之前就有价值了。这个价值只能得自大自然。因此，大自然的活动不是无偿的。那么，谁敢索取这部分不属于人类的价值呢？——原注

随消失的，并不遗留价值的痕迹。”

人们看到价值在这里只与事物的改变有关，而不是与人们的满足有关；这是重大的错误，因为，如果事物的改变是有益的，这正是为了得到满足，而满足才是一切努力的目的、结果和结束。因此，如果我们通过即时的和直接的努力来实现满足，结果总是一样的；如果这种努力可以用来进行交易、交换、估价，它就含有价值原理。

至于努力和满足之间的时间上的间隔，当斯密认为价值的存在与否就取决于此时，他确实说得过于严重了。他说：“一种可销售的商品的价值至少持续若干时间。”是的，价值无疑要一直持续到物尽其用为止，满足了需要，对于服务，情况也是完全如此。只要一碟草莓留在食品橱里，它就保存它的价值。为什么呢？因为它来自我想自行提供或者他人以补偿办法向我提供的一项服务，而我尚未消耗掉此项服务。一旦我吃掉草莓，从而消耗掉了此项服务，其价值也就会消失。服务也将消失而不遗留任何价值的痕迹。这和向个人提供服务的情况一样。消费者消耗价值，因为这就是创造价值的目的。今天付出的辛劳，不论它满足的是即时的需要，还是明天的或者一年后的需要，这都和价值的概念无关。

怎么！我患了白内障。我到一位眼科医生那里去。他使用的器具将具有价值，因为它能耐用一段时间，而手术却没有价值，虽然我要支付手术费，虽然我曾讨价还价，虽然我曾引起几个医生之间的竞争。这究竟是怎么一回事呢？这种解释是和最普通的事实、最被人们一致接受的概念相违背的；对普遍实践，不加考虑就予以否定，这算是什么理论呢？

读者，请相信，我不是热衷于争论。我之所以在这些基础概念上赘言，这是为了使你的思想准备好接受以后出现的非常严重的后果。我不知道，预先让人感到这些后果是否违反方法的规则；但我还是要冒昧违反这些规则，以免你要感到不耐烦。这就是为什么我提前对你谈财产和共有财产。由于同样的原因，我将资本问题略谈一二。

斯密既认为，财富存在于物质之中，所以他只能把资本理解为物品的积累。那么，又如何把价值归诸不能积累、不能资本化的服务呢？

被列入资本的首先是工具、机器这些劳动器具。它们是被用来让大自然的力量参与生产；既然人们把创造价值的功能归诸这些力量，人们就认为，劳动器具本身具有同样的功能，并与任何人类服务无关。就这样，铲、犁、蒸汽机都被看作能同时配合自然要素和人类力量来不仅创造效用，而且也创造价值。但是任何价值在交换中都要得到偿付。那么，这一份与任何人类服务无关的价值应归谁所有呢？

普鲁东派就是这样在否认了地租之后，又否认资本利息的；后一个论题的范围更为广泛，因为它包含前一个。我肯定，普鲁东派的错误，在科学观点上，来自斯密的错误。我将证明资本如同自然要素，就其本身和其作用而言，创造效用，但永远不会创造价值。价值，在本质上，产生于一种正当的服务。我也将证明，在社会范畴中，资本并不是一种与物质的可保存性有关的物品的积累，而是一种价值的积累，即服务的积累。通过这个证明，最近的反对资本的生产力的斗争，由于没有存在的理由，至少有可能平息下来，而这将甚至使那些掀起这场斗争的人也感到满意；因为，如果我证明，在交换过程中，除了服务的相互性质之外，别无其他，普鲁东先生就应该承认，正是由于他的原理的胜利，他才成为失败者。

劳动。亚当·斯密及其学生们，以物质性为条件，把价值原理赋予劳动。这是和另一种见解相矛盾的，即自然力量在价值的生产中占有份额。我无须在这里驳斥这些矛盾说法，当他们谈地租或资本利息时，这些矛盾就会在其造成的全部有害的后果中表现出来。

无论如何，当他们把价值原理追溯到劳动时，如果他们不谈体力劳动，他们就会非常接近真理。因为我在本章一开始就说过，价值应与努力有关，我喜欢用努力这个词，因为它更带有普遍性并包括整个人类活动。但我曾立即补充说，价值只能从所交换的努力或相互服务中产生，因为它并不是一件本身就存在的东西，而是一种关系。

因此，严格地说，斯密的定义中有两个缺点。其一，这个定义不考虑交换，而没有交换，价值就无从产生，也无从设想；其二，它使用一个过于狭隘的词，劳动，除非人们把这个词引申到一种罕见的广义上，不仅把强度和时间这些观念包括进去，而且还把技巧，洞察力，甚至成功的可能性的大小这一些观念也都包括进去。

请注意，我在定义中使用服务这个替换词，就消除了上述这两个缺点。服务这个词必然包含转移的观念，因为一项服务只有被接受时才能提供出去；同时它也包含努力的观念，而并不预测价值是否同它成正比例。

英国经济学家们所下的定义特别在一点上犯了错误。说价值存在于劳动里，这就诱导人们去设想价值与劳动互为尺度，设想他们彼此之间是成比例的。这样，这个定义就违背了事实，而一个违背事实的定义则是一个有缺点的定义。

一种本身微不足道的劳动却常常被看作有巨大的价值的东西（例子：钻石的被发现，女歌唱家的表演，一个银行家的签字，一个船东的成功的投机，拉斐尔的一帧画，一纸特赦谕旨，一位英国皇后的容易充当的角色，等等）；更为常见的是，一种艰难的、繁重的劳动，到头来，获得的却只是失望、无价值。在此情况下，如何能在价值与劳动之间建立起一种互相的关系，一种必要的比例呢？

我的定义解决了这个困难。显然，在有些场合下，人们能够提供重要的服务而无须多少辛劳；在另外一些场合下，人们付出很大的辛劳，却不能向任何人提供服务，所以在这一方面，更正确的说法是，价值存在于服务里，而不是存在于劳动里，因为价值是同服务而不是同劳动成比例的。

我还要走得更远。我肯定，对价值的评估可以用受让人所避免的劳动来衡量，也可以用出让人所完成的劳动来衡量。请读者回想一下两个缔约者关于宝石的对话。这段谈话并非是在一种偶然的情况下产生的，我敢说，作为心照不宣，它存在于一切交易之中。必须看到，在这里假定的两个缔约者是完全自由的，能充分表达他们的意志和判断。他们中每个人要经过周密的考虑才决定进行交换，在这些考虑中，首先当然是受让人的困难，他自己很难直接获得对方向他提供的满足。他们两个人都看到这个困难并要加以考虑，其中一个考虑是如何迁就对方，而另一个则是如何提出更高的要求。出让人所付出的辛劳对交易也有影响，这是交易的因素之一，但不是唯一的因素。因此，不应说，价值是由劳动所决定的。价值是由众多因素所决定的，这一切因素都包含在服务这个词里。

由于竞争的作用，价值趋于同努力成正比，或者说，报酬趋于同成绩成正比，这是千真万确的。这是社会范畴的美好和谐之一。但是，就价值而言，这种竞争所施加的这种比例关系的压力完全是表面的；根据正确的逻辑，是不容许把一种现象所承受的外因的影响同这种现象本身混为一谈的。①

① 这是因为在自由支配下，努力彼此进行竞争，所以这些努力才获得几乎与其强度成正比的报酬。但是我再说一遍，这种比例性并非是价值概念所固有的。

其证明就是，哪里不存在竞争，哪里也不存在比例。在这种情况下，在不同性质的劳动及其报酬之间看不到任何关系。

缺乏竞争的原因可来自事物的性质或者人类的邪恶。

如果它来自事物的性质，人们将看到，一项比较轻微的劳动却产生很大的价值，而对此没有人有理由抱怨。这就是那个发现钻石的人的情况；这就是鲁比尼〔Rubini，1795—1854，意大利男高音歌唱家。——译者注〕，马丽布兰，塔利奥尼，时装裁缝，名酒的生产者等人的情况。时势使他们拥有一种提供服务的非常手段；他们没有对手，于是索取高价。这项服务本身既然是非常稀有的，那就证明，它并非人类的福利和进步所必需的。因此，这是一种富人所求的奢侈品、炫耀品。任何人在想到这类满足之前，他必须有能力先满足更为迫切的和更为合理的需要，这不是很自然吗？

如果缺乏竞争是由某种人类的强暴所造成的，那么，同样的效果仍然产生，但有一个很大的区别，即这些效果是在本来不应产生的地点和时间产生的。于是，人们也看到，一项比较轻微的劳动却产生巨大的价值；但是在什么情况下呢？粗暴地禁止竞争，而正是竞争负有使报酬与服务成正比的使命。于是，鲁比尼可以对一个音乐爱好者说："我要很高的报酬，否则我就不在你的晚会上歌唱"，因为只有他才能提供这项服务。同样，一个面包商、一个屠夫、一个地主、一个银行家也可以说："我要一笔异乎寻常的报酬，否则你就不会得到我的小麦、我的面包、我的肉、我的黄金；而且我已作好防备，我已组织好武装力量，让你不能在别处得到供应，不让任何人向你提供像我这样的服务。"

有些人把人为的垄断和他们称之为自然的垄断等同视之，因为两者都能增加劳动效用。如果我没搞错，萨伊是第一个摆脱物质性桎梏的人。他十分有益地让价值成为一种精神的品质，这个用语也许超出了他原来的目的，因为价值既非物质性的，亦非精神的，它仅仅是一种关系。

但是这位伟大的法国经济学家本人曾经说过："谁也不能到达科学的边缘。学者们彼此协同努力，以便探索一个愈来愈广阔的天地。"也许萨伊的光荣（这是就我们所研究的那个特殊问题而言，因为在其他方面，他的光荣的称号既是众多的，又是不朽的）在于他把一个富有成果的概况留给他的继承者。

萨伊的准则是：价值以效用为基础。

如果这里所指的是人类服务的相对效用，我就不会有异议。最多我可能指出，这个准则由于是非常明显的而成为多余的东西。因为，很显然，没有人同意偿付一项他认为是有用的服务，而他的

价值，我认为他们是很盲目的和很肤浅的。

人为的垄断是一种真正的掠夺。没有它， 些罪恶就不会存在。它使社会上极大部分的人缺乏生活上最必需的东西。此外，它造成愤懑、仇恨、报复这些不公正的产物。

自然的利益对人类毫无害处。人们最多可以说，这些利益证实一种早就存在的、并且不应归咎于它们的罪恶。匈牙利黄酒不像果汁酒那样多而便宜，这也许令人不快。但这并不是社会所造成的一个事实，这是大自然所强加于我们的。

因此，在自然的利益和人为的垄断之间，存在以下深刻的区别：

前者是一种早先存在的、不可避免的那种稀有性的结果；

后者则是造成一种人为的、反自然的稀有性的原因。

在前一种情况下，并不是缺乏竞争造成稀有性，而是稀有性造成缺乏竞争。如果人类因为世界上只有一个著名女歌唱家、一个名酒产地和一个摄政王而忧虑、造反，人类就会是幼稚可笑的。

在后一种情况下，则完全相反。竞争并不是由于天定的稀有性而成为不可能，而是因为强制力扼杀了它，才在人类中产生了一种不应有的稀有性。

（摘自作者手稿）——原编者注

判断可能是错误的或正确的。服务这个词就含有效用的观念，因为它来源于拉丁文 uti，它甚至就是这个拉丁词的直译。

但是可惜，萨伊不这样理解。他不仅在借助于物体所提供的人类服务里发现价值原理，而且还在大自然置于物体本身的有用的品质里发现这个原理。他因而又把自己置于物质性的桎梏之下。他因而远未撕开英国经济学家们安放在财产问题上的那个有害的掩盖布。

在讨论萨伊的准则本身之前，我应该先让人们了解它必然的影响，以免被人们指责投身到一些废话连篇的论述，而且还把读者引入歧途。

人们不能怀疑，萨伊所说的效用是存在于物体里的效用。小麦、木材、煤、呢绒之所以有价值，这是因为这些产品的品质适合我们使用，能满足我们在衣、食、取暖方面的需要。

嗣后，既然大自然创造效用，它就也创造价值，这种有害的混淆就变成了财产的敌人们的一件可怕的武器。

这里有一种产品，例如小麦。我在市场上用 16 法郎买进它。这 16 法郎的大部分，通过无数渠道，通过非常复杂的预支和偿还手续，要在所有为向我提供小麦而贡献过力量的人之间进行分配。耕田者、播种者、收割者、打麦者、车夫，以及制造生产工具的铁匠和制车匠都要有份。到此为止，不论是经济学家或者共产主义者都没有分歧。

但我看到，我的 16 法郎中有 4 个落到地主的腰包里去了，于是我有权询问，这个人是否像其他所有的人那样具有取得一份报酬的不可否认的权利。

根据这本著作所渴望推行的学说，答案是明确的。它是非常肯定的。是的，地主向我提供了服务。什么服务？那就是：他本人或者他的祖先开垦和圈围了田地；清除了田地的莠草和死水；增厚了植被层；建筑了一所房屋，一些家畜棚，一些马厩。这一切都假定，他本人进行过长期劳动，或者他曾支付过他人的劳动，这反正是一样的。这当然是一些服务，根据互利的公正法则，肯定应该偿付他的这些服务。然而，这个地主却从未得到过报酬，至少不是全部报酬。他不能从第一个到他那里买一公担小麦的人手里得到这全部的报酬。那么，做了什么安排呢？做了确是人们所能想象得出的最巧妙、最正当和最公平的安排。这就是：谁想获得一袋小麦，除了支付我们所列举的劳动者的服务之外，他还将支付地主所提供的服务的一小部分；换言之，地主的服务价值将分摊在这块田地所生产的每袋小麦上。

现在，人们可以询问在这里假定为4法郎的报酬是否太多或太少。我回答：这与政治经济学无关。政治经济学证实，地主的服务价值绝对按照适用于其他一切服务的价值的那些法则来计算，而这就够了。

人们也可感到惊奇，这种分散清偿的办法竟不能最终全部偿还预支，因此也就不能取消土地所有权。提出这种意见的人并不知道，资本的性质就是生产一种永久性的利润；我们将在以后研究这个问题。

目前，我不应该再说题外话了；我将指出（因为这是一切问题所在），在我的16法郎里，没有一文钱不是用来酬报人类服务的，没有一文钱相当于所谓大自然赋予小麦的价值，尽管大自然在小麦里安放了效用。

但是，如果你们根据萨伊和英国经济学家们的准则说："在 16 法郎中，12 法郎归耕田者、播种者、收割者、车夫等人，2 法郎是用来报酬地主的个人服务的；最后，还有 2 法郎代表一个价值，它是以上帝、自然要素所创造的效用为基础的，并且与任何人类协作无关"，你们难道不知道，人们随即会问：谁应该享受这部分价值呢？谁有权取得这种报酬呢？上帝是不会来接受这份报酬的。那么，谁敢来替他取呢？

于是，萨伊愈是想以这个论据来说明财产，他就愈是授其对手们以口实。他首先有理由把土地比作一个实验室，在其中进行的化学实验产生对人类有用的结果。他补充说："因此，土地是一种效用的生产者，而且当土地以利润或者地租的形式让别人对它的所有者偿付这种效用时，在消费者和土地之间也有交换。土地给他一种生产出来的效用，而就是因为生产了这种效用，土地才同劳动一样是生产性的。"

就这样，论据是明确的。两个当事者要求分享小麦消费者应付的报酬，它们是土地和劳动。它们的理由相同，因为萨伊说，土地同劳动一样是生产性的。劳动要求用一种服务来偿付；土地则要求用一种效用来偿付；而这种报酬，土地并不是为它自己要求（人们用什么形式给予它这种报酬呢？），而是替它的所有者来索取的。对此，普鲁东勒令这个自称是土地受权人的所有者出示他的委托书。

人们要我偿付，换言之，要我提供一种服务来交换由自然要素生产的效用，尽管我已偿付了人类的配合。

但我永远要问：谁将享受我的服务？

莫非是效用的生产者，即土地？这是荒谬的，我不怕法院传讯，如果我不执行。

莫非是一个人？但是以什么名义？如果是因为他曾向我提供过一项服务，那就太好了。但是，这样你们就同意我的观点了。具有**价值**的是人类的服务，而不是自然的服务；这就是我想引导你们得出的结论。

然而，这是违反你们自己的假设的。你们说，一切人类的服务都由 14 法郎偿付了，补足小麦价格的那 2 个法郎相当于大自然所创造的价值。在此情况下，我再重复我的问题：以什么名义一个人来接受这 2 个法郎呢？如果你们把自称有权利接受这 2 个法郎的人叫作**所有者**，你们就是在认为，下面的格言可以成立，即："**财产，就是盗窃**"，这难道不是很明显吗？

请不要相信，这个在效用和价值之间的混淆只限于动摇地产。这种混淆在导致否认**地租**之后，又引导人去否认**资本**的**利息**。

机器，劳动工具和土地一样，确实都是**效用**的生产者。如果这个效用具有一种价值，它就要求偿付，因为**价值**这个词就意味着索取偿付权。但是它向谁索偿呢？无疑是向机器所有者。是否因为它向他提供了服务？那么，你们就该说，价值存在于服务里。但是如果你们说，必须先偿付服务，然后偿付与任何已经得到报酬的人类活动无关的，而是由机器所生产的效用，人们就会问你们这后一种报酬应归谁，以及为什么其一切服务已得到报酬的那个人有权利再索取什么呢？

实际情况是，大自然所生产的效用是无偿的，因而是**共有的**，正如劳动工具所生产的效用一样。但是只有一个条件才使它成为无偿的和共有的;人要付出辛劳,人为了获得这个效用而向自己提供服务,或者,如果叫他人代劳,而以一项等价的服务来偿还。价值就存在于这些进行比较的服务里,而根本不在自然效用里。这种辛劳可大可小,是它使价值、而不是效用变化。当我们住在一个水量丰满的泉边时,水对于我们大家都是无偿的,条件是,我们要俯身去取水。如果我们委托我们的邻居为我们代劳,这时就出现了一种协议、一种交易、一种价值,但这并不改变水的无偿性。如果我们离泉水有一小时的路程,交易的基础在程度上有所不同,但原则不变。价值并不会因此过渡到水里去,也不会到它的效用里。水仍将是无偿的,条件是去找水,或者偿付经过自由议价而同意为我们代劳的那些人。

对于任何事情都是如此。效用就在我们周围,但是必须俯身拾取;这种有时候是很简单的努力常常是非常复杂的。在大多数情况下,再也没有比去汲取大自然已准备好其效用的水更为轻而易举的事了。但是取得大自然同样准备好其效用的小麦却不那么轻而易举;所以这两种努力的价值在等级上,而不是在原则上有所不同。服务总是有偿的,所以它的价值有大小之分,效用则是,而且始终是无偿的。

如果使用了一件劳动工具,又会有怎样的结果呢?那就是,效用更易于取得。因此,服务的价值也就小了。自发明印刷术以来,书价肯定降低了些。这是一个令人赞赏而又太受人漠视的现象!你们说,劳动工具生产价值;你们错了,应该说,所生产的是效用,而且是无偿效用;至于价值,劳动工具却生产得那么少,以致在逐渐消失。

的确，制造机器的人提供了服务。他接受的报酬使产品的价值增加。所以我们想象，我们是在偿付机器所产生的效用：这是一种错觉。我们所偿付的是协同制造或者开动机器的那些人所提供的服务。效用里的价值是如此之小，甚至于在偿付了这些初次提供的服务之后，我们就能以优于以前的条件取得效用。

因此，让我们习惯于区别效用和价值。唯有如此，才有经济学。效用和价值远不是同一的或者甚至是相似的，我不怕走向极端而肯定地说，这是一些对立的观念。我们已说过，需要、努力、满足，这就是在经济观点上的人。效用是同需要和满足发生关系的。价值则同努力发生关系。效用是通过满足来结束需要的一种福利。价值则是祸害，因为它产生于介乎需要和满足之间的障碍，没有这些障碍，就不会有要付出和要交换的努力，效用就会是无穷的、无偿的和无条件共有的，而价值概念就永远不会被引进这个世界。由于有这些障碍，效用只有经过交换努力才是无偿的，这些努力经过互相比较后证实价值。障碍在大自然的施舍或者科学的进步面前愈是减少，效用就愈接近绝对的无偿和共有，因为有偿条件，也就是价值随着障碍的减少而减少。如果通过这些可能显得微妙的，也许过于冗长或过于简略的论述，我能建立这条安定人心的真理：价值的正当所有权，以及另一条令人欣慰的真理：效用的逐渐共有化，我将感到高兴。

再提一个看法：任何为人类服务的事物都是有用的（服务出自拉丁词 uti）；据此，宇宙间就不会有对人无用的力量或物质。

我们至少可以大胆地肯定，大批事物，在我们不知情的条件下，对我们有用。如果月球的位置比现在高一些或低一些，无机物界，其次是植物界，再次是动物界很可能会发生深刻的变化。在我此刻写作时，天上要是没有这颗明亮的月球，也许人类就不能存在。大自然把效用放在我们周围。这种有用的性质，我们在很多物质和现象中都能认出；在其他的物质和现象中，科学和经验正在每天向我们揭示这种性质，在另外一些物质和现象中，虽然我们对此全然不知，并且也许永远不会知道，这种性质也是存在的。

当这些物质和现象，无须我们的配合，在我们身上施加它们的有用的作用时，我们无须比较它们对我们的有用程度，更何况我们也没有办法去比较。我们知道，氧和氮对我们有用，但是我们并不试图确定其应占有的比重，而且这可能是徒劳无功的尝试。这里并无估价的成分，价值的成分。对于散布在大自然中的盐类、气体、力，我认为也是如此。当这一切要素活动起来和相互结合来为我们生产效用，而无须我们的配合时，我们无须估价就可以享受这种效用。只有当加入我们的协作，特别是当进行交换时，这时，而且唯有这时才出现估价和价值，而被估价的并不是物质的效用和常常不为人所知的现象的效用，而是这种协作本身。

所以我说：价值，就是对所交换的服务的评估。这些服务可能非常复杂，可能需要大量古今各种劳动，可以从这一半球或这一代转移到另一半球或另一代，包括许多缔约者，需要信贷、预支，各种协议，直至达到总的平衡为止；但是价值原理始终存在于服务里，而不是在效用里，服务充当效用的表达工具，这种本质上是无偿的效用是不属于交易的对象的东西，它只在人们中互相传递。

总之，如果有人坚持认为，价值是以效用为依据的，我不反对；

但是应该明确指出，这并不是神或者技艺的力量所给予物体和现象的那种效用，而是经过比较和交换的人类服务的那种效用。

稀有性。按照西尼尔的说法，在一切影响价值的条件中，稀有性最有决定性意义。我对此看法并无异议，我只要指出，稀有性，通过它的形式，假设价值是事物本身所固有的，这是我所坚决反对的。实际上，在我们所讨论的问题中，稀有性这个词只是扼要地表达下述思想：在一切条件都相同的情况下，我们向自己提供一项服务的困难愈多，此项服务的价值就愈大，因此，如果我们向他人要求此项服务，我们遇到的苛求也就愈多。稀有性就是这些困难之一。这是必须克服的另一个障碍。障碍愈大，我们付给代我们克服此项障碍的人的报酬就愈大。稀有性常常造成巨额的报酬；所以我不同意英国经济学家们的主张，即价值与劳动成正比。必须考虑到，在某些方面，大自然对我们的吝啬。服务这个词包括这一切观念和观念上的细小差异。

判断。斯多区认为，价值来自判断，是判断使我们看到价值。无疑，每当论到一种关系，就必须进行比较和判断。但是，关系和判断毕竟是两回事。当我们比较两棵树的高度时，它们的高度和它们的高度上的差别是不以我们的评估为转移的。

但是在确定价值的过程中，须判断的是什么关系呢？那就是两种所交换的服务的关系。问题是要知道，经过对一切情况的考虑，通过行为的转移或事物的出让而提供或接受的服务，在它们之间互值多少，而不是知道这些行为或这些事物所含有的内在效用有多少，因为这种效用的一部分可能同任何人类活动无关，因此同价值也无关。

所以，当斯多区说下面这番话时，他仍然停留在我在此反对的基本错误里：

"我们的判断让我们发现存在于我们的需要和事物的效用之间的关系。我们对事物的效用所做的判断，其结果就构成价值。"

他又说：

"要创造一项价值，必须汇集三种情况：1. 人必须感受到或者设想一种需要；2. 必须存在一种能满足这种需要的事物；3. 判断必须是有利于事物效用的。因此，事物的价值，就是其相对效用。"

白天，我感到需要看得清楚。有一种东西能满足此项需要，这就是阳光。我作出有利于这种东西的效用的判断，但……这种东西并无价值。为什么？因为我无须要求任何人服务就在享受它。

晚上，我也感到同样的需要。有一种东西能很不完善地满足此项需要，这就是蜡烛。我对这个东西的效用作出判断，虽然它的相对效用要小得多，这个东西却有一项价值。为什么？因为那个制造蜡烛而操劳的人不会愿意把蜡烛让给我，如果我不向他提供一项等价的服务。

因此，为确定价值而需比较和判断的并不是事物的相对效用，而是两种服务的关系。

我说这些话，并不是反对斯多区的定义。

让我们概述一下这段文章，以表明我的定义含有我的前辈们所下的定义中一切正确的内容，而不包含他们的定义中一切由于过分或不足而造成的错误的内容。

我说过，价值原理存在于人类服务里。它来自对两种比较过的服务的评价。

价值应与努力有关：服务意味着某种努力。

价值要求比较所交换的、至少是可交换的努力；服务意味着以下术语：给予和接受。

事实上，它并不同努力强度成正比：服务并不必然意味着这种比例关系。

大量外界条件影响价值，而这些条件并不是价值本身：服务这个词恰如其分地考虑到这一切条件。

物质性。当服务的性质是出让一种物质性的东西时，可以用换喻法说，这种东西有价值。但是必须看到，这样一种修辞的比喻把服务的价值归诸东西本身，而这些东西为服务提供机会。

可保存性。对于物质或非物质，价值只保存到满足出现为止。不论满足所需的努力是何时作出的，不论服务是自私的还是真实的，价值的性质并不改变。

可积累性。在社会范畴中，节约所积累的并不是物质，而是价值或者服务。[①]

---

① 见本书第十五章。

在政治经济学里，积累是一种毫无考虑价值的情况。

不论满足是即时的还是未来的，不论它是可以延期的还是不能同努力分开的，事物的本质在哪方面会有改变呢？

我为聆听悦耳的歌喉准备作出牺牲，我到剧院去买票；这里的满足是即时的。如果我把钱用于购买一盘草莓，我就可把满足推迟到明天；如此而已。

有人可能会说草莓是财富，因为我还可以用它来进行交换。这是对的。只要已作出努力，而满足并未实现，财富就继续存在。这是因为满足消灭财富。等到盘里的草莓被吃掉了，此项满足就将和阿尔包尼〔Alboni，1826—1894，意大利著名女歌唱家。——译者注〕的歌喉所给予我的满足一样消失殆尽。

被接受的服务，被提供的服务；这就是政治经济学。

（摘自作者手稿）——原编者注

效用。我将赞同萨伊所说的效用是价值的依据，只要大家同意，这里所说的效用不是存在于事物里的效用，而是服务的相对效用。

劳动。我将赞同李嘉图所说的劳动是价值的基础，只要首先，人们在最广义的意义上理解劳动这个词，其次，人们不要得出一个违反一切事实的关于比例性的结论，换言之，只要人们用服务这个词代替劳动这个词。

稀有性。我赞同西尼尔所说的稀有性对价值产生影响。但是为什么呢？因为它提供更为宝贵的服务。

判断。我赞同斯多区所说的价值来自判断，只要我们同意，这里所说的判断并不是我们对事物的效用所作的判断，而是对服务的效用所作的判断。

这样，一切学派的经济学家们理应自认满意了。我说他们大家都有理，因为他们大家都从一个侧面瞥见了真理。另一方面，错误也确实存在。我的定义是否考虑到了所有的真理和扬弃了所有的谬误，这有待读者来下定论。

在结束之前，我应该提一下衡量价值的尺度这个政治经济学的难题；我将在此更有力地重申作为前几章的结束语的那种看法。

我说过，我们的需要、欲望、爱好既无界限，又无明确的尺度来衡量。

我说过，我们满足这些需要、欲望、爱好的手段，诸如大自然的赐予、能力、能动性、预见、辨别力，并无明确的尺度来衡量。每一种要素本身都是可变的；它因人而异，在每个人身上又因时而异，这一切就形成了一个本身就是可变的整体。

如果现在有人研究哪些情况在影响价值，是效用、劳动、稀有性呢？还是判断？而且，如果人们承认，这些情况是变化无穷的，那么，为什么人们又固执地到价值里去找一个衡量价值的固定的尺度呢？

如果有人在由变动的因素组成的中项中找到固定性，而此中项却只是更为多变的大项和小项之间的一个比例，那才是怪事！

因此，追求一种价值的绝对尺度的那些经济学家们是在妄想，更何况这是无益的。普遍的做法采用了黄金和白银，虽然人们知道，这些金属的价值变动多么大。但是，如果尺度的可变性以同样的方式影响两种被交换的物品而并不改变交换的光明正大的性质，尺度的可变性又有什么关系呢？这是一个比例平均值，它可涨可跌，但不是因为它的使命，即正确显示出大项和小项的比例的使命。

政治经济学的目的并不像交换那样寻求两项服务现时的关系，因为在此情况下，货币就能完成这一任务。它主要寻求的是努力与满足的关系；而在这方面，即使存在一种衡量价值的尺度，这对它也无济于事，因为努力始终给满足带来无价值的无偿效用的可变的一部分。由于这种福利的因素被漠视了，大多数作家才为缺乏一种衡量价值的尺度而表示惋惜。他们却没有看到，它并不会对下面提出来的问题作出任何答复：什么是两个阶级、两个人民、两代的财富或对照的福利？

要解决这个问题，政治经济学必须有一个尺度，它所显示的并不是两项服务的关系，这些服务可以在各种十分不同的程度上成为无偿效用的传达工具，而是努力与满足的关系，而这个尺度就是努力本身或者劳动。

但是劳动将如何成为尺度呢？它本身难道不是最多变的因素

之一吗？它难道不是有不同程度的灵巧性、艰苦性、机遇性、危险性、可憎性吗？它难道不需要某些智能、某些品德不同程度的参与吗？由于这一切情况，它是否会导致变化无穷的报酬呢？

有一种性质的劳动，它无论何时何地都一成不变，因而应当成为典型。这就是最简单的、最粗笨的、最原始的、使用体力最多的劳动，它最不需要任何大自然的协作，它是任何人都可做的劳动，它是每个人都可用来向自己提供服务的劳动，它不需要特殊力量、灵巧、学习；这是原始人类时代就进行的劳动，总之，这就是普通日工从事的劳动。这种劳动到处都是供应最充分的、最普通的、最雷同的和报酬最少的。一切报酬都从这个基础开始，然后依次递增，它们随着能增加成绩的一切情况而增加。

因此，如果人们想比较两种社会状态，他们就不应求助于一种衡量价值的尺度，这是由于两个同样合乎逻辑的原因：首先是因为不存在这种尺度，其次是因为这种尺度只能作出欺骗性的答复，因为它忽视人类福利的一个重要的、前进的要素：无偿效用。

相反，必须完全忘却价值，特别是货币，并且要研究：在某一时期，某一国家，每类特殊效用的数量是多少，以及相当于简单劳动提供的每一种数量的一切效用的总和又是多少；换言之：普通日工通过交换所能获得的福利是多少？

如果一方面，从事简单劳动并接受最小报酬的人数不断减少；另一方面，这种不用价值或货币来衡量，而用真实的满足来衡量的报酬不断增加，人们就可以肯定，自然的社会秩序是可完善和和谐的。[①]

① 以下一段是作者原拟列入本章的。——原编者注

古人对交换的一切方法都有很好的描述：

Do ut des（产品换产品），Do ut facias（产品换服务），Facio ut des（服务换产品），Facio ut facias（服务换服务）。

既然产品和服务互相交换，它们就必须有某种共同之处，某种可以用来进行比较和评价的东西，即价值。

但是价值是一种本身从来不变的东西，所以，它只能在产品或服务中具有一个同样的根源，一个同样的存在理由。

情况既然如此，价值是否本来基本上存在于产品里？并且根据类推法，是否又把价值概念扩大到了服务里呢？

或者与此相反，价值是否存在于服务里？它之所以在产品里体现出来，是否恰恰和仅仅是因为服务本身也在产品里体现出来呢？

有些人似乎认为，这是一个纯粹钻牛角尖的问题。我们将会谈这一问题。我暂时只限于指出一件奇怪的事，那就是在政治经济学里，对价值所下的定义，无论是正确或错误的，无足轻重。

我并不怀疑，政治经济学在开始时认为，价值存在于产品里，而且是在产品的物质里。重农学派把价值仅仅归诸土地，并把不给物质增加任何东西的一切阶级称为不生产的阶级：在这一派人的眼里，物质和价值是密切联系在一起的。

亚当·斯密似乎本应粉碎这种概念，因为他已认为价值来自劳动。纯粹的服务是否并不需要劳动，因而也不意味着价值呢？

斯密虽如此接近真理,但仍未掌握真理:因为,他曾正式说过,要使劳动具有价值,就必须使它应用于物质,应用于某种可摸到的和可积累的东西,除此之外,大家知道,他和重农学派一样,只把限于提供服务的阶级列入非生产性阶级。

诚然,斯密在其《国富论》中大谈这些阶级。但是这能证明什么呢?这只证明,在下了一个定义之后,他又不能自圆其说,因此这个定义是错误的,难道不是这样吗?如果斯密未曾写下关于教育、教士、公共事务的那些出色的篇章,同时,如果他在研究财富时,把自己局限在他的定义中,他就不会获得围绕着他的那种巨大而理所当然的声誉。他幸亏由于前后矛盾而摆脱了他的前提的束缚。这样的事情是常常发生的。任何具有某种天才的人,只要他从一个错误的原则出发,就永远不能从前后矛盾中脱身;否则他就会陷入层出不穷的荒谬之中,他就会永远不是一个天才,甚至不会是一个人。

如同斯密比重农学派前进了一步,萨伊比斯密又前进了一步。他逐渐意识到了服务的价值,但仅仅用类推法和延伸法来承认此项价值。他在产品里看到主要的价值,最好的证明就是,“非物质性的产品”这两个水火不相容的字居然被结合在一起来称呼服务,这真是天下奇谈。让人感到疑惑。萨伊是从斯密的观点出发的,其证明就是,老师的全部理论又出现在学生的著作的开头十行里面。[1] 但是他经过思考,在30年间取得了进展。因此他接近了真理,却从未完全达到真理。

---

① 政治经济学概论,第1页。——原注

而且，人们本来也许会相信，他把价值从产品延伸到服务，又把它从服务拉回到产品，这是在完成他的经济学家的使命，如果就是以他的推论为依据的社会主义的宣传没有揭露出来他的原理的不足和危险之处。

我曾对自己提出以下的问题：既然某些产品具有价值，既然某些服务具有价值，而且既然永不改变性质的价值只能有一个来源，一个存在理由，一个同一的解释，那么，这个来源、这种解释是否也存在于产品里或服务里呢？

我可以理直气壮地说，答案是毋庸置疑的，其无可辩驳的理由如下：任何具有价值的产品意味着一项服务，而任何服务却并非必须牵涉到一种产品。

在我看来这种解释是精确的和决定性的。

试观一项服务：不论它是否具有一种物质形式，它都具有价值；因为它是服务。

试观物质：如果人们在出让它时提供了服务，它就具有价值，但是，不作为服务，它就没有价值。

因此价值并不是从物质到服务里去，而是从服务回到物质里的。

不仅如此。就价值而言，服务被赋予优先于产品的地位，这就足以说明问题了。可以看出，这种情况产生一个容易看到却未被发现的条件，而这个条件之所以未被发现，恰恰是因为它太显而易见。这个条件就是人类的天生的预见性；根据这种预见性，一个人不限于提供别人所要求于他的服务，而是预先准备好他预料别人会要求于他的服务。就是这样 Facio ut facias（服务换服务）转变为 Do ut des（产品换产品），但服务换服务仍然是说明一切交易的中心事实。

某甲对某乙说：我想要一只杯子。这本来会由我来制造；但如果你愿意替我做，你就将向我提供一项服务，而我将偿付给你一项等价的服务。

某乙接受了。于是，他开始寻找适宜的泥土，把它混合、搓捏，一句话，他在做某甲本应做的一切。

很显然，在这里，服务决定价值。交易的中心词就是 facio（服务）。如果以后价值与产品合为一体，这只是因为价值出自服务，这种服务就是某乙所进行的劳动和某甲所节省的劳动之间的安排。

然而，某甲可能常常向某乙提出同样的建议，而其他的人也可能向某乙提出此项建议，这就使某乙可以肯定地预见到这类有求于他的服务，并且预作准备。他可以想到：我在做杯子方面已取得一定的技能。然而经验告诉我，杯子符合一种要求满足的需要。因此，我可以预制一些杯子。

从此，某甲要对某乙说的不再是：Facio ut facias（服务换服务），而是：Facio ut des（服务换产品）。如果他也预见到某乙的需要，并为满足其需要而预先进行劳动，他就会说：Do ut des（产品换产品）。

但是我要问，这种来自人类的预见性的进步在哪方面改变了价值的性质和根源呢？难道它不是始终以服务作为存在理由和尺度吗？无论某乙是在等待人们要求他做一只杯子，还是由于预料到这种需求而预先做好这只杯子，这对于价值的真实概念有什么关系呢？

请注意一点：在人类中，缺乏经验和预见性是先于经验和预见性的。只是随着时间的推移，人类才能预料到彼此的需要，并发展为准备去满足此项需要。从逻辑上说，Facio ut facias（服务换服务）应该先于 Do ut des（产品换产品）。后者是知识、经验，某种政治上的安全，某种对于未来的信心，总之，某种文明的成果和标志。这种社会预见性，这种对于需求能促使人们准备供给的信心，这种能在供求之间建立一种如此令人惊奇的平衡的直觉的统计（每个人对这个概念的明确程度是不尽相同的），乃是人类可完善性最有效的动力之一。就是由于这种动力，我们才有分工，或者至少才有职业和行业。就是由于它，我们才有人们所最热衷于追求的福利之一：报酬的固定性，其形式，对于劳动来说，就是工资，对于资本来说，则是利息。就是由于它，我们才有信贷、远期交易、那些目的在于分摊风险的交易，等等。令人惊奇的是，在政治经济学观点上，预见性这个人类的高尚属性并未受到更多的注意。正如卢梭所说的，这始终是由于我们难于观察我们的环境，这个我们身在其中的，并形成我们的自然气氛的环境。唯有反常的事件才引起我们的注意，而我们对于深刻地改变着人和社会的那些经常在我们周围发生的、影响我们的和在我们身上起作用的事件却熟视无睹。

关于我们所谈的问题，人类的预见性在其无限扩散过程中愈来愈趋于用 Do ut des（产品换产品）来代替 Facio ut facias（服务换服务）；但是我们不要忘记，最初的价值概念是在交换的原始和必然的形式里形成的，不要忘记，这种原始的形式就是互相提供服务，而且，总而言之，在交换的观点上，产品只是一项预料到的服务而已。

在证实了价值并非是物质所固有的，而且不能把它列入物质的属性之中，我绝不否认，它从服务过渡到产品里，以便与产品合为一体。我请我的反对者们相信，我还不至于学究气十足，竟在语言中排除这些家喻户晓的说法：黄金有价值，小麦有价值，土地有价值。我只认为有权向政治经济学提出为什么；如果它回答我说：这是因为黄金、小麦、土地本身具有一种内在的价值，我就认为有权对它说："你搞错了，你的错误是危险的。你搞错了，因为有并无价值的黄金和土地，这是未曾向任何人提供服务的黄金和土地。你的错误是危险的，因为这种错误诱导人们把互相提供服务的简单权利认作是一种对上帝的无偿赐予的侵占。"

因此，我准备承认，产品具有价值，只需人们也同意，这种价值并不是产品所固有的，而是附属于服务，并且来自服务的。

这一点是如此准确无误，因而就导致在政治经济学上一个基本的、很重要的、却被人忽略的结论；

价值从服务过渡到产品里时，它在产品里和在服务里所遇到的一切情况都是一样的。

它在产品里不是固定的，除非固定性会是它的内在品质之一；不，它在本质上是可变的，根据它所属的那类服务的用途，它可以无限上升，也可以下降到零。

今天制造一只杯子准备在一年内出售的那个人无疑要把价值放进杯子里；这种价值是由服务的价值所决定的，这项服务不是指今天能提供的，而是指一年后将提供的。如果，在出售杯子时，这一类服务更受欢迎，杯子的价值就将提高；在相反的情况下，杯子便会贬值。

所以，人经常被激励去运用他的预见性，去有效地运用他的预见性。在价值的提高或者贬低方面，他始终面临两种前途：正确的预见得到报酬，错误的预见就受到惩罚。而且请注意，他的成就，正如他的失败，是与普遍的福利和祸害联系在一起的。如果他的预见运用得当，他就预先准备好能适应最迫切的需要的那些更受欢迎的、更受重视的、更有效的服务投入社会；他这样做就有助于减少这类服务的稀有性，增加其数量，以较少的代价使较多的人都能享用。如果与此相反，他对未来估计错了，他就会由于参与竞争而使业已过剩的服务降低价值；他只是在损害自己的情况下，造成一种消极的好处；那就是在警告人们，某类需要目前不要求投入社会活动的一大部分，警告社会不要向这种不会产生报酬的方向采取行动。

与服务合为一体的价值，如果我可以用这样的词来表达，一直是与其所依附的那类服务共命运的。这个了不起的事实具有最重要的意义，这不仅因为它愈来愈证明价值原理存在于服务里这个理论，而且还因为它最轻而易举地说明其他体系认为是反常的现象。

一旦产品投放世界市场，在人类中间，是否有一些普遍的趋势把产品的**价值**推向下跌而不是上涨呢？这等于是问，产生这种价值的服务类型是否趋于得到较多或较少的报酬。这两种情况都是可能的，这就为人类的预见性开辟了无限广阔的天地。

然而人们可注意到，能够进行实验、学习和自我改正的人的总的规律就是进步。因此，在某一特定时期，一定的时间和辛劳能取得比前一时期更大的成就，这是很可能的；从而人们可以得出结论，合为一体的价值的中心趋势是下跌。例如，如果我曾把它作为产品的象征的那个杯子是几年前制作的，看来，它的价值已有所降低。因为做同样一只杯子，今天人们已具有更高的技巧、更多的资源、更好的工具、更容易筹集资本、更好的分工。然而，需要杯子的人不会向杯子的持有者说：请把做杯子所付出的劳动数量和质量告诉我，以便我据以偿付你。不，他说：今天，由于技艺的进步，我可以用某种质量的、某一数量的劳动自己来做一只相同的杯子或通过交换来取得它；这就是我同意给你的报酬限度。

由此可知，任何合为一体的价值，换言之，任何积累起来的劳动或者任何资本，在必然可完善的和渐趋成为生产性的服务面前，趋于贬值；而且，在以现在的劳动换取以往的劳动的交换中，一般是现在的劳动获益，这理应如此，因为它提供更多的服务。

正因如此，在矛头不断指向地产价值的那些攻击中，我们听到某种空洞无物的东西：

这种价值，在它的根源上、它的性质上、它的缓慢贬值的一般规律上，都同其他价值毫无差别。

它代表以往的服务：排水，开荒，除石，平整，圈围，增加植被层，建筑房屋，等等；它的存在是为了要求对这些服务的权利。但是这些权利并不是根据所进行过的劳动来决定的。地主并不说："请给我与这块土地所接受过的劳动相等的劳动作为交换"（如果，按照斯密的理论，价值来自劳动并同劳动成正比，地主就会这样说）。他更不会像李嘉图和许多经济学家所假定的那样，说："你先给予我这块土地所接受过的劳动相等的劳动，然后再另给我一定数量的劳动，以抵偿存在于土地中的自然力量的价值。”不，代表以前的业主和甚至最初的拓荒者的地主，他只能被迫以这些人的名义说出下面谦逊的话：

“我们曾准备了一些服务，我们要求以等价的服务来进行交换。我们从前付出过很多劳动，因为，在我们那个时代，人们还不具有你们的强大的劳动手段；那时没有道路；我们被迫用人力来做一切。多少汗水、多少人的生命被埋藏在这些田沟里。但是我们并不要求以劳动来换劳动；我们毫无办法达成这样的交易。我们知道，今天，在法国或其他地方，在土地上所进行的劳动是更加完善的和生产力更大的。我们所要求的和不会遭到拒绝的，那就是，我们以往的劳动和新的劳动，在进行交换时，不是与它们的期限或强度成正比地，而是与它们的成果成正比地进行交换，这样我们就可以从同样的服务里接受同样的报酬。从劳动的角度看，这样的协议使我们受到损失，因为为了提供同样的服务，我们须付出比你们多两倍，甚至三倍的劳动；但这是一种被迫的协议；我们没有办法建议另一种会被你们拒绝的协议。”

而且，事实上，经过就是如此。如果有人能够看出，在法国，必须付出多少努力、多少艰辛、多少流出的汗水，每公顷土地才达到现在的生产力，他就会深信，购买这块土地的人并未以劳动来换劳动，至少99%的情况是如此。

我在这里提出这个限制，因为必须看到下面的一点：一种合为一体的服务可以取得价值，也可以丧失价值。而且一般趋势是贬值，然而在特殊情况下，对土地和对任何其他东西，有时候却出现相反的现象，但这并不损害公正法则，也不会被指责为垄断。

事实上，为表现价值而始终在场的东西就是服务。在一定的应用情况下，以往的劳动比新的劳动提供的服务要少，这是很有可能的；但这并不是一条绝对的法则。如果以往的劳动比新的劳动所提供的服务少，这几乎永远是如此，为了等价交换，要求于前者的就必须多于要求于后者的，因为，我再说一遍，等价是由服务来决定的。但是，如果以往的劳动比新的劳动提供更多的服务，那么，后者就必须承受数量上的损失作为补偿……

第六章　财富

对于凡是能满足我们的需要和我们的欲望的一切，必须考虑区别两种东西：大自然所创造的和人所创造的（无偿的和有偿的），上帝的恩赐和人类所提供的服务（效用和价值）。在同一物品中，效用可以是巨大的，而价值却是察觉不到的。前者固定不变，后者却可以无限制地减少；而且，每当一种巧妙的方法使我们以较少的努力获得同样结果时，价值就确实减少了。

在这里，人们可以预感到，在政治经济学的开头处，就会遇到最大的困难之一，那些产生误解、争论和错误的最多的根源之一。

什么是财富？

我们是否能根据我们所能掌握的那些效用，即我们所能满足的需要和欲望来确定我们是否富有呢？亚当·斯密说："一个人是穷是富，要看他所能享受多少有用的东西。"

我们是否能根据我们所占有的价值，即我们所能支配的那些服务来确定我们是否富有呢？萨伊说："财富是与价值成正比的。如果组成财富的价值大，财富就多；如果价值小，财富就少。"

无知的人们把这两个意义赋予财富这个词。有时候，他们说："丰富的水源对某个地方是一种财富"，这时，他们想到的只是效用方面。但是当他们之中的一个人想了解他自己的财富时，他就编制一份所谓财产清单，在清单上他只考虑到价值。

学者们，请别见怪。我认为，这一次，那些无知的人是对的。因为财富是实际的或者是相对的。初看起来，财富是以我们的满足来衡量的，人类取得的福利愈多，便变得愈富，而不管提供福利的物品的价值如何。但是人们是否想知道每个人在总的福利中所占的比重，换言之，是否想知道他的相对财富呢？这是唯有通过价值才能揭示出的一个简单的关系，因为价值本身就是一种关系。

政治经济学所关心的是人们的总的福利、人们的努力与人们的满足之间存在的比例，这个比例随着无偿的效用逐步参与生产事业而在发生有利的变化。因此，政治经济学不能排除财富观念中的这一因素。在政治经济学看来，实际财富并不是价值的总和，而是依附于这些价值的无偿效用或有偿效用总和。在满足的观点上，即在现实的观点上，我们既拥有因进步而消失了的价值，也拥有继续存在的价值。

在生活中的一般交易里，随着效用因价值降低而变成无偿的，人们不再考虑效用。为什么？因为无偿的东西是共有的，而共有的东西丝毫不改变各个人在实际财富中所占的比重。人们并不交换共有的东西；而且，既然在交易的过程中，人们所需要知道的只是这个为价值所证实的比重，人们就只关心这个比重。

对于这个问题，李嘉图和萨伊有过一番争论。李嘉图给予财富这个词以效用的意义，萨伊则予以价值的意义。他们之中任何一个人的胜利是不可能的，因为这要看，人们是从实际的观点出发，还是从相对性的观点出发，这个词便具有这个和那个意义。

但是必须说明，尤其是萨伊在这些问题上有较高的权威，如果有人把财富(在实际福利的意义上)与价值等同起来,如果有人特别肯定两者是成比例的,他就会牵连到把政治经济学引入歧途的行动中。第二流经济学家们的著作以及社会主义者们的著作在这方面向我们提供了不少证据。这是一个不幸的出发点,它恰恰掩盖了形成人类最宝贵的财富;它把由于进步而成为大家共有的那部分福利作为已消失了的东西,并使人们的思想面临最大的危险即使人陷入一种谬误的、不着边际的预期理由之中,设想一种违反目的的政治经济学,在其中,我们渴望的目的永远同阻挠我们的那个障碍相混淆。

因为,只有通过这些障碍才会产生价值。它是我们先天缺陷的标志、象征、见证、证据。它时刻向我们提醒这个创世时所宣告的判决:你必须自食其力[①]。对于全能的上帝来说,这些词:努力、服务,以及价值是不存在的。而我们则置身于效用的领域之中,其中大多数是无偿的,但其他的效用则只在有偿的名义下才向我们提供。介于这些效用和它们所能满足的需要之间的是各种障碍。我们只能要么放弃效用,要么通过我们的努力去克服障碍。为了我们自己,或为了那些曾为我们的利益而出过力的人,我们必须进行艰苦的劳动。

因此,一个社会所拥有的价值愈多,这就无疑愈能证明,人们在那里克服了障碍,同时也愈能证明,那里曾存在必须加以克服的障碍。人们是否因此而能说,这些障碍促成了财富,因为没有它们,价值就无从存在?

---

① 见《旧约》创世纪第三章。——译者

可以设想有两个国家。一个国家获得的满足比另一个多，但是前者所拥有的价值却较少，因为大自然厚待了它，使它遭遇较少的障碍。那么，哪一个国家更为富有呢？

我们再以两个时代的同一个国家的人民为例。他们必须克服的障碍相同。但是今天，他们能如此轻易地克服障碍，例如以如此少的努力来从事运输、耕种、纺织，以致所产生的价值大大地降低了。于是，他们可以选择下述两种意图之一：或者满足于过去那样的满足，而把所取得的进步转化为消遣；在此情况下，是否可以说，由于他们获得的价值较少，他们的财富减少了？或者把他们腾出的努力用于增加享受；这样，是否因为他们的价值的总和没有增加，而得出结论说，他们的财富也未增加呢？如果把财富和价值这两种东西等同起来，就会得出这样的结论。

政治经济学在这里所遇到的暗礁是很危险的。它应该用实现了的满足来衡量财富呢，还是用创造出的价值来衡量它呢？

如果效用和欲望之间从未有过障碍，就既不会有努力，也不会有服务和价值，对于上帝也是如此；根据第一个意义，人类会像上帝那样占有无限的财富，但根据第二个意义，人类就会没有任何财富。如果两个经济学家中每人采用这些定义之一，一位会说：人类是无限富有的，另一个则会说：人类是无限贫穷的。

的确，在任何方面，无限都不是人类的属性。但是人类终究要在某个方面前进、作出努力、具有倾向，逐渐致富或者渐趋贫困。然而，如果这种与结果有关的努力的不断消失，这种必须从事的，或者必须偿付的劳苦的连续不断的消失，这种价值的连续不断的消失被一些人看作是向财富进军，而被另一些人则看作是陷入贫困，那么，那些经济学家们如何能取得一致呢？

而且，如果困难只和那些经济学家有关，人们会说：他们之间有争论。但是立法者和政府却必须每天采取对人类利益具有实际影响的措施。如果这些措施是在我们无从区别贫富的情况下采取的，我们将会处于何种境地呢？

不过，我肯定以下一点：用价值来阐明财富的理论，归根结底，只是推崇障碍。下面就是它的三段论："财富同价值成正比，价值同努力成正比，努力同障碍成正比；因此，财富是同障碍成正比的。"我还肯定以下一点：由于分工把任何人都纳入一种行业或职业，这种错觉是很难消灭的。我们每个人都以提供服务为生，而这些服务都产生于一种障碍、一种需要、一种痛苦，例如：医生治疗疾病，农民克服饥馑，制造商防御寒冷，车夫克服距离，律师抨击不公正，士兵保卫国家的安全；所以任何障碍的消失，对于某个人来说，都不是十分适时的和十分受欢迎的。而且，一般说来，这甚至显得有害，因为障碍的消失好像消灭了服务、价值、财富的一个来源。极少数的经济学家完全抵制了这种错觉，而政治经济学一旦使这种错觉烟消云散，它在世界上的实际使命就完成了，因为我还肯定第三点：我们的官方做法是受这种理论影响的，每当政府认为应厚待一个阶级、一种职业、一种工业时，它们别无他法，唯有树立障碍，以便给予某种性质的努力以发展的机会，以便人为地扩大集体赖以生存的那些服务的范围，从而增加价值和所谓的财富。

这种做法确实是对被厚待的阶级有益；人们看见这个阶级表示庆幸、欢迎。那么，还要做什么呢？于是把同样的厚待陆续给予所有其他的阶级。

首先把效用和价值等同起来，随后又把价值和财富等同起来，还有比这更自然的事吗？政治经济学未曾遇到过比这更使它需要提防的圈套。遇到了什么样的事呢？对于每一个进步，它都做以下的推理："障碍减少了，因此努力也减少，因此价值也减少，因此效用也减少；因此财富也减少；因此，由于我们想要发明、交换，具有五个手指而不是三个，两条臂而不是一条，我们就成了最不幸的人；因此必须请求拥有强制力的政府来整顿这些流弊。"

这种违反常理的政治经济学成为许多报纸和我们的立法议会讨论的话题。它迷惑了诚实而博爱的西斯蒙第；人们发现，在圣西门的著作中，对它作了十分合乎逻辑的论述。

他说："一个国家有两种财富。如果人们仅从数量，丰富程度的角度来考虑产品是否有用，则人们所关心的是一种供给社会享受的财富，这种财富，我称之为享受财富。

"如果人们从产品的可交换的价值或者单纯的价值角度来考虑产品，则人们是在关心一种向社会提供价值的财富，这种财富，我称之为价值财富。

"政治经济学特别要处理的就是价值财富；这是政府特别能加以处理的财富。"

这样假定后，政治经济学和政府能做什么呢？前者，指出增长这种价值财富的手段；后者，实施这些手段。

但是价值财富是同努力成正比的，而努力则是同障碍成正比的。所以，政治经济学应该教导，而政府则应该想方设法增加障碍。圣西门先生在这个结论面前，无论如何是不后退的。

交换是否向人们提供了以较少价值财富来取得较多享受财富

的方法？必须阻挠交换。

能否在某个场合以有偿效用来代替无偿效用，例如取消一件工具或者一部机器？这应该办得到。他说，因为，很显然，如果机器增加享受财富，它就减少价值财富。“在我们国家，燃料的昂贵造成障碍，使蒸汽机不能增加，让我们感谢这些障碍吧”。

难道大自然在哪一方面厚待了我们吗？这是给我们造成不幸，因为大自然就这样剥夺了我们的一个劳动机会。“我承认，我很可能愿意看到，用双手、汗水和强迫劳动来做那些无须辛劳就能自然生产出来的东西”。

因此大自然没有让我们自己制造饮用的水，这是多么可惜，这本是一次生产价值财富的良机。幸而我们用酿酒来予以弥补了。“请你们发现从地下流出同水源一样丰富的酒源的秘密，那时，你们就会看到，这样的好事将使四分之一的法国破产”。

根据我们的经济学家如此天真地提出的一系列观念，有很多简单的方法可以用来迫使人类去创造价值财富。

第一个方法就是随时向他们收取这种价值财富。“如果税收是把从富裕的地方收取的钱用于缺钱的地方，税收就是服务，这对于国家远不是一种损失，而是一种收益”。

第二个方法就是把价值财富挥霍掉。“虽然奢侈和浪费对于个人财产是如此有害，对于公共财富却是有利的。有人将会对我说，你是在那里说教一种高尚的道德。我并无此意。这里谈的是政治经济学，而不是伦理学。人们在寻求使国家更富的方法，所以，我宣扬奢侈”。

还有一个更迅速的方法，那就是用有利的战争来摧毁价值财富。“如果有人和我一样承认，浪子的挥霍，同别的支出一样，是生产性的；如果承认政府的支出也是生产性的，那么，人们对于经历了那么耗费巨大的战争后的英国所拥有的财富也不会感到惊奇了”。

但是为了促进价值财富的创造，这一切方法：税收、奢侈、战争，等等，势必要在另一种更有效得多的办法面前甘拜下风，这就是火灾。

“建筑是财富的一大来源，因为它向出售材料的业主、工人以及各类工匠和艺术家提供收入。这是墨龙爱引配第爵士所说的话。在大火焚毁三分之二的伦敦以后，配第爵士把重建伦敦的那些大厦的工作看作是国家利润，他并把这个利润估计为，在四年内，每年达一百万英镑（1866 年价值），而这丝毫不影响其他商业。”圣西门先生补充说：“对这个利润估价的确切数字是否可靠姑且不谈；至少可以肯定，这个事件未给那个时期的英国财富带来令人惋惜的影响……配第爵士所说的结果并不是不可能的，因为重建伦敦的必要性必定创造了巨额新的收入”。

从财富即价值这一点出发的经济学家们必然会得出同样的结论，如果他们是有逻辑头脑的；但是他们并非如此，因为在荒谬的道路上，随着头脑清醒过来的程度，人们迟早总会停下来的。当圣西门先生的原则的后果导致他去颂扬火灾的时候，他本人似乎终于在这些后果面前有些退缩了。人们看到，他犹豫不决，而只满足于一种消极的颂扬。按照逻辑，他本应贯彻始终，并且公开说明他所暗示的见解。

在所有的经济学家中，以最痛苦的方式被我们这里所谈的困难所吓倒的一个肯定是西斯蒙第先生。他和圣西门先生一样,以价值是财富的要素这个观念作为出发点;他和圣西门先生一样,在这个论据上建立一种违反常理的政治经济学,诅咒一切减少价值的东西。他也颂扬障碍,摒弃机器,咒骂交换、竞争、自由,推崇奢侈和税收,而最终得出这样一个结论:万物愈是丰富,人类愈是一无所有。

然而西斯蒙第先生的著作自始至终都表明,他的内心深处似乎怀有认错的情绪,而且存在一层他无法冲破的、介于他和真理之间的帷幕。他不敢像圣西门先生那样,贸然从他的原则得出结论;他困惑,他犹豫。他有时想知道,自有世界以来,当所有的人都在寻求减少努力同满足的关系,即减少价值时,他们是否搞错了,并且走上了自杀的道路。作为自由的朋友和敌人,他惧怕自由,因为,由于富裕贬低价值,它导致普遍贫困;但与此同时,他却不知道该如何摧毁这种有害的自由。他就这样走到社会主义和人为组织的边缘,他暗示,政府和政治经济学应该调整和压缩一切;接着,了解到他的建议的危险性,他于是又收回前言而终于陷入绝望境地,他说:自由引向深渊,强制既不可能又不奏效;没有出路。如果价值就是财富,即如果福利的障碍就是福利,换言之,如果恶就是善,这确实没有出路。

就我所知,最后一个提出这个问题的作家就是普鲁东先生。这个问题对于他的著作《经济矛盾》[①]是一个好运气。再也没有比

---

① 此指普鲁东的主要经济著作,全名为《经济矛盾的体系或贫困的哲学》(*Système des Contradictions économiques, ou la Philosophie de la misère*, 1846)。——译者

这更好的机会来抓住一个矛盾并嘲弄政治经济学。再也没有比这更好的机会来对他说:"你在价值的增长中看到的是福利呢,还是祸害? Quiquid dixeris argumen tabor[①] 我留给人们去想要为何当心![②]

他说:"我命令一切严肃的经济学家回答我,出于什么原因,生产的增长造成价值的贬低,而不要只是解释并重复那个问题本身……用术语来说,使用价值和可交换的价值虽然是互相依存的,却是互相成反比的……因此,使用价值和可交换的价值必然是互相联系在一起的,虽然在性质上,它们不断地趋向于互相排斥。"

"关于价值概念固有的矛盾,既无可确定的原因,又无可能的说明……由于人需要各式各样的产品,同时又必须以自己的劳动来满足需要,这就必然产生使用价值与可交换的价值的对立,而这种对立又给政治经济学的开端带来了一个矛盾。任何才智,任何上帝的和人类的意志都不会阻止它。因此,我们与其去寻求一种无益的说明,倒不如满足于证明矛盾的必要性。"

普鲁东先生的伟大发现就是,一切东西同时是真的和假的、好的和坏的、正当的和不正当的,任何原理无不自相矛盾,而且矛盾不仅存在于错误的理论中,也存在于事物和现象的本质中:"它是必要性的完美的表现,是人的内在规律等";所以矛盾是不可避免的,而且,如果它不成套,在实行中又没有人民银行的协助,它就会

① 拉丁文:我所说的都是有根据的。——译者

② "你赞成竞争,你错了;你反对竞争,你又错了;这意味着,你始终是对的。"(普鲁东,《经济矛盾》第 182 页。)——原注

是在道理上无法解决的。上帝，矛盾；自由，矛盾；财产，矛盾；价值，信贷，垄断，共同财产，矛盾，永远有矛盾。当普鲁东先生作出了这个了不起的发现时，他想必是满心喜悦，因为，既然在一切事物中和到处都有矛盾，就总有用来做争辩的材料，这对他来说是最高的利益。有一天，他曾对我说：我很想去天堂，但是我怕，在那里，大家看法一致，因而找不到可以与之争辩的人。

必须承认，价值向他提供一个他可随意运用矛盾的良机。但是，我请他原谅，价值这个词所指出的矛盾和对立是在错误的理论中，而并不是像他所说的，在现象的本质中。

理论家们一开始就混淆了价值和效用，即混淆了祸害和福利（因为效用就是想要得到的结果，而价值却来自介于结果和欲望之间的障碍），这是第一个错误。当他们看到其后果时，他们就想象出使用价值和交换价值之间的区别，以为这样就可以摆脱困难。这是一种讨厌的同语反复，它的错误就在于把价值这个同一个词和两种对立的现象联系起来。

但是，如果把这些微妙之处置于一旁，我们来看看事实，那么我们看到什么呢？除了十分自然的和很少矛盾的事物之外，肯定别无其他。

一个人专为他自己劳动。如果他获得了技巧，如果他的力量和他的智慧发达了，如果大自然变得更加慷慨，或者如果他学会让大自然更好地配合他的工作，他就以较少的辛劳获得较多的福利。你们在哪里看到矛盾，而且有多少东西值得大惊小怪呢？

现在，这个人走出了孤独状态，而与其他的人有了联系。他们进行交换。我在这里重复我的看法：随着他们不断获得技巧、经验、力量、智慧，随着大自然变得更为慷慨或者更为驯服，并提供更为有效的协作，他们就以更少的辛劳获得更多的福利，他们就可以支配更多的无偿效用；在他们的交易中，用每一特定数量的劳动，他们互相转让更多的有用的成果。那么，矛盾在哪里呢？

如果你们按照斯密和他所有的继承者的榜样，错把价值同一个名称既和已获得的成果又和所付出的辛劳联系在一起，那么，在此情况下，矛盾就出现了。

但是，你们应该知道，矛盾完全存在于你们错误的说明里，而并不存在于事实里。

因此，普鲁东先生本应该这样提出他的看法：由于人需要各式各样的产品，他必须以自己的劳动来满足需要，并且具有学习和自我完善的宝贵天赋，因此，世界上最自然的事情莫过于与努力相对应的成果的持久增长，而且一定的价值成为实现更多的效用的工具，这并不矛盾。

因为，我再说一遍，对于人来说，效用是好的一面，而价值则是可悲的另一面。效用只同我们的满足有关系，而价值则与我们的辛劳有关。效用实现我们的享受，并与享受成正比；价值却证明我们的先天缺陷，它产生于障碍，而且与障碍成正比。

由于人类的可完善性，无偿效用愈来愈趋于代替以价值这个词表达的有偿效用。这个现象肯定并无任何矛盾之处。

但是，问题仍在于知道，财富这个词是否应该包括这两种结合在一起的效用，还是只包括后一种。

如果人们能够最终把效用分成两类，一类是一切无偿的效用，另一类则是一切有偿的效用，人们也就会把财富分成两类，按照萨伊的分类，它们是自然财富和社会财富；或者按照圣西门的分类，它们是享受财富和价值财富。随后，就像这些作家所提议的那样，人们就不会再过问前者。

萨伊说："大家可以得到的财富就是每个人可以任意享受的财富，无须要求，不怕用罄，例如空气、水、阳光，等等，这些由大自然无偿地给予我们的财富可称之为自然财富。既然它们不是生产出来的，也不是可以分配的，更不是可以耗尽的，它们就不属于政治经济学范畴。"

"政治经济学所研究的对象是人们所占有的并且有一种公认的价值的财富。这种财富可称之为社会财富，因为它们只存在于组成社会的人类中。"

圣西门先生说："政治经济学特别要处理的就是价值财富，我在这本著作中，每次谈到财富而又不说明它的性质，我指的就只是这种财富。"

几乎所有的经济学家都这样认为：

"首先出现的最明显的区别，"斯多区说，"就是有些价值可以被占有，而另外一些却根本不能被占有。"①

"唯有前者才是政治经济学的研究对象，因为对于其他不能占有的价值的分析不会得出任何值得政治家注意的结果。"

至于我，我认为，这部分效用由于进步而不再是有偿的那部分效用不再具有价值，但并不因此不再是效用，并且要进入共有和无

① 始终是这种价值与效用之间的永恒的而令人厌恶的混淆。我可以向你指出未被占有的效用，但我却不信，你能向我指出在全世界即使是唯一的无主人的价值。——原注

偿领域，正是这部分效用应该引起政治家和经济学家经常的注意。否则，政治经济学就不能深入理解那些影响人类并将人类提高的伟大成就，却仍然面对着一种完全偶然的、变动的、日趋缩小的（如果不是日趋消失的）事物，面对着一种简单的关系，价值；政治经济学不自觉地听任自己只考虑辛苦、障碍，生产者的利益，甚至把生产者的利益同公共利益混为一谈，即恰恰把祸害当作福利，而在圣西门和西斯蒙第这类人物的引导下，陷入社会主义的乌托邦或者普鲁东的矛盾之中。

而且，两种效用之间的这条分界线难道不是完全空想的、专断的、不可能的吗？当大自然和人的协作到处互相掺和，互相结合，到处混为一体时，更有甚者，当一个效用不断趋向于代替另一个的时候，而这正是进步所在，你们为什么想要打断这种协作呢？如果经济学在某些方面是如此枯燥乏味，而在其他方面却提高和吸引智慧，这恰恰是因为它描绘人与大自然之间的这种组合的法则，这是因为它指出，无偿效用在日益代替有偿效用，人的享受比重在依照其付出的辛劳而增长，障碍在不断减少，价值也随之而减少，生产者持续的失望由于消费者福利的不断增长而获得超过期望的补偿，自然财富，即无偿的和共有的财富，在取代私人专有的财富。怎么！人们竟会从政治经济学中排除构成其严谨的和谐的内容吗！

你们说，空气、水、光是无偿的。不错，如果我们只在它们的原始形态下享受它们，如果我们不让它们配合我们的任何劳动，我们就可以把它们从政治经济学中排除出去，如同我们从其中排除彗星很可能有的效用那样。但是，请从人的起点和终点来观察人吧。

首先,人最初只知道让水、空气、光和其他自然要素很不完善地来配合。他的每一满足都是用巨大的个人努力来获得的,都需要很大比重的劳动,并且只能作为一项重要的服务被出让。总之,他的每一满足都代表很大的价值。逐渐,水、空气、光、引力、弹性、热、电、植物界从这种相对的惰性里脱离出来。它们愈来愈加入到我们行业里。它们在那里代替人类劳动。它们无偿地做了人类劳动原来以有偿名义做的一切。它们,在不损害满足的情况下,消灭了价值。用通俗的话来说,原来值 100 法郎的东西只值 10 法郎了,原来需要 10 天的劳动只需要 1 天了。这个消失的全部价值从财产领域过渡到了共同财产领域。占极大比重的人类努力被解放出来,并且成为其他事业得以支配的力量:人类就这样以同样的辛苦,以同样的服务,以同样的价值,奇迹般地扩大了其享受范围,而你们却说,我应从政治经济学中排除这种无偿的、共有的效用,而唯有它才能说明进步的程度与幅度,也就是唯有它才能在福利与平等方面说明进步!

让我们作出结论说,人们可以给予,并且正当地,给予财富这个词两种含义:

真正的、实际财富,它实现满足,或者实现有大自然配合的人类劳动所交给社会支配的效用总和。

相对财富,即每人在总财富中所占的份额,这个份额是由价值来确定的。

因此,和谐规律包含在以下话语里:

通过劳动,人的活动同大自然的活动相结合。

效用产生于这种协作。

每人从总效用中获取一份与他所创造的价值成正比的效用，即与他所提供的服务成正比的效用，即归根结底，与他本身就是其组成部分的那个效用成正比。[①]

财富的道德意义。我们刚从经济观点研究了财富；略谈其道德效果，这也许不是无益的。

在任何时代，财富在道德观点上是一个引起争论的问题。某些哲学家、某些宗教曾命令人要轻财；另外一些人则主要赞扬平庸：Aurea mediocritao[②]。很少有人，如果有的话，同意把渴望享受财富看作是一种道德。

谁错？谁对？这个个人道德问题不属于政治经济学探讨的范围。我只说一点：我一向认为，在属于普遍实践领域的事物中，当实践这个词不仅包含人类一般性的活动，而且还包含其感情和观念时，理论家们、学者们、哲学家们就比这种普遍实践本身更容易搞错。

然而，普遍实践对我们指出什么呢？它向我们指出，所有的人都在努力摆脱作为我们开头的那个贫困；大家喜欢感觉满足，而不喜欢感觉需要，喜欢财富，而不喜欢匮乏；我说的是大家，除了极少数例外，甚至也包括那些反对财富的人在内。

对于财富的渴望是无限的、不断的、普遍的、无法控制的；它几乎在世界上克服了我们生来就对劳动所怀有的厌恶；不论人们怎样说，它在未开化的人和野蛮人那里比在文明人那里更加显露出

① 以下系在作者文件中发现的一篇补充札记的开头部分。——原编者注

② 拉丁文：金色的平庸（即中庸，荷拉斯语）。——译者

一种低级的贪婪性。18世纪从欧洲出发的一切航海家，头脑里充满由于卢梭而流行的观念，他们认为，他们将在地球的另一面遇见自然人，无私、慷慨、好客的人，结果却对这些原始人所表现的贪婪大为震惊。我们的军人今天可以证实过去对阿拉伯部落的如此被人赞扬的无私的看法。

另一方面，所有的人，甚至那些言行不一致的人的意见都一致推崇无私，慷慨，克己，并且谴责促使我们不择手段地谋求财富的那种无节制的贪心。最后，这同一意见也对一种人推崇备至，因为他们在任何状况下，都把他们坚毅而诚实的劳动应用于改善其命运，提高其家庭境况。我认为，从这全部事实、观念和感觉中，人们应该在个人道德观点上作出对财富的判断的结论。

首先，必须承认，把我们推向财富的动力存在于大自然中；这个动力是神的创造，因此是道德的。它存在于最初和普遍的匮乏中，如果它未在我们身上创造摆脱这种匮乏的欲望，这种匮乏就会是我们大家命中注定的。其次，必须承认，人类为摆脱这种最初的匮乏所作的努力，只要仍然是在公正的范围之内，就是可敬的和值得重视的，因为它们受到普遍的尊敬和重视。况且没有人不承认，劳动本身就具有一种道德性。这一点可用世界各国通行的谚语来说明："游手好闲是一切邪恶之源。"如果有人一方面说，劳动是人们的道德性所必需的，而另一方面却又说，人们寻求以劳动来实现财富就是不道德，则此人就会陷入一种令人吃惊的矛盾中。

再次，必须承认，当对财富的渴望接近于使我们越出公正范围时，它就会变得不道德；同时也必须承认，随着那些沉醉于贪财的人愈是富裕，贪婪就愈变得不得人心。

这不仅是若干哲学家或若干教派的判断，而且是人们普遍的判断，而我则坚持这个判断。

然而，我还要提请注意，今天这个判断可以是同以往的不一样，但并无矛盾。

在以撒尼派[①]，斯多噶派生活的社会里，财富始终是以压迫、抢劫、强暴方式获得的。不仅财富本身是不道德的，而且，由于获取手段是不道德的，它就暴露出，拥有财富的人是不道德的。因此对财富的反对，即使过分地反对财富，这也是很自然的。那些不考虑获得财富的手段的不同形式而反对财富的现代哲学家，自以为是塞内加[②]和基督。其实，他们只是一窍不通的饶舌鹦鹉。

但是政治经济学提出的问题是：财富对于人类是一种道德上的福利呢，还是一种道德上的祸害？从道德观点看，财富的逐渐发展意味着一种完善呢，还是一种没落？

读者会预先料到我的答复，并且了解，我要就个人道德问题说几句话，以便摆脱这个矛盾，或者不如说，这个不可能性：一种个人的伤风败俗就是普遍的道德。

不必求助于统计，不必查考我们监狱里的囚犯花名册，人们就可以开始讨论下述这样一个问题：

随着人主宰事物和大自然的能力不断增强，使大自然为他服

① Essénien，犹太教的一派，严守斋戒、沉默等仪式，力主禁欲主义，在耶稣传道时代，同法利赛人、撒都依人，成鼎足之势。——译者

② Sénèque(2—66)，罗马斯多噶派哲学家，生于西班牙都华，著作很多，思想精辟，言行不苟。——译者

务，因而为他自己创造闲暇，同时，随着他摆脱机体最迫切的需要，而可以从惰性状态中找出他可能尚未具备的、处于沉睡中的智能和道德力量，人是否因此就要堕落呢？

随着人脱离所谓的最无机性状态，从而能提高到他所能接近的最唯灵论的状态，人是否因此就要堕落呢？

这样提出问题，就是解决问题。

我很同意这样的说法，即当财富以不道德的手段扩大时，它便产生一种不道德的影响，就像在罗马人那里发生的那种情况。

我还同意这样的说法，即当它以极为不平等的方式扩大时，在阶级之间就出现一条愈来愈深的鸿沟，它便产生一种不道德的影响，并引起颠覆性的激情。

但是，当它是诚实劳动、自由交易的成果，并被均衡地分配给一切阶级时，它是否仍像上述那样不道德呢？这确实是站不住脚的。

而社会主义的著作却充满反对富人的夸张之词。

我真不懂，这些在其他方面如此分歧，而在这一点上却如此一致的学派，如何看不到它们所陷入的矛盾。

一方面，根据这些学派的领袖的说法，财富具有一种有害的、伤风败俗的作用，它使灵魂颓丧，心肠变硬，只允许对低级下流享受的嗜好存在。一切邪恶都属于富人，一切美德都属于穷人。穷人是公正的、通情达理的、无私的、慷慨的。这就是他们采用的论调。

而另一方面，社会主义者的一切在想象方面的努力，他们发明的一切体系，他们想强加于我们的一切法则，如果应该相信他们，都趋向于把贫困转变为财富……

财富的道德意义由下述准则加以证明：一方的利益就是另一方的利益[①]……

---

① 作者对这最后一个论点未加任何发挥。但本书有几章对此已予补充。请主要参阅“财产、共同财产”，“政治经济学与道德的关系”及“连带责任”等章。——原编者注

第七章　资本

经济法则是根据同一原理起作用的，不论是在一个人数众多的居民区，在两个人之间，或者甚至仅仅牵涉到一个被迫在孤独状态中生活的个人，情况都是如此。

一个人如果能孤独地生活一段时期，他就会是一身兼为资本家、企业主、工人、生产者和消费者。整个经济进展会在他身上完成。通过观察组成这个进展的每一因素，需要，努力，满足，无偿效用和有偿效用，他会对整个机制有一个观念，虽然这个机制已经简化到最低程度。

不过，显而易见的是，他绝不可能把无偿的东西与需要作出努力的东西混为一谈。这在用语上是有矛盾的。他会知道什么时候大自然供给他一种物质或一种力量，而无须以他的劳动来参与协作，即使那些物质和力量能使他的劳动更有成果。

孤独的个人，只要他能够直接从大自然那里直接得到一样东西，就永远不会想到用他的劳动来取得它。他不会到一里路外去取水，如果在他的小屋附近就有一个水源。出于同样动机，每当他必须付之劳动时，他就会寻求以尽可能多的大自然的协作来代替他的劳动。

所以，如果他造一只小船，他就会用最轻的木料来做，以便利用水的重力。他会设法装上一张帆,以便利用风力来节省他划桨的辛劳,等等。

为使自然力量这样配合,就需要有工具。

在这里,人们感觉到孤独的人将要计算一下。他将对自己提出下面的问题:现在我用一定的努力来获得一项满足,当我有了工具时,在减少了的努力中要加上我为制造工具本身所必须付出的努力,这样,我是否将获得同样的满足呢?

任何人都不愿意为了消耗他的力量而去消耗它们。因此,我们的鲁滨逊,只有当他发现,最终在为了同样的满足,他能确实节省多少努力,或者,以同样的努力,他能获得更多的满足时,他才会着手制造工具。

对这种考虑影响很大的一个情况就是,这个工具在它的使用期间究竟要配合生产多少数量和多少次的产品。鲁滨逊有第一个比较项目。这就是现时的努力,这就是他每次想在无任何帮助的情况下直接获得满足而必须付出的努力。他对工具在这每一次这样的机会中将为他节省的努力进行估计,但先要从事制造工具的劳动,并且,在思想里,把这个劳动分摊在他将能使用工具的所有场合中。使用工具的次数愈多,他就愈有理由决定使自然要素来配合。利息的原理及其存在的理由就在于此,就在这个在全部产品上的预付款的分摊中。

当鲁滨逊决定制造工具时,他发现只有善良意愿和利益是不够的。要制造工具还必须有工具;要打铁就必须先有铁;以此类推,由一个困难追溯到另一个困难,直到一个似乎无法解决的最初的困难。这就告诉我们，资本在开始时，其形成是如何极为缓慢的，并且，为了每项满足，人类必须付出多么巨大的努力。

不仅如此。为了制造劳动工具，即使有了必要的工具，人们还需要**材料**。如果这些材料是大自然无偿地供给的，例如石头，那还必须加以采集，这就是一种辛劳。但是这些材料又几乎总是必须先经过一种以往的，长期的和复杂的劳动才能获得，就像使用羊毛、亚麻、铁、铅等等的情况。

还不仅如此。当人只为便利其以后的劳动而进行此类劳动时，他对其现时的需要却无所作为。然而，这正是大自然不愿使之间断的一类现象。每天，人必须吃、穿、住。因此，鲁滨逊将发现，为使自然力量和他配合，如果他事先未曾贮备粮食，就不能进行任何工作。他必须每天加倍努力去狩猎，贮存一部分猎获物，还必须过艰苦的生活，这样才能有必要的时间制成他所计划的劳动工具。在这样的条件下，他的意图仅限于做一件不完善而粗糙的工具，即一件无法完成其使命的工具，这是极其可能的。

后来，所有的能力都一起增长。思考和经验将教会我们的岛民更好地操作。第一种工具将向他提供制造其他工具和更迅速地积贮粮食的手段。

工具，材料，粮食贮备，这些无疑就是鲁滨逊将称之为他的资本的东西，而且他将清楚地看出这个资本愈大，他制服的自然力量就愈多，他就愈能使这些力量配合他的劳动，他就最终愈能增加其满足与努力的比例。

让我们现在置身在社会范畴。资本也是由劳动工具，材料和粮食贮备组成的，没有这些东西，不论是在孤独状态里，还是在社会里，都不能进行任何长期的活动。那些拥有这种资本的人，仅仅是因为他们以他们的努力或者他们的节衣缩食创造了这个资本，而他们之所以作出了这些(同现时需要无关的)努力，他们之所以节衣缩食，就是为了以后的利益，例如为了今后使一大部分自然力量配合工作。对他们来说，出让这个资本，就是放弃所寻求的利益，就是把这个利益让给他人，就是提供服务。于是，或者必须舍弃关于公正的最简单的基本概念，甚至于必须放弃推理，或者必须承认，他们有充分权利以经过自由商讨的、自愿同意的服务来交换这个资本。我不相信，世界上会有人否认互相提供服务的公平性，因为互相提供服务意味着公平。由于有资本的人可以支配无资本的人，因而会不会有人说，交易不应该自由地进行呢？那么，应该如何进行呢？如果不是在双方自愿地接受交换的时候才看到等价服务，那么，又如何能看到呢？再者，人们难道没有看到，债务人如果无利可图，将可自由地拒绝借款，而且借债绝不会使其状况恶化。显然，他将提出这样的问题：使用这个资本给我带来的利益是否足以抵偿借款条件所要求的而有余；或者，我为了取得一定的满足而现在必须作出的努力是否高于或者低于所有努力的总和，而我不得不作出这些努力来提供要求于我的那些服务，其次，是否用借来的资本去追求这种满足？如果经过充分了解和充分考虑，举债对他无利可图，他就不会举债，而宁愿维持原状；对此，他有什么错呢？有人会说，他可能搞错了。这可能。在所有可以想象的交易中，人们都可能搞错。难道就可以认为，不应该有任何自由交易吗？就假设没有自由交易，那么，请告诉我们，用什么东西来代替自由意志，自由同意呢？莫非是用强制手段，因为，除了自由，我只知道有强制手段。不，有人说，还有第三者作出判断。我可以同意，但有三个条件。其一，这个人的决定，不管此人叫什么名字，不是通过强制手段来执行的。其二，他不会搞错，因为没有必要用一种犯错误的可能性来代替另一种犯错误的可能性，而我最不怀疑的正是有利害关系的那个人犯错误的可能性。其三，作出决定的人不得接受报酬；因为强夺债务人的自由，然后给他增加额外负担作为这种博爱的服务的报酬，这是此人对债务人表示同情的一种奇怪的方式。暂且不谈权利问题，让我们回到政治经济学吧。

资本不论是由材料、粮食贮备还是由工具所组成的，它都有两种形态：效用和价值。如果读者不了解，出让资本的人只是取偿其价值，即出让资本时所提供的服务，即出让人所付出的辛劳和受让人所避免的辛劳的总和，那就是因为我没有把价值理论阐述清楚。资本确实也是一种产品。它只是为了以后的用途才被称作资本。此为资本是一种自身就存在的东西，这是一个很大的错觉。一袋小麦就是一袋小麦，尽管按照不同的观点，一个人把它作为收入而卖出，而另一个人则把它作为资本而买进。交换就是根据这个不变的原则进行的；价值换价值，服务换服务；而所有列入无偿效用的东西都是附带赠送的，因为凡是无偿的东西都没有价值，而只有在交易中出现。在这一点上，有关资本的价值与其他价值毫无区别。

因此，在社会范畴里就产生一些令人赞赏的看法，我在此只能简略加以指出。处于孤独状态的人只有当他聚集了材料、粮食和工具时，才有资本。但是对于在社会里生活的人并非如此。后者只需要提供过服务，从而具有通过交换机器，从社会那里获得等价服务的能力。我称之为能交换机器的就是货币、期票、钞票甚至银行家。谁曾提供过一种服务而尚未得到相应的满足，谁就是一种证券的持有人，这种证券或者是具有价值的，例如硬币，或者是信用性的，例如钞票，它赋予持有人以随时随地并以他愿意的形式从社会那里获取一种等价服务的能力。这在原则上、效果上、权利观点上，并不破坏我设法加以阐明的伟大法则：服务交换服务。这永远是发展了的、扩大了的、复杂的那个萌芽状态的易货，而且维持其性质不变。

证券持有人可随意从社会那里收回一种即时的满足，或者获得一种他认为具有资本性质的物品。出让人对此是毫不关心的。人们只证明等价服务就行。

他还可把他的证券让与另一个人去任凭使用，但有两个条件，即在规定时间内归还并提供一项服务。如果对此进行深入研究，就可发现，在此情况下，出让人为了受让人而放弃一种即时的满足并推迟到几年之后，或者放弃一种劳动工具，这个工具本来会增加他的能力，让自然要素进行配合，并为他的利益而提高满足对努力的比例。他放弃这些利益，并把它们授予他人。这肯定是提供服务，按照公平原则，不能认为这种服务无权要求互利。一年后无条件的如数归还不能看作是对这种特殊服务的报酬。那些持这种主张的人不懂得，这并不是一笔一手交钱、一手交货的交易业务。这是一个延期问题。而延期，仅就其本身而言，就是一种特殊服务，因为它要求同意延期的人作出一种牺牲，而向需要延期的人提供一种好处。因此，就有一个报酬的问题，否则就必须放弃社会的最高法则：服务换服务。这种报酬按照不同的情况有不同的名称：租金，地租，定期收益，但其通名便是利息。[①]

就这样，令人赞赏的是，由于交换的奇妙机制，任何服务都是或者都可变成资本。如果工人应在十年后开始修筑一条铁道，我们不能从今天起就以实物形式储备他们在长期的筑路工程中所需的小麦和亚麻。但我们可储备这些东西的价值，并将此项价值转移给他们。为此，只需向社会提供现时的服务，而从中取得证券，十年后再把这些证券折成小麦、亚麻。我们甚至不必在这段期间把这些证券闲置起来。社会上有很多商人、银行家、机关，他们将以交换服务的方式替我们承受这些牺牲。

更令人惊奇的是，我们可以做相反的交易，尽管这种交易初看起来似乎是不可能的。我们可以把尚未产生的资本折成劳动工具、铁路、房屋，因而使用将在 20 世纪才提供的服务。有些银行家相信，第三代或第四代的劳动者和旅客必将偿还，因而同意预付这种服务；这些针对未来的证券不断地转手，但从来不会是非生产性的。我承认，我不相信那些人为社会的发明家，不管他们人数如何众多，他们也不会想象出如此简单而同时又如此复杂的、如此奇妙而又如此公平的事物。当然，如果他们认识上帝所创立的社会机构的那种美好的和谐，他们就会放弃他们那个平庸而笨拙的乌托邦。阿拉贡的一位国王曾思索过，如果他被召唤去参加上帝的会议，他会在天体机构方面贡献什么计策。牛顿是不会设想出这种反教思想的。

---

① 参阅拙作《资本及定期收益》。——原注

但是，必须说明，所有通过时间和空间的服务的转移都基于以下论据：同意延期就是提供服务；换言之，基于利息的正当性。今天，想取消利息的人不懂得，他是在把交换恢复到它的萌芽状态，易货，即无将来也无过去的现时易货。他自以为是最先进的人，却不懂得，他正是最落后的人，因为他是在依照社会的最原始的草图重建社会。他说，他要互相提供服务。但是，他从一开始就把服务的特点从服务的性质中去掉，而服务的性质就是把时间和空间联系起来。在所有的社会主义者中，这个人最了解和最尊重社会的现行秩序，尽管他的哗众取宠的浮夸之辞有些大胆。他的改革只限于一种消极的改革，即取消社会的最强有力和最奇妙的机构。

我已在别处说明利息的正当性和永恒性，我只满足于在此再次提及：

1. 利息的正当性是基于以下事实：谁同意延期便是提供服务。因此，基于服务换服务的原则，利息是正当的。

2. 利息的永恒性是基于另一事实：谁借债就应到期如数归还。然而，如果东西或价值被归还给了原主，他可以再度借出，以此类推，直至永恒。在接踵而来的自愿债务人中，谁能有什么可抱怨的呢？

既然近来为了恫吓资本，使它收敛和逃逸出现了对利息的正当性的异议，请容许我指出这种奇怪的指责的荒谬性。

首先，对一年、二年、十年期限的报酬同毫无期限的报酬一样，这难道不是既荒谬而又不公正吗？如果在所谓平均主义学说的影响下，我们的法令不幸是如此规定的，一种类型的人类交易就会立刻被取消。我们还会有易货和现款销售，但不会再有期货销售和贷款。平均主义者们确实会免除债务人的利息负担，但是也使他们不能借债。依照这个论据，人们也可买了东西而不必付款。那只好禁止人们购买，或者用法律宣布价格是不正当的，其效果都一样。

平均主义原则确实有某些平均主义的东西。首先，它阻止资本的形成，因为，如果无利可图，谁会愿意储蓄呢？其次，它会把工资降低到零，因为哪里没有资本（工具、材料和粮食贮备），哪里就不会有未来的劳动，也不会有工资。就这样，我们不久就会达到最完全的平等，即子虚乌有的平等。

但是，谁会盲目到如此程度，竟然不了解延期本身就是一种有偿的，因而是可酬报的条件呢？甚至除了贷款之外，每个人不是都在努力缩短延期的期限吗？而这正是我们经常关心的对象。任何企业主都非常重视他收回预付款项的时间。他售价的高低就以期限的远近为转移的。要对这一点无动于衷，就必须对资本的力量一无所知，因为，如果知道资本是一种力量，人们就自然而然地要求它尽早完成所承担的事业，以便把它投入到一项新的事业中。

那些认为只有当我们借入资本时才支付利息的经济学家们是些十分可怜的经济学家。基于公正的一般规则是，谁获得满足，谁就应当负担生产上的一切费用，包括延期所需的费用，不论他是为自己服务，还是由他人向他提供服务。不与任何人进行交易的孤独的人，会把凡是叫他在一年内放下武器的条件都看作是有偿的。那么为什么一种类似的条件就不会在社会上被看作是有偿的呢？如果有一个人自愿为另一个自愿支付报酬的人的利益而受约束，这种报酬为什么是不正当的呢？

如果延期本身不被看作是一种有偿的条件而加以处理和偿付，那么，世界上就没有任何事可做，任何需要预支的事业就都不会实现，就不会有人种植，就不会有人播种，就不会有人耕作。在这一点上普遍同意的看法是如此一致，以致没有一种交易不受这个原则的制约。期限、延迟被列入对服务的评价里，因而就被列入价值的构成里。

就这样，平均主义者们，在其大张旗鼓仅对利息的运动中，践踏了关于公平的最简单的概念，他们自己提出的服务换服务这个原则以及人类的权威和普通的实践。他们怎敢在众目睽睽之下如此自命不凡和傲气冲天呢？而那些宗派主义分子竟采用了一句箴言：自有世界以来，除了我，所有的人都会搞错。采用这个含蓄而又常常明示的箴言，岂不是一件十分奇怪和十分可悲的事吗？

但愿人们原谅我再三根据下述准则强调利息的正当性：既然延期要代价，它就必须得到偿付，代价和偿付是相关的。关于这方面的错误认识是我们的时代精神所造成的。必须站在人类所承认的，但被一些狂热的革新家所动摇的那个根本真理一边。对于一个渴望指出全部现象的和谐的作家来说，使他痛苦的是，他必须时刻打断工作来阐明最根本的概念。如果拉布拉斯的读者不首先具备一些公认的普通的概念，如果为了证明地球转动，他必须先教授计数法，那么，他怎能简单明了地阐述行星系呢？这便是在我们时代，经济学家所面临的艰巨的抉择。如果他不仔细探究那些基本要素，他就不能被人理解；如果他解释这些要素，大量细节的洪流就会掩盖整体的简洁性和美好之处。

的确，对于人类来说，利息幸而是正当的。

否则，人类便会面临一种艰难的抉择：是为公正而死呢，还是通过不公正而前进。

任何行业都是由一些努力构成的。但在这些努力之间应作本质上的区别。有些努力与现时必须提供的服务有关，另外一些则与数目不确定的一系列相似的服务有关。让我说明一下。

送水人在一天之内所付出的辛劳应由受益于此项辛劳的人给予报酬；但他为制造小车和木桶而付出的辛劳，在报酬方面，则应分摊在数目不确定的许多消费者身上。

同样，播种、除草、耕地、耙地、收割、打场只与现时的收成有关；但是圈地、开垦、排水、建筑房屋，整修土地却关系到以后的一系列的不确定的收成，并为此提供方便。

根据服务换服务这条一般法则，获得满足的人们必须偿还他人为他们作出的努力。对于第一种类型的努力，不存在困难。这些努力是在双方之间商讨和估价的。但是对于第二种类型的努力，如何进行估价呢？经济学家们所谓的经常性预支，总务费用，固定资本的正确比例，将如何分摊在全部的一系列要实现的满足上呢？用什么办法公平地把负担加在所有用水的人身上，一直到小车用坏为止；把负担加在所有获得小麦的人身上，只要田里生产小麦？

我不知道人们在伊加利亚或者法郎吉是如何解决这个问题的。但是可以相信，那些如此善于搞人为安排和如此迫不及待地用法律，即用强制手段，把这些安排强加于人的社会发明家们，是不会想象出一个比一个完全自然的办法更为巧妙的解决办法的，这个自有人类以来就由人类自己（那些大胆的人！）发现的，而今天他们却要加以制止的这个办法就是：利息法则所规定的办法。

假设：一千法郎被用来改良土地，利率是5%，平均收成是5千升。根据这些数据，每百升小麦应负担1法郎。

这个法郎显然是对地主（人们也可称之为劳动者）所提供的一项现实服务的正当报酬，此项服务既是向将在十年后获得一百升小麦的人提供的，也是向今天购买它的人提供的。因此，在这里，严格公正的法则得到遵守。

如果土地的改良，或者小车和木桶只能有一个可以约略估计的期限，一项折旧费就要加在利息上，以便地主不感到吃亏，并且还能继续工作。在这里，占统治地位的仍是公正法则。

不要认为，每百升小麦所负担的这个法郎的利息是不变的。不，它代表一种价值，因而受价值法则的约束。它根据供求的变动而增减，即根据需要的时间和社会的最大利益而增减。

人们通常认为，这种性质的报酬，如果不是由各行业的改进，至少也是由土地的改良而趋于增长。有人说，即使承认这种地租在一开始就是公平的，它最终还会变成过分的，因为从此无所事事的地主要看到，仅仅由于人口增加这个事实，地租每年都在增长，因为人口增加意味着小麦需求的增加。

我承认，这个趋势存在，但它并非限于地租，而为各类劳动所共有的。没有一类劳动的价值不是随着人口密度而增长，从事简单劳动的短工在巴黎所得的收入要多于在布勒塔尼。

其次，关于地租，前面指出其增长的趋势被一种相反的趋势大大地平衡掉了，即被进步的趋势大大地抵消了。今天用完善的办法实现的一种改进是以较少的人类劳动、在利率已降低的时代取得的，这种改进阻止为所有以往的改进提出过高的补偿。地主的固定资本状况，和厂主的固定资本一样，由于出现价值相等的愈来愈有效的工具日趋贬值。这正是推翻李嘉图的蹩脚理论的一条出色的法则，我们在谈到地产时，将再详加阐述。

请注意，如何分摊经常性的改进所产生的那些有偿服务问题只能由利息法则加以解决。地主，即使在一定数目的相继购买这块土地的人身上，分摊他的资本，因为买方的数目既然是不确定的，那么，计算到多少人为止呢？让最初的几个购买人替以后的购买人偿付，这是不公正的。此外，是否会有一个时期那时地主可能曾同时获得资本和土地的改良，这不公正。因此，让我们承认，自然的社会机制是相当奇妙的，它让我们不必以一种人为的机构来代替它。

我把这个现象以它最简单的形式向大家介绍，这是为了使人了解其本质。在实践中，事情经过并不完全是如此。

地主并不是本人进行分摊的，也不是由他来决定每百升小麦将负担 1 个法郎，还是多一些或少一些。他发现，无论是在小麦的平均价格方面，还是在利率方面，世界上一切事物都已成定局。他就是根据这个情况来决定他的资本的用途。如果他估计小麦的行情能使他享受正常的利率，他就把资本用于土地的改良。反之，他就把资本投向一种更加有利可图的行业，而这个行业，就社会利益而言，将对所有的资本产生一种更大的吸引力。这个真实的过程达到同样的结果，而且又增加一种和谐。

读者将了解到，我使用了一个特殊事例，这只是为了阐明各行各业都服从的一条一般法则而已。

例如，一位律师不能让他的第一个诉讼人还他的教育费，实习费，第一个事务所的创办费（共约两万法郎）。这不仅是不公平的，也是办不到的；这样的第一个诉讼人永远不会上门，而我们的这位法学家将只得效法那位家长，当他看到无人参加他办的第一个舞会时，就说：明年我将从第二个舞会开始。

对于商人、医生、船东、艺术家，情况也是如此。在任何职业中，都存在那两种类型的努力；第二个类型的努力迫切要求在数目不确定的顾客身上予以分摊，我不信，有人能够在利息机制之外想出另一种这样的分摊办法来。

最近，为了煽起民众去反对这个可耻的、穷凶极恶的资本，人们曾作出了很大的努力；有人在群众面前把资本描绘成一个贪得无厌的吃人妖怪，比霍乱还具有破坏性，比骚乱还可怕，对社会本身起着一个吸血鬼的作用，其吸血能力会无限地自行增强。Vires acguirit lund[①]。这个妖怪的舌头叫做定期收益、高利贷、租金、地租、利息。一位本来能以其才华而成名的作家宁愿以其悖谬闻名于世，他想把那个妖怪投入业已被革命的热潮所折磨的人民中间去。我也向读者提出一个表面上像是谬论的理论，而请读者审查这个谬论是否是一个伟大而令人欣慰的真理。

但是，我要先对普鲁东先生及其学派解说他们所称为利息的不正当性的方式说一句话。

资本是劳动工具。劳动工具的用途是让大自然的无偿的力量来配合工作。人由于有了蒸汽机而使用气体的膨胀力；由于有了表的发条而使用钢的弹性；由于有了重量或瀑布而使用引力；由于

---

① 拉丁文：在行动中获得更大的力量。——译者

有了伏尔塔电池而使用电火花；由于有了土壤而使用被称为植物的那些物理、化学的化合物；等等。然而，人们把效用和价值混为一谈，设想这些自然要素具有一种它们固有的价值，因而那些占有它们的人就要求使用费，因为价值意味着付款。人们以为，产品负担用于支付人类的服务的一个单位，被认为这是公正的，同时，产品负担用于支付大自然的服务的另一个单位，就被认为是极不公正的而要加以反对。人们说，为什么要偿付引力、电、植物的生长力、弹性呢？等等。

答案就在价值理论里。那一类自称为平均主义者的社会主义者把工具具有的产生于一项人类服务的正当价值和它的有用的成果混为一谈，而这个成果，在扣除了那个有关的利息以后却始终是无偿的。当我酬报一位耕地人、一位磨坊主、一家铁路公司时，我并不为植物的生长力、引力、蒸气的膨胀力支付任何款项。我偿付的是制造工具所必需的人类劳动，有了这些工具才能迫使上述种种力量起作用；或者不如说，我偿付的是这种劳动的利息。我提供服务来换取服务，以此来使上述种种力量的有用活动完全无偿地为我服务。这和交换中，简单易货中的情况一样。资本的出现并不改变这条法则，因为资本只是积累起来的价值，以及负有特殊使命让大自然协作的那些积累起来的服务。

现在，请看我的谬论：

在构成某一产品总价值的一切因素中，我们应该最高兴偿付的一个因素就是所谓预支或资本的利息。

为什么呢？因为这个因素在让我们付出一个的时候却使我们节约两个。因为，这个因素的出现就证实，自然力量曾在最后的成果的实现过程中进行无偿的协作；因为由此得出同样的总效用而为我们所用，而且一定比例的无偿效用，为了我们的利益，代替了有偿效用，幸运地是对我们有好处，总而言之，因为产品跌价了。我们将以较少的劳动获取它，在整个社会发生的事和发生在一个孤独的人身上的一样，这个人如果实现了一种巧妙的发明，也可能遇到这样的事情。

有一个日进 4 法郎的平凡的工人，他用 2 法郎，即半日劳动，买一双棉纱袜。如果他想用自己的劳动直接取得这双袜子，我深信，他劳动一生也不够。可他为何用半日劳动就能偿付这次向他提供的一切人类服务呢？根据服务换服务的法则，他怎么居然必须付出几年的劳动呢？

这是因为这双袜子是人类服务的成果，正是由于资本的参与，自然要素大大降低了人类服务的比重。然而，这个工人不仅要偿付凡是参与协作的人的现时劳动，而且还要偿付迫使大自然得以配合的那个资本的利息；而且必须指出的是，没有这后一项报酬，或者如果认为它是不正当的，资本就不会求助于自然要素，产品中就会只有有偿效用，产品就会是人类劳动的唯一成果，而这个工人就会回到他原来的处境，即回到或者不穿袜子，或者用几年的劳动来偿付这双袜子。

如果这个工人学会分析现象，当他明白他从资本那里所得到的好处时，他就必将同资本重归于好。他尤其将确信，上帝的恩赐的无偿性是完全为他保留的，并且确信，这些慷慨的恩赐并不是由于他自己有所贡献，而是由自然的社会秩序的那个美好机制所造成的。资本并不是使棉花发芽和开花的植物生长力，而是种植者所付出的辛劳；资本并不是使船帆鼓起的风，也不是影响指南针的磁力，而是制帆的人和光学仪器制造商所付出的辛劳；资本并不是使袜厂里的绽子转动的蒸气膨胀力，而是机器制造商所付出的辛劳。植物生长力、风力、磁力、膨胀力，这一切当然是无偿的，所以袜子的价值才如此之小。至于种植者，制帆的人，光学仪器制造商，机器制造商，水手，工厂主，商人，他们的这些辛劳总和则在无数的袜子购买人之间分摊，或者不如说，只要资本在起作用，利息就会在无数的袜子购买人之间分摊，由此他们当中每个人应偿还的那部分劳动就会非常少。

现代改革家们，当你们想以你们所发明的安排来代替这种令人赞赏的秩序时，有两件事(其实只是一件事)使我不胜惊讶：一是你们缺乏对上帝的信仰和对于你们自己的信仰；一是你们的无知和你们的傲慢。

由以上所述，得出的结论是人类的进步同资本的迅速形成同时发生；因为，说新的资本在形成，就等于说过去由有偿的劳动克服的障碍，今天被大自然无偿地克服了；而且，请注意，这并不是为了资本家的利益，而是有利于集体。

如果诚属如此，支配所有的人的利益(当然是在经济观点上)就是促成资本的迅速形成。资本是在能动性，节俭和安全这三重影响下靠本身就能增长的。如果不能通过公众舆论，以聪明的方式把我们的反感和同情表达出来，我们就不能对我们同胞的能动性和节俭施加直接的影响。但是对于安全，我们却能施加影响，没有安全，资本就不但不会形成，反而会隐藏起来，逃逸，被消灭，从而使人们看到，在工人阶级对扰乱公共和平有时显露出的那种激情中,存在某种多么像自杀的东西。但愿工人阶级知道,资本从一开始就致力于使人们摆脱无知、需要和专制的桎梏。恫吓资本,就是给人类系上三条链条。

"在行动中获得更大的力量"这句话完全适用于资本及其加惠于人的影响。任何形成的资本必然提供劳动机会及对劳动的报酬。因此,它本身就有发展的能力。它自身具有某种类似速度定律的东西。政治经济学迄今也许忽略了把这种发展和马尔萨斯所看到的另一种发展相对比。这是我们不能在此探讨的一种和谐。我们将在"人口"一章里探讨。

读者必须提防一种似是而非的异议。有人会说,如果资本的使命是让大自然来从事本来要由人类劳动从事的一切,那么,不论资本给人类带来什么好处,它都可能损害工人阶级,特别是有害依靠工资为生的那个工人阶级,因为凡是造成失业后备军的一切都要激起工人之间的竞争,而这可能就是无产者反对资本家的秘密理由所在。如果异议是有根据的,在社会和谐中就确实会有一种不协调的情况。

错觉在于人们看不到一点:资本随着它的活动的扩展,只有在他储备了相应数量的报酬供支配时,才让出现一定数量的人类努力备用,因而这两种因素在同时出现时能彼此满足。劳动并不是无所作为;它在特殊作业中被无偿的力量代替后,就在进步的总作业中克服其他的障碍,尤其是因为在集体内部已经为它准备好报酬,这就使得它的可靠性更高。

而且就上述例子而论,不难看到,袜子的价格和书、运输以及任何东西的价格一样,在资本的作用下,只有在把一部分原来的价格交到买主手里时才下降。这简直是一种近乎幼稚的赘词；过去本来要付 6 法郎，而现在却只付 2 法郎的工人因此有 4 法郎作为备用。人类劳动被自然力量所代替的恰恰就是这个比例。这些自然力量完全是一种战利品，它丝毫不改变劳动与备用的报酬之间的关系。但愿读者还记得，对于这种异议的答复早已预先准备好了，当我在观察处于孤独状态中的人，或者受制于易货的原始法则的人时，我就曾请读者提防我在此试图推翻的那种如此普通的错觉。

因此让我们任凭资本按照它自己的趋势和人心的倾向去形成、增加吧。我们不要以为，当辛苦的劳动者为他的晚年而节约时，当家长考虑其儿子的职业或女儿的嫁妆时，这些人只有在损害大众利益的情况下，才能运用预见性这种人类的可贵的能力。如果资本和劳动势不两立，就会像以上所说的那样，个人品德就会同公众利益相抵触。

人类远未受制于这种矛盾，这是不可能发生的情况（因为如何设想各个局部中累进的善会使整体中累进的恶逐步增长呢？）与此相反，应该承认，上帝出于其公正与仁慈，在进步中为劳动保留的份额比为资本保留的多，为现在流汗的人比为依靠其祖先的汗水而生活的人保留了一个更有效的鼓励，一个更慷慨的报酬。

因为，既然任何资本的增长要带来普遍福利的必然增长，我就敢于在这种福利的分配上，提出下述不可动摇的准则：

“随着资本增长，资本家在产品总额中所得的绝对份额增加，而其相对份额则减少。与此相反，劳动者所得的份额却在两方面都增加。”

数字可能使人更容易了解我的思想。

设1 000、2 000、3 000、4 000等等数字代表连续几个时期的社会产品总额。

我说,资本提取的份额将连续由50%下降到40%,35%,30%,而劳动提取的份额则将因而由50%上升到60%,65%,70%。就这样,资本的绝对份额在每个时期都在增长,尽管它的相对份额却越来越小。

分摊将按以下方式进行:

	产品总额	资本的份额	劳动的份额
第一期	1 000	500	500
第二期	2 000	800	1 200
第三期	3 000	1 050	1 950
第四期	4 000	1 200	2 800

这就是那个伟大的、令人赞赏的、令人快慰的、必然的和不可变更的资本法则。我认为,证明这个法则,就是让那些长久以来喋喋不休地把来自人类能力的那个创造文明和平等最强有力的手段斥为贪婪、暴虐的言论丧失信誉。

这个证明分为两部分。首先,必须证明,资本的相对份额在不断缩小。

这不必长篇论述,只需要说:资本愈多,利息就愈低。然而,这一点本来就是不可争辩的和不可否认的事实。不仅政治经济学说明这一点,而且这也是显而易见的。即使最怪癖的学派也都承认它;专门自命为穷凶极恶的资本的敌人的那个学派也把它作为自己理论的基础，因为就是从利息的这种明显的降低中，这个学派得出利息必然要消灭的结论；然而，这个学派说，既然这种消灭是必然的，既然它在一定时间内应该发生，既然它意味着绝对福利的实现，就必须加速其来临并予以宣布。我在此不对这些原理和从中得出的归纳进行驳斥。我仅证实，一切经济学派、社会主义的、平均主义的和其他学派，事实上都承认，在一切社会的自然秩序中，利息降低是由于资本愈多，利息就愈低。即使它们不想承认这点，事实也总是千真万确的。这个事实具有人类的权威性并得到世界上一切资本家的不由自主的承认。事实是资本的利息在西班牙比在墨西哥低，在法国比在西班牙低，在英国比在法国低，而在荷兰则比在英国低。可是，当利息自 20% 降到 15%，然后又降到 10%、8%、6%、5%、4.5%、4%、3.5%、3%时，这对我们所研究的问题意味着什么呢？这说明，资本，对于它在工业建设中参与实现福利所作的贡献，随着它本身的增长而满足于，或者不得不满足于一个愈来愈缩小的份额。在小麦、房屋、亚麻、船只、运河的价值中，资本是否占三分之一呢？换言之，当人们销售这些东西时，是否有三分之一归资本家，而三分之二归劳动者呢？慢慢地，资本家只收四分之一、五分之一、六分之一的份额，其相对份额也在逐渐缩小，而劳动者的相对份额却以同一比例增加。我的证明的第一部分到此结束。

我还须证明，资本的绝对份额在不断增长。利息确实趋于降低。但是在什么时候降低和为什么降低，利息是在资本增加的时候降低的，同时也因为资本增加而降低。因此，产品总额很可能在增长，尽管其百分比在缩小。一个人以 4%的利息投资200 000法郎，他的收益比以5%的利息投资100 000法郎所得的收益要多，虽然在前一种情况下，劳动者为使用资本而付出的利息较低。对于一个国家，甚至对于全人类，情况也是如此。然而，我说，百分比在其下降趋势中，既不应该也不可能紧跟一种如此迅速的发展，即在资本多时，利息总数比在资本少时小。我承认，如果用100和5分别代表人类的资本和利息，当资本上升到200时，利息仅为4。在这里，人们看到同时发生两种效果：相对份额缩小，绝对份额增大。但是我不承认，在假设中，资本自100上升到200时，利息会自5%下降到例如2%。因为，如果情况是如此，资本家以100 000法郎的资本本来可有5 000法郎收益，而以200 000法郎的资本却只得到4 000法郎的收益。这个结果是相互矛盾的，而又不可能的奇怪的反常现象，它会得到解决办法中最简单的和最令人高兴的办法；因为那样，资本家只需吃掉他的一半资本就可以增加收益。多么幸福而古怪的时代，我们只要变得贫困就能致富！

必须看到，资本的增长和利息的降低这两种互相关联的事实的结合必然要实现，结果是，产品总额不断增加。

顺便说一下，这就从根本上，并绝对地粉碎了一些人的错觉，他们以为，既然利息降低，它就要走向消灭。按照这种看法，终会有那么一天，资本将发展到不给予资本家任何利益的地步。大家放心吧，在这一天到来之前，那些人，为了重新获得收入，将赶忙分散资金。

在合作的成果分享方面，资本和劳动的伟大法则就这样得以确定下来。每一方的绝对份额都愈来愈大，但资本的比例份额同劳动的比例份额相比则不断缩小。

因此，资本家们和工人们，不要再用一种猜疑和嫉妒的眼光看对方吧！不要听那些傲慢、无知而又荒谬的指责，这些指责在承诺一种博爱的远景幌子下，在开始挑起目前的不和。你们应该承认，你们的利益是共同的，完全一样的，而且不论人们怎样说，你们的利益是交织在一起的，这些利益都共同致力于实现大众福利，现在这一代人的汗水同历代人的汗水掺和在一起，应该有一份报酬分给应交给一切参与过这一事业的人，同时也应该承认，由于上帝的法则所显示的智慧，最巧妙和最公平的分配在自由的和自愿的交易的控制下，正在你们之间进行，而没有让一种干扰性的温情主义在损害你们的福利、自由、安全和尊严的情况下，把他们的命令强加于你们。

资本的根源在人的三种品质里：远见性、智慧和节俭。为了决定筹集资本，确实必须预测未来，为未来而牺牲现在，进行自我控制，不仅要抵制现时享受的诱惑，而且还要顶着虚荣心的刺激和公众舆论的偏颇，这种舆论总是偏袒那些无忧无虑和挥霍无度的性格。还必须把结果同原因联系起来，必须了解，通过那些办法、那些手段让大自然就范并为生产事业服务。尤其应该有家族观念，不要在为亲爱的子孙后代的享受而作出的牺牲面前退缩。积蓄资本，这就是为后代准备衣、食、住、创造闲暇、兴办教育，争得独立能力、尊严。这一切都是在施行最高的社会品德而又不使其变成习惯的情况下才能做到。

然而，通常是把一种有害的效能归诸资本，其作用好像是在渴望获得资本或者已拥有资本的那些人的心里引进自私、冷酷，阴谋诡计。但是人们没有混淆事实吗？在有些国家中，劳动毫无成就。

人们必须同国库分享他的那点微薄收入。为了从你身上夺取你的劳动果实，那个所谓的国家用不计其数的障碍来束缚住你。它干涉你的一切行为，它干预你的一切交易；它代管你的智慧和你的信仰；它移动一切利益，而将每个人置于人为的和不稳定的地位；它用操纵一切事物的发展方向这个办法使个人的活力和精力委靡不振；它把行动的责任赋予那些与责任不沾边的人；其结果是，公正和不公正的概念逐渐消失；它的外交把国家投入到世界上一切争端中，它然后再让海军和陆军进行干预；在经济问题上，它竭尽全力，尽可能地愚弄群众的智慧，因为它需要让群众相信，它的庞大支出、它的非正义的侵略、它的征服、它的殖民地，对于群众都是一种财富的源泉。在这些国家中，资本很难通过自然途径形成。人们特别渴望的就是通过暴力和诡计来榨取创立了资本的那些人的资本。在那里，可以看到，人们通过战争、官职、赌博、供应品、投机活动、营私舞弊、冒险事业、官方市场等等发财致富。用于从拥有资本的那些人手里夺取资本的才能恰恰是同筹集资本所需的才能相反。因此，在那些国家中，在**资本**和**私心**这两个观念之间存在一种联想，这就不足为奇了；如果这个国家的一切道德观念是从古代史和中古史中汲取的，那么，这种联想就会无法消除。

但是，如果人们想的不是去窃取资本，而是通过聪明的活动、远见性和节俭去筹集资本，就不能不承认，一种鼓励向善的社会品德是和资本的获得联系在一起的。

如果在资本的形成中有人际关系的道德准则的参与，那么，在资本的活动中也有这种情况。资本特有的作用就是让大自然来协作，就是让人类在生产建设中从最物质性的、最需体力的、最难对付的一切条件中解脱出来;就是让理性愈来愈占优势;就是愈来愈扩大闲暇所占的比重(我在这里指的不是游手好闲);就是,由于满足容易实现,让对于起码的需要的那个呼声变得愈来愈不迫切而代之以更高雅、更精美、更纯洁、更有艺术性、更有思想性的享受。

就这样,不论人们采用什么观点,也不论人们以什么观点来考虑资本和其他事物的关系,事实是:资本让需要变得高尚,它减轻我们的努力,它净化我们的满足,它制服大自然,它让道德成为习惯,它发展人际关系准则,它造成平等,它依靠自由而生存,它用最巧妙的方法随时随地实现公平,只要它处处并始终能在一个没有偏离其自然途径的社会秩序中形成和起作用。以上事实使我们在资本中看到了一切伟大神意法则的那个印记:**和谐**。

第八章　财产，共同财产

在承认土地、自然要素、劳动工具无可争议地具有产生效用的能力之后，我曾竭力否定本来不属于它们的一种能力，即创造价值的能力，因为这种能力只属于在人类之间交换的那些服务。

这样简单的更正，在以恢复财产的真正的特性的方式增强财产概念的同时，它将为政治经济学显示出一个奇异的事实，如果我没有搞错，这是尚未被政治经济学觉察到的一个事实，即存在着一种真正的、必要的和不断发展的共有财产，这是一切以自由为体制的社会秩序的一种天意结果，其明显的目的就是把大家像兄弟那样，从在匮乏和无知方面存在的那种原始的平等引向在福利和真理方面的最终平等。

如果存在于事物的效用和服务的价值之间的根本区别，就其本身和其推论方面而言是正确的，人们就不可能漠视其意义，因为这个区别完全不会让政治经济学把乌托邦吸收进来，以免各个敌对的学派在能让一切理智和渴望的一种共同信仰中取得和解。

有闲的有产者，不管你们由于勤奋、正直、条理性、节约而达到了什么样的社会地位，你们的困扰是从何而来的呢？啊！是乌托邦的芬芳但有毒的微风在威胁着你们的生存。有人大声怒骂说，你们为了保证晚年的安宁、为了保障你们孩子们的面包、教育和职业而积聚的财产,这是你们在损害你们的同胞们的情况下才获得的。有人说,你们是置身于上帝的恩赐和穷人之间,你们像贪婪的税吏那样,以财产、利息、地租、租金的名义,在这些恩赐上抽取了税金,你们劫取了上帝施与其所有的孩子们的恩泽并把它出卖;有人号召你们退还;而且使你们更加恐惧的是,在你们的律师的辩护词中,经常有这种含蓄的招认:侵占是不容置辩的,但是必要的。而我却说:不,你们未曾劫取上帝的恩赐。你们是从大自然手里无偿地取得的,这是真的,你们也毫无保留地把它们无偿地转交给你们的同胞们了。他们也以同样的方式对待你们,而唯一互相抵偿了的东西就是体力上或智力上的努力,所流的汗、所冒的风险、所施展的才能、所接受的困苦、所付出的辛劳、所得到的和所提供的服务。你们也许只想到了你们自己,但你们的个人利益本身也是上帝的工具,非常深谋远虑和考虑周到的上帝要在人类内部不断扩大共同财产的领域,如果没有你们的努力,你们从大自然那里所取得用来在人类中间无偿地分配的这一切有用效果还会停留在一种永恒的无生气状态中。我说无偿,是因为你们所得到的报酬是对你们的努力的一种简单的归还,而根本不是上帝的恩赐的全部价值。因此,不必顾虑重重,安心生活吧!在世界上,你们只有一种财产,即享受服务的权利,这些服务是由你们忠实地提供的,并为你们的同胞们自愿接受的服务交换来的。这种财产是正当的,无可指摘的;任何乌托邦要反对它都不会得逞,因为它是同我们的天性的本质相结合并混为一体的;任何理论都绝不能动摇它,也不能削弱它。

勤劳而遭受困苦的人们，你们不能无视一条真理，即人类的起点是一种完全的共有，是在贫困、匮乏和无知方面的完全平等。人类用汗水来取得补偿，走向另一种共有，即以较少的努力而陆续获得的上帝恩赐的共有；走向另一种平等，即在福利、知识和道德尊严方面的平等。是的，人类在这条通向完善的道路上的步调是参差不齐的，只有当先驱者更迅速的步伐会延缓你们的步伐时，你们才能抱怨。但情况完全相反。先驱者迸发出来的每一星星智慧之火，在某种程度上，都能启发你们的智慧；在财产的推动下，任何进步的实现对于你们都是一种进步。每一笔形成的财富都趋向于解放你们，每一笔资本都增加你们的享受与你们劳动之间的比例，每一笔财富的获得都向你们提供获得财富的机会，每一笔财产的使命就是为了你们的利益而扩大共同财产的领域。由天意安排的自然社会秩序是如此巧妙，以致在赎买的道路上最先进的人们都自愿地或不自觉地、有意识地或无意识地向你们伸出援助之手，因为天意把事物处理得使任何人若不同时为大家劳动就不能诚实地为自己劳动。任何对于这种奇妙的秩序的损害不仅对你们是一种杀人行为，而且是一种自杀行为，这种说法是千真万确的。人类是在其中完成这个奇迹的一条奇妙的链条，开头的那些链环把一种前进运动传递给所有其他的链环，直到最后的一环。

提倡博爱的人们，热爱平等的人们，盲目的辩护士们，对在文明的道路上为落伍而痛苦的人们表示友好的那些危险的朋友们，你们既然在这个世界上寻求共同财产的统治，那么，你们为什么以动摇人们的利益和良心开始呢？你们为什么傲慢地渴望让一切意志屈从于你们的社会发明的桎梏之下呢?你们追求这个共同财产,以为它可能把天扩展到大地上来,你们难道没有看到,上帝自己也已想到并做了安排吗?你们难道没有看到,上帝没有期待你们把它变成其孩子们的财产吗?你们难道没有看到,上帝不需要你们的设想,也不需要你们的强制力吗?你们难道没有看到按照上帝的意旨,这种共同财产每天都在实现吗?上帝为了使其意旨得以执行,既不依靠你们幼稚的安排的那种偶然性,甚至也不依靠来自仁慈的那种同情心不断增加的表现,而是把其意旨的实现委托给我们最活跃的、最内在的、最持久的精力,个人利益,因为他深信,这个精力是从不休息的,难道你们也没有看到?请你们就研究那个出自伟大的机械师之手的社会机构吧,你们将深信,它所表达的一种面面俱到的关怀把你们的梦幻和妄想远远抛到后边。到那时,也许你们就不主张重作上帝的作品,而只满足于祝福它了。

这并不是说,在这个世界上没有改革和改革家的立足之地。这并不是说,人类不应该衷心号召,以感激的心情鼓励那些从事调研的人,那些科学家和献身的人,那些忠于民主的人。这些人,对于人类来说,是非常必需的,这不是为了推翻社会规律,恰恰相反,而是为了同扰乱和破坏社会规律的作用的那些人为障碍斗争。的确,很难理解,人们为什么不停地重复这样的老生常谈:“政治经济学对于既成事实是乐观的;它肯定那应该存在的一切;对于善和恶的现象,它只是说:任其自然。”怎么!我们难道会不知道,人类的起点是贫困、无知、粗暴力量的天下,或者我们难道会对这些既成事实感到乐观吗?怎么!我们难道会不知道,人类的动机是厌恶一切痛苦、一切疲劳,而劳动既然是一种疲劳,在人类之间,个人利益的第一个表现就是把疲劳的负担互相推卸吗？人吃人，战争，奴役，特权，垄断，舞弊，掠夺，诈骗，这些词汇难道你们从未听到过，或者难道我们会在这些可憎的现象中看到进步事业所必需的组成部分吗？人们是否有些故意地混淆是非，以便反过来对我们加以指责？当我们赞赏在交易上的神意法则时，当我们认为利益是一致时，并且从而得出结论说，它们的自然趋向就是实现相对的平等和普遍的进步时，显然，我们期待的和谐是来自这些规律的作用，而不是来自对它们的扰乱。当我们说任其自然时，显然，我们要说的是放手让这些规律起作用，而不是放手让这些规律起扰乱作用。根据人们是按照或违反这些规律行事，就会出现善或恶，换言之，只要每个人停留在其权利范围之内，只要服务是自由、自愿互相交换的，利益就是和谐的。但这是否说，我们不知道谬误和正确之间的永无休止的斗争？这是否说，我们看不到，或者我们赞同通过强制力或者诡计来破坏服务的自然平衡的那些努力，在过去从未间断过，并且现在仍然在继续着的那些努力？这正是我们以违背神的社会规律为理由，以侵犯财产为理由要加以反对的，因为对于我们来说，服务的自由交换，公正，财产，自由，安全，这些始终都是不同形式下的同一观念。应该反对的并不是财产的原则，而是一个与此敌对的原则，即掠夺的原则。不同等级的业主们，各种学派的改革家们，这就是应该使我们和解和团结的使命所在。

现在是开始这个运动的时候了，应该赶快开始。反对财产的理论战既非最激烈，也非最危险的。自有世界以来，实际上反对它的阴谋从未中止过。战争，奴役，诈骗，苛捐杂税，垄断，特权，商业舞弊，殖民地，劳动权利，信贷权利，受救济的权利，受教育的权利，与资产成正比或反比的累进税，多少这样的武器不断地冲击着摇摇欲坠的柱石；谁能告诉我，在法国，是否有很多人，甚至在那些自称为保守分子的人中间，他们都在以不同的形式从事破坏？

在有些人的眼里，财产始终只是以一块田地或一袋金币的形式出现的。只要不移动那些神圣的界石，只要衣袋没有被真正掏空，人们就放心了。

但是难道没有劳动力的产权、才能的产权、思想的产权。总之，难道没有服务的产权吗？当我把一项服务投入社会时，根据它的自然等值规律，难道我没有权利让它在那里保留下来，让它在和别人的服务交换中取得平衡吗？我们在一致同意下建立了一种国家强制力来保护这样理解的财产。因此，如果这种强制力本身就以社会主义的名义，借口垄断产生于自由，认为任其自然是可恶和无情的，认为它具有并应完成扰乱这种平衡的使命，那么，我们将何所适从呢？当情况是这样时，个别的盗窃由于受到严厉镇压而可能少了，但是掠夺变成了有组织的、合法的、经常性的。改革家们，请放心吧，你们的事业并未结束，只是请设法领会它吧。

但是，在分析公开的或私人的掠夺、合法的或非法掠夺之前，在分析它在世界上的作用，以及它作为社会问题的一个因素所造成的影响之前，如有可能，对于共同财产和财产，我们必须有一个正确的认识，因为，像我们将要看到的那样，掠夺不是别的东西，而是对财产的限制，正如财产是对共同财产的限制一样。

在前几章中，特别是探讨效用和价值的那一章中，我们可以得出这样一个公式：

“任何人都无偿地享有大自然所提供或制造的一切效用，但条件是要付出辛劳去取得它们，或者用一种等价的服务去偿还那些代劳因而提供服务的人。”

这里有两个互相结合的、融成一体的事实，虽然它们在本质上是不同的。

自然的赐予，无偿的材料，无偿的动力，这是共同财产的领域。

用于收集这些材料、运用这些动力的人类努力，这些互相交换的、互相估价和互相抵偿的努力，这是财产的领域。

换言之，我们彼此都不是事物的效用的所有者，而是其价值的所有者，而价值只是对互相提供服务的评价。

财产，共同财产，这是两种同有偿及无偿概念相关的并来自那里的概念。

凡是无偿的东西都是为人类共有的东西，因为每个人都享用它，并且被允许无条件地享用它。

凡是有偿的东西都是专有的东西，因为得到满足的条件就是必须付出一种辛劳，正如满足是已付出的辛劳的原因一样。

交换是怎么发生的呢？它是通过对两种辛劳或两种服务的估价而完成的。

求助于辛劳意味着产生障碍的概念。因此，人们可以说，障碍愈少，所寻求的对象就愈接近无偿和共有，因为根据我们的前提，障碍的不存在就会引来完全的无偿和共有。

然而，在逐渐进步和可完善的人类面前，绝不能把障碍看作是一个不变的和绝对的数量。障碍在减少，因此，付出的辛劳也随之而减少，服务则随着辛劳的减少而减少，价值则随着服务的减少而减少，财产也就随着价值的减少而减少。

但是效用却依旧不变：因此，无偿性和共同财产就获得了有偿性和财产所失去的一切。

要促使人劳动，必须有一个动机。这个动机就是他所希望得到的满足，或者效用。他的无可争议的、无法抑制的意向就是尽可能以最少的劳动来实现最大的满足，就是使最小的财产具有最大的效用，由此可见，财产，或者不如说，财产意识的使命就是愈来愈多地实现共同财产。

人类的起点既然是最大的贫困，或者必须克服的那些最多的障碍，显然，人类从一个时代到另一个时代所获得的一切都应归功于财产意识。

情况既然是如此，全世界难道会有一个在理论上敌视财产的人吗？难道人们没看到，不可能想象出一种既是更公正的，又是更民主的社会力量吗？普鲁东本人的基本信条是服务的互利性。我们在这一点上是一致的。我们之间的分歧在于：这个信条，我称之为产权，因为，归根结底，我相信，如果人是自由的，除了价值或其服务的产权之外，他没有，也不能有其他的产权。与此相反，普鲁东以及大多数经济学家却认为，某些自然要素具有一种固有的价值，因而它们是为人所占有的。但是，至于服务的产权，它不仅没有否定，而且被他奉为信仰。是否有人想走得更远？是否有人竟然会说，一个人不应该是自己的辛劳的所有者？在交换中，是否无偿地出让自然要素的协作还不够，还必须无偿地出让与自己的努力？但是请注意！这会是颂扬奴隶制，因为，说某些人应该提供无偿的服务，这就意味着，另外一些人应该接受无报酬的服务，这正是奴隶制。如果有人说，这种无偿性应是相互的，那是无法理解的空话，因为，或者交换是在公正的条件下进行的，那么，不论在何种方式下，服务被估价和抵偿，或者服务得不到估价和抵偿，在此情况下，有些人提供的服务很多，而另外一些人则很少，于是我们又回到奴隶制。

因此，无法否认在等价原则下交换的服务的正当产权。为了说明这种正当性，我们不需要哲学，不需要法学，也不需要形而上学。社会主义者、经济学家、平均主义者、博爱主义者，我要向你们所有的人提出挑战，我要你们对自愿的服务的正当相互性提出任何一个反对意见，这种反对意见当然也是针对产权的，即存在于自然的社会秩序中的那个产权。

的确，我知道，在实践中，财产还远不能独霸天下；它面临着敌对的事实；存在着未经自由评估其报酬的非自愿的服务；存在着强制力或诡计破坏其等价的服务；一句话，存在着掠夺。财产的正当原则并未因此而被否定，反而被确认了；有人侵犯它，因此它是存在的。或者对世界上任何事物都不相信，不相信事实，不相信公正，不相信普遍的一致，不相信人说的话，或者就必须承认，财产和掠夺这两个词所表达的概念是对立的、互不相容的，人们不能等同视之，就像不能把是和非、光明和黑暗、善和恶、和谐和不和谐这些词等同起来那样。所以，按字面意义，财产就是盗窃这个有名的公式是极端荒谬的。看来，盗窃就是财产，正当的就是不正当的，是就是非，等等，这些说法也不会更令人瞠目吧！大概这个古怪的警句的作者想要震动一些人的思想，那些人出于好奇心，总是想了解人们怎样为一种谬论辩护，而实际上，他想表达的却是：某些人除了获取对他们所做工作报酬之外，还要索取他们没有做过的工作的报酬，以此来独自占有上帝的恩赐、无偿效用、大家的利益。在此情况下，首先必须证明那个论点，然后说：盗窃就是盗窃。

在日常用语上，盗窃意味着：在损害创造价值者的情况下，未经他的同意，使用暴力或欺诈侵占其所创造的价值。人们懂得，错误的政治经济学之如何能够延伸和扩大盗窃这个臭名昭著的词的意义。

人们是从混淆效用和价值开始的。然后，因为大自然协同创造效用，人们便从而得出结论说：大自然协同创造价值，并说：这部分价值并非任何人的劳动果实，而是属于大家共有的。最后，当注意到，没有报酬，价值绝不会被转让时，人们又说：进行盗窃的人就是取得大自然所创造的价值的那个人，因为这个价值是与人类劳动无关的，它是事物所固有的，并且，由于神意而成为事物本质之一，就像重力、多孔性、形式或色彩那样。

对价值的正确分析推翻这种拼凑起来的一些无法捉摸的论点，有人就是想从中推论出掠夺和财产是非常相似的。

上帝把材料和动力交给人类支配。要占有这些材料和动力，就必须付出辛劳或者无此必要。如果无须任何辛劳，谁也不会自由地同意以一种努力来向他人购买他自己未为之付出辛劳，而是向大自然索取的东西。这里不可能存在服务、交换、价值、财产。如果必须付出一种完全合理的辛劳，这种辛劳就应该理所当然地由需要满足的人付出，因此，满足应该归于那个付出辛劳的人。这就是财产的原则。这样明确后，如果一个人为自己操劳，他就成为由自己的辛劳和大自然的协作所实现的全部效用的所有者。如果他为他人代劳，在此情况下，他就约定，作为回报，由他人出让可充当效用传递工具的等价辛劳，其结果是向我们指出，有两种辛劳，两种易手的效用和两种满足。但是必须看到，交易的进行不是通过对两种效用的比较，估价（效用是无法估价的），而是通过对两种被交换的服务的比较和估价来完成的。因此，就个人而论，人是通过劳动而成为自然效用的所有者的（人只为此而劳动），而不管劳动与效用的变化多端的对比关系如何，这种说法是正确的。但是在社会观点上看，人们彼此之间从来只是价值的所有者；这个价值的依据不是大自然的慷慨，而是为了享受这种慷慨所提供的人类服务，所付出的辛劳，所冒的风险，所施展的才干；总之，在自然的和无偿的效用方面，最后的获得者，即获得满足的那个人，由于交换，完全取代了第一个劳动者。后者拥有他用辛劳取得的一项无偿效用时，而前者则偿还他一个等价的辛劳，从而取得其一切权利；他以同样名义，即以无偿名义，在付出一项辛劳的条件下，获得效用。在表面上和事实上，都不存在不恰当地劫取上帝的恩赐的现象。

因此，我敢说，下面的主张是不可动摇的：

“人们彼此之间只是价值的所有者，而价值只代表进行过比较的、自由地接受和提供的服务。”

一方面，这是价值一词的真谛，我已在第五章予以论证；另一方面，人们彼此之间从来只是和只能是价值的所有者，这是推理，也是经验所得出的结果。这是推理的结果，因为我怎会用一项辛劳去向另一个人购买我可不用付出辛劳或付出较少的辛劳就能从大自然那里得到的东西呢？这是普遍经验所得出的结果，这种经验在本问题中的重要性不可等闲视之，因为只有任何时代、任何国家的人，通过推理和实践所取得的一致同意才是最可信任的理论。然而，我说，普遍的一致同意准许我在这里给财产这一词所下的定义。当官吏或司法当局在某人死亡后，编制一份财产清单时，当商人、工厂主、农场主为自己办理同样的手续，或者委托破产管理人代办时，对于一件物品，人们在贴了印花的簿册上登记什么呢？登记它的效用，它的内在的功能吗？不，登记的是它的价值，即任何一个买主为得一件类似的物品应付出的等价的辛劳。那些鉴定人是否关心某样东西比另一样更有用呢？他们是否从这些东西能提供的满足的角度来看待它们呢？他们是否对一把锤子的估价比一件中国小玩意要高，因为锤子让其所有者奇妙地利用了引力定律？或者对一杯水的估价比一颗钻石要高，因为，从绝对角度看，一杯水能够提供更为真实的服务？或者对萨伊的著作的估价比对傅立叶的著作要高，因为人们能够在前者的著作中吸取更多严肃的享受和可靠的知识？不，请注意，鉴定人严格地依照我的定义进行估价，定出价值。说得更确切些，我的定义适应他们的做法。他们所考虑的绝对不是依附于每件物品的大自然所给予的利益或无偿效用，而是服务，这种服务是任何获得者可能向自己提供的，或向他人要求提供的。他们并不评估（但愿人们原谅我这个轻率的用语）上帝所付出的辛劳，而是评估买主会付出的辛劳。当手续办完时，当公众获悉资产表上所载的价值总额时，人们就异口同声地说：看，这就是继承人所有的一切。

既然财产只包括价值，而价值只表示关系，由此可知，财产本身也只是一些关系而已。

如果公众在看到两份财产清单时说："这个人比那个人更富

有，他并不是要说，两份财产的关系表示两种绝对财富或者福利的关系。在满足里，在绝对福利里，有一份共同效用，这大大地改变了比重。因为所有的人在阳光、空气、太阳能面前都是平等的，而以财产或价值的差别来表示的不平等只应理解为有偿效用。”

然而，我曾一再说过，可能我还要再三强调，因为这是最伟大的、最高尚的，也许是最为人所忽略的社会和谐之一，它概括其他一切和谐：进步的本质是(这是进步的唯一内容)把有偿效用转变为无偿效用，减少价值而不降低效用；使每个人以较少的辛劳或较少的报酬就能获得同样的东西；不断增长这些共有的东西的数量，使这些东西的享用在众人之间，得到均匀的分配，逐渐消灭财产的差别所带来的不平等。

我们要不厌其烦地分析这个机制的效果。

当我看到社会现象时，不知多少次我有机会领会卢梭的那句至理名言：“观察日常发生的事需要很多的哲理！”就这样，习惯，这块蒙在庸人眼睛上的、一位认真的观察家也常常不能摆脱的面纱妨碍我们去辨认经济现象中最奇妙的那个现象；实际财富不断地从财产领域落入到共有财产领域。

让我们来设法观察这种民主的演变，甚至如有可能，观察它的意义。

我在别处说过，如果我们想从实际福利的角度来比较两个时代，我们就应该把一切都同以时间来衡量的原始劳动联系起来，然后提出下面的问题：根据社会进步的程度，一定时间的原始劳动，例如一个普通壮工的一天劳动，所得的满足有什么差别？

这个问题包含另外两个问题：

在演变开始时，满足同最简单的劳动的关系是怎样的？

今天，这同一个关系又是怎样的？

这个差别将衡量无偿效用相对于有偿效用、共有领域相对于私有领域所获得的增长。

我不相信，政治家能解决一个比这更有趣、更有教育意义的问题。如果，为了得到一个令人满意的解决办法，我举出过许多例子，因而使人生厌，我就请读者原谅。

在开始时，我列举了人类最一般的需要：呼吸、饮食、衣着、住所、交通、教育、娱乐等等。

让我们再来按照上述顺序看一看一个普通工最初和今天用一定数量的工作日所能获得的满足。

呼吸，这一开始就是完全无偿的和共有的。大自然承担了一切，没留下什么叫我们去做。这里不存在努力、服务、价值、财产，也不可能有进步。在效用观点上，提奥奇尼同亚历山大一样富有；在价值观点上，亚历山大同提奥奇尼一样富有。[①]

饮食。目前在法国，百升小麦的价值相当于 15 个到 20 个最普通的劳动的工作日的价值。这就是事实，尽管人们低估它，仍值得引起人们注意。今天，如果我们对以最落后面貌出现的，并以日

① Diogene（公元前 413—前 323 年），希腊哲学家，克己节欲，玩世傲物，认为按照自然条件生活，轻视财富及社会契约才是明智。Alexandre（公元前 356—前 323 年），马其顿王。相传王南征希腊时，名士争往祝贺，独提奥奇尼不与。因异之，造庐相访。见提氏坐桶中曝背不动。有顷，麾王去，曰："退休，勿蔽我日光。"王惊叹而退，曰："若我不为亚历山大，愿为提奥奇尼。"——译者

工无产者为代表的人类进行观察，我们就看到他的满足是以15个最原始的劳动的工作日换取依属于1百升小麦而获得的，这是肯定无疑的。有人计算过，每一个人每年需要吃3百升小麦。所以，一个最普通的日工要从他的一年劳动中拿出45个到60个工作日来生产如果不是他的生活资料，至少是这个生活资料的价值（这对他都是一样）。如果我们用1来代表价值的单位（对于我们来说这是一个原始劳动的工作日），1百升小麦的价值，根据年份将用15、18或20来表示。

这两种价值的比例就是1比15。

为了知道一项进步是否已经实现，并且为了衡量这项进步，就应搞清楚，在人类原始时代，这两者的关系是怎样的。我确实不敢贸然提出一个数字；但是有一个办法可求出这个x的数值。当你听见有人攻击社会秩序、土地所有权、收益、机器时，请把他带到一片原始森林中去，或者领他到一个发臭的沼泽地去。你对他说：我想让你摆脱你所抱怨的桎梏，让你摆脱你要避免的混哄哄的你争我夺的残酷斗争、利益的冲突、富人的自私、财产的压迫、机器的严重对立、社会的令人窒息的气氛。你眼前的那片土地同最初的拓荒者所面临的一样。你可以任意划出几十、几百公顷归你自己，由你自己去耕种。生产出的一切都归你。我只要求一个条件：你不得乞援于那个你自称是其受害者的社会。

请注意，这个人，在土地方面，会面临人类在原始时期所面临的同样处境。然而，我不怕自相矛盾地说，他不会每两年生产1百升小麦。关系：15比600。

进步就这样被衡量出来了。就小麦而言，虽然一个日工必须支付地租、资本的利息、工具的租金,或者不如说,因为他支付这些费用,他用15个工作日获得他可能要用600个工作日获得的东西。因此,以最原始的劳动来衡量的那个小麦价值由600跌到15,或者说,由40跌到1。对于人来说,1百升小麦在平日时的效用与洪水泛滥的翌日的效用完全一样,因为它含有同等数量的食物成分,它在同样程度上满足同样的需要。它是一种相等的真实财富,而不再是一种相等的相对财富。它的生产大部分由大自然承担;以较少的人类努力就能获得它;通过互相传递,人们彼此提供的服务少了,因此它的价值也小了;总而言之,它变成了无偿的,当然不是绝对无偿,而是按40比1的比例。

不仅变成无偿的,而且按照这个比例,成为共有的,因为39/40的努力的取消并不是对生产它的人有利,而是对消费它的人有利,不论这个消费者从事哪一类劳动。

衣着。同样的现象。一个普通日工走进巴黎的一家商店,并在那里买到一件价值相当于他20个工作日的衣服;我们假设,这件衣服的质量是最坏的。如果他必须自己做这件衣服,他终生也做不成。如果他在亨利四世时代想得到一件类似的衣服,他会用掉300或400个工作日。就布料而言,按照原始劳动花费的时间计算出的那个价值差别,它的情况如何呢?它被消灭了,因为无偿的自然力量承担了制作任务;于是,它的消灭就是有利于全人类。

必须不断让人们注意下一点:每个人都欠他的同胞一项与他所接受的服务等价的服务。如果织工的技术毫无进步,如果织布工作不是部分地利用无偿的力量,织工就得用200天或300天来完成这块布匹,而且那个日工就得用200个或300个劳动日来获得它。虽然织工怀有良好的意愿,他也无法要求得到200个或300个工作日,他也不能为无偿的力量的参与,以及随后所完成的进步而要求报酬,所以,可以完全正确地说:这种进步实现有利于所有者、消费者,有利于人类普遍的满足,有利于人类。

运输。在取得任何进步以前,当人类只能像我们所谈到的日工那样从事原始的简单劳动时,如果一个人想把一公担负荷从巴黎运到巴右纳,他只有以下的选择:或者把负荷放在肩上,由自己来完成任务,翻山越岭,长途跋涉,这至少需要一年的辛劳;或者请某人代他做这个艰苦的工作;既然根据假设那个替他工作的脚夫也会使用同样的办法和同样的时间,他就会要求给他一年的劳动。因此,在那个时代,如果原始劳动的价值还是1,1公担的东西和200里的路程所需要的运输价值则是300。

然而,情况已发生了很大的变化,事实上,在巴黎,没有一个壮工不能用2天的劳动来取得同样的结果。选择仍旧一样:由自己来运输,或者用报酬来让他人代为运送。如果那位日工自己来运输,他仍需一年的辛劳;但是如果他找专业人员,他将以3或4法郎的代价,即相当于2个原始劳动的工作日的价值,让20个运输承包商来负责。这样,原始劳动的价值是1,而原来为300的运输价值现在只是2了。

这场惊人的革命是如何完成的?啊!它需要几个世纪。人们驯服了某些动物,打通了山岭,填平了山谷;在江河上架上了桥梁;人们先发明了雪橇,然后发明了轮子,就这样减少了障碍,或者说,减少了劳动、提供服务和创造价值的机会;总之,人们以等于2的辛劳能做原先需要等于300的辛劳才能做到的事。这种进步是由那些只想到其切身利益的人实现的。然而今天谁在享受它呢？我们的那位可怜的日工，还有大家。

但愿人们不要说不是共有财产。我认为，这是最严格意义上的共有财产。原先，对于所有的人，上述的满足相当于 300 个原始劳动的工作日，或者少一些的，但成比例的智力劳动的工作日。现在，这种努力的298/300由大自然承担了，而人类则被免除了同样多的努力。然而，显然，在这些被克服了的障碍面前，在这个被缩短了的距离面前，在这个被取消了的辛劳面前，在这个被消灭了的 300 价值面前，所有的人都是平等的，因为大家都得到这个成果而无须付给报酬。他们应付的报酬就是尚有待完成的人类努力，这种努力是以原始劳动表现出来的，并被评估为 2。换言之，未曾提高知识水平的，而只能提供体力的人还应出让 2 个工作日才能获得那个满足。所有其他的人以较少时间的劳动就能获得同样的满足：例如每年收入30 000法郎的巴黎律师以1/25的工作日，等等；由此可见，人类在被消灭的价值面前是平等的，而不平等则仅存在于那些还构成残存价值的领域里，即财产领域里。

用例证办法来行事，这对于政治经济学是危险的。读者在思想上会认为，政治经济学想描绘的现象只是在为了证明才援引的那种特殊情况下才是真实的。但是，对小麦、衣着、运输这些问题的看法显然是完全正确的。当作者做一般叙述时，读者就须指出特殊事例；而当作者专心致志于累赘而平淡无奇的分析时，读者至少也应做一番综合工作。

总之，这条综合法则，我们可以表达如下：

作为社会财产的价值产生于努力和障碍。

随着障碍的减少，努力、价值或财产领域也随之减少。

对于每一特定的满足，财产永远在减少，而共有财产则在不断增加。

是否像普鲁东先生那样，必须作出结论说，财产是注定要消亡的呢？既然对于每个必须实现的有用效果、对于每项必须获得的满足，财产在共有财产面前是在减少，这是否意味着，财产行将被共有财产吸收和消灭呢？

这样的结论完全漠视了人的本性。在这里，我们遇到一种类似我们在资本的利息问题上已加以驳斥的诡辩。有人曾说，利息趋于下降，因此它是注定要消失的。现在有人说，价值和财产在减少，因此它们也是注定要消失的。

整个诡辩的内容就是发表下面几个字眼：对于每一被限定的效果。是的，完全正确，人们正是以较少的努力获得一些被限定的效果；就是在这个意义上，人们能够进步和自我完善；正因为如此，人们才能肯定，从一特定的满足这个角度来看，财产的相对领域在缩小。

但是，不应该说，所有可能获得的效果是会枯竭，因为这是不正确的；所以如果认为进步的本质是改变财产的绝对领域，这就是荒谬的。

我们曾以各种形式再三说过：随着时间的推移，每一努力都可成为一个更多的无偿效用的传递工具，但不应从而得出结论说，人将不再作出努力。应该推断出的是，他们腾出的力量将被用于克服其他的障碍，以同样的劳动来实现尚未被人知晓的那些满足。

我还要强调这个观点。在当前的时代，当人们在使用财产、共有财产这些可怕的词时，不应该允许对它们加以曲解。

孤独的人，在其一生中的某一时期，只能支配一定数量的努力。对于社会也是如此。

当孤独的人借助一种自然力量的协作而实现一项进步时，他的全部努力，对照所寻求的有用效果，就有相应的减少。如果这个人满足于其最初的状况，把他取得的进步转换为余暇，而不把腾出的那部分努力用于获取新的享受，那么，他的全部努力也会绝对地减少。但这就要假定，雄心、欲望、向往是些有限的力量，而且，人的心理并非可无限扩张的。然而，情况并非如此。当鲁滨逊刚使大自然承担他的一部分劳动时，他就立刻从事新的工作。他的全部努力依旧不变，只是其中有一种努力，由于得到较大比重的大自然无偿的协作，而成为更能产生收益的，更富有成果的。这正是在社会内部发生的现象。

犁、锄头、锤子、锯、牛和马、帆、瀑布、蒸气相继使人类在获得每一项成果的过程中，免除了大量努力。这些变成可以自由支配的努力并不一定被闲置起来。让我们回忆一下关于需要和欲望的无限扩张性的论述。让我们看一看世界。我们就会毫不迟疑地承认，每当人类能借大自然力量来克服一重障碍后，他就立即把矛头指向其他的障碍。印刷比较容易了，印刷的东西也更多。每本书所需的人类努力减少了，它的价值降低了，它代表的财产也少了；但是书更多了，总的说来，努力、价值、财产总数并没有变化。我因此可以说，对于衣着、房屋、铁路，所有的人类生产也都是如此。整个价值并没有减少，是整个效用增加了。财产的绝对领域并没有缩小，是共有财产的绝对领域扩大了。进步并未使劳动停滞，而是使福利得到了扩大。

无偿性和共有财产属于自然力量的领域，这个领域在不断扩大。这是推理得出来的真理，也是事实上存在的真理。

价值和财产属于人类努力和互相提供服务的领域；就每一特定的结果而言，而不是就全部结果而言，就每一特定的满足而言，而不是就全部满足而言，这个领域在不断缩小，因为可能获得的满足在人类面前展示出一个无限的天地。

因此，相对财产确实在陆续让位于共有财产，但是绝对财产在这个世界上却绝对不会趋于消失。这是一个开拓者，他在一个区域完成任务后，就转到另一个区域去。要财产消失，必须让劳动不遇到任何障碍，让任何人类努力变成无用，让人们不再有交换、互相提供服务的机会，让任何生产变成自发的，让满足随着欲望接踵而至，让我们大家在上帝面前一样平等。到那时，无疑，一切会是无偿的，一切都会是共有的；努力、服务、价值、财产，这一切证明我们先天缺陷的东西都不会有其存在的理由。

但是人尽管在提高其水平，离全能状态仍然相差甚远。在无尽头的阶梯上，人爬到了什么高度呢？就我们所知，神意的特点就是，在其意志与意志的完成之间并无障碍：Piat lux，et lux bacta est。[①] 无法表达与人类本性无关的事物，摩西才不得不设想，在神的意志与光之间，存在一个他无法说出的字。但是，不论人类的可完善的本性为人类准备什么样的进步，可以肯定的是，这些进步，在无穷福利的进程中，绝不能把一切障碍都消灭净，并使人类的体力和智力劳动处于无用状态。道理很简单：随着某些障碍的消除，

① 拉丁文：需要光，就有了光（创世纪一章第三节）。——译者

欲望扩大了，出现了新的障碍，又必须以新的努力加以克服。因此，我们总是有工作要做、进行交换和评价。因此，随着人变得更加勤奋和更加众多，财产将永远在数量上日益增加，并且一直存在到世界末日，虽然每项努力、每项服务、每项价值、每项互相传递的相对财产在无偿和共同的效用所占的比例的日益增长方面起到工具的作用。

读者看到，我们给予财产这个词一个十分广泛的、但仍不失为正确的意义。财产就是把自己的努力用于自身的权利，或者仅以取得相等的努力为条件才出让自己的努力的那种权利。因此，区分有产者与无产者的做法是根本错误的，除非有人认为，有一个阶级可以不从事任何劳动，或者有一个阶级对自己的努力，对自己所提供的服务或交换来的服务都无任何权利。

有人把财产这个名称保留给它的特殊形式之一，即资本、土地、能产生利息或地租的东西，这是错误的；人们就是在这个错误的定义下，随即把人分成两个敌对的阶级。分析却证明，利息和地租是所提供的服务的成果，并和劳动力具有同样的根源、同样的性质、同样的权利。

世界是一个广大的车间，上帝在其中施与了材料和力量；人的劳动就是运用在这些材料和力量上。以往的努力、现时的努力，甚至未来的努力或许诺下的未来努力，都在彼此交换。它们在交换过程中所表现的相对功用，在与材料和无偿的力量无关的情况下，显示出价值，而每个人就是这个价值的所有者。

有人将提出下面的异议：一个人只是，如你所说，价值或他的服务被公认的那种功用的所有者，这有什么关系呢？价值的所有权要高于随价值而来的效用的所有权。某甲有两袋小麦，某乙却只有一袋。你说，某甲在价值上比某乙富一倍。当然如此！他在效用上，甚至在自然效用上，也是这样。他可以多吃一倍。

这毫无疑问，但是他难道没有完成多一倍的劳动吗？

让我们看一看这个异议的实质。

我们已经说过，主要的、绝对的财富存在于效用里。这正是这个词本身所表达的。唯有效用可提供服务。唯有它同我们的需要有关，同时，唯有它才是人在劳动时所考虑的。至少它是人所最终追求的，因为一些东西之所以满足我们的饥渴，并不是由于它们含有价值，而是由于它们会有效用。

然而，必须了解社会在这方面产生的现象。

在孤立状态中，人渴望实现效用而不关心价值；对于他来说，连价值概念都不存在。

相反，在社会状态中，人渴望实现价值而不关心效用。他所生产的东西并不是用于自己的需要。所以，东西的效用大小与他无关，这要由有此愿望的人在这方面加以判断。使他感兴趣的就是，在市场上人们给予那件东西尽可能最大的价值，因为他确信，他向所选择的市场提供的价值愈大，他从这个市场收回的效用也就愈多。

分工带来一种情况，即每个人生产他本身并不消费的东西，而他消费的东西却是他并未生产的。作为生产者，我们追求价值；作为消费者，则追求效用。这是普遍经验。加工钻石的人、刺绣花边的人、蒸馏烧酒的人，或者种罂粟的人并不想知道这些东西是否适于或不适于消费。而只要他们的劳动能实现价值，对于他们来说，这就够了。

顺便说一下，这证明，道德或不道德的并不是劳动，而是欲望；而且证明，人类之所以能自我完善，不是由于生产者的教训，而是由于消费者的教训。人们曾如何强烈谴责英国人在印度种植鸦片，因为这是存心毒害中国人！这是忽视和转移道德原则。人们绝不能阻止生产由于受欢迎而具有价值的东西，这要由渴望满足的人来计算其效果；而试图把远见同责任分并的做法将是徒劳的。葡萄种植者酿酒，只要酒有价值，他们就酿造它，而无须知道，在法国是否有人酗酒，和在美国是否有人醉死。劳动的方向是由人对其需要和满足的进行判断之后决定的。即使对于孤独的人，这也是正确的；如果鲁滨逊觉得满足一种愚蠢的虚荣心比满足饥饿更加需要，他就会用狩猎时间去整理他帽子上的羽毛。同样，严肃的人民兴办正经的行业，而轻浮的人民则兴办毫无价值的行业。（见第十一章）

言归正传。我说：

为自己劳动的人想到的是效用。

为他人劳动的人想到的是价值。

然而我所阐明的财产是以价值为基础的；而价值既然只是一种关系，由此可见，财产本身只是一种关系而已。

如果世界上只有一个人，在他的思想里就从来不会出现财产观念。他可以任意占有在他周围的一切效用，从来不会面临一种能限制他自己的权利的权利，他如何会想到说：这个是我的？这几个字意味着另一个对应的提法：这个不是我的，或者这个是别人的。你的和我的不能单独产生，财产一词就应该意味着关系，因为只有在它使人了解到，一件东西不归另一个人的时候，它才清楚地表明，这件东西是属于一个人的。

卢梭说，第一个圈地的人可以拍着胸脯说："我才是文明社会的真正奠基人。"

如果圈地不是一种排他的想法，因而是关系的想法，那又意味着什么呢？如果它的目的只是防御野兽侵袭田地，这就只是一种预防措施，而不是一种财产的标志；相反，立一块界石，这就是财产的一种标志，而不是一种预防措施。

因此，人类只不过是彼此之间相对的所有者；那么，他们是什么东西的所有者呢？是价值的所有者，这在人类彼此之间进行的交换中可以看出。

根据我们惯常的方法，试举一个十分简单的例子。

大自然也许从来就赋予了泉水以解渴的性质，也就是这些性质，对于我们来说，构成泉水的效用。这当然并不是我的成绩，因为我没参与此事，而且对此一无所知。在这个观念上，我大可以说，水是上帝给我的一种无偿赐予。我自己的成绩，那就是为了寻找我一天的用水而作出的努力。

通过这个行为，我成了什么东西的所有者呢？

对于我来说，我成了大自然所赋予这个水的一切效用的所有者。我可以随意让水为我的利益服务。甚至仅仅为此我才费力去找水。否认我的权利，这就等于说，虽然人不能不饮水而生存下去，他却没有权利喝他用自己劳动得到的水。我不相信，共产主义者会走到这样的极端，尽管他们已经走得很远；即使在卡贝[①]

① Gabet(1783—1856)，法国政论家，著有《伊加利亚游记》，在其中他提出由国家干预一切的一种空想幸福体制。——译者

体制下，无疑也会允许口渴的伊加利亚羔羊到一泓清泉那里去饮水的。

但是，对于其他的人来说，假定他们可以和我一样自由行事，我只是和只能是人们以换喻方式所称为*水的价值*的所有者，即，我以出让水的方式所提供的服务的那项价值的所有者。既然人们承认，我有喝这水的权利，就不可能否认，我也有出让它的权利。而且，既然人们承认，对方和我一样有权利去找泉水，就不可能否认，他有权利接受我的水。如果一个人有出让的权利，而另一个人又有权利通过自由商讨的偿付办法来接受它，那么，第一个人，对于第二个人来说，就是*所有者*。当人们在政治经济学领域每走一步就不得不进行一些如此幼稚的论证时，在这样一个时代从事写作确实是可悲的。

但是在什么基础上将作出安排呢？这就是特别需要了解的一点，以便对财产这个词的全部社会意义进行评估，因为，对于民主温情主义者，这是一个如此不堪入耳的词。

显然，我们两人既然都是自由的，就要考虑我所付出的辛劳和他省下的辛劳，以及构成价值的一切条件。我们将商讨我们的条件。如果交易达成，就可以说，我的邻居将*无偿地*取得，或者说，*像我那样无偿地*取得水的一切自然效用这种说法既不是夸大，也不是故弄玄虚。是否要证明，是人类努力而不是内在效用在确定交易的条件的有偿程度呢？必须承认，不论水源是近是远，这个效用始终不变。只有已付出的或必须付出的辛劳因距离不同而有所不同。同时，既然报酬随辛劳的变动而变动，价值的根源，即相对*财产*的根源就是在辛劳之中，而不是在效用之中。

因此，对于他人来说，我当然只是并且只能是我的努力、我的服务的所有者，这些服务和大自然神秘莫测的制造过程毫无共同之处，大自然就是通过这些制造过程把效用传给构成服务内容的那些东西。我不能提出更多的要求，我的事实上的财产将永远局限于此，因为，如果我的要求高于我的服务的价值，我的邻居就会自行提供服务了。这个界限是绝对的、不可逾越的、有决定意义的。由于它势必简化为一种很自然的权利，即交换服务的权利，它就能充分解释财产，并证明其正当性。它意味着，自然效用的享有只是表面上的和名义上的；它意味着，一公顷土地、一公担铁、一百升小麦、一米呢料的财产这样的用语是一种真正的换喻，而水、铁等等的价值也是如此；它意味着，只要大自然把这些财富给予人类，人类就无偿地共同享有它们；总之，它意味着，共同财产与财产和谐地并存，上帝的恩赐仍然留在财产的领域中，而唯有人类服务才形成共有财产的十分正当的领域。

为了指出共有领域与私有领域之间的分界线，我选择了一个十分简单的例子，谅人们不会据以得出结论说，这条界线会在比较复杂的交易中消失。不，它继续存在，并且永远出现在一切自由交易中。无疑，去找泉水的活动很简单，但仔细一观察，人们就会信服，耕种小麦的活动之所以更为复杂，只是因为它包罗一系列同样简单的活动，在其中的每一项活动中，大自然的协作和人的协作是结合在一起的，因此我所选择的例子是任何其他经济事例的典型。不论涉及的是水、小麦、布匹、书籍、运输、图画、舞蹈、音乐，还是其他的事物，我们已承认，某些条件能够给予某些服务以很高的价值，但是，只要缔约的一方对另一方说：“如果你向我要求的高于你的服务的价值，我就会去找别人或者自行服务。”任何人就绝不能要求另外的补偿，特别是在大自然的协作方面的补偿。

仅仅证明财产的正当性，这还不够，我甚至想让那些最坚定的共产主义者来钟爱它。怎么办呢？描写它的民主、进步和提倡平等的作用；使他们了解，它不仅不把上帝的恩赐交由几个人去垄断，而且它的特殊使命是不断扩大共有财产的范围。在这方面，它要比柏拉图①、莫尔②、弗纳龙或卡贝先生更有创造性。

有些财富是人类在完全平等的基础上无偿地共同享有的，在社会范畴内，在财产的下面，存在一种十分真实的共有财产，这是谁也不否认的。何况，不论是经济学家，还是社会主义者，只要有眼睛就能看到。所有上帝的子女，在某些方面，是受到同等待遇的。在使人附着于土地上的引力面前，在可呼吸的空气面前，在白天的阳光面前，在湍急的水流面前，大家都是平等的。这份巨大的、不必同价值或财产分清的共同资财，萨伊把它称之为自然财富，以便同社会财富区分；普鲁东称之为自然财富，以便同获得的财富区分；孔西德兰③称之为自然资本，以便同创造的资本区分；圣西门称之为享有财富，以便同价值财富区分；我们曾称之为无偿效用，以便同有偿效用区分。不论人们如何称呼它，它是存在的；这就足以说明，在人类中间，存在一种可提供无偿的和相同的满足的共同财富。

---

① Plato（公元前 429—347），希腊大哲学家，苏格拉底弟子，亚里士多德之师。——译者

② Morus 或 More（1480—1535），英国亨利第八时代大法官，著有《乌托邦》。——译者

③ Cousidérant（1808—1893），法国傅立叶派哲学家和经济学家。——译者

如果社会财富、获得的财富、创造的财富、有偿的财富，一句话，财产，是被以不平等的方式分配的，人们却不能说，这是不公正的，因为，对于每个人来说，它是与服务成正比的，它是服务所产生的，并且只是服务的估价而已。此外，显然这种不平等性，由于共同财富的存在而有所缓和，其根据就是下面的数学规则：对两个不等数各加上一个相等数，这两个不等数的相对不等性就有所削弱。因此，当我们在财产清单上看到某人比另一人富一倍时，如果人们考虑到他们在无偿效用中所占的份额，上述比例就不再是正确的；而且，如果这个共享部分本身是逐渐增长的，不平等性甚至会逐渐消失。

因此，问题在于要知道，这个共有财富是否是上帝一开始就并且一劳永逸地赋予人类的一个固定不变的数量，在其上面则重叠着私有财富，而在这两类现象之间，不可能有任何联系、任何作用。

经济学家们曾认为，社会秩序对这个自然和共同的财富毫无影响，因而把它排斥在政治经济学之外。

社会主义者们更进了一步：他们认为，社会秩序趋于将共同财富转入财产领域，并认为，社会秩序致力于让某些人夺取属于大众的一切，所以，他们反对漠视这种有害的趋势的政治经济学，并且反对接受这种趋势的现社会。

我有什么可说的呢？社会主义有一些依据来指责政治经济学的前后矛盾，因为，在声称共同财富与私有财富之间并无联系之后，政治经济学却混淆价值与效用，并且说：大自然的材料和力量，即上帝的恩赐，具有一种内在的价值，即一种固有价值，这时，它就否定了自己的论点，并为社会主义的责难做好了准备；因为价值始终而且必然意味着占有。于是，政治经济学就丧失了合乎逻辑地为财产做辩解的权利和手段。

我所要说的，我所深信不疑的、绝对肯定的就是：当然，私有财富对于共同财富起一种经常不断的作用，在这方面，经济学的第一个判断是错误的。但是，被社会主义发展了和利用了的第二个判断就为害更大，因为上述作用并不是把共同财富转入私有财富领域，而是相反，它在不断地让私有领域落入共有领域。财产本身是公正的、正当的，因为它始终是与服务对应的，它把有偿效用转变为无偿效用。它激励人类智慧把大自然的潜力从无所作为状态之中挖掘出来。无疑为了人的利益，它同造成有偿效用的那些障碍作斗争。在一个障碍在一定程度上被克服之后，它的消失就在这个程度上使大家受益。于是，不知疲倦的财产又去克服其他障碍，照此类推，直至永恒；它不断提高人类水平，在人类大家庭内部愈来愈多地实现共同财产，以及随之而来的平等。

自然的社会秩序真正奇妙的和谐就在于此。这种和谐，如果我不同那些经常卷土重来的异议进行辩论，不进行反复的解释，我就无法描述它。这无关紧要，我要竭尽全力，希望读者也做出一些努力。

必须在思想上明确下面的基本概念：当在任何人的欲望与满足之间不存在任何障碍时（例如，在我们的眼睛和白天的光线之间并无障碍），就没有任何努力要做，没有任何服务须向自己或向他人提供，因而就不存在任何价值、任何可能的财产。当存在一种障碍时，就出现了一套现象。我们看到，首先出现努力；其次是努力及服务的自愿交换；再就是服务或价值的比较评价；最后是每个人享受附着于这些价值上的效用或财产的权利。

如果在这场对始终同样的障碍的斗争中，大自然的协作和劳动量也始终是同样的，财产及共同财产就也会平行地发展，而从不改变其比例关系。

但是情况并非如此。人类在其从事的事业中，总是普遍渴望缩小努力与结果的比例关系，并且为此在劳动中引入一个日益增长的自然要素的比重。全世界没有一个农民、一个工厂主、一个商人、一个工人、一个船主、一个艺术家不对此孜孜以求。他们为此而使用全部能力；他们为此而发明工具或机器，运用元素的化学和机械力量，在他们之间进行分工，联合他们的努力。以少获多，这是他们随时随地、在任何情况下、对于任何事物都提出的一个永久性的问题。在这方面，他们是受个人利益所推动的，谁会加以否认呢？有什么兴奋剂能以同样的力量刺激他们呢？在世界上，每个人首先对自己的生存和成长负有责任，因此，除了个人利益之外，难道他本身还可能有另一个经常性的动机吗？你们在叫嚷，但是请等着看结局；你们将看到，如果说每个人只照顾自己，上帝却想着大家。

因此，我们经常要做的就是减少努力在我们所寻求的有用效果中的比重。但是由于消除了障碍，或者由于发明了机器，进行了分工和协作，或者由于一种自然要素的参与，从而使努力减少了；此项减少了的努力，与其他努力相比，其价值就小了；向他人提供的服务也就变小，因而它的价值也小了；可以十分正确地说，财产减少了。有用效果是否因而失掉了呢？否，假设本身就可以这样回答。那么，它到哪里去了呢？它到共同财产领域中去了。至于有用效果不再需要的那部分人类努力，它并不因此而闲置无用，它转向其他征服事业。在我们无尽无休的物质、精神和道德方面的需要面前，存在着并将长久存在着相当多的障碍，使得闲置的劳动力找到用武之地。这样，私有财富不变，共同财富却在扩大，就像一个其半径会一直加大的圆周那样扩大。

否则，我们如何能解释进步和文明（尽管这个文明尚不完善）呢？让我们回顾一下我们自己，看一看我们的弱点，把我们的力量和知识同我们要从社会中吸取无数满足所必需的力量和知识比一比。当然，仅仅依靠我们本身的努力，即使我们每人可以使用数以百万公顷的荒地，我们也无法从中得到十万分之一的满足。因此，一定数量的人类努力在今天所实现的成就肯定要比德落伊教祭司时代大得多。如果这只对一个人来说才是真实的，那么，结论自然会是，他靠别人生活并兴旺起来。但是，既然在人类家庭所有成员身上都出现这个现象，那就必然得出一个令人宽慰的结论：某种并非来自我们本身的东西在帮助我们，大自然无偿的协作逐渐参与我们本身的努力，而且它在我们的一切活动中总是无偿的，因为，如果它不是无偿的，它就毫无意义。

依上所述，我们应该推论出下列公式：

“**任何财产都是一种价值；任何价值都是一种财产。**”

“**凡是无价值的东西都是无偿的；凡是无偿的东西都是共同的。**”

“**价值降低，就是向无偿性接近。**”

“**向无偿性接近，就是共同性（共同财产）的部分实现。**”

有时候，人们所使用的某些词无不冒着被人曲解的危险。现在就会有人，视其阵营不同而怀着颂扬或批判的企图，随时叫嚷说："作者在谈论共同财产，因此他是共产主义者。"我对这种叫嚷有所准备，而且我忍受它。但是，我虽然预先接受这个凌辱，并不因此而想避免它。

如果读者未看到隔开共同财产和共产主义的鸿沟，他可能没有留心（所以最可怕的读者就是那些不阅读的读者）。在上述两个观念之间，不仅有一个意义重大的财产，而且还有权利、自由、公正甚至人格这些特点。

共同财产就是我们由于神意而共同享有的财富，我们无须作出任何努力就能享用它们；因此，它们不能产生任何服务、任何交易、任何财产。财产的基础是我们向自己提供服务的权利，或者在得到他人回报的情况下向他人提供服务的权利。

共产主义者所要置于共同之下的并不是上帝的无偿恩赐，而是人类的努力，是服务。

他们要每个人把其劳动成果集在一起，然后由他们行使权力，进行公平分配。

然而，两者必居其一：或者按股进行比例分配，或者在另一种基础上进行分配。

在前一种情况下，共产主义想要实现的结果是目前的秩序，只是用一人的专断来代替大众的自由而已。

在后一种情况下，分配的基础将是什么呢？共产主义回答说：平等。什么！无视辛劳差别的平等！不管劳动是体力的，还是智力的，也不管劳动时间是 6 小时，还是 12 小时，都得到平等的份额！这简直是所有不平等中最令人反感的不平等；此外，这是对一切能动性、一切自由、一切尊严、一切聪明才智的破坏。你们声称要扼杀竞争，但是请注意，你们只能使它改头换面而已。今天，人们在竞争，看谁劳动得更多、更好，在你们的制度下，人们将竞争，看谁劳动得更差、更少。

共产主义无视人的本性。努力本身就是艰苦的。什么东西促使我们去努力呢？这只能是一种更为艰苦的感觉，一种必须加以满足的需要；一种必须加以排除的痛苦；一种必须加以实现的财富。因此，我们的动机是个人利益。当人们问共产主义，将以什么代替个人利益时，它通过路易·白朗来回答说：荣誉感，而通过卡贝来回答的则是：博爱。那么，请让我感受他人的感觉吧，以便我至少能定出劳动的方向。

再说，在路易·白朗和卡贝两位先生的鼓动和监督下，在全人类中实施的荣誉感、博爱又是什么呢？

但是我并不想在此驳斥共产主义。我要提请注意的是，共产主义在各方面恰恰同我力求建立的体系对立。

我们承认自行服务的权利，或者，在自由商讨的条件下，向他人提供服务的权利。共产主义否认这个权利，因为它把一切服务集中在一种专制权力的手里。

我们的学说基于财产。共产主义则基于有计划的掠夺，因为它把一个人的劳动无偿地交给另一个人。因为，如果它按劳分配，它就要承认财产，因而不再是共产主义。

我们的学说基于自由。老实说，财产和自由，在我们眼里是一回事，因为使人成为其服务的所有者的就是支配此项服务的权利和能力。共产主义消灭自由，因为它不让任何人自由支配其劳动。

我们的学说基于公正,共产主义则基于不公正。这正是上述情况的结果。

在共产主义者同我们之间只有一个联系点:共产主义和共同财产这两个词在音节上的某种相似之处。

但愿这种相似之处不致迷惑读者。一方面是共产主义对财产的否定;另一方面是我们在关于共同财产的学说中对财产的最明白无误的肯定和最不容置辩的论证。

因为,甚至对于那些非共产主义者的人来说,财产的正当性之所以显得可疑和不可理解,就是因为他们认为,财产把原属于上帝的共同赐予集中到若干人手里而把另一些人排斥在外。我们相信已彻底消除了这种疑虑,因为我们论证了,神意指定的共同的东西,经过人类的一切交易活动后,仍是共同的,而财产领域绝不能扩大到价值以外,扩大到通过有偿地提供的服务而获得的权利以外。

在这些用语中,谁能否定财产呢?只要是有理智的人,谁能说,人对自己的劳动毫无支配权利,谁能说,人无权以他自愿提供的服务来换取他人自愿提供的服务呢?

还有一个词应该由我来讲清楚,因为近来有人把这个词滥用得出奇。这就是无偿性这个词。我所称的无偿绝不是指一个人不必付钱的东西,因为这个东西来自另一个人,而是指任何人都不必付钱的东西,这还需要说明吗?

当提奥奇尼晒太阳取暖时,可以说,他在无偿地取暖,因为他从神的慷慨施予中获得一种无须付出任何劳动的满足,既无须他的劳动,也无须他的任何同时代人的劳动。我再补充说,这种阳光的热力,对于用来使其小麦和葡萄成熟的所有者来说,也是无偿的,因为在他出售其葡萄和小麦时,他取偿的是他自己的服务,而不是阳光提供的服务。这个观点可能是错误的(在此情况下,我们只好成为共产主义者),但是,无论如何,这就是我给予**无偿性**这个词的意义,这当然也是这个词应有的意义。

共和国成立以来,对**无息**信贷、**免费**教育谈论很多。但是,显然,在这个词里有一种粗俗的诡辩。国家是否能把教育普及得像白天的光线那样普遍,而无须任何人作出任何努力呢?它是否能让法国到处都有无须以任何方式取偿的教育机构和教师呢?国家所能做的就是:与其让每个人需求和自愿地报酬这类服务,国家可以通过税收从公民身上抽取报酬,然后,根据它的选择,把教育分配给公民们,不再向他们索取第二次报酬。在此情况下,不学习的人为学习的人偿付,学习少的人为学习多的人偿付,从事体力劳动的人为将要从事自由职业的人偿付。这就是应用于人类活动中一个部门的共产主义。在这个我不想在此评论的制度下,人们将能,也应该说:**教育是共有的**,但是说**教育是无偿的**那就会是可笑的了。无偿的!不错,对于接受教育的某些人来说它是无偿的,但是,对于那些为教育付钱的人来说,它却并不是无偿的,如果他不向教授付钱,至少也要交税。

国家不能**无偿地**提供任何东西;如果无偿这个词不是用来故弄玄虚,那么,向国家要求的不仅是**无偿的**(免费的)教育,还会有**无偿的**(免费的)衣、食、住等等。请注意,人民已经几乎走到了这一步;至少有些人,在以人民的名义,要求**无偿的**(免息)信贷、**无偿的**(免费的)劳动工具等等。我们被这个词欺骗了,我们朝**共产主**

义前进了一步；我们有什么理由不再走第二步，然后第三步，直到任何自由、任何财产、任何公正都转入到共产主义呢？是否会有人说，既然对教育的需要是如此普遍，那么，为什么不让权利和原则受点委曲呢？什么？难道食物不是更为必要的吗？人民将说，Prumo rivere，deinde plilosophari[①]！我真不知道如何来回答。

谁知道呢？由于我证实了，上帝的恩赐构成天意的共同财产，那些要把我纳入共产主义的人也许就是将要破坏学习和任教的权利的那些人，也就是在其本质上破坏财产的那些人。这种不合逻辑的言论是出人意料和罕见的。

① 拉丁文：首先要生活，然后再谈学问。——译者

第九章　地产

如果这本著作的中心思想是正确的，下面请看应该如何想象人类与外界的关系。

上帝创造了大地，把大量对人有用的、能够满足其需要的东西置于地面和地下。

此外，上帝在物质中放入了各种力量：引力、弹性、多孔性、可压性、热、光、电、结晶、生长力。

上帝把这些材料和力量放在人的面前，把它们无偿地交给人类。

人类对这些材料和力量加以运用并为自己服务。他们也为彼此劳动，因而也互相提供服务，对这些服务在交换中进行比较，从而产生了价值观念，由价值又产生了财产观念。

因此，每个人都按照比例成为其提供的服务的所有者。而从一开始就由上帝无偿地赐予人类的那些力量和材料，在人类一切交易中，过去和现在是并将永远是无偿的，因为在因交换而产生的估价中，被估价的是人类的服务，而不是上帝的恩赐。

由此可见只要交易是自由进行的，我们之中就没有一个人不永远是这些恩赐的用益权人。但有一个条件，那就是从事必要的劳动来取得这些恩赐，或者，如果有人为我们代劳，我们就要付给他一项等价的辛劳。

如果这就是真理，财产当然就是不可动摇的。

人类的普遍本能比任何个人的胡乱猜测更为可靠；当理论开始探讨财产的基础时，这种本能就已经不加分析地坚持这个论据。

可惜，理论却以混淆开始：它把效用当作了价值。它把一种固有的、不以任何人类服务为转移的价值或者归因于材料，或者归因于大自然的力量。财产顷刻之间就成为既难证明其正当性，又无法理解的东西。

因为效用是事物和我们的机体之间的一种关系。它并不必然地牵涉到努力、交易、比较；对于一个孤独的人，它可以自然形成。与此相反，价值则是人与人之间的一种关系；价值的存在取决于成双情况的存在，任何单独的东西是不能比较的。价值意味着，持有价值的人，只有在取得一种相等的价值时，才把它出让。因此，混淆这两种观念的理论就是假定，一个人，在交换中，以大自然创造的所谓价值来换取人类创造的真正价值，以无须任何劳动的效用来换取需要劳动的效用，换言之，这个人无须劳动就能从他人的劳动中受益。这个理论把这样理解的财产先称为必要的垄断，然后简单称之为垄断，继而称其为不正当的，最后则称之为盗窃。

地产首当其冲。这本该如此。并不是因为一切行业在其工作中不使用自然力量；但是在动植物的生长现象中，在食品生产中，以及在农业特殊作物（被不适当地称为原料）的生产中，这些力量在大众眼里显得格外明显。

此外，如果有一种垄断比其他的垄断更可能激怒人类的良心，这无疑就是那种对生活必需品的垄断。

上述混淆在科学观点上已经是非常似是而非，因为，就我所知，任何理论家都未能从中摆脱出来，而由于世界上出现的情景，这种混淆就变得更加似是而非了。

人们常见地主不劳而获，从而得出这个颇合情理的结论："他想必找到了办法，让别人偿付他并非用劳动来提供的东西。"这种东西，要不是肥沃性、生产力、工具的协作、土地，那还能是什么呢？因此，地租就在不同的时代被称为必要的垄断、特权、不正当、盗窃之类。

必须说：理论在其形成的道路上遇到了一个足以使它迷失方向的事实。在欧洲，很少土地幸免于征服及其所引起的一切弊端。政治经济学可能混淆了用暴力取得地产的方式和地产自然形成的方式。

但是不要想象，价值一词的错误定义只限于动摇地产。逻辑不论是基于一个好的，还是坏的原则，总是一股可怕的而持续的势力！有人说，既然土地使光、热、电、生长力等等配合产生价值，那么，资本不是同样使风力、弹性、引力配合产生价值吗？因此除了农民，还有些别的人也让他人偿付自然要素的参与。这种补偿来自资本的利息，就像地主通过地租取得报酬那样。因此，要像对地租一样对利息宣战！

请看财产所遭受的打击，这是以下述原则的名义进行的，自然要素具有或者创造价值。在我看来，这个原则是错的，而在经济学家们和平均主义者们看来，它却是正确的。因为必须提请注意的是，这是一个各个学派一致同意的前提。它们的分歧仅存在于推理上的胆量大小。

经济学家们说：（土地）财产是一种特权，但它是必要的，必须加以维护。

社会主义者们说：（土地）财产是一种特权，但它是必要的，必须加以维护，同时向它要求劳动权来作为补偿。

共产主义者们和平均主义者们说：（一般说来）财产是一种特权，必须加以消灭。

而我，我则大声疾呼：财产并不是一种特权。你们共同的前提是错误的，因此，你们的三种结论虽然不同，却都是错误的。财产并不是一种特权，因此不必宽容它，也不必向它要求补偿，更不必消灭它。

让我们简要地审查一下各个学派就这个重大问题所发表的意见。

人们知道，英国经济学家们似乎一致提出了以下原则：价值来自劳动。他们彼此之间一致，这是可能的；但是他们是否同自己一致呢？这正是人们希望他们做到的，由读者来判断他们是否做到了吧。读者将看到，他们是否时时处处混淆不需报酬的、无价值的无偿效用和有偿效用，而有偿效用仅来自劳动，并且根据他们自己的说法，唯有它才具有价值。

亚当·斯密说："在土地的耕作中，大自然同人一起劳动；虽然大自然的劳动不取分文，它所生产的东西仍有其价值，和用高工资雇来的工人所生产的东西一样。"

请看，大自然在生产价值。小麦买主必须偿付这个价值，虽然它并未让任何人付钱，甚至没有让任何人付出劳动。因此，谁敢来领受这种所谓的价值呢？用效用这个词来代替价值，就一切都清楚了，财产的正当性得到证明，公正也就得到满足。

> 亚当·斯密说："可以把地租看作是地主把其享用权让给佃农的这种大自然力量所提供的收益……它（地租！）是大自然的成果，是在人们扣除了或者抵偿了一切被认为是人类的成果之后余下的那部分。这个余下部分至少占总收益的 1/4，它常常要占总收益的 1/3 强。在制造厂里，同等数量人类劳动绝不能进行如此大的再生产。在那里，大自然不参与生产，一切都由人来做。"

人们还能以更少的词来积聚更多的危险的错误吗？就这样，生活必需品的 1/4 或 1/3 的价值都来自大自然的独一无二的力量了。然而却向佃农、而佃农则向无产者收取在偿付了人类的成果之后余下的所谓价值。而你们就是想把财产建立在这个基础上！此外，你们又如何处理一切价值来自劳动这条准则呢？

然后，请看在工厂里不做任何工作的大自然吧！什么！引力、气体的弹性、畜力不帮助工厂主吗？这些力量在工厂里就如同在田里工作的情况一样，它们无偿地生产的并不是价值，而是效用。否则，资本的所有权，在共产主义的归纳里，不会比土地的所有权更安全。

布坎南，这位评论家，采用他的老师关于地租问题的理论，在逻辑的引导下，指责老师不该认为地租是适宜的。

他说道："斯密在把代表地产利润（什么话！）的土地生产物的那部分看作有利于社会时，没有想到，地租只是高价所造成的结果，地主以这种方法获得的一切，只是在损害消费者利益的情况下才获得的。社会从土地利润的增值中毫无所得。只是一个阶级靠损害其他阶级的利益而受益。"

人们在此看到了合乎逻辑的推论：地租是不公正的。

李嘉图说道："地租是向地主交付土地收益的一部分，以便取得开发土地的生产的和永不消失的能力。"

为了使人们不致搞错，李嘉图又补充道：

"人们常常混淆地租同资本利息和利润……显然，一部分地租代表用于改良土地，建造必要的建筑物等等的那个资本的利息，余下的那部分是为了取得开发土地的那些天然的和不会毁灭的性能的权利而支付的。所以，在以后谈到地租时，我指的只是佃农为了有权开发土地的那些原始状态的和不会毁灭的能力而向地主交付的报酬。"

麦卡洛克说道："所谓地租就是为了使用自然力量和土地固有的性能而偿付的款项。它与建筑物、篱笆、道路以及其他土地方面的改良而偿付的款项完全不同。因此，地租始终是一种垄断。”

斯克罗普说道：“土地的价值以及它能产生地租的性能来源于两种情况：①对于土地自然性能的占有；②为改良土地而付出的劳动。”

随之而来的就是以下的结论：

“在第一种情况下，地租是一种垄断。这是对于造物主为满足人类的需要而给他的恩赐在用益权上的一种限制。这种限制，只有当它对于共同利益是必要的时候，才是公正的。”

对于不承认不公正的必要性的那些善良的人们，这是多么令人困惑不解呀！

最后，斯克罗普用以下词句作为结束语：

“当地租超过这一点时，就必须依照使它成立的那个原则进行修改。”

读者不可能不觉察到，这些作者已把我们引导到对财产的否定，他们从地主要从上帝的恩赐那里取偿这一点出发，十分合乎逻辑地把我们引导到上述的否定。看来，地租是法律在必要性的迫使下建立的一种不公正，这种不公正，法律也可在另一种必要性的迫使下予以修改或取消。共产主义者们从未说过别的东西。

> 西尼尔说道："生产工具是劳动和自然要素。一经占有自然要素，地主就以地租的形式对它们的使用权取偿，地租并不是对任何贡献的报酬，而是用来偿付既未劳动又未垫款的那些人，他们只在坐等集体所作出的贡献。"

西尼尔在给予财产这粗暴一击之后，解释说，一部分地租相当于资本的利息，并补充说：

> "余下的部分则由自然要素的所有者提取，并构成对他的报酬，这并不是因为他曾劳动过或者储蓄过，而是仅仅因为，他能保留而未曾保留，因为他允许别人接受大自然的赐予。"

可以看出，这始终是一个同样的理论。他们假定，地主是介于饥饿的人和上帝之间，在付出劳动的条件下，准备给予此人食物。地主协助了生产，并为此项劳动而取偿，这是公正的；但是他为大自然的劳动、为土地的生产力这个不会毁灭的能力的使用权再次取偿，这是独一无二的。

人们忧虑地看到，英国经济学家密尔、马尔萨斯等人所发展的这个理论也在大陆上取得了优势。

> 西亚洛查说道："当1法郎的种子收获100法郎的小麦时，此项增值大部分应归功于土地。"

这是混淆效用和价值。这等于说：当水离泉源10步时，它原本值1个苏的水，而相距100步时，则值10个苏，此项增值部分应归功于大自然的参与。

> 弗洛埃兹·爱斯特拉达说道："偿付一切生产费用后所剩余的那部分农业收益就是地租。"

因此，地主不劳而获。

英国经济学家们都提出价值来自劳动这个原则作为开始。只是由于前后矛盾，他们后来才把价值归因于土地的能力。

一般说来，法国经济学家们在效用中看到价值；但是他们混淆无偿效用和有偿效用，因而对财产的打击也是严厉的。

> 萨伊说道："土地并不是大自然唯一的生产性要素，但这是人能占有的几乎唯一的要素。海水、河水由于具有开动我们的机器、养殖鱼类、承受我们的船舶的功能，也具有一种生产能力。风力，乃至太阳的热都为我们劳动；但是，幸好，任何人都不能说：风和太阳是属于我的，应向我偿付它们提供的服务。"

萨伊似乎在这里对一种说法表示惋惜，即：土地是属于我的，应向我偿付它提供的服务。对此，我说：太好了，地主不能为土地提供的服务要求报酬，就如同不能为风和太阳提供的服务要求报酬一样。

> 萨伊说："土地是一座令人称赞的化学工厂，大批的材料和元素在那里互相结合和进行化合之后，以上等小麦、各种水果、亚麻等等的形式出现。大自然无偿地把这座巨大的工厂赠予人类，并把它分为适宜于各种生产的许多部门。但是有些人侵占了这些部门，并说：这个部门是我的，那个部门是我的，从中生产出的东西将是我的专有财产。怪事！这种篡夺来的特权对于集体不仅是无害的，而且对它还是有利的。"

是的，毫无疑问，这种安排对它是有利的；但是为什么？因为既不存在特权也不存在篡夺，因为如果有人说："这个部门是我的，"那个人接着说的不是："从中生产的东西将是我的专有财产；"而是：从中生产出的东西将属于要买它的人的专有财产，条件是偿还我所付出的辛劳，即我让他免付的那个辛劳；对于我是无偿的大自然协作，对于他也将是无偿的。

请注意，萨伊把小麦的价值分为所有权份额，资本份额和劳动份额。他出于善意，费尽心机来证明归地主的份额的正当性，而这并不是对任何过去的或现时的劳动的报酬。但是他不会达到目的，因为，和斯克罗普一样，他转到必要性这个最不使人满意的最后一招上去了。

> 他说："既然在没有地产和资本，而且这些生产资料又都不能成为财产的情况下，生产就无法进行，那么，是否可以说，这些生产资料的所有者具有一种生产性的职能，因为没有这种职能，就不会有生产？诚然，这种职能是容易的，但是在我

们社会的现状下，它需要积累，即生产或储蓄的成果，等等。”

混淆是显而易见的。要求积累，这是作为资本家的地主的作用，这种作用既不被否认，也不成为问题。但是容易做的是地主的作用，他要求从上帝的恩赐中取得报酬。这种作用的正当性是必须加以证明的，而在这里既无积累又无储蓄可资借口。

他说：“因此，如果地产和资产（为什么把不同的东西等同起来呢？）是生产的成果，我就有理由把这些财产看作是能劳动的、生产性的机器，而其制造者则可以无所事事，坐享其成。”

还是同样的混淆。制造机器的人拥有一种可从中收取正当租金的资产，因为他并不是为机器的劳动而索取报酬，他是为制造机器所付出的劳动而索取报酬。但是作为地产的土地并不是一项人类生产出的成果。以什么名义来为土地的协作索取报酬呢？作者在这里把两种不同性质的财产联系在一起，使人们在思想上以同样的动机来开脱两种不同的行为。

布朗基说：“农民耕田、施肥、播种和收割。如不从事此项劳动，他就会一无所获。但是，土地使种子发芽的作用，以及太阳使植物成熟的作用并不以此项劳动为转移，却协同来构成收成所代表的价值……斯密和许多经济学家却说，人类劳动是价值的唯一来源。不，农民的技艺当然不是一袋小麦或一斗土豆的价值的唯一来源。他的才能绝不能创造发芽的现象,有如炼金术士的耐心并未发现点石成金的秘密一样。这是显而易见的。”

先是混淆效用和价值,接着混淆无偿效用和有偿效用,不可能有比这更全面的混淆了。

约瑟夫·加尼埃说:“地主的地租同付给工人的工资或者付给企业主垫款的利润的基本区别在于,在这后两种报酬中,一种是对一项辛劳的补偿,另一种则是对一项节俭和曾冒的风险的补偿,而地租就是更加无偿地,而且仅仅是根据一种法定协议而交给地主的,这种协议承认和维护某些人的地产权。”(政治经济学大纲,第2版,第293页)

换言之,对于工人和企业主,这是以公平的名义偿付他们所提供的服务;对于地主,则是根据法律偿付给他并未提供的服务。

“最大胆的改革家们所做的事情不是别的,只是提出以集体财产来代替个人财产而已……我们认为,就人权而言,他们是对的;但是只要他们不能指出一种更好的经济体系的优点,他们实际上就是错误的……(同上书,第377页及378页)。

“但是在承认财产是一种特权或一种垄断之后,人们,在很长一段时间里,还要补充说,这是一种有用的、很自然的垄断……

“总之,人们似乎在政治经济学上(唉!是的,坏就坏在这

> 里）承认，财产并不是来自神权、产业权或任何其他的推测出来的权，而是来自它的效用。这只是一种为了大众利益而予以容忍的垄断，等等。”

这正是斯克罗普所宣布的，并由萨伊用缓和的词句所重复的同一断言。

我想我已充分证明了，政治经济学从“自然要素具有或创造价值”这个错误的论据出发，已经得出以下结论：“财产（从它占有这种与任何人类劳动无关的价值并从中索取报酬这个角度考虑）是一种特权，一种垄断，一种篡夺。但这是一种必要的垄断，必须加以维护。”

我还要使人看到，社会主义者们也是从同样的论据出发的；只是他们把结论修改如下：“财产是一种必要的特权，必须加以维护，但条件是，有产者要给予无产者劳动权作为一种抵偿。”

然后，我将让共产主义者们出场。他们始终根据同样的论据说：财产是一种特权，必须废除。

最后，我不怕再三重复，如有可能，作为结束，我将推翻自然要素具有或创造价值这三个结论的共同前提。如果我达到目的，如果我证明，自然要素，即使被占有，也不产生价值，而只是产生效用，这种效用通过地主之手、全部无偿地到达消费者手里，在此情况下，经济学家们，社会主义者们、共产主义者们都应终于一致同意让世界在这方面保持它的本来面目。

> 孔西德兰说：“为了解私有财产如何和在什么条件下可以

正当地出现和发展,我们必须掌握产权的基本原则。"这个原则就是:

"任何人都正当地占有其劳动,其智慧,或更广泛地说,其能动性所创造的东西。

"这个原则是无可非议的,而且必须注意,它意味着承认大家对于土地的权利,因为土地并不是人类创造的,就产权的基本原则而论,土地这个给予人类的共有资产,在任何情况下,都不能正当地成为这些或那些并未创造这种价值的人的绝对和专有财产。因此,让我们仅仅根据一个毋庸置疑的原则来建立真正的有关财产的理论,这个原则把创造出的物品或已被占有的价值作为财产的正当性的基础。为此,我们将对人类社会中成立行业的问题进行思考,这个问题包括耕作、制造、艺术等等的起源和发展。

"假设在一个孤岛上,在一国的土地上,或者在全球的土地上(活动场所的规模丝毫不改变对于事实的评价),有一代人第一次创业,他们第一次耕作、制造等等。每一代人通过其劳动、智慧、自己的能动性的运用,在创造产品,开发原始土地并不存在的价值。如果通过大家的能动性而生产出的价值或财富,在生产者之间,按照各人在总财富的创造中的贡献来成比例地进行分配,则在这有技巧的第一代人中,财产将是与权利一致的,这难道不是完全显而易见的事吗?这是无法否认的。

"然而,这一代的劳动成果分为必须加以区别的两类。

"第一类包括属于第一代人的土地所生产的物品,第一代人当时是用益人，这些产物就是由于这一代人的劳动、技艺而得到增加、提炼或制造的。这些未经加工的或已制成的产物，或者是消费品，或者是劳动工具。显然，这些产物属于以自己的活动创造它们的那些人的全部的和正当的财产。因此，他们中的每一个人都无须征得别人准许就有权利立即消费这些产物，或者把它们贮存起来，以便日后随意使用它们、交换它们，或者把它们任意赠与和转交给任何人。在这个假设中，这种财产显然是正当的，应受尊重的，神圣不可侵犯的。对它的侵犯就会损害公正、权利和个人自由，总之，就是进行一种掠夺。

“第二类。但是由于第一代人的技艺的活动而出现的创造并不都包含在前一类中。这一代人不仅创造了我们所指出的产物（消费品及劳动工具），而且还通过耕作、建筑、一切基础工程，给土地的原始价值增加了一项剩余价值。

“此项剩余价值当然构成一种产物，一种由于第一代人进行的活动而产生的价值。然而，如果通过任何别的办法（我们不在此研究这一问题），把此项剩余价值的财产公平地，即按各人在创造中的协作的比例分配给社会各个成员，则其中每个人将会正当地占有归他的那一份。因此，他将可随意处置这份正当的个人财产，可交换它、赠送它、转移它，任何他人，即社会，对于这些价值都不能有任何权利和控制权。

“因此，我们完全可以理解，当第二代人出生时，在土地上将有两类资本：

“甲。第一代人并未创造的原始或自然资本，即原始土地的价值；

“乙。第一代人所创造的资本，包括：(1)第一代人尚未消费或消耗掉的产物，即食品和工具；(2)第一代人的劳动给原始土地的价值增加的那个剩余价值。

“因此，显然，从所制定的产权基本原则中可以清楚地和必然地得出：第二代的每一个人对于原始或自然资本享有同等权利，而对于另一类资本，即由第一代人的劳动所创造的资本，他却无任何权利。因此，第一代的每一个人将可任意处置属于他的那份创造的资本，任意选择第二代的某些人、子女、朋友等等来作为受益人。我们已说过，任何个人或国家都丝毫不能对赠予者或被继承人所作的安排(以产权名义)加以过问。

“在我们的假设中，我们注意到，第二代的人已比第一代的人更受益，因为，除了他保留对原始资本的权利之外，他还有幸收到一份创造的资本，即一种他未曾生产的、代表以前劳动的价值。

“因此，如果我们假定，社会中的事物是如下面所述：

“(1)在任何一个时代，在世界上出生的每一个人都保留对原始资本的权利，即对在原始状态中的土地的用益权，或者可以有一种同等的权利；

“(2)随着创造的资本的出现，在人类之间，就不断地对照每个人对创造这种资本的贡献，按比例地分配它。

“我们说，如果社会的组织机制满足这两个条件，在这样一种制度下，财产的构成就会是绝对正当的。事实就会与权利一致。”(《论产权及劳动权》，第3版，第15页)

人们在此看到，社会主义作者区别两类价值：创造的价值，它是一种正当产权的对象；非创造的价值，又名原始土地的价值、原始资本、自然资本，它只是通过篡夺才会变成个人财产。然而，根据我竭力使之占优势的理论，非创造的、原始的、自然的这些词所表达的观念从根本上排斥价值、资本这种另一些观念。所以这个错误的前提导致孔西德兰得出下面可悲的结论：

> “在一切文明国家中，在建立产权的那种制度下，全人类对其有用益权的共同资产受到了侵犯；少数人霸占了它，而把多数人排除在外。那么！只要事实上有一个人，由于产权制度的性质，被剥夺了对共同资产的用益权，仅仅这就构成对权利的损害，而造成这种损害的产权制度就一定是不公正的，不正当的。”

然而孔西德兰却承认，只有在个人产权制度下才能耕种土地。这就是那个必要的垄断。那么，如何才能调和一切，并保障无产者对原始的、自然的、非创造的资本享有的权利和对原始土地的价值享有的权利呢？

> “好吧！就让占有了土地的那个创业的社会夺走人在地面上可以盲目而自由地行使他的四种自然权利的能力吧。就让这个社会，作为补偿，承认人的劳动权吧。”

如果世界上还有什么显而易见的事，那就是，这个理论，除了结论之外，正是经济学家的理论。购买一种农产品的人要偿付三种东西：(1)现时的劳动，没有什么东西比这更为正当的；(2)以前的劳动所给予土地的剩余价值，这仍旧是非常正当的；(3)最后，原始的或自然的或非创造的资本，这种上帝的无偿恩赐，孔西德兰称之为原始土地的价值，斯密称之为土地的不可摧毁的能力，李嘉图称之为土地的不会消失的生产能力，萨伊则称之为自然要素。按照孔西德兰的说法，篡夺就在这方面发生；根据萨伊的说法，篡夺就在这方面发生。在社会主义者眼里，构成不正当性和掠夺的东西就在此；而在经济学家眼里，构成垄断和特权的东西就在此。在这种安排的必要性和效用方面，他们的意见继续保持一致。斯密的弟子们说，没有它，土地就不会生产；而傅立叶的弟子们则重复说，没有它，我们就会回到野蛮状态。

人们看到，在理论上，在权利上，这两个学派之间的谅解(至少在这个大问题上)远比人们所能想象的更加真诚。他们只是在根据双方同意的事实按法律推论出的结论上有分歧。"既然产权把一部分报酬归于那些不应获得它的所有者，因而沾上不正当性，而另一方面，它又是必要的，那么，我们就该尊重它，并向它要求赔偿。经济学家们说，不，虽然它是一种垄断，但既然它是必要的，我们就该尊重它，并避免打扰。"他们还提出这种软弱无力的辩护，因为他们的最后的代表人物之一，加尔尼埃补充说："在人权方面，你们是对的，但是，只要你们不能指出一种更好的体制所产生的效果，你们实际上就是错误的。"对此，社会主义者必然会回答说："我们找到了它，这就是劳动权，你们试试看。"

就在此时，来了普鲁东先生。你们也许以为，这位有名的反驳者将反对经济学家或社会主义者提出的那个大前提吧？一点也不，他并不需要这样做来摧毁财产。相反，他抓住这个前提，从中千方百计地榨出其最合乎逻辑的结论。“哦！他说道，你们承认，上帝的无偿恩赐不仅具有效用，还具有价值；你们承认，所有者篡夺这些恩赐并把它们出卖。因此，财产就是盗窃。因此，既不应维持它，也不应向它要求补偿，而是必须废除它。”

普鲁东先生积累了许多论据来反对地产。最严肃的、唯一严肃的论据就是那些作者在混淆效用和价值方面向他提供的那个论据。

他说：“谁有权对土地的使用取偿，对这种并不是由人的行为产生的财富的使用取偿？地租该交给谁？无疑是交给土地的生产者。谁制造了土地？上帝。既然如此，滚开吧，地主！”

“……但是土地的创造者并不出卖它，他把它赠予人类；而在赠予时，他不偏袒任何人。那么，为什么在他所有的子女中，一些人被待如长子，另一些人却被待如私生子呢？如果分配的平等是最初的权利，那么，为什么条件的不平等却是随后存在的权利呢？”

当萨伊把土地比作工具时，他回答说：

“我同意土地是一种工具，但是谁是工人？是不是地主？是不是他，由于产权的灵验的效能，把生长力和繁殖力传给了土地？这正是地主的垄断所在。他未曾制造工具，而对其服务取偿。让创造者自己来索取地租吧，我们将同他一起计算；

或者叫自命为代理人的地主出示他的委托书吧。”

显而易见，这三种学说只不过构成一种而已。经济学家们，社会主义者们，平均主义者们，大家都在指责地产，而且是同样的指责，即要求它无权要求的报酬。这种错误，有些人称之为垄断；另外一些人称之为不正当；而第三种人则称之为盗窃；这只是对同一责备的定级。

现在，我向一切专心的读者提出，这种责备是否有根据？难道我没有证明过，在上帝的恩赐和饥饿的人之间，只存在着一种东西，那就是人类的服务吗？

经济学家们，你们说：“地租就是人们为使用土地的不可摧毁的生产力而付给地主的东西。”我说：不，地租就像人们对送水人做小车子和轮子所付出的辛劳给他的报酬；如果他背水上门，水价就会高一些。同样，小麦、亚麻、羊毛、木材、肉和水果，对于我们来说，也会更贵一些，如果地主未曾改良收获这些东西的工具。

社会主义者们，你们说：“最初，群众在从事劳动的条件下，享有对土地的权利，现在，他们被排斥于他们的自然财富之外，并受到掠夺。”我回答：不，他们既未被排斥，也未被掠夺；他们是在从事劳动的条件下，无偿地收取土地所提供的效用，即，以这种劳动来偿还给那些使他们免除同样劳动的那些人。

平均主义者们，你们说：“地主的垄断就在于他未曾制造工具却从这些工具的服务中取偿。”我回答：不，作为上帝所创造的工具，即土地，它生产效用，而这个效用是无偿的；地主无权取偿。由于地主对土地进行过平整、加工、筑篱、排水、整理，并装备其必要的工具，它产生了价值，这个价值代表人类的实际服务，这是地主所能取偿的唯一的东西。或者你们应该承认这种权利的正当性，或者你们应该抛弃你们自己的原则：服务的相互性。

为了知道哪些是土地价值的真正的要素，让我们看一看地产是如何形成的。它当然不是根据暴力和征服法则，而是根据劳动和交换法则形成的。让我们看看在美国发生的事情。

弗里尔·乔纳森是纽约的一个勤劳的送水人，他动身到西部去，腰包里带着1 000美元，这是他的劳动和节约的成果。

他穿过许多富饶的地方，那里的土地、阳光、雨水产生它们的奇迹，然而在经济的和实际的意义，这些奇迹并无任何价值。

因为他是一个冷静的人，他就思量着："不管斯密和李嘉图怎样说，价值不应该是土地的不可摧毁的自然生产力，而是其他什么东西。"

最后，他来到阿肯色州，看到一块由政府标界的约 100 亩的良田，要以每亩 1 美元的价格出售。

——每亩 1 美元！他自言自语地说，真少，少得真像无偿奉送。我要买这块土地，把它开垦，然后出卖我的收获，而我由原来的送水人将一下变成地主！

弗里尔·乔纳森，这个无情的逻辑学家，爱对任何事情进行解释。他想：为什么这块土地仍要值每亩 1 美元呢？谁也没有来过这里。它还是一块处女地。斯密和李嘉图，以及随之而来的一大批理论家，直到普鲁东为止，难道他们是对的吗？土地是否具有一种与任何劳动、任何服务、任何人类的参与无关的价值？是否必须承认，土地的不可摧毁的生产能力有价值？在此情况下，为什么在我经过的那些地方,那些土地却没有价值? 此外,既然土地在这样大的比重上超过人的才干,根据布朗基先生明智的意见,人的才干绝不能创造发芽的现象,那么,为什么这些奇妙的能力却只值1美元呢?

但是他不久就了解到,这种价值,和所有其他的价值一样,是人类和社会的创造。美国政府以1美元出售1亩地,但是,另一方面,它也答应在一定程度上保障买主的安全;它在附近开辟了一些道路,提供信件和报纸的传递服务,等等。乔纳森说道:服务换服务,政府叫我付出1美元,但是它也向我提供同等价值。嗣后,不管李嘉图高兴与否,我可以合乎人情地解释这块土地的价值;如果道路离此愈近,邮递愈方便,保护愈有效,这个价值就会愈大。

乔纳森一边议论,一边劳动,因为,必须对他公正,他是经常地同时进行这两件事的。

他在建房、筑篱、开垦、深耕、排水、布置等方面花费了剩下的美元之后,在进行了挖掘、耕作、松土、播种和收割之后,出售收成的时候到了。"我就要终于知道,"乔纳森大声喊道,他一直在关注着价值问题,"我在成为地主后,是否变成了垄断者、享有特权的贵族,成为我的兄弟们的掠夺者、上帝施与的独占者?"

于是,他把他的谷物送到市场上去,在那里碰到一个美国佬:"朋友,他对美国佬说道,要买这些玉米,你给我多少钱?"

——时价,那个人说。

——时价? 是否在我的资本的利息和对我的劳动的报酬之外,还给我什么别的东西?

——我是商人,美国佬说,我必须得到我以往的或现时的劳动应得到的报酬。

——当我是送水人的时候，我本来是满足于这种报酬的，乔纳森又说，但我现在是地主了。英国和法国的经济学家们曾对我保证过，以这个资格，除了所说的双重报酬之外，我还应该从土地的不可摧毁的生产能力中获得利益，从上帝的恩赐中提取一种意外的利益。

——上帝的恩赐是属于大家的，商人说，我正利用风的生产力来推动我的船只，但我并不从风力那里取偿。

——而我却要求你为这些力量偿付给我一些东西，以便西尼尔、孔西德兰和普鲁东等先生不致徒劳无益地称呼我为垄断者和篡夺者。如果对此我感到羞耻，至少我能从中得到好处。

——那么，再见吧，兄弟；我要到别的地主那里去买玉米，如果我发现，他们的意向和你的一样，我就自己去耕种。

于是乔纳森懂得了一个真理，即在自由的制度下，并不是谁想做垄断者就是垄断者。“只要在合众国中有可开垦的土地，他想，我就只是那些著名的不可摧毁的生产能力的开发者。人们将偿付我的辛劳，如此而已，就完全像我在送水时，人们偿付我的劳动，而不偿付大自然的劳动那样。我明白，享有上帝的恩赐的那个真正的用益权人并不是耕种小麦的人，而是小麦所养活的人。”

几年后，另一种经营诱惑了乔纳森。他开始给他的土地找一个佃户。如果把全部对话录下来，两个缔约人之间的对话是很奇怪的，它会使问题明朗化。现摘述如下：

地主：什么！你只愿按行市偿付给我垫支资本的利息作为地租？

佃户：多一分钱也不付。

地主:请问,这是为什么?

佃户:因为用同样的资本,我也可以让一块土地的状态同你的土地一样。

地主:这似乎是肯定的。但你应考虑到,当你成为我的佃户时,为你服务的不仅是我的资本,而且还有土地的不可摧毁的生产能力。你还有太阳和月亮、亲和力和电力所提供的奇妙效果为你服务。这一切,我都该无偿地让给你吗?

佃户:为什么不该?因为你并未为此花了什么,所以,你在这上面不能得到什么,我也一样。

地主:我不能得到什么?我当然能获得一切!没有这些令人赞赏的现象,我的全部技艺也不会让一棵草生长出来。

佃户:可能。你还记得那个美国佬吧?他不愿为大自然的整个协作付给你一分钱,正如你当送水人时,纽约的那些主妇们不愿为大自然供应水源的这个令人赞赏的行动多给你一分钱一样。

地主:然而李嘉图和普鲁东……

佃户:我才不管什么李嘉图,就在我所提的基础上来谈吧。否则,我就要到你的土地旁边去开垦土地。太阳和月亮也将在那里免费为我服务。

这仍是同样的论据。乔纳森开始了解,上帝已明智地采取措施,以防止其赐予轻易被人劫取。

乔纳森对地主这一职业感到有些厌烦后,就想转业。他决定出售他的土地。

当然,谁也不愿付给他多于他所花费的。他一再引证李嘉图,援用土地的不可摧毁的能力所固有的所谓价值,人们却始终回答说："旁边还有很多土地。"这句话使他的苛求和他的幻想一样化为乌有。

在这笔交易中，甚至发生一件具有重大经济意义而并未引起足够注意的事情。

大家都了解，如果一个厂主想在十年或十五年后出售他的器材，即使是新的，他也很可能遭受损失。理由很简单：在十年或十五年中，在机械方面已出现了某种进步。所以，某人在市场上出售一件已有十五年的仪器，他不能希望得到他做这件仪器所需的全部劳动所应得到的报酬，因为以同样的劳动，由于已实现的进步，买主可获得更完善的机器；顺便说一句，这也愈来愈清楚地证明，价值并不是与劳动成正比，而是与服务成正比。

我们可以从而得出结论说，劳动工具的性质，就是仅仅由于时间的流逝而丧失其部分价值，而与使用造成的损坏无关。我们还可以提出下面的公式：**进步的效果之一就是减少一切现有的劳动工具的价值**。

因为，显然，进步愈是迅速，旧工具便愈难与新工具竞争。

我不在此指出这个法则和谐的后果，我要提请注意的就是，地产和任何其他财产一样，也逃不过这个法则。

弗里尔·乔纳森已在这方面受到考验。他曾对买主说了下面一席话："我为经常改良这块土地用了1 000个工作日。我要求，首先偿还我这1 000个工作日的等价物，然后，对于不靠任何人类的工作而成为土地所固有的那个价值，你要付给我另外一些东西。"

买主却回答说：

"首先，对于土地所固有的价值，我不会付给你任何东西，因为这只是效用而已，旁边的那块土地和你的一样，也具有这种效用。这种超出人类的、天赋的效用，我可以免费获得，这证明它并无价值。

“其次，既然你的账册证明，你用了1 000个工作日把你的产业变成现在的状态，我将只偿还你800个工作日，我的理由是，用800个工作日，我今天可以在旁边的土地上干出你从前在你的土地上用1 000个工作日所干出的活。请注意，十五年来，排水、开垦、建筑、掘井、修建牲畜棚、进行运输方面的技艺已有了进步。每一个特定的成就都需要较少的劳动，而我不想听从你的意见，付给你10元钱来买我可以用8元钱得到的东西，尤其是因为小麦的价格已按这种进步的比例而降低了，在这种进步方面你和我都无利可图，然而它却有利于全人类。”

就这样，乔纳森要么亏本出售他的土地，要么保留它。

毫无疑问，土地的价值并不为仅仅一种现象所影响。其他情况，例如修一条运河或者创建一座城市，会促成它的涨价。但我所指出的那种情况却是十分普遍而又不可避免的，它始终和必然促使土地跌价。

从上述种种得出的结论就是：只要一个国家有大量土地待开垦，不论地主是自己耕种、出租或出售，他并不享有任何特权、任何垄断权、任何特殊利益，特别是，他并不能从大自然的无偿施与中取得任何意外的利益。既然假定人是自由的，情况如何会是这样的呢？难道任何有资本和劳动力的人没有权利在农业、创造业、商业、渔业、航行、艺术或自由职业之间进行选择吗？资本和劳动力是否不会更急迫地投向这些职业中产生巨额利润的那种职业呢？

他们是否不会离开那些造成损失的职业呢？这种必然的人力分配是否在我们的假设中不足以建立起报酬的平衡呢？人们是否看到，在美国，农民比商人、船主、银行家或者医生更为迅速地致富呢？如果这些农民首先像其他人那样接受他们的劳动代价，而另外，如人们所认为的那样，又接受比别人更多的东西，即大自然的无法估量的劳动代价，上述情况就会发生。

啊！你是否想知道，即使在美国，地主如何建立一种垄断？我要设法使你了解。

我假定，乔纳森把合众国所有的地主集合在一起，并对他们说：

我曾想出售我的收成，但我没有发现有人给我相当高的价格。我曾想出租我的土地，但我的奢望受到了限制。我想把它出让，但我碰到同样的失望。人们始终用旁边有很多土地这句话来遏止我的要求。以至于在这个国家里，我的服务和所有其他的服务一样，要根据其价值来估价，而不顾那些理论家的甜言蜜语。对于土地的不可摧毁的生产能力，对于日、月、雨、风、露水、霜这些自然要素的享用，人们不给我任何报酬。我原本以为这些都是我的财产，而实际上，我只是一个名义上的所有者。只有我的服务得到报酬，而还只能按照竞争所允许的报酬率，这不是一件不公平的事吗？你们大家都遭受着同样的压迫，你们都是混乱的竞争的受害者。如果我们把地产组织起来，如果我们同心协力不准今后任何人开垦这块美国国土的一英寸土地，情况就不会是这样了。于是，在人口增加而生活资料的数量却几乎不变的情况下，我们就可以操纵价格而致富：这对于其他的阶级将是一极大幸福，因为我们富了就会让他们有劳动的机会。

如果，在这一席话后，联合起来的地主们攫取了立法权，如果他们通令禁止任何新的开垦，无疑，在一段时间内，他们的利润将会增加。我说在一段时间内，因为对某种罪行的惩罚，如果不是自然而然地来自罪行本身，社会规律就会缺乏和谐。为了尊重科学的精确性，我不会说：新的法律会把价值传给土地的能力或自然要素（如果诚属如此，则法律就会无损于任何人），而是说：服务的平衡被粗暴地破坏了；一个阶级掠夺其他阶级；奴役制进入了这个国家。

让我们再看另一个假设，即在那些文明的欧洲国家全部土地已转入私有财产领域，这个假设实际上就是那些国家的现实。

我们必须研究，在这种情况下，广大消费者，即集体，是否仍享有对土地生产力和自然要素的无偿的用益权；土地的占有者是否还是土地价值之外的其他东西的所有者，即竞争法则评价的他们的那些合格的服务的所有者，以及当他们为这些服务取偿时，他们是否和大家一样并未被迫把上帝的恩赐也计算在内。

让我们看看下面一种情况，阿肯色的全部土地被政府出让，被分成若干私有产业供耕作之用。当乔纳森出售他的小麦，或者甚至他的土地时，他是否提出土地的生产力问题，而想把它列入价值之内呢？人们不能再像上述情况那样，以“你的土地周围有很多荒地”这种打击性的回答来制止他了。

这种新情况意味着，人口业已增长，并且分化为两个阶级：1. 向集体提供农业服务的阶级；2. 向集体提供工业、智力或其他性质的服务的阶级。

然而，我说是一种显而易见的情况。如果除地主以外的劳动者想获得小麦,他们有充分的自由去找乔纳森或他的邻居们,或交界各州的地主们,他们甚至可到阿肯色边境之外去开垦荒地。乔纳森绝对不可能把一种不公正的法律强加给他们。只要某处存在无价值的土地,仅仅这个事实对于特权就是一种不可克服的障碍,于是我们又回到前面所述的假设。农业服务遵守普遍竞争的法则,根本不可能使人接受高于此项服务的价值的要求。我还要说,此项服务不比任何其他性质的服务更值钱。有如制造厂商在时间、心血、辛劳、风险、垫支、才干(所有构成人类服务并以价值来表示的东西)各方面取得报酬之后,不能再以帮助他的引力和蒸气膨胀力定律的名义来取偿一样,乔纳森只能把他个人以前的或最近的全部服务列入他的小麦的价值,而一点也不能把他在植物学诸定律中找到的协助列入小麦的价值。只要服务以议定价格自由地交换,服务的平衡就不会受到破坏,而以这些服务作为媒介的、双方互相提供的上帝的恩赐,则留在共同财产领域中。

人们无疑会说,事实上,土地的价值在不断增长。这是对的。随着人口变得更密和更富,以及交通工具更为方便,地主就从他的服务中获得更多的利益。这是否对他是一条特殊的法则,而对于所有的劳动者来说,这却不是一条同样的法则呢?在相等劳动的情况下,一位医生、一位律师、一位歌唱家、一位画家、一位手艺人,在19世纪比在4世纪,在巴黎比在布勒塔尼、在法国比在摩洛哥不是会获得更多的满足吗?但是这种满足的增长是在无损于任何人的条件下获得的。这是必须了解的。再者,我将在这本著作的另一部分谈到李嘉图的理论时,再深入研究这条土地价值(换喻的)法则。(见卷2,1846年9月29日演说。)

目前，我们只需在我们所研究的假设中看到，只要服务的交换是自由的，同时，只要劳动，在没有任何合法的阻碍下，能够在阿肯色或其他地方在各类生产之间进行分配，乔纳森就不能压迫那些从事实业的阶级。这种自由反对地主把大自然的无偿恩惠据为已有。

如果乔纳森及其同行们夺取了立法权，禁止或者阻碍交换的自由，举例来说，如果他们决定，外来小麦一颗都不能进入阿肯色州，情况就会不同。在此情况下，地主和非地主之间所交换的服务的价值不会再由公正来调节。后者毫无办法来限制前者的奢望。这样一种立法措施就会像我所谈到的措施那样不公平。其结果就会完全像下述情况那样：乔纳森把一袋小麦拿到市场上卖得 15 法郎后，从衣袋里拿出手枪对准买主，并对他说道：再给我 3 法郎，否则我就打破你的脑袋。

这种结果（只好用它的名字来称呼它）叫作强取。不论是粗暴的还是合法的，这并不改变强取的性质。粗暴的，像在手枪威胁下的情况，它侵犯财产。合法的，像上述禁令，它依旧侵犯财产，而且它还否定财产的原则。我们已看到，人们只是价值的所有者，而价值就是对两项自由交换的服务的估价。因此，不能设想出比这种以法律名义破坏服务的等价交换来反对财产原则本身的更敌对的办法了。

也许有必要提请注意，这种类型的法律是不公平的和灾难性的，不论在这方面，压迫者的意见，甚至被压迫者意见是如何。人们看到，在某些国家，劳动阶级热衷于这些限制，因为这使业主们发财。他们察觉不到，这是有损于他们本身的，而我从经验中知道，对他们说这样的话不总是慎重的。

怪事！人民情愿倾听宗派分子对他们传播共产主义，即奴隶制，因为不是自己的服务的所有者，就是奴隶；而且人民也看不起那些处处并始终在卫护自由的人，这种自由就是对上帝恩惠的共享。

我们再看看第三个假设，即世界上全部可耕地转入个人占有领域。

这里仍旧有两个阶级：占有土地的阶级和没有土地的阶级。前者是否能压迫后者呢？而后者，为了得到同样数量的生活资料，是否不得不付出愈来愈多的劳动呢？

如果我进行答辩，人们将懂得，这是为了政治经济学的荣誉，因为假设变成现实的时代离我们还相隔几百个世纪。

但是，一切都显示一个时代终将到来，到那时，就不再可能用"还有很多可开垦的土地"这句话来抵制地主的要求了。

请读者注意，这个假设涉及另一个假设：在那个时代，人口将达到土地所能供养的极限。

这是问题中一个新的和重大的因素。这几乎如同有人问我：当大气中的空气将不足以供应变得太多的肺时，将会发生什么事呢？

不论人们如何设想人口原理，至少，可以肯定的是人口能够增加，甚至，人口趋于增加，因为人口是在增加。社会的全部经济安排似乎都是按照对这种趋势的预计而组织的。经济安排就是和这种趋势完全协调一致的。地主始终渴望从他所有的自然要素的使用中得到报酬，但是，由于存在大量他并未占有的类似的自然要素，他的痴心妄想不断落空，大自然相对无限的施予只使他成为一个普遍的占有者而已。现在你们把我逼到一个时代，在这个时代，人类发现了大自然施与的限度。在这方面再也没有什么可期待的了。人类增长趋势必须不可避免地加以制止，使人口增长停顿下来。任何经济制度都不能摆脱这种必要性。在所提出的假设中，人口的任何增长会受到死亡率的制约，即使是很乐观的博爱主义也不能硬说，在生活资料已无可挽回地终止递增时，人口还可以继续增长。

所以就出现一种新秩序。如果社会的法则未曾为一种可能的情况做好准备，虽然这种情况是与我们在其中生活的情况如此不同，这些法则就不会是和谐的。

上面谈到的困难等于是说：假设在大洋中有一条船，它需要一个月才能靠岸，而船上却只有 15 天的粮食，应该怎么办？显然是减少每个水手的口粮。这并不是狠心，而是审慎和公正。

同样，当人口将达到全球的作物所能维持的极限时，那种采取最温和最可靠的安排，以使人口不继续增长的法律，就是既非无情又非不公正的。然而，这仍将由地产提供解决办法。它在个人利益的刺激下，将使土地生产尽可能多的生活资料。它由于产业的分割，将使每个家族能估量本身不慎重的繁殖所带来的危险。很明显，任何其他制度，例如共产主义，对于生产都会是一种不太有效的刺激，而同时对于人口又会是一种不太有力的限制。

总之，我觉得，政治经济学证明了只要人类进步不被禁止，伟大而公正的相互服务就将和谐地完成；它就这样完成了它的任务。当我们想到，在自由制度下，没有一个阶级能压迫另一个阶级，这不令人欣慰吗？经济学是否应解决另一个问题：由于人类的繁殖趋势，当地球上不再有地方容纳新居民时，将要发生什么事？到那时，上帝是否已备有某种创造性的大变动或某种关于他的无穷威力的奇妙的表现？是否还要相信基督教教义所说的世界的毁灭？显然，这些不再是经济问题，而且没有一种科学不碰到类似的难题。物理学家清楚地知道，任何在地面上运动的物体都下坠而不再上升。据此，总有一天，山岭将会填满山谷，江口和江源将处于同一水平，水将不能再流动，等等。那时将突然发生什么呢？物理学是否应该停止观察和欣赏现世界的和谐，因为它不能猜想，上帝将以什么别的和谐来准备一种无疑是十分遥远、但不可避免的情况？我以为，对于经济学家和物理学家来说，这里是需要以信心来代替好奇心的一种情况。上帝既然已经如此奇妙地安排了我们的生活环境，他一定会知道为其他情况准备另一种环境。

我们根据我们目睹的事例来判断土地生产力和人类才干。这是不是一条合理的规则？即使在采用它时，我们也会说：既然地球的十分之一需要六千年才变成一块贫瘠的耕地，那么，需要多少年才能使全世界变成花园呢？

在这个已经很令人安心的评价里，我们还只是简单地假设一种科学的概括，或者不如说现时农业的无知的概括而已。但是我再说一遍，这是不是一条可以同意的规则？类比法不是告诉我们，有一块不能穿透的幕布使我们看不见技艺上也许是无限的威力吗？以狩猎为生的野蛮人需要一里见方的土地。如果有人对他说，牧人生活可在同一块土地上养活多少倍的人，他会感到多么惊奇呀！当牧人听到，三年一次的耕作就能够轻而易举地养活再多十倍的人口时，也会大为吃惊。如果你对一个墨守成规的农民说，轮种将提供加倍的收获，他是不会相信你的。对于我们来说，轮种是最后一着棋；但对于人类来说，它也是最后一着棋吗？因此，我们不必担心人类的命运。在人类的面前，还有成千上万的世纪。无论如何，就让我们把人类未来的命运，满怀信心地托付给赋予人类以生命的神，而不要求政治经济学来解决不属于其范围内的问题吧。

兹就本章所含概念作一简述。

效用和价值，大自然的协作和人的协作，也就是**共同财产**和**财产**，这两种现象存在于农业成就中，同样也存在于任何其他成就中。

在解饥的小麦的生产中，有某种类似人们在解渴的水的形成中所看到的东西。经济学家们，使诗人产生灵感的海洋难道不是也向我们提供了一个很好的思考题吗？这个广阔的蓄水池应当使全人类解渴。如果人类离开蓄水池的水那么遥远，而且那种水又是不能饮用的，这如何能使人类解渴呢？在这里就必须欣赏大自然的奇妙业绩。太阳把这一大片波动的水晒热，使它慢慢地蒸发。水形成气体，在脱盐之后，上升到高空的大气中。阵阵清风把它吹向住人的大陆。它在那里遇到冷空气而凝结，变成固体附着在山腰上。不久，春日的温暖使它变成液体。它在本身重量的推动下，在层层石块中过滤和净化，分成支流去供应全球各个角落的清凉水源。这的确是大自然所完成的有利于人类的一项巨大而奇妙的业绩。形状的改变，地点的改变，效用，什么也不缺少。然而**价值**在哪里？它尚未产生。如果对人们可称之为上帝的劳动也要取偿

(如果这种劳动有一种价值,就会要求取偿),谁能说一滴水值多少?

但不是所有的人在他们脚底下都有一个活水水源。要解渴,他们必须操劳,作出努力,必须有远见,必须运用才能。就是这种补充的人类劳动产生协议、交易、估价。因此,价值的来源和基础就存在于人类劳动之中。

人由无知识变成有知识。因此,最初人只得以最大限度的辛劳去寻水,去完成大自然留给他做的补充劳动。这是水在交换中具有最大价值的时期。逐渐,人发明了小车和轮子,驯服马匹,发明管子,发现虹吸定律,等等;总之,他把他的一部分劳动转嫁给无偿的自然力量,而水的价值,不是它的效用,则逐渐减少。

这里发生某件必须看到和了解的事情,如果人们不想在和谐中看到不和谐。那就是,每次实现这类进步的时候,买水的人就以较优的条件取得水,即他以较少比重的劳动来取得一定数量的水,虽然在此情况下,他还必须偿付使大自然驯服的那个工具。过去,他偿付寻水的劳动;现在,他既偿付此项劳动,又偿付制造车子、轮子、管子所需的劳动。但是,一切包括在内,他付出的却少了;由此可见,有些人认为,资本的报酬是消费者的负担,这种顾虑是多么可悲和荒谬。他们难道永远不会懂得,对于每一特定的效果,资本所消灭的劳动要多于其所需的吗?

上述种种完全适用于小麦的生产。在人类创业之前,有两种巨大而无穷的自然业绩,连最先进的科学也还不知其奥秘。土壤和大气中散布着气体、盐类。电、亲和力、风、雨、光、热,生命常在我们不知道的情况下,连续忙于转移、加工、收缩、分割、结合这些元素;然而这种其活动和效用超出我们的评价甚至我们想象的奇妙业绩并无任何价值。价值是随着人的初次干预而出现的。人在这桩事里,如同在上述取水那桩事里一样,必须完成一项补充劳动。

为了控制这些自然力量,排除妨碍它们活动的障碍,人占有一个工具,这就是土地,这种占有无损于任何人,因为这个工具并无价值。这是无可争议的,这是一个事实。不论在地球上哪一个地方,你指给我看一块并未直接或间接受到人类活动影响的土地,我就会指给你看一块无价值的土地。

然而,农民,在大自然的配合下,为了实现小麦的生产,从事两类全然不同的劳动。一类与年成直接有关,并且只与年成有关而必须由年成来偿付;这就是播种、除草、收割、脱粒。另一类,例如建房、排水、开荒、筑篱等等,协助取得一系列连续的收成,其负担应在连续几年里摊付,这是人们可用所谓利息和折旧法则这种令人赞赏的办法来正确地做到的。收成形成对农民的报酬,如果他自己消费。如果他用来交换另一类服务,则对所交换的服务的估价就构成收成的价值。

现在不难理解,农民在土地上从事的这些永久性劳动是一项尚未得到,但终将得到其全部报酬的价值。他不能无偿地放弃其权利而让别人取而代之。价值已经同土地合并混为一体,所以人们完全可以用换喻形式说:土地有价值,它确实有价值,因为不以这些劳动的等价来交换,就不能取得它。但我主张的是,原来未从自然的生产力那里取得任何价值的这块土地,今天仍无价值。原本是无偿的自然力量,今天仍是,而且将始终是无偿的。完全可以说:这块土地有价值,但实际有价值的就是改良了土地的人类劳动，就是用在土地上的资本。于是，说土地的所有者，归根结底，只是他所创造的一种价值的所有者，他所提供的服务的所有者，那是绝对正确的；还有比这更为正当的财产吗？这种财产的创造无损于任何人；它既不截夺任何上帝的恩赐，又不从中征税。

不仅如此。投入的资本，虽然其利息应在连续的收成里分摊，并未因此而抬高价格和构成消费者的负担；并且随着资本的增加，即随着土地价值的增长，消费者将会以愈来愈优惠的条件取得农产品。我不怀疑，人们会把我的这种说法看成是一种过分乐观的谬论，人们是如此习惯于把土地的价值看成是一种天灾，如果不是看成一种不公正的话。而我却肯定一点：说土地的价值的创造无损于任何人，这还不够；说它对任何人都无害，这还是不够；必须说它有利于大家。它不仅是正当的，而且是有利的，即使对于无产者也是如此。

因为在这里，我们又看到关于水的现象的再现。我们曾说过，送水人发明了车子和轮子的那天，买水的人的确必须偿付两类劳动而不是一类：（一）为做轮子和车子所付出的劳动，或者不如说，这种资本的利息和摊还；（二）送水人仍需负担的直接劳动。但是这两类劳动的总和并不等于发明前人类必须从事的单一的劳动，这样说也是正确的。为什么？因为人类把一部分劳动转嫁给了大自然的无偿力量。发明的出现和采用就是为了减少这种人类劳动。

对于土地和小麦，情况完全一样。每当农民在永久性改良方面投资，这项资本的利息就是无可争议地由连续的收成来负担的。但同样无可争议的是，那个另一类实际的原始劳动更显得无用了，以致地主以及随后的买主以较少的代价就能获得每项收成,资本本身的作用恰恰在于以大自然无偿的协作来代替需要报酬的人类劳动。

现举例来说明。要想收成好,必须排除田里多余的水分。假定这种劳动仍属第一类:设农民每天用一把水壶去吸取有害的死水。显然,一年后,土地不会因此而具有任何价值,但收成的价格将大大提高。只要一直使用这一原始方法,随之而来的收成价格就将提高。如果地主开一条沟渠,土地就立刻获得一项价值,因为这种劳动属于第二类。这种劳动属于并入土地的那一类劳动,应由以后年份的收益来偿还。任何人如不偿付这种劳动,就不能取得这块土地。然而这种劳动有助于降低收成的价值,难道不是这样吗?虽然第一年它需要一项额外的努力,但它最终节省的努力要多于它当时所要求的,难道不是这样吗?今后,通过流体静力学的无偿定律,排水将比用人来做更为经济难道不是吗?小麦的买主将从中得到利益,难道不是这样吗?他们难道不应该庆幸土地取得了这个新的价值吗?概括说来,土地的价值终于证明,所实现的一项进步难道不是不仅对它的所有者有利,而且是对人类有利吗?因此,如果人类说:在小麦的价格上附加这条沟渠的投资利息和折旧费,即附加沟渠在土地价值里所代表的东西,这就是一种特权、一种垄断、一种盗窃,这会是多么荒谬和与自己为敌呀!对此,为了不再当垄断者和窃贼,地主只好去填上他的沟渠而恢复水壶的操作。无产者们,这样你们就会更满意了吗?

请环视一下那些综合构成土地价值的永久性改良,你们会对每一种改良有同样的看法。在破坏了沟渠之后,你们也去破坏篱笆，迫使农民去守卫他的田地；破坏水井、谷仓、道路、犁、平整的地、人造腐殖土；再把石子、杂草、树根放到田里，那时，你们就将实现了平均主义的乌托邦。土地将回复到原始状态，而人类随之亦然；土地将不再有价值。收成将不和资本有任何联系。收成的价格将摆脱人们称作利息的那个受诅咒的因素。一切，绝对地一切，将由实际的、肉眼看得见的劳动来做。政治经济学将变得十分简化。法国将用每平方里养活一个人。其余的人将因羸弱而死去；但是人们将不能再说，财产是一种垄断、一种不正当、一种盗窃。

因此，随着我们对交换、价值、资本、利息、财产、共同财产等观念进行分析，我们千万不可对这些展现在我们眼前的经济和谐麻木不仁。噢！我能全部加以分析吗？但我们也许已相当先进，我们能够承认，社会和物质世界一样带有上帝的手印，来自那里的明智和恩惠激发我们的钦佩和感激之情。

我不禁要在此再谈谈孔西德兰先生的一种想法。

他从土地具有一种不以任何人类业绩为转移的固有价值这个论据出发，从土地是一种原始的和非创造的资本这个论据出发，根据他的观点，有理由地得出一个结论，即从所有到篡夺的结论。这种所谓的不公平启示他反对现代社会制度的慷慨陈词。另一方面，他承认，永久性的改良给这种原始资本增加了一个剩余价值，这种附加物与资本混合得使人无法加以分离。于是怎么办呢？因为人们面临一项由两种成分组成的总价值，其一是劳动成果，是正当的财产，另一是上帝业绩，则是不公平的篡夺。

困难不小。孔西德兰先生用劳动权来加以解决。

"人类在土地上的发展当然要求不让土地处于荒野状态。因此,人类本身的命运就反对人对土地享有的权利保持其原始形态。

"野蛮人在森林里和荒野上享有四种自然权利:狩猎,捕鱼,采摘,放牧。这是权利的原始形态。

"在一切文明社会里,平民,这个毫无继承和一贫如洗的无产者,被无条件地剥夺了这些权利。因此,不能说,原始权利在这里改变了形式,因为它不再存在。形式随同实质的消失而消失了。

"然而,权利能以什么形式同创业社会的条件调和起来呢?答复是容易的。

"在野蛮状态中,人要行使他的权利,就必须行动。捕鱼,狩猎,采摘,放牧等劳动是行使他的权利的条件。因此,原始权利只是对于此项劳动的权利。

"那么!让占有土地并夺去人类在地面上能盲目而自由地行使其四项自然权利的那个创业社会承认个人有劳动权,以抵偿他被剥夺的权利吧!那时,在原则上,并在适当应用的条件下,个人将不再有什么可抱怨的了。

"因此,财产的正当性的必要条件就是,社会承认无产者的劳动权,并保证无产者从一定的活动中所能取得的生活资料至少同他在原始状态中所能取得的一样多。"

我再三说过,我不想同孔西德兰先生讨论实质问题。如果我向他证明,他所称的非创造的资本并不是什么资本,他所称的土地的剩余价值并不是剩余价值而是全部价值，他就应该承认他的论据完全垮台，而他对人类自亚当以来就认为适当的组织和生活方式的一切怨言也随之而垮台。但这场笔战会使我重申我对自然要素固有而不可磨灭的无偿性所说过的一切。

我将只限于指出，如果孔西德兰先生是以无产者的名义发言，那么事实上，他是如此的随和，以致那些无产者以为自己被出卖了。什么！地主们篡夺了土地和其中所完成的一切植物生长的奇迹！他们篡夺了太阳、雨、露、氧、氢和氮，因为它们至少是协作来形成农产品的，而你却要求他们，作为抵偿，保证无产阶级在一定的活动中所能取得的生活资料至少同在原始或野蛮状态中所能取得的一样多！

但是你难道没看到，地产并未等你下正式命令，就已经百万倍地慷慨好施了吗？因为，你的要求到底限于什么呢？

在原始状态中，你的四项权利：捕鱼、狩猎、采摘和放牧，在一贫如洗的情况下，在大约每平方里的面积上养活一个人，或者不如说，使一个人勉强度日。照你的说法，篡夺土地将会合法化，如果那些犯有篡夺罪的人在每平方里的土地上养活一个人，并且还要求此人发挥和一个北美工人或印第安人一样的能动性。请注意，法国只有三万平方里；因此，只要它维持三万人处于这种野蛮生活所提供的安逸状态中，你就以无产者的名义放弃对财产提出任何要求了。然而，有三千万法国人并无寸土，其中有：共和国总统、部长、官吏、银行家、商人、公证人、律师、医生、掮客、士兵、水手、教师、记者，等等，他们不会和一个犹太人交换他们的命运。因此，地产必须提供你所要求于它的更多的东西。你向它要求劳动权，直到一个确定的限度，直到它以一定的能动性作为交换，在群众中所分发的生活资料和在野蛮状态中的一样多。它还做得更好：它所给予人的比劳动权更多，它把劳动本身给予人，而且，即使不断纳税，这还是比你所要求的多百倍。

可惜！很抱歉，我还没有谈完地产和它的价值。我还得以尽可能少的词来提出和驳斥一个似是而非的，甚至是严重的异议。

人们将说：

——“你的理论被事实否定了。无疑，只要一个国家有大量荒地，仅仅这个事实就妨碍耕地在那里取得一项过分的价值。另外无疑的一点就是，即使那时全部领土转入占有领域，如果邻国有大量可耕地，交易上的自由也是以在恰当的限度内控制地产的价值。在这两种情况下，似乎土地的价格只能代表所垫支的资本，而地租只能代表此项资本的利息。由此，得出的结论就要像你所做的那样，即土地本身的作用及自然要素的参与既然一点不起作用，并且不能抬高收成的价格，它们就是无偿的，因而是共有的。这一切都是似是而非的。我们很难发现这种论据的欠妥之处，然而它是有缺陷的。要信服这一点，只需证明一个事实，即法国的耕地每公顷价值自100法郎至6 000法郎不等，以土地的肥沃程度不同来说明这种巨大的差别，比以过去的劳动不同来解释这种差别要恰当得多。因此，请不要否定肥沃性本身的价值：没有一份卖契不证明这一点。任何人买一块土地，都在检查它的质量后才付款。如果两块毗邻的田地地势相同，但其中的一块是肥沃的冲积地，而另一块则是沙地，当然第一块比第二块值得更多，即使两块地都消耗了同样的资本；老实说，买主对这种情况是不担心的。他的眼睛望着未来，而不是看过去。他所关心的并不是土地所消耗的，而是它将生产的，而且他知道，它的生产将以它的肥沃程度为转移。因此，这种肥沃性有一项固有的、内在的、不以任何人类劳动为转移的价值。谁主张相反的说法，谁就是想从一种烦琐中，或者不如说一种谬论中，得出个人占有的正当性。

——让我们找一找土地价值的真正起因。

请读者不要忘记，在我们的时代，这个问题是严重的。迄今，它可能受到经济学家的忽视或轻率的探讨；他们对它只有一种好奇心而已。个人占有的正当性过去未曾被人否认。现在则不一样。那些取得过大的成功的理论，在产权问题上，使最有知识的人也产生了怀疑。而这些理论的指控是根据什么呢？恰恰是根据我前面提出的异议中所含有的引证。恰恰是基于那个不幸为一切学派所承认的事实，即土地从它的肥沃性、从大自然那里得到一项固有的、并非由人类传给的价值。然而价值并不能无偿地让与。价值这个名称本身就是与无偿观念不相容的。因此，人们对地主说：你向我索取一项是我劳动成果的价值，但是你，作为交换，向我提供的却是另一项既不是你的劳动成果，也不是任何劳动成果的价值，而是大自然的布施。

要知道，如果这种指控是有根据的，那就是可怕的。它并不是孔西德兰和普鲁东先生所首创的。在斯密、李嘉图、西尼尔、所有经济学家的著作中，无一例外地都有这样的指控；它不仅仅是理论，而是指控。这些作者并不限于赋予土地一项超人的价值，他们还公开地推论其后果，并给地产加上特权、垄断、篡夺等名称。事实上，他们在这样谴责地产之后，却以必要性的名义为地产辩护。

但是这样的辩护，如果它不是共产主义的理论家所急于弥补的一种辩证法上的缺陷，那又是什么呢？

因此，我之所以谈这个不易处理的问题，并非出于对那些微妙的论述的一种可悲的倾向。我本想使读者和我自己避免厌倦，我预感到在本章末要出现的那种厌倦。

我对于异议的答复见第五章中所阐述的价值理论。我曾说：价值并不是主要地牵涉到劳动；它更不是主要地同劳动成正比。我曾指出：价值的基础不是出让人所付出的辛劳，而是接受人所避免的辛劳。正因为如此，我才把价值放在包括这两个因素的某种事物中：服务。我说过，人们可以通过轻微的努力来提供大的服务，有如通过大的努力，人们只能提供很平凡的服务一样。结果是，劳动并不总是必然地获得与其强度成正比的报酬。这对于孤独的人和社会中的人来说，都是如此。

价值是在缔约双方商讨后决定的。然而，其中每一方对这个商讨都有其自己的观点。你给我小麦。这个小麦耗费了你多少时间和辛劳，这和我不相干！我所特别关心的就是，我到别处去取得小麦所要耗费的时间和辛劳。你对我的情况了解程度可以决定你的要价；我对你的情况了解程度也可以使我决定是否急于成交。因此，没有一个必需的尺度来衡量你从劳动中将得到的报酬。这取决于我们之间进行交换的两种服务的条件和这些条件定出的价格。我们不久将指出一种称作竞争的外来力量，它的使命是调节价值，并使其愈来愈与努力成正比。这种比例性始终不是价值的本质，因为它只是在一种偶然事实的压力下成立的。

在提醒了这一点之后，我说，土地的价值就像黄金、铁、水、律师的咨询、医生的诊治、艺术家的歌唱、舞蹈或者图画的价值那样，像一切的价值那样产生、浮动和固定下来；它不服从特殊法则；它构成一种与任何其他财产同样来源、同样性质、同样正当的财产。但是不能因此而说，在两项用于土地上的劳动中，一项劳动的报酬不能大大多于另一项，这一点是现在应该了解的。

让我们再谈谈那个行业，在所有行业中那个最简单的行业，它最能向我们表明区别人类有偿劳动和大自然无偿协作的那个微妙之处。我说的就是送水人的平凡行业。

有一个人取了一吨水并挑回家去。他是不是一个必然与其劳动成比例的价值的所有者？在此情况下，这个价值就会和它所提供的服务毫无关系。而且，它会是不变的，因为过去的劳动是不会再变得多一些或少一些了。

那么，在取得了这吨水的翌日，这吨水可以丧失全部价值，如果，比方说，头天夜晚下了一场雨，在这种情况下，每个人都有了水；水不能提供任何服务；人们不再要它了。用经济学的术语来说，没有对水的需求。

相反，水能取得一个巨大价值，如果出现了异常的、意外的和急迫的需求。

结果如何呢？那就是，为未来而劳动的人，不能确切地预先知道这个未来保留给他的劳动什么价格。随着一件物品将提供多少服务，这件物品含有的价值也将大小不同，或者确切地说，作为此项价值来源的人类劳动，将视情况而收到或多或少的报酬。预测就是基于这样的可能发生的情况而做出的，而这个预测本身也有取得报酬的权利。

但是,我要问,在价值的这些变动之间有什么联系?在劳动报酬的变动性和那奇妙的大自然业绩之间有什么联系?大自然业绩无须我们参与就把海洋的水送到水源。由于这吨水的价值可视情况而变动,那么,是否必须得出结论说,大自然为了供应水源进行着一系列奇妙的活动,诸如蒸发、云从海洋到山岭的移动、冰冻、溶解,而为此索取的报酬却有时多,有时少,有时不取分文。

对于农产品也是如此。

土地的价值,或者不如说,用于土地的资本的价值,并不只有一个因素,而是两个因素。它不仅取决于在其中所消耗的劳动力,而且取决于社会偿付这个劳动的能力,取决于供与求。

这里有一块田地。每年,人们都在其上进行一些具有永久性效果的劳动,因而其价值有所增长。

此外,道路修得近了,并且得到改善了,安全变得更为充分了,销路扩大了,人口在数目上和财富上增长了;耕作的种类、智慧、才干都有了新的活动天地;而这种环境变迁和这种普遍繁荣的结果就是为现时的或过去的劳动提供额外报酬,从而使田地的价值增长。

这里不存在有利于地产的不公正和例外。从银行业务到体力劳动,任何一种劳动无不提供同样的现象。任何一种劳动的报酬无不由于劳动环境的改善这个唯一事实而得到改善。人人幸福和大众幸福的这种相互作用和反作用就是价值的法则。如果人们能从而得出结论说,土地本身或其生产力会有一种所谓的价值,脑力劳动,没有物质和物理定律参与的行业都享有同样普遍的利益,那是非常错误的。随着律师、医生、教师、艺术家、诗人所属城市和国家在福利方面的增长，随着人们对于他们的服务的爱好或需要的扩大，随着公众更需要他们而且同时必须又能够更好地报酬他们，他们就能够以相同的劳动获得更多的报酬。客户、事务所、老顾客的转让就是按照这个原则进行的。而且，因身材畸形而以展览为生的巨人和侏儒，在大都市众多而富裕的好奇人群面前展览要比给几个稀少而穷苦的村人看有利得多。这里，需求不仅有助于价值的形成，它还构成全部价值。需求也影响到土地或农产品的价值，这为什么是例外的或不公正的呢？

有人会借口说，土地不是将因此达到一种过分的价值吗？说这种话的人无疑从未思索一下可耕地所吸收的大量劳动。我敢肯定，法国没有一块田地价值等于它所消耗了的东西，没有一块田地能够交换到为达到它目前的生产力状态所需的劳动。如果这个观察是有根据的，它就具有决定性意义。它不让地产对任何不公正的征象承担责任。所以在审查李嘉图关于地租的理论时，我还要谈这一点。我将要指出，人们也应该把下述普遍法则应用于土地资本。这条法则是：随着资本的增长，产品在资本家或地主和劳动者之间的分配是按下述情况进行的：前者的**相对**份额不断缩减，虽然其**绝对**份额有所增加，而后者的份额则在两方面均有增加。

那个使人相信生产力由于有效用而具有价值的错觉，招致不少失望和灾难。它往往把人推向不合时宜的垦殖，其历史只是一本悲惨的蒙难者的名册而已。那些人是如此推理的；在我们的国家里，我们只能通过劳动来获得价值；而我们在劳动之后，却只有一项与我们的劳动成比例的价值。如果我们到圭亚那去，到密西西比河边去，到澳洲、非洲去，我们就会占有大片荒芜但是肥沃的土地。作为我们的报酬，我们会成为我们所创造的价值和这些土地固有的价值的所有者。于是人们出发了，但是一个残酷的经历将随即证实我在此阐述的理论的真理。人们劳动、开垦，疲惫不堪，面临匮乏，痛苦，疾病；接着，如果有人想转售那块已适于生产的土地，却收不回为土地所消耗的代价，于是他不得不承认，价值是人创造的。谁能给我列举一个在开始时并未遭受失败的殖民行动的例子？

> “一千多个工人被送往天鹅河；但土地极低的价格（每亩1先令6便士，即不到2法郎）和高昂的人工让他们感到成为地主的愿望和便利条件。在那里，资本家再也找不到人来为他们劳动。500万资本在那里耗尽，而殖民地则变成了一片荒凉场所。为了得到当地主的不切实际的满足，工人们抛下了他们的老板，农具生锈了，种子发霉了，成群的家畜由于缺乏照料而死亡了。唯有可怕的饥馑能够治好劳动者的迷恋。他们回来向资本家要求工作，但是太晚了。”（见《南澳大利亚协会会刊》）

协会把这种失败归咎于土地的廉价，并把价格提高到12先令。但是上述引文的作者加莱又说，真正的原因是，工人们深信，土地具有不以劳动为转移的固有价值，因而急于占有这种所谓的价值，他们以为这个价值能含有地租。

下文向我提供一个更为切实的论据。

“1836 年，最初买主以每亩 1 先令的价格购买天鹅河的地产。”(《新月刊》)

就这样，在公司以 12 先令售出的这块土地上，虽然买主们已经耗费很多劳动和金钱，他们却只以 1 先令转售出去！那么，不可摧毁的自然生产力[①]的价值在哪里？

我在百忙中断断续续分作几次写的这一章里，我觉得，土地价值这个广泛而重要的问题还没有讨论完，日后我还要谈；但我在结束本章之前，不能不向读者，特别是向经济学家，提出一个意见。虽然这些学者曾使政治经济学获得进步，虽然他们的著作和生活表现出善意和博爱，虽然，至少在某一方面和在其探究范围内，他们揭露社会问题的真正解决办法，然而这些魁奈们、杜尔阁们、斯密们、马尔萨斯们、萨伊们都逃不过诽谤、诋毁、粗俗的辱骂(我不说逃不过驳斥，因为人们始终有权利驳斥)。攻击他们的著作，甚至他们的意愿，几乎已成为一种时髦的情况。有人也许会说，我在本章中把武器供给他们的诽谤者。但是我郑重声明，要我去背叛我看作是我的启蒙人、我的导师、我的老师的那些人，这个时机的确选择得太坏。但是，最高的权利毕竟不是属于真理，或者属于我真诚看作是真理的事物吗？世界上，在哪一本书里不存在一些错误呢？然而，在政治经济学领域，如果人们紧逼一个错误，折磨它，向它要合乎逻辑的后果，这个错误就包含一切结果；它以混乱告终。所以我们在任何一本书里都能找出一个孤立的、不完整的、错

① 李嘉图语。——原注

误的主张，从而造成一大批错误和混乱。因此，我认为，经济学家们给价值这个词所下的定义就是属于这一类。我们刚才看到，这个定义导致他们自己对于地产的正当性，并通过推论，对于资本产生了一种危险的怀疑；他们只是由于前后矛盾才没有在这条令人沮丧的道路上走得更远。他们重新走上了真理的道路，而他们的错误，如果说这是一种错误的话，则是他们的著作中的一个孤立的污点。社会主义拿起了这个错误的定义，不是为了予以驳斥，而是为了加以采用，加以证实，把这个错误作为它的宣传的出发点，并表明其一切后果。这一点在我们今天是一个迫在眉睫的社会危险，所以我才认为，我有义务说出我的整个思想，追溯到错误理论的根源。那就是，如果有人想诱导我同我的老师斯密和萨伊、我的朋友布朗基和加尼埃分手，只是因为在他们渊博而优秀的著作的一行里，按我的看法，他们用错了价值这个词。如果有人从而得出结论说我不再信任政治经济学和经济学家，那么，我只能提出抗议，我这本著作的标题就是最强烈的抗议。

第十章　竞争

在政治经济学的全部词汇中，没有一个词比竞争这个词更会激起现代改革家们的愤怒了。为使这个词更加可恶起见，他们总是免不了把无政府状态的这个形容词同它结合在一起。

无政府状态的竞争是什么意思？我不知道。能用什么词来代替它？我更不知道。

我听见有人对我叫嚷道：组织！结社！但这是什么意思呢？我们必须一劳永逸地统一我们的思想。我终究必须知道，这些作家想要对我和所有生活在地球上的人行使哪一类的权力；因为，事实上，我只承认他们有一种权力，那就是讲道理，如果他们有道理可讲。那么！当关系到我的生活时，他们想要剥夺我判断的权利吗？他们很想剥夺我对我所提供的和我所接受的服务作比较的能力吗？他们想要我在他们的强制下行事，而不是按我的理性行事吗？如果他们让我有自由，竞争就会存在下去。如果他们剥夺我的自由，那么，我只好沦为他们的奴隶。他们说，结社将是自由的和自愿的。好极了！那么，每个社团和其他社团的关系将会和我们现在每个人和其他人的关系一样，于是，我们仍会有竞争。结社将是全面的。这超出玩笑的范围了！什么！无政府状态的竞争目前正在折磨社会；而为了治疗这个病症，难道我们必须根据对你们著作的信任，等待世界上所有的人，法国人、英国人、中国人、日本人、卡菲尔人①、霍屯督人②、拉普人③、哥萨克人、巴塔哥尼亚人④同意永远被系在你们想象出来的一种社团形式之中吗？但是你们要注意，这就是承认竞争是不可摧毁的；而你们竟敢说，一种不可摧毁的，因而是天意的现象能是有害的吗？

总之，竞争究竟是什么？它是否像霍乱那样一种本身就能存在和行动的东西？不，竞争只是没有压迫的情况而已。我所感兴趣的是，我要为我自己进行选择，而不要另一个人不顾我的心愿而为我作出选择；仅此而已。如果某人企图在有关我的事务中，以他的判断来代替我的判断，我就要求，在有关他的事务中，也以我的判断来代替他的判断。使事情进行得更好的保证在哪里呢？显然就是竞争，就是自由。取消行动的自由，就是取消选择、判断、比较的可能性，因而就是取消选择、判断、比较的能力，也就是扼杀智慧，就是扼杀思维，就是杀人。不论那些现代改革家们从哪个角度出发，他们始终要走上这一条路；为了改善社会，他们以消灭个人开始，借口一切邪恶都来自个人，就和一切善良不会来自个人一样。我们已看到服务之间的交换。实际上，我们每个人在这个世界上都有责任用自己的努力使自己得到满足。因此，如果有一个人让我们避免一种辛劳，我们就应该也让他避免一种辛劳。他通过他的努力给予我们一项满足，我们对他也应该这样做。

---

① Cafiers，非洲东南部沿海一带说班图语的部分居民。——译者

② Hottentots，西南非洲人。——译者

③ Lapons，欧洲斯堪的纳维亚半岛北部居民。——译者

④ Patagons，阿根廷南部居民。——译者

但是由谁来进行比较呢？因为，在这些努力、这些辛劳、这些被交换的服务之间，必须有所比较，以便达到平等、公正，除非有人把不公正、不平等，偶然性强加给我们作为准则，但这就是无视人类智慧的另一种方式。因此，必须有裁判者。谁是裁判者呢？在每一种情况下，需要应该由那些感到需要的人来判断，满足应该由那些寻求满足的人来判断，努力应该由那些交换努力的人来判断，这难道不是很自然的吗？有人向我们提议，用一种社会权威性（即使是改革家本人的权威性）来代替当事人的那种普遍的审慎心，由这种社会权威性在世界各地决定那些无数的交换的微妙条件，这样的提议难道是严肃的吗？人们难道看不出，这是想建立连奥斯曼帝国时期的总督或回教教长都绝对想不出的一切专政中最不可靠的、最普遍的、最直接的、最专横的、最难以忍受的、最流行的、最隐秘的，幸而也是最不可能建立的一种专政吗？

只需知道，竞争不是别的东西，而只是不把专制权力作为交换的裁判者，这就足以得出结论说，它是不可摧毁的。滥用强制力无疑可以限制、干扰、妨害交换的自由，就像限制、干扰、妨害走路的自由那样，但是用强制力来消灭这种或那种自由却只会连人一起消灭掉。情况既然如此，就必须知道，竞争是给人类带来幸福还是不幸；这个问题，归结起来，就是：人类究竟是前进的，还是倒退的呢？

我敢说：我们完全可以称之为自由的竞争，尽管有人对它有反感，并大声痛斥它，它在本质上却是民主的规律。这是神赋予人类社会进步的诸规律中最进步的、最平等的、最共同的规律。它让大自然似乎原来只无偿地给予某些国土的那些福利的享受陆续落入共有领域。它还让每一代的天才用来增加后代财富的那些成就也落入共有领域，只留下可以彼此交换的一些补充性劳动，而这些劳动并不能为自然要素的协作索取报酬；如果这些劳动具有一个与其强度不成比例的价值，这在初期是常有的情况，还是竞争，通过其无形的但持续的作用，把一种为公正所承认的平衡重新建立起来，这种平衡要比人类管理机构的不可靠的洞察力徒劳地试图建立的那种平衡更为准确。竞争远不像有些人所指控的那样，它不是在不平等方面发挥作用，可以肯定的是，任何人为的不平等都是由于缺乏竞争；而如果大喇嘛和印度贱民之间的鸿沟要比美国总统和工匠之间的鸿沟更深，这是因为竞争（或者自由）在亚洲受到了压制，而在美国则不然。所以，当社会主义者把竞争看成一切邪恶的原因时，就必须在竞争所遭到的损害中寻找扰乱一切善良的原因。尽管社会主义者及其信徒们不承认这个伟大的规律，尽管它的方法往往是粗暴的，但是它在社会和谐方面所起的作用最大，它的一般结果对人类最有利，它以最明显的方式证明，上帝的意图与人类的枉费心机的和无能为力的策划相比，具有无法衡量的优越性。

我应在此再提出社会秩序的奇特的，但是无可争议的效果，我已提请读者予以注意。这个效果，我们常常因司空见惯而不在意。这就是：社会每个成员所获得的满足总和大大高于他以本身努力所能获得的满足总和。换言之，在我们的消费与劳动之间存在一种明显的差异。如果我们每个人注意一下我们自身，就能不难看到这个现象，我认为，它应该唤起我们对于社会的某种感激之情。

我们是空手来到这个世界上的，受到无数需要的折磨，而且我们只有对付这些需要的一些能力。不言而喻，似乎我们所能要求的就是获得与我们的劳动成比例的满足。如果我们的满足增多了，无限地增多了，这些超额的满足是从何而来的呢？恰恰是来自我们不断反对，甚至想摧毁的那个自然组织。

这个现象本身确实是奇特的。有些人消费的多于他们生产的，解释这种情况很容易，那就是，他们不是用这种或那种方式篡夺了他人的权利，就是接受了服务而不予偿还。但是，难道所有的人都能同时这样做吗？在无强制、无掠夺的条件下，在等价的基础上交换了他们的服务之后，他们当中每个人怎么会真心实意地想到：我一天所毁灭的要多于我用一个世纪也不能创造的！

读者知道解决这个问题的额外因素，那就是在生产事业中自然要素所提供的愈来愈有效的协作，就是不断落入共有领域的无偿效用，就是逐渐加入到人类劳动中的热、冷、光、引力、亲和力、膨胀力，这些因素使服务变得更容易，从而减少服务的价值。

如果读者认为，仅仅由于自然力量的协作代替了一部分人类劳动这个事实，价值就立即自行降低，那就可能是，我没有把关于价值的理论阐述清楚。不，情况并非如此，因为，人们于是就可像英国经济学家们那样说：价值是同劳动成正比的。谁取得大自然无偿的力量的帮助，谁就更容易提供他的服务，但他并不因此而会自愿放弃任何一份惯常的报酬。要使他放弃，就必须使用一种外来的、严厉的，但不是不公正的强制。这种强制就是由竞争来行使的。只要没有竞争，只要利用一种自然要素的人能保持其秘密，他的这种自然要素无疑就是无偿的，但还不是共有的；即使这个成就实现了，它也只是对一个人或一个阶级有利。它还不是一种有利于全人类的恩惠。世界并没有丝毫改变，只是服务的性质，虽然免除了一部分辛劳重担，还要求全部报酬。一方面，有一个人要求他所有的同胞付出和以前同样的劳动，虽然他只向他们提供业已减少的劳动；另一方面，全人类仍须在时间和劳动方面作出同样的牺牲来获得一种已经由大自然部分实现的产品。

如果情况竟然是如此，那么，任何发明的出现就会给世界引进一种极不平等的原则。人们将不仅不能说：价值同劳动成正比；也不能说：价值趋于同劳动成正比。我们在前面各章中，关于无偿效用和逐渐共有的论述就可能全是空想。于是下述情况也不会是真实的，即：在服务交换过程中，上帝的恩赐也随之辗转易手而最后交给消费者。每个人，除了为他的劳动索取报酬外，还要永远为曾被他利用的那部分自然力量索取报酬；总之，人类将是基于普遍的垄断的原则而构成的，而不是基于逐渐共有的原则。

但情况并非如此。上帝把热、光、引力、空气、水、土地、奇妙的植物生长力、电，以及不胜枚举的其他无数恩惠赐予其创造的全人类，上帝把个人利益赋予每个人而个人利益就像磁铁那样把一切吸引到自身。我说，上帝也在社会秩序内部放入了另一个动力，让这个动力来保持其恩惠的原来性质：无偿性，共有性，这个动力就是竞争。

因此，个人利益就是一种无法驾驭的个人主义力量，它促使我们追求进步、发现进步，它鞭策我们去寻求进步，但也使我们垄断进步。竞争则是另一种无法驾驭的人道主义力量，它随着进步的实现而从个人手里夺取进步，以便让人类大家庭共同承袭它。这两股力量在各自单独行事时，可以受到批判，但结合起来，它们就共同构成社会和谐。

顺便说一下：不足为奇的是，作为生产者的个人，其特性就是由个人利益来体现的；他自有世界以来就反对竞争，他谴责竞争，乞援于暴力、诡计、特权、诡辩、垄断、限制，政府保护等等来摧毁竞争。他的手段的道德性足以说明他的目的的道德性。但是令人吃惊和痛心的是，被社会主义学派，以博爱、平等、友爱的名义，如此热心地宣扬的政治经济学本身(当然是假的政治经济学)竟然支持以最狭隘的意义表现出来的个人主义行为，而抛弃人类的事业。

让我们现在看看竞争的作用。

人类在个人利益的影响下，始终而且必然追求能给予其服务以最大价值的机会。他很快认识到，对于上帝的恩赐，他能以三种方式受惠：

(1)或者他独自侵占这些恩赐；

(2)或者他独自知道利用这些恩赐的方法；

(3)或者他独自拥有能使这些恩赐协作的工具。

在上述的任何一种情况下，他都可以用自己少量的劳动来换取他人大量的劳动。他提供的服务有一个相对高的价值，于是，有人认为，此项超额的价值是自然要素所固有的。如果诚属如此，这个价值就是无法减少的。价值存在于服务里的证明就是，我们将看到，竞争在减少服务的同时也减少价值。

(1)自然要素这些上帝的恩赐不是均匀地分布在地球上的。从松柏生长区到棕榈生长区，植物的种类是多么层出不穷！在这里，土地比较肥沃，在那里，温度使植物生长较快；在某处可以发现石头，在另一处则发现石灰石、铁、铜、煤。并不是到处都有瀑布，也不是到处都能利用风力。为发现必需品，我们付出的努力，仅在距离上所遇到的障碍，就有千差万别；就是人的才能也在一定程度上，根据气候和种族的差异而有所不同。

不难理解，如果没有竞争法则，在上帝恩赐的分配上的不平等就会导致人类生活状况相应的不平等。

谁得到一项大自然的好处，谁就会自己享用它，而不会让他的同胞去享用。其他的人要付给他由他随意规定的一项非常高的报酬，他才会允许他们通过他来分享那个好处。他会随意规定他的服务的价值。我们在前面已看到，决定价值的两个极限是提供服务的人所付出的辛劳和接受服务的人所避免的辛劳。如果没有竞争，什么也阻止不了价值定在上限。例如，热带人就会对欧洲人说："由于我这里的太阳，我能以等于10的辛劳获得一定数量的糖、咖啡、可可、棉花，而在你那寒冷的地区，你就必须依赖暖房、火炉、掩蔽处，付出等于100的辛劳才能获得这些东西。你向我要糖、咖啡、棉花；如果在交易中我只考虑我已付出的辛劳，谅你也不会生气吧。可是我，我却主要考虑我让你避免的辛劳，因为我知道，这是你可接受的限度，我就以此作为我的要求。既然我以等于10的辛劳做出的东西，在你那里却需要100，如果我问你要一件你曾付出等于101的辛劳来生产的产品换取我的糖，你一定会拒绝我；但是我只要求你99的辛劳。你会赌气一些时间，然后，你会接受我的要求，因为，按照这个比率，你在交易中仍旧有利可图。你会觉得这个基础不公正，但是上帝毕竟把高温赐给了我，而不是你。我自知能够充分利用你所缺乏的这种上帝的恩惠来为我谋利,如果你不同意我的定价,你就不能享用这种恩惠,因为我没有竞争者。这是我的糖、我的可可、我的咖啡、我的棉花。你接受我的条件就买,不然,你就自己去生产,或者你就放弃这些东西。"

当然,欧洲人可对热带人说出一番类似的话:"你去翻土,掘井、寻找铁和煤吧。如果你能找到,就祝贺你自己吧,因为,否则,我也决心把我的要求提高到极限。上帝赐给了我们这两个宝贵的礼品。我们先从其中取得我们所需的一切,然后如果别人不付给我们一项特殊好处,我们就不让他们染指。"

如果情况是这样,政治经济学的严谨性还是不会容许把基本存在于服务里的价值划归自然要素。但是难免会搞错,因为结果可能是绝对一样的。服务还总是会和服务交换的,但是它们不会趋向于以努力、劳动来进行衡量了。上帝的恩赐竟会成为个人的特权,而不是共同的财富,我们也许竟然能以某种理由抱怨造物主,怪他以如此无法补救的不平等对待我们。我们在这世界上还是兄弟吗?我们还能把我们都看作是同一个父亲的子女吗?竞争的不存在,即自由的不存在,首先就会是对平等的一个不可克服的障碍。平等的不存在就会排斥任何博爱的观念。共和的口号就会荡然无存了。

但是让竞争来吧。于是,我们将看到,它把下列情况予以根除:独占市场,垄断上帝的恩赐,在服务评价中的令人愤慨的苛求,在所交换的努力中的不平等。

首先,我们要看到,竞争必然要发生,因为它就是由那些不平等所引起的。劳动总是本能地到报酬最好的地方去,并会制止这种反常的利益,使得不平等只能是把我们不由自主地引向平等的一种刺激。这是社会机制最美好的最终意向之一。把财富普施大地的上帝似乎选择了贪婪的生产者在众人之间进行公平的分配；私人利益竟不断实现它始终要避免的一切，这确实是一个奇妙的情景。人作为生产者，不可避免地、必然地被重酬所吸引，并且因此而把重酬列入规则之内。他服从的是本身的利益，而他无意之中遇到的是什么呢？大众利益。

因此，再就上述例子而言，热带人利用上帝的恩赐来接受重酬；就是这个动机给他招引来了竞争。人类就是以一种与不平等的程度成比例的热情进行劳动的；这个不平等不消灭，人就不会有安宁。人们看到，等于10的热带劳动，在竞争的作用下，陆续和等于80、60、50、40、20最终等于10的欧洲劳动进行交换。在大自然特殊规律的支配下，没有任何理由不让情况发展到这个地步，也就是说，没有任何理由不让所交换的服务以劳动、以付出的辛劳来进行衡量，既然这是在双方都接受上帝的恩赐的情况下进行的。然而，当情况已是如此时，为了赞美发生的变革，就必须对这种变革做出很好的评价。首先，双方付出的辛劳是相等的，这就能满足始终渴望公正的人类良心。其次，上帝的恩赐到哪里去了？这是值得读者予以充分注意的问题。它未曾从任何人手里收回。在这方面，我们不要为热带生产者的叫嚷所动。只要巴西人自己消费糖、棉花、咖啡，他就始终受益于他的太阳的热，因为慈善的太阳在生产上一直在帮助他。他所丧失的仅仅是在欧洲居民的消费上获取暴利的那种不公正的能力。上帝的恩泽，由于它本来是无偿的，应该成为，并已变成了共有的：因为无偿性和共有性的本质是相同的。

上帝的恩赐变成了共有的(请读者注意,我在此使用一个特殊事例来阐明一个普遍现象。),我说,它是对全人类变成了共有的。这并不是夸大其词,而是表达一个精确的真理。为什么这个美好的现象却被漠视了呢?因为共有性是在被消灭的价值这种形式下实现的,而我们的思想却很难理解被否定的事物。但是,我要问,如果为获得一定数量的糖、咖啡或棉花,我只出让为自己生产这些东西所必须付出的辛劳的1/10,而这是因为太阳在巴西做了工作的9/10,我难道不是当真以劳动交换了劳动吗?除了巴西人的劳动之外,我难道不是确实还获得了热带气候的协作吗?我是否可以非常精确而肯定地说,在有关的生产方面,我和所有的人、和印第安人、美国人一样,都变成了大自然无偿的施与的领受者呢?

英国这个国家拥有大量煤矿。这无疑是一个地域性的优势,特别是,如果我们假定欧洲大陆上没有煤。如果没有交换,英国人的优越之处就在于他们比其他国家的人民有更多的燃料,就在于他们无须像其他国家的人民那样占用那么多的有用时间,而以较少的辛劳取得燃料。一旦交换出现,撇开竞争不谈,英国人,由于独占煤矿,就可以要求巨额报酬,并抬高他们的辛劳的价格。我们既不能自己付出此项辛劳,又不能向他处求援,就只能听从他们。从事这种经营的英国劳动所得的酬劳于是就很可观;换言之,煤价高了,大自然的恩泽可以看作是授予一国人民的,而不是授予全人类的。

但这种情况不能持久;有一条强大的自然的社会规律在反对它,这就是竞争。由于这类劳动的报酬在英国很可观,人们就都趋之若鹜,因为人们永远寻求重酬。矿工的人数将随着到来的新人和自身的繁衍而增加;于是他们就降低对报酬的要求;他们将满足于日益减少的报酬,一直到此项报酬下降到正常状态,下降到通常在国内一切类似的劳动的报酬水平。这就是说,英国煤的价格将在法国下跌;这就是说,一定数量的法国劳动将获得愈来愈多的英国煤,或者不如说,将获得数量愈来愈大的渗入煤中的英国劳动;最后,这就是说,也就是我提请大家注意的一点,大自然原来似乎只赋予英国的东西,实际上,它却赋予了全人类。纽卡斯尔的煤被无偿地施与所有的人。这既非谬论又非夸张;煤是以无偿名义施与众人的,有如湍流之水那样,唯一的条件是付出辛劳去找寻,或者把此项辛劳偿还给那些代我们取得煤的人。我们买煤时所偿付的并不是煤,而是采煤和运煤所必须付出的劳动。我们只限于付出等于我们为酿酒或制丝绸所规定的劳动量。的确,大自然的施与延伸到了法国,我们偿还的劳动并不多于在法国采煤时所必须付出的劳动。就煤而言,竞争在两国人民之间带来了平等,除了距离和运输所造成的不可避免的细微差别。

我引用了两个例子。为了使这个现象的重要性更为醒目起见,我选择了大规模进行的国际交往。我担心,我这样做会使读者看不到在我们周围和在我们最熟悉的交易中不断起作用的同样现象。请读者拿起一件最普通的物品,例如一个杯子、一颗钉子、一片面包、一块布、一本书。请读者对这些平凡的产品思考一下。请想一想,如果没有竞争,对于生产者来说,有多少无法计算的无偿效用对他确实始终是无偿的,但对于人类来说,却永远不会成为无偿的,即是说,永远不会变成共有的。你要知道,幸亏有竞争;你买这片面包时,才不会为太阳的作用、雨水、冰冻、植物生长规律,甚至土壤本身的作用支付任何款项；你也不会为磨坊主所利用的引力定律、面包师所利用的燃烧定律、赶车人使用的畜力付出任何代价；你只偿付人类为提供服务所付出的辛劳；你要知道，如果没有竞争，你就会必须为这一切自然因素的参与而另外付出一笔费用；这笔费用的限度就是你通过自己的努力去获取面包所感受到的困难；因此，你一生的劳动也不足以应付向你索取的报酬；请想一想，你使用的每一样物品都可以，并应该引起你同样的思考，而这些思考，对于生活在地球上的所有的人也同样是正确的：于是，你就会了解社会主义理论的缺陷，这些理论只看到事物的表面、社会的表皮，于是就如此轻率地起来反对竞争，即反对人类的自由；你会了解，竞争是在维护大自然在地球上所不平均地分布的那些恩泽的无偿性和共有性这双重特性，因此必须把它看作是一种公正而自然的平等化的原则；应该把它看作是遏止个人利益中利己主义的力量，它和个人利益如此巧妙地结合在一起，一方面限制其贪婪性；另一方面又鼓励其能动性；应该赞美竞争，把它看作是上帝对全人类大公无私的关怀的一个最明显的表现。

从上述情况，人们可推论出最引起争论的那些问题之一的解决办法，即一国人民对另一国人民的自由贸易问题的解决办法。如果（我认为这是无可争议的）世界上所有国家由于竞争而彼此之间确实只交换劳动，即愈来愈相等的辛劳，同时又彼此出让各自拥有的自然利益，那么，如果有些国家借口说外国产品价廉，对照它们的全部效用，这些产品没有多少价值（这正是因为它们含有一大部分无偿效用），因而以法律手段抵制这些外国产品，这样的国家是多么盲目和荒谬啊！

我已说过，并在此重申：当我看到一种理论与普遍实践一致时，这种理论才得到我的信任。然而，肯定的一点是，各国之间会进行某些交换，如果不用强制力来禁止。只能用刺刀来阻止交换，因此阻止就是错误的。

(2)另外一种情况使某些人，在报酬方面，处于有利而特殊的地位，这就是他们能够掌握有关垄断自然要素的方法的知识。所谓发明，就是人类天才的一种成就。必须看到，这样的美好而和平的征服，在开始时，是征服者的财富源泉，但在竞争的作用下，它们不久就变成大家共有的和无偿的产业。

大自然的力量是属于大家的。例如，引力是一种共同财产，它围绕我们，它渗透到我们体内，它统治着我们。然而，如果只有一种方法使它有助于一个有用的和特定的结果，而且只有一个人知道这个方法，那么，这个人就能抬高他的辛劳的价格，或者拒绝从事这种辛劳，除非以重酬来作为交换。他在这方面的企图所能达到的限度就是，他向消费者提出的要求高于旧方法所需的辛劳。例如，他能减少生产物品 x 所需劳动的 9/10。但 x 目前的市价是由按通常方法生产所需的劳动来确定的。发明者以市价出售 x，换言之，他的劳动所得相当于竞争对手的 10 倍。这就是发明实现后第一阶段的情况。

首先请注意，它丝毫无损于公正。为大家发现一个有用的方法的那个人得到他的报酬，这是公正的：这是按劳取酬。

再者，直到现在为止，除了发明家之外，人类只在远景上获得了好处，因为，为了取得产品 x，人类还在付出和从前一样的辛劳。

然而，发明进入它的第二阶段，即仿造阶段。过高的报酬自然会引起觊觎。新方法推广了，x 的价格日趋降低，报酬也随之减少。而且，仿造同发明的时期相隔愈远这种情况就愈明显，即是说，这时，仿造变得更容易、更难出人头地，因而不值得赞赏，其产品价格当然也就下跌。最明智的和最大公无私的立法肯定要承认这一点。

最后，发明达到它的第三阶段，这是它的最终阶段，即它的普遍推广、共有性、无偿性的时期；当竞争把 x 的生产者的报酬拉回到对一切类似的劳动所付给的一般的和正常的报酬水平时，发明的周期就完成了。于是，那个假设的发明所节省的 9/10 辛劳就成为有利于全人类的一种征服。x 的效用依旧存在；但是其中 9/10 是由引力投入的，这个引力过去只是在原则上为大家所共有的，而在这次特殊应用中，它才真正成为大家所共有的了。事实确是如此，世界上所有的消费者都被允许以过去辛劳的 1/10 的代价购买 x。剩下的部分已被新方法完全消除掉了。

如果人们愿意考虑到，没有一项人类发明不是经历这个周期的，x 在这里只是代表小麦、衣服、书籍、船只的一个代数标记，为了生产这些东西，已有无数的辛劳或价值被犁、纺织机、印刷机和船帆取消了；这种观察结果适用于最平凡的工具，也适用于最复杂的机械，例如钉子、楔子、杠杆、蒸汽机和电讯装置；那么，人们就将了解，下述重大问题是如何在人类中得到解决的：数量日益巨大和日益均匀地分布的效用或享受在酬报一定数量的人类劳动。

(3)我已让大家看到，竞争使自然力量和人类用来掌握自然力量的方法落入共有和无偿领域；我还要指出，在人类用来掌握这些力量的工具方面，它也起着同样的作用。

大自然中存在一些力量：热、光、引力、电，但这不够；人类想出使用这些力量的方法，这还不够；还必须有工具来实现这种设想，要有粮食来维持实验者在实验期间的生活。

就报酬而言，拥有资本是有利于个人或一个阶级的第三个条件。谁手里有劳动必需的工具、劳动所需的材料，以及在劳动期间需要消费的生活资料，谁就能规定报酬；这个原则肯定是公平的，因为资本只是一种尚未得到报酬的以前的辛劳而已。无疑，资本家处于可以做主的优势地位；但请注意，即使没有任何竞争，他的企图也绝不能逾越一个限度，那就是，他的报酬不得把他所提供的服务的一切好处化为乌有。既然如此，就不应该像人们常常做的那样，谈论资本的残暴，因为，即使在最极端的情况下，资本的出现也绝不能比没有资本更妨害劳动者的状况。资本家所能做的，就像独自支配大自然的热的那个热带人那样，就像只有他知道方法的秘密的那个发明家那样，就是对他们说："你们要支配我的辛劳，就得给我若干代价；如果你们认为代价太高，你们就可以像你目前所做的那样，放弃我的辛劳吧。"

但是资本家之间发生了竞争。工具、材料、粮食，这些东西只有被使用时，才会实现效用；因此，为了给资本找到出路，资本家之间就展开竞争。这个竞争迫使他们抑制我已指出其限度的那种狂妄企图，并把产品价格降低，因此，对于消费者，即对于全人类，这是一项净利，一项无偿的利益！

这里，显然，无偿性永远不会是绝对的，因为任何资本代表一种辛劳，它始终含有报酬原则。

有关资本的那些交易服从于交换的普遍法则，交换之所以能完成，就是因为这有利于两个缔约者，虽然这种趋向于相等的利益，一方所得的可能偶尔大于另一方。资本的报酬有一个限度，逾此限度，人们就不再借入；这个限度，对于借方来说，就是提供的服务等于零。同样，逾此限度，贷方也不贷出；这个限度，对于贷方来说，就是报酬等于零。这是显而易见的，如果缔约的一方企图把另一方的利益压低到零，借贷就成为不可能。资本的报酬在这两个极限之间摆动，借方之间的竞争把报酬推向上限，而贷方之间的竞争则把报酬拉向下限；于是，由于和公正协调一致的一种必要性，资本稀少时，其报酬就上升，而充足时就下降。

许多经济学家认为，借方的人数增长比资本可能形成的速度快，因此，利息的自然趋势是上涨。有决定意义的事实却有利于与此相反的意见；我们到处看到文明在降低资本的利息。这个利息，据说，过去在罗马须按30%或40%的利率支付，现在，这个利率在巴西是20%，在阿尔及尔是10%，在西班牙是8%，在意大利是6%，在德国是5%，在法国是4%，在英国是3%，在荷兰则更少。然而，进步在利息方面所消灭的，对于资本家是一种损失，而对于人类，却并非一种损失。如果利率从40%降到2%，这个38/40就代表一切产品将要减少的那部分生产费用。消费者将免除19/20的负担；这是一种像自然要素、快速方法那样的力量，它导致富裕和平等，并且最终提高人类的总的水平。

关于劳动之间进行的竞争，我再讲几句话。这个话题近来曾引起了不少感情用事的斥责。对于留心的读者们来说，这个问题不是已在前面详加论述了吗？我已经证明，由于竞争的作用，人们不能因为自然力量的协作，因为掌握一些方法，或因为拥有工具，就可以垄断这些力量而长期接受反常的报酬。这证明,努力趋向于在平等基础上进行交换,或者换言之,价值趋向于与劳动成正比。所以,我真看不出什么是所谓劳动者的竞争;我更看不出,竞争如何能使他们的状况恶化,因为在这个观点上,劳动者就是消费者自己;劳动阶级就是大家,正是这个大集体最终受到竞争的恩泽和从被进步陆续消灭其价值中受益。

演变就是以下情况:服务交换服务,或者价值交换价值。当一个人(或一个阶级)占有一种自然要素或一种方法时,他的企图不是以他所付出的辛劳为依据,而是以让他人所避免的辛劳来定夺。他把他的苛求扩大到极限,而绝不会使他人的状况恶化。他把最高的价值赋予自己的服务。但是由于竞争的作用,这个价值就逐渐地趋于与所付出的辛劳成正比;这样的演变以相等的辛劳交换相等的辛劳而告终,其中每一种辛劳都是有利于整个集体的日益增长的无偿效用的一种媒介。既然如此,如果还说竞争损害劳动者,那就会使说话人陷入令人反感的矛盾之中。

然而,人们却在不断地这样说,甚至对此深信不疑。为什么?因为对于劳动者这个词,人们做了曲解,他们指的并不是广大的劳动集体,而是指一个特殊的阶级。人们把这个集体一分为二,把所有那些拥有资本的人、那些全部或部分依靠以前的劳动、或脑力劳动、或租税为生的人划为一方,而把体力劳动者、雇佣劳动者,以及用习惯用语说无产者划为另一方。人们考虑的就是这两个阶级的关系,而且有人想知道,在存在这些关系的情况下,雇佣劳动者之间所进行的竞争是否对他们不利。

据说,雇佣劳动者的状况基本上是不稳定的,因为他们以日计薪，他们也就朝不保夕地过日子。在自由制度下，缔约前的商讨是必要的；但他们却不能等待商讨的结果，必须在任何条件下找到明天的工作，否则就是死亡；如果，对于全体来说，情况不是绝对如此，对于其中很多人来说，这却是真实的，而这就足以降低整个阶级的生活水平，因为首先让步的是那些最急迫的、最悲惨的人，而一般的工资标准就是由他们来确定的，从而使工资趋向于只达到生活绝对必需的水平；而在这种情况下，劳动者之间的任何竞争就是一场真正的灾难，因为，对于他们，这不是关系到降低福利的问题，而是无法生活的问题。

的确，在这段引证中，事实上有很多正确的地方，太多正确的地方。否认在生产事业中生产物质部分的那个阶级的痛苦和困境，就等于在阳光面前闭上眼睛。老实说，人们所谓的社会问题就是有关我们众多同胞的这种可悲境遇，因为，虽然社会其他阶级也遭受不少忧患、痛苦、波折、危机、经济动荡，但是还是可以说，如果自由不显得无力治疗人们称作贫困的这个痛苦的创伤，它就可能会作为解决问题的办法而为人所接受。

既然这就是社会问题的症结所在，读者会明白，我不能在此加以探讨。我希望，解决办法会在全书里找到，显然不是在一章里所能办到的！

现在，我阐述我认为是和谐的那些一般规律。我相信，读者也开始感到这些规律的存在，他也想象得到，它们在共有性方面，因而是在平等方面起作用。但我并未否认，这些规律的作用没有深受扰乱原因的干扰。如果此时我们遇到在不平等方面的一件令人反感的事，在认识社会秩序的正常规律和扰乱这些规律的原因之前，我们如何能对这事作出判断呢？

另一方面，我既未否认祸害，也未否认它的使命。我曾认为可以宣布，既然人类具有自由意志，就不应该把和谐这个名称保留给一个好像没有不幸的整体，因为自由意志意味着错误，至少有此可能，而错误就是祸害。社会和谐，和有关人类的一切事物一样，是相对的；祸害是它的必要的构件之一，它用责任和连带责任这两个属于我们本性的伟大法则来克服错误、无知、不公正。

现在，事实上存在着贫困。这是否应归咎于制约社会秩序的那些自然规律？还是归咎于与这些规律背道而驰的人类机构？还是最终归咎于那些受害者，那些因其错误和过失而招来这种严厉惩罚的人？

换言之：贫困的存在是否由于天命？还是与此相反，是由于我们的政治组织中存在的人为的东西？还是作为个人报酬而存在？命运，不公正，责任，可怕的创伤应归咎于这三个原因中的哪一个？

我敢说：原因不能来自我们迄今所研究的那些自然规律，因为这些规律都要在改善中实现平等，即，让所有的人都接近于不断提高的同一水平。因此，现在不是深入研究贫困问题的时候。

现在，如果我们愿意单独考虑这些劳动者，他们在生产过程中从事完全物质性的那部分工作，并且一般和这个事业没有利益上的牵连而依靠一种称作工资的固定报酬为生，那么，我们就应该提出以下的问题：经济机构的好坏姑置勿论，无产者由于自己的过失而承受的祸害姑置勿论，竞争对他们产生的效果是什么呢？

对于这个阶级，如同对于所有的阶级一样，竞争有双重作用。作为服务的买主和卖主，他们都感觉到竞争的作用。所有在这些问题上著书立说的那些人的错误在于，他们从来只看问题的一面，如同只知离心力的一些物理学家。他们相信，并且不断预言，一切都跑掉了。你把错误的论据交给他们，你就会看到，他们用什么样的无懈可击的逻辑把你引到他们那个不幸的结论上去。就是这样，当社会主义者把那些悲伤论调建立在唯一对离心性的竞争所作的观察上时也发生同样的情况；他们没有考虑到向心性的竞争，这就足以把他们的学说贬低成一种幼稚的夸大其词。他们忘记了，当劳动者带着他得到的工资出现在市场时，他就成了无数行业向他招手的中心，因而能从这些行业所轮流对其提出抱怨的那个普遍竞争中获得好处。

的确，把自己看作是生产者、劳动或服务的提供者的无产者也抱怨有竞争。那么，我们就应承认，竞争一方面对他有利；而另一方面却又妨碍他；问题在于知道，他是收多于支或支多于收，还是收支平衡。

如果读者不理解，在这个奇妙的机制中，表面上敌对的竞争竟然产生一个不寻常而又令人欣慰的结果，即，由于无偿效用在不断扩大生产范围，并且在不断被纳入共有领域，大家都同时收多于支，如果读者不理解这种情况，那就可能是我没有解释清楚。然而，变成共有的东西只有利于大家，而无损于任何人；甚至可以补充说，共有的东西对每个人的好处是和他以前的贫困成正比的，这种说法是和数学一样精确的。就是这部分因竞争而变成共有的无偿效用使价值接近与劳动成正比，这显然有利于劳动者。这部分无偿效用也能解释一种社会问题的解决办法：每个人以一定的劳动来获得逐渐增加并日趋平等的满足总和；我经常向读者指出这个办法，只是习惯的错觉才让我们看不见它。

再者，劳动者的状况并不是产生于一条经济法则，而是产生于所有的经济法则；认识这个状况，看到它的远景、它的未来，这就是整个政治经济学的内容，因为，就这门学科的观点而言，除了劳动者还能有别的东西吗？……我搞错了，还有掠夺者。什么东西促成服务的等价交换呢？自由。什么东西破坏服务的等价交换呢？压迫。这就是我们必须考虑的范围。

至于完成生产中最直接的任务的那个劳动者阶级的命运，只是在一种情况下我们才能予以评价，那就是：我们能知道竞争法则如何与工资及人口法则相结合，以及它如何与不平等课税和各种垄断所造成的骚扰性结果相结合。

关于竞争，我只再补充几句话。很明显，减少在人类之间分配的满足的数量，这一结果与竞争的本质无关。在不平等方面，它影响分配吗？如果世界上还有什么显而易见的事，那就是，竞争在赋予每项服务、每项价值一种比重更大的效用之后，它就不断使服务之间达到平衡，使服务与努力成正比。它难道不鼓励人奔向收益多的职业，并远离那些毫无收益的职业吗？因此，它应起的作用就是，在提高社会水平的同时，实现愈来愈多的平等。

然而，对于平等这个词，我们要统一一下看法。它并不意味着，所有的人的报酬都相同，而是这个报酬是和他们的努力的数量，甚至质量成正比的。

大量情况使劳动的报酬成为不平等的（我在这里只谈在竞争下的自由劳动）；如果仔细研究一下，人们就会发现，这种所谓的不平等几乎总是公正和必要的，因而才是真正的平等。

此外，在一切条件相同的情况下，危险的劳动的所得利益多于不危险的劳动；有一些职业须经过长期学习并长期垫付非生产性费用，这就要求在家庭中进行在某些能力方面的长期锻炼，这样的职业的所得的利益就要多于只需体力的职业；需要文化修养的、能产生美感的职业，其所得利益要多于只需体力劳动的职业。这一切难道不公正吗？然而，竞争必然造成这些区别；社会不需要傅立叶或路易·白朗来决定这些区别。

在这些情况中，最有普遍影响的就是教育的不平等；然而，在这里正像在别处一样，我们看到竞争在起着其双重作用，即拉平阶级差距和提高社会水平。

如果设想社会由两个重叠的阶层组成，在其中一个智力原则占主要地位，而在另一个中，则蛮力原则占主要地位，另外，如果对这两个阶层的自然关系加以研究，就不难辨别出，在第一阶层中有一股吸引力，而在第二阶层中则有一股向往力，这两股力量协同融为一体。利益的不平等在下面的阶层里鼓动起向往福利和逸乐的一种无法平息的热情，而这种热情又被上面的阶层的聪明才干加以助长了。教育方法逐渐完善了；书籍跌价了；用较少的时间和较少的费用就可获得教育；原来被一个阶级或者甚至被一个等级集团所垄断，并且被古文所覆盖的，或者被封藏在象形文字中的科学，已经改写成和印成通俗的语言而出版了。可以说，科学渗入到大气层，并像空气那样让人自由呼吸。

不仅如此，在一种更普遍和更平等的教育使两个社会阶层接近的同时，那些附属于伟大竞争法则的十分重要的经济现象也在加速这种融合。机械方面的进步不断减少笨重劳动的比重。分工简化并分隔开生产工序，它把以前只能由某些人运用的技艺置于大众手中。还有：本来需要各种知识的一整套劳动，仅仅由于时代的变迁，却以例行做法的名称进入受教育最少的那个阶级的活动范围：这就是农业方面的经历。在上古时代，以农业方法闻名于世的人享受奉祀般的荣誉，而今天，这些方法却成为最没有知识的人的产业，并几乎为他们所垄断，而且，人类技艺中如此重要的这一门竟能完全脱离那些所谓受过良好教育的阶级的控制。

根据上述情况，人们可能得出一个错误的结论说："我们确实看到，竞争在一切国家中、一切职业中、一切等级中降低报酬，并通过减价消灭报酬的差别；于是，简单劳动、体力辛劳所得的工资将成为任何报酬的典型或标准。"

如果人们看不到，竞争虽然致力于将一切过分的报酬拉向一个愈来愈统一的平均数，它却必然会提高这个平均数，那么，人们就可能并没有理解我；我承认，它触犯作为生产者的那些人；但它是从唯一能够合理地提高人类的一般状况的观点出发，即从福利、富裕、逸乐、智力和道德的完美的观点出发，总之，从消费的观点出发，来改善人类的一般状况的。

有人会说，事实上，人类是否取得了这种理论似乎暗示的那些进步？

首先，我将回答说，在现代社会中，竞争远未达到它的作用的自然范围；我们的法律妨碍它的程度至少不亚于促进它的程度；而且，当人们想知道不平等状况是取决于竞争的存在与否时，只需看一看是些什么人身居高位，对我们炫耀他们的引起非议的资财，就可确信，人为性质的和不公正的不平等是以征服，垄断，限制，特权机关，高级职务，显要地位，官方市场，公债作为基础的，而这一切都与竞争毫无关系。

其次，我认为，人们忽视了人类自从最近部分地摆脱劳动以来所作出的实际进步。有人曾说过，要识别不断见到的事实，就需要很多哲理，这话很有道理。一个诚实而勤劳的工人家庭所消费的一切并不使我们惊奇，因为我们对这个异常的现象已习以为常了。然而，如果我们把这个家庭获得的福利同它在假定排斥了竞争的那个社会秩序中可能获得的状况作一比较，如果备有精密工具的统计学家能够像用一台磅秤那样，衡量一下这个家庭在两个不同时期的劳动与满足的关系，那么，我们就会承认，自由虽然还很受限制，却为这个家庭完成了一个奇迹，而这个奇迹的持续性，竟使我们未加以注意。就一定的结果而言，被消灭的人类努力确实是无法计算的。过去，工匠的一天所得不敷买一本最蹩脚的历书。今天，他用五分钱，或者用一天工资的1/50，就可获得一份报纸，其内容包括一本书的材料。对于衣服、交通、运输、照明，以及众多的满足，我都可提出同样的意见。这个结果是从何而来呢？那就是因为大自然的无偿力量担负了巨大比重的有偿的人类劳动。这是一项被消灭的价值，无须偿付。在竞争的作用下，它被共有的和无偿的效用所代替了。请注意：当进步使某一产品的价格降低时，穷人为获得此项产品所节省的劳动，在比重上，总是大于富人为此所节省的劳动；这一点是准确无误的。

最后，由劳动投入到社会各个部分中，并由竞争在其中进行分配的这批日益庞大的效用，全部构成福利；它的大部分，在愈来愈多的世代洪流中，被消耗掉了；一些法则导致了人口的增长，这些法则与我们探讨的问题有密切的联系，并将在另一章中予以阐述。

让我们回过头来看一下我们上面所谈到的内容。

人类的需要永无止境，他的欲望是难以满足的。为了获得满足，他有大自然所提供的材料和要素，他有劳动所需的能力，工具，即一切东西。劳动是最平等地分给大家的手段；每个人都本能地、必然地设法给劳动配备最多的自然力量、最大的能力（先天的或者后来获得的）、尽可能多的资本，使这种合作产生更多的效用，换言之，就是更多的满足。就这样，自然要素日益积极的协作，智慧的无限发展，资本的逐渐增加，这一切产生了一个初看起来是异常的现象，即一个固定数量的劳动却能提供日益增长的效用总和，而每个人则能够，在并不掠夺任何人的情况下，得到超过其本身努力所能实现的消费量。

但是这个现象是上帝在社会机制中所散布的天意和谐的结果，如果它不与竞争这另一种同样令人赞赏的和谐相结合，而竞争又是人类连带责任法则的一个组成部分，那么这个现象就会引进一种无法确定的不平等的萌芽来转而反对社会本身。

因为，如果一个人、一个家庭、一个阶级、一个国家有取得某些自然利益的机会，或者，在工业上实现了重大发明，或者，由于节约而获得了生产工具，如果他们有可能永远避免竞争法则，那么，这个人、这个家庭、这个国家就会永远在损害人类利益的情况下，垄断一种特殊的报酬。如果赤道地区的居民，在彼此之间没有任何竞争的情况下，能够为他们的糖、咖啡、棉花、香料向我们索取，在严峻的气候条件下，我们自己生产这些东西所需付出的辛劳作为交换，我们就会处于什么情况呢？如果只有加德慕斯[①]的族人识字,如果谁也不准使用犁,除非证明他是的黎托莱姆[②]的直系子孙,如果只有古腾伯格[③]的后裔可以印刷,只有阿克赖特[④]的子女可以纺织,瓦特的后代可以使火车头冒烟,那么,人与人之间的各种状况会有多么大的差距?但是上帝并未让事情成为这样。他在社会机器中放入一个动力,这个动力虽然非常简单,它的威力却令人惊异;由于这个动力的作用,任何生产力、任何高超的方法、任何利益,总之,任何不是劳动本身的东西都在生产者的手中流转,只是以例外的报酬为条件暂时停留下来,以便鼓舞他的热忱,然后最终加入到人类的共有的和无偿的财富中去,并在那里化为日益增长的、日益平等分配的个人满足;这个动力就是竞争。我们已看到它在经济上的效果;我们还要简略地看一看它在政治上和道德上的效果。我将限于指出其中一些最重要的。

有些思想肤浅的人指责竞争把对立引入到人类中间。如果只从生产者的角度来考虑,这一点是正确的和不可避免的;但是从消费的角度来看,你就会看到,竞争本身通过博爱的纽带把每个个人、家庭、阶级、国家和种族联系在一起了。

既然原来似乎只是属于某些人的特权的财富,由于令人赞赏的慷慨的天意而变成大众的共有财产,既然地势、肥沃性、气温、矿藏甚至技能这些自然优势,由于生产者之间所进行的竞争而只在他们手中传递下去,转而仅仅有利于消费者,其结果就是,没有一

① Cadmus,腓尼基人,相传是他把腓尼基字母输入希腊,并发明文字(公元前16世纪)。——译者

② Triptolime,埃勒西斯王,他发明了犁(神话)。——译者

③ Gutenberg,德国人,发明活字排版印刷法。——译者

④ Arkulight,英国人,发明走锭纺纱机。——译者

个国家不关心别的国家的进步。东方所取得的每一进步，从长远来看，对于西方也是一种未来的财富。南方所发现的燃料使北方人避免挨冻。尽管大不列颠在纺织方面取得了不少进步，但从中受惠的并不是这个国家的资本家，因为钱的利息并未上涨；也不是它的工人，因为工资依旧；而是久而久之，俄国人、法国人、西班牙人，总之，全人类以较少的辛劳就能获得同样的满足，或者说，以相同的辛劳获得更多的满足。

我只谈到了财富。对于损害某些人民或某些地区的祸害，我本来也可能这样谈。竞争本身的作用是使那些本是特殊的东西成为普通的东西。它完全按照保险原理起作用。当一场天灾毁坏了农民的土地时，吃面包的人就要受苦。当一种不公正的捐税损害了法国的葡萄园时，这就意味着，世界上所有喝酒的人都要付出更高的价钱；因此，经常性的祸和福就这样只是在个人、阶级、人民的头上掠过；祸福是由天意注定去逐渐影响全人类，并提高或降低人类状况的水平的。所以，羡慕任何国家人民的肥沃的土壤，或他们的美丽的港口和江河，或他们的太阳的热，这就是不认识我们可以分享的财富，这就是轻视向我们提供的富裕，这就是怀念我们所避免的劳累。所以，国家之间的嫉妒不仅是一种邪恶的情绪，而且是荒谬的情绪。害人即害己；在他人的道路上放置诸如关税，串通一气或战争之类的障碍，这就是妨碍自己前进的道路。因此，邪恶的情欲受到惩罚，仁慈的情感则受到报答。一种负责赏罚的严明的司法所做出的不可避免的制裁承认利益，启发舆论，宣布并最终在人类中间推行一条永远是真理的准则：有用就是正确的形式之一，自由是最美好的社会和谐，公平就是最好的政策。

基督教把伟大的人类博爱原则引入世界。它和心灵、情感、高尚的本能打交道。政治经济学则使人冷静而理智地接受这同一原则，并在指出因果关系后，在一种令人欣慰的协调中，把最警觉的利益所做的考虑与最崇高的道德灵感调和起来。

从这个学说中得出的第二个结论就是，社会是一个真正的共同体。欧文和卡贝先生可以不必费心去探讨那个共产主义的大问题的解决办法，这个办法早已存在；它并非来自他们的专制组合，而是来自上帝赋予人及社会的组织。自然力量、快速方法、生产工具，在人类之间，一切都是共有的，或者趋向于成为共有的，但不包括辛劳，即劳动、个人努力在内。在人类之间只有并且只能有不相等的努力所造成的一种不平等，即使最坚决的共产主义者也都承认这一点。就是这些努力在按照议价进行交换。大自然，各个时代的天才和人类的远见所放进被交换的产品中的一切效用，这是额外赠送的。彼此的报酬只按相互付出的努力来计算，这些努力或是被称为劳动的现时努力，或是被称为资本的预备性劳动；因此，这是最严格的意义上的共有性，除非人们主张，个人的满足份额应该相等，虽然辛劳的程度并不相等，而这就当然会是最不公平和最可怕的不平等；我还要补充说，这是最有害的不平等，因为它不会扼杀竞争，但它会给予竞争一个相反的作用；人们还会竞争，但其内容则是比懒惰、比串通和比缺乏远见。

最后，我们所阐述的这个如此简单的，同时我们深信又是如此真实的学说，把人类的可完善性这个伟大原则从夸张领域引出，并把它纳入正确领域。技艺的进步来自内在的动机，这个动机在思想里从不停顿下来，并促使个人去改善他的状况。这种进步就是本质上与任何报酬无关的那些力量所提供的逐渐增加的协作。竞争把最初由个人所取得的利益归诸共有。为获得每一特定结果所需的辛劳强度行将在有利于人类的情况下不断降低，从而使人类的满足、余暇的范围逐代扩大，并提高其体力、精神及道德的完善水平；通过这种如此值得我们研究和永远欣赏的安排，非常清楚，人类就能从衰退状态中振兴起来。

但愿人们不要误会我的话。我并不是说，一切友爱、一切共有性、一切完善都包含在竞争中。我要说的是，它与这三大社会信条联系、结合在一起，并且是其中的一个组成部分，它表现这些信条，它是这些信条的卓越成效的最强有力的因素之一。

我曾致力于描述竞争的普遍效果，因而也是对人类有利的效果，因为，如果设想大自然任何一条伟大的规律都会产生有害而又持续的效果，这会是大逆不道的；但我绝不否认，它的作用不伴随有许多冒犯和痛苦。我甚至认为，以上所阐述的理论同时说明了这些痛苦和痛苦所激起的不可避免的怨恨。既然竞争的作用在于取得平衡，它势必要使任何处在水平以上傲然自得的人不快。我们知道，每个生产者为了抬高他的劳动价格总是竭力尽可能长久地保留专用一种要素、一个方法或者一件生产工具。然而，由于竞争的使命和效果正是从个人手里夺去这样的专用权，并使之成为一种共同财产，因此，作为生产者的那些人，在一片咒骂声中，必然要团结起来反对竞争。他们只有在评价他们与消费的关系时才能同竞争调解；在这种情况下，他们才不是以一个小集团、一个行会的成员的身份，而是以普通人的身份行事。

应该说，政治经济学，为消除那个有害的错觉，造成多少仇恨、灾难、愤怒和战争的根源的那个错觉，做得还不够；由于一种并不科学的偏爱，它曾竭尽全力去分析生产现象；甚至它的目录，虽然很方便，也是与它的目标不和谐的。农业、制造业、商业，当用来描述生产过程时这种分类也许是一种很好的分类方法；但这种在工艺上是至关紧要的描述，对于社会经济学却只是次要的；我还进一步说，它基本上是危险的。当人们把人分为农民、制造者和商人时，除了和他们谈论那些阶级利益，即受到竞争触犯的并同大众利益相对立的那些特殊利益之外，人们还能和他们谈论什么呢？不是为了农民才有农业，为了制造商才有制造业，为了商人才有交换，而是为了使人类可以尽可能多地支配各种产品才存在这些行业。消费的法则就是促进消费，使其平等化，使其合乎道德标准的一切法则：这才是真正的社会利益，真正的人道主义的利益；这才是政治经济学的真实目标；这才是它应该着力说明之处，因为这才是阶级、国家、种族的联系所在，表达人类友爱的原则所在。因此，我们遗憾地看到，经济学家们耗费巨大的精力去分析生产，而对消费现象只作一些简短的人所共知的分析，并且，作为补充章节，放在他们著作的最后部分。更有甚者，新近有一位称得上有名的教授竟把政治经济学的这一部分全部取消了；他只谈论一些方法，而从来不谈效果，并在他的课程中取消了有关财富消费的一切内容，其理由是，这属于道德范畴，而不属于政治经济学范畴。既然竞争的弊病，在生产这个特殊观点上影响公众，而生产又是人们不断谈论的问题，而竞争的好处，在消费这个一般观点上，由于人们从不谈论它，而被公众忽视，因此，公众对竞争的弊端的感受甚于它的好处，这难道有什么值得惊奇吗？

再者，我重申，我绝不否认和漠视竞争加给人类的痛苦，而且我也和他人一样对此表示惋惜；但难道就因而看不见它所带来的好处吗？特别是因为竞争，像大自然的伟大规律那样，是不可摧毁的，能看到它所带来好处就更令人欣慰。如果它会死亡，那就只能死于人类的普遍抵抗，特别是在所有现代改革家群起而攻之的情况下；而人类，自有世界以来，就协力进行生产。但是，尽管这些改革家失去了理智，他们却没有足够的力量。

世界上，特别是在原始时代，有哪种进步原理的有益于人的作用不掺杂有许多痛苦和贫困？人类的那些大居住区有利于思想的跃进，但是它们常常使私生活免受舆论的抑制，并且成为放荡和犯罪的庇护所。财富与余暇相结合就能培养智慧，但也造成上层人物的奢侈与傲慢和小民的愤怒与垂涎。印刷业把知识和真理带入一切社会阶层，但也引来痛苦的怀疑和破坏性的错误。政治自由已经在世界上煽起了不少革命风暴，相当深刻地改变了原始人民纯朴简单的习惯，这就使得一些认真的人思考他们是否宁愿在专制的阴影下过安宁的生活。而基督教则在一片洒满殉道者鲜血的土地上撒下了爱情和慈善的伟大种子。

一个地区或一个时代的幸福须用另一个时代或另一个地区的痛苦来购买，这种想法是如何进入无限仁慈和公正的意图的呢？在这个其中竞争只是神秘形态之一的伟大而毋庸置疑的连带责任法则背后，隐藏着什么天意呢？人类的科学对此还一无所知。它所知道的就是，财富日益扩大，而祸害则不断缩小。在原始社会状态下，只有主人和奴隶，人类状况是极端不平等的；自从征服建立起这种社会状态，竞争就只有在给个人造成祸害的情况才能使等级、财产、智慧接近，但随着此项事业的完成，个人祸害的强度，像声音的震荡、钟摆的摆动那样，在日益削弱。对于尚为人类保留下来的那些痛苦，人类每天都在学习用两种强有力的办法来对付，一种是预见性，即经验和知识的成果，另一种是结社，即有组织的预见性。

很遗憾！我非常仓促地把本书的第一部分献给公众，这是为了让公众注意划分经济领域成为两个部门的那条始终灵活，但又始终清楚的分界线：自然协作与人类劳动，上帝的恩施与人类的成就，无偿性与有偿性，在交换中要求报酬的东西与无须报酬的东西，全部效用与构成价值的零星和补充效用，绝对财富与相对财富，用工具迫使其协助生产的那些化学或机械力量的协作与偿付制造这些工具本身的那种劳动的公平的报酬，共同财产与财产。

指出这两类在性质上根本上如此不同的现象，这还是不够的，还必须说明它们之间的关系，以及它们的和谐的演变。我已试图说明为何财产的作用在于为人类获取效用，把它投入共有领域，以便取得新的成果，使每一特定努力，也就是所有的努力的全部，不断给予人类以日益增长的满足。这就是进步的内容，这就是被交换的人类服务，在保存其相对价值的情况下，它们对于比重日益庞大的无偿效用，从而也就是共有效用，起到媒介的作用。因此，价值占有者，不论此项价值具有什么样的形式，并没有篡夺和垄断上帝的恩赐；他们使它们增多，而又不使它们丧失天意慷慨施与的特性，无偿性。

随着进步使大自然实现的满足必然要落入共有领域，它们变成平等的，只有在为了交换而互相比较和估价的那些人类服务的领域中，才会出现不平等。由此可知，人类中间的平等必然是渐进的。它在另一方面也是渐进的，这就是竞争的作用，其不可避免的结果就是拉平服务本身，并愈来愈使服务的报酬与其功用成正比。

让我们现在看一看还需要探讨的内容。

依据本书已为之奠定基础的理论，我们将要深入研究以下问题：

作为生产者和作为消费者的人类与经济现象的关系；

地租规律；

工资规律；

信贷规律；

捐税规律，它在使我们初步了解政治经济学本身的同时，还将引导我们去比较自愿的私人服务和强制性的公共服务；

人口规律。

随后，我们才能解决若干尚有争议的实际问题：贸易自由，机器，奢侈，余暇，结社，劳动组织，等等。

我敢说，这样阐述的结论可预先表述如下：人类不断接近一个日益提高的水平，换言之：完善和平等化，一句话：和谐。

这就是上帝的安排和大自然伟大的规律的最终结果。如果只考虑它们本身，并撇开不谈错误和暴力使其作用遭到的扰乱，这些规律是在顺利地主宰一切。看到这种和谐，经济学家大可像天文学家看到行星运动的景象，或者生理学家看到人体器官的结构时那样，大声喊道：Ligituo Deé est hic[①]！

但是人是一种自由的力量，因此是不可靠的。他不能免于无

---

① 拉丁文：这是上帝安排的。——译者

知、情欲。他的可能失误的意志是经济规律的作用中的一个因素；他可能不认识这些规律，妨碍它们，把它们引向歧途。像生理学家那样，他们一方面欣赏存在于每个器官和脏腑中以及它们彼此关系中的那种无穷智慧；另一方面也研究它们的反常状态、病态和痛苦状态，我们也必须深入到一个新世界，一个充满社会纷乱的世界中去。

我们准备在这一新的研究中，对人类本身提出一些看法。如果我们不研究自由意志的必然后果、永远遭到惩罚的个人利益的那些失误、人类责任和连带责任的伟大法则，我们就会无法了解社会弊端、它的根源、它的后果、它的使命和由于它本身的作用所造成的日益狭隘的界限(这构成我几乎可称之为一种和谐的失调)。

我们已看到，一切社会和谐的萌芽都包含在下面两个原则中：财产，自由。我们将看到，一切社会失调只是与这两个原则对立的两个原则的发展：掠夺，压迫。

甚至财产和自由这些词也只是表明同一观念的两种形式而已。按照经济学观点，自由与生产行为有关，而财产则与产品有关。既然价值存在于人的行为之中，人们就可以说，自由意味着并包括财产。压迫之对于掠夺也是如此。

自由！归根结底，这就是和谐的原则。压迫！这就是失调的原则。人类历史就充满这两种力量的斗争。

既然压迫的目的是实现一种不公正的占有，既然它导致并表现为掠夺，所以我要讨论的就是掠夺。

人类生来就被置于需要这个桎梏之下，而需要就是一种辛劳。

他只有受制于劳动的桎梏才能摆脱原先的桎梏，而劳动也是一种辛劳。

因此，他只有选择痛苦的余地，可是他仇恨痛苦。

于是，他环顾四周。如果他看到他的同胞积累了财富，他就想法去占有它。这样，就这样产生了虚假的财产，即**掠夺**。

掠夺！这是社会经济中一个新的因素。

这个因素，从它在世界上出现的那天直到它将完全消灭的那天为止，假使有这一天的话，它将对整个社会机制产生深远的影响；它将把我们竭力去发现和阐述的所有和谐的法则扰乱得濒于不可辨认的境地。

因此，我们的任务，只有在充分论述**掠夺**之后，才算完成。

也许有人会想，这是一种暂时的祸患，一个偶然的反常的事例，不值得政治经济学去加以研究。

但是请注意。在家族的传统中，在人民的历史中，在个人的职业中，在阶级的物质力量和精神力量中，在社会的各种安排中，在政府的计划中，**掠夺**所占的地位几乎与**财产**本身相等。

哦！不，**掠夺**不是一种偶然影响社会机制的朝生暮死的灾难，政治经济学不能对它置之不理。

从原始时代起，人就听到了下面的裁决：你必须自食其力。看来，努力和满足似乎是不可分离地结合在一起的，而后者从来就只能是对前者的补偿。但是我们却到处看到有人在反对这条规律，并对他的兄弟说：你来劳动，我来享受劳动成果。

请进到一个未开化的猎人的小茅屋中去，或者到一个游牧者的帐篷中去。呈现在你眼前的是什么景象呢？消瘦的、面容改观的、惊慌失措的、未老先衰的女人挑起家务的全部担子，而男人却悠闲自在，无所事事。我们在哪里看到家庭和谐呢？不可能，因为暴力把劳累的重担压在软弱的头上。女人要从这种可怕的颓废状况中解脱出来，真不知道需要多少世纪的文明演变！

人类历史充满了以最粗暴的形式出现的明火执仗的掠夺。见于史册的有哪些名字呢？西律斯、赛卓斯特里斯、亚历山大、西皮翁、恺撒、阿蒂拉、塔麦朗、穆罕默德、皮扎尔、威廉征服者；这些人都是通过征服来实现这种坦率的掠夺。但献给他们的却是桂冠、纪念碑、塑像、凯旋门、诗人的歌颂、女人的陶醉！

不久，战胜者发现，不把战败者杀死更为有利，于是遍地都是奴隶！几乎直到今天，在整个地球上，奴隶制就是社会的生活方式，它撒下了仇恨、抵抗、内乱、革命的种子。而奴隶制的目的，除了为掠夺而进行有组织的压迫，还能是什么呢？

虽然掠夺助长暴力反对软弱，它也促使智慧反对轻信。世界上有哪些劳动人民逃脱了来自圣职的神权政治、埃及祭司、希腊神谕、罗马占卜官、高卢祭司、印度婆罗门、回教教长、伊斯兰教学者、和尚、修士、牧师、耍手腕者、巫师、占卜者、名目繁多的、形形色色的掠夺者的剥削呢？在这种形式下，掠夺的巧妙之处就是自称受命于天，并竟然自夸是得到上帝的允许！它不仅捆住人的双臂，而且也束缚人的思想。它既能把奴隶制的烙铁打在赛义德的良心上，也能把它打在斯巴达克的额头上，以实现似乎不可能实现的那种东西：精神奴隶制。

精神奴隶制！多么骇人听闻的词语！啊，自由！人们看到，你从一个国境到另一个国境被人追捕，被征服所践踏，在奴隶制下濒于死亡，在讲课中受到侮辱，被逐出学校，在沙龙受人嘲笑，在车间被人漠视，在庙宇中遭到诅咒。你似乎本该在思想领域找到一个不可侵犯的庇护所。但是，如果你在这最后的庇护所中沉沦了，那么，多少世纪来的希望和人类本性的价值会变成怎样呢？

然而，久而久之（这是人类的进步本性所要求的）就在其进行活动的环境中，掠夺发展了使其力量瘫痪的抵抗和揭发其欺诈的智慧。但它并不因此而屈服，它只是变得更加狡猾，它用各种政府的形式、均势、平衡把自己掩盖起来，制定出政策这个长期以来就是丰富的宝库。于是，人们看到，它篡夺公民们的自由，以便进一步利用他们的财富，并在榨干他们的财富的过程中，进一步剥夺他们的自由。私人活动转入官方活动的领域。一切听由官吏行事；一群昏庸无知和吹毛求疵的官僚遍布全国。国库变成一个巨大的聚财所，劳动人民在其中不断放进他们的积蓄，然后由在位的人在他们之间瓜分。自由议价不再是交易的准绳，无法实现也无法看到服务的相互关系。

在这种情况下，财产的真实概念不复存在了，每个人都求助于法律，让它把一项虚假的价值赋予他的服务。

人们就这样进入特权时代。日益狡猾的掠夺盘踞在垄断中，并隐藏在限制背后；它转移交换的自然趋势，它把资本、接着是劳动、接着是人口推向人为的方向。它让北方艰苦地生产南方易于生产的东西；它创立不稳定的工业，并造成不稳定的生活；它用有偿的劳动来代替大自然无偿的力量；它煽动不能抵御任何竞争的厂家，并鼓吹用暴力来对付它们的竞争者；它挑起国家间的猜忌，吹捧爱国主义的骄傲，并发明一种巧妙的理论来把它的受骗者作为助手；它常使工业危机和破产倒闭迫在眼前；它动摇公民们对未来的一切信心、对自由的一切信仰直至对正义事业的意识。而当政治经济学揭发它的恶行时，它便纠众反对政治经济学，甚至反对它的受害者，并叫嚷道：这是乌托邦。更有甚者，它不仅否定妨碍它的那门政治经济学，而且甚至否定关于一门可能存在的政治经济学的观念，使用怀疑论的一句最后的警句：这里面没有原则！

然而，在痛苦的刺激下，广大劳动者起来暴动了，推翻压在他们头上的一切，政府，捐税，立法，毫无例外；你也许以为，掠夺的统治就此结束了；你以为，服务的相互关系行将建立在一个唯一可能的，甚至可想象出的基础上，自由。请清醒！可惜！一个有害的观念渗透到群众的思想里：财产的根源、裁决、正当性、存在只能取决于法律。于是，群众就开始根据法律来互相掠夺。遭受创伤痛苦的群众团体企图以承认其每个成员有权压迫邻人的办法来医治自己的每一个成员；这叫做连带责任，博爱。“你生产了，我没有生产；我们是利害一致的，大家分吧。”“你拥有一些东西；我一点也没有；我们是兄弟；大家分吧。”因此，我们必须审查最近对于社团、劳动组织、无偿信贷等等词汇的滥用。我们必须使它们经受一个检验：它们是包括自由，还是压迫？换言之，它们是符合伟大的经济法则，还是扰乱这些法则？

掠夺是一个太普遍而又太持久的现象，因此，不能承认它是纯属偶然性的。在这个问题上，如同在其他很多问题上，不能把对于自然规律的研究同对于其干扰的研究分割开来。

但是，是否有人会说，如果掠夺必然作为失调而被列入社会机制的作用中，那你如何敢肯定经济法则的和谐呢？

我在此重申我在别处说过的话：关于人的问题，人之所以是可完善的，正是因为他是不完善的，和谐并不是指绝对没有恶，而是指恶在逐步减少。社会和人体一样，具有一种治疗力量，vis medicatrix[①]，在研究它的规律及其有效作用时，人们不能不再次惊呼：Digituo Deé est hic[②]。[③]

经济和谐论的补充章节目录[④]

正常现象

1. 生产者，消费者
2. 两种箴言
3. 地租的理论
4. * 论货币
5. * 论信贷
6. 论工资
7. 论储蓄
8. 论人口
9. 私人服务，公共服务
10. * 论捐税

结论

11. * 论机器
12. * 交换自由
13. * 论中间人
14. * 原料，——制成品
15. * 论奢侈

干扰现象

16. 掠夺
17. 战争
18. * 奴隶制
19. * 神权统治
20. * 垄断
21. * 政府剥削
22. * 假博爱或共产主义

概论

---

① 拉丁文：医疗能力。——译者

② 拉丁文：这是上帝安排的。——译者

③ 《经济和谐论》初版到此结束。——原编者注

④ 我们在此转载作者手写的这份目录。它指出他原来计划的工作，同时指出我们在编排受托的各章、各片段和草稿时所遵循的次序。——*表示一些主题，我们对此尚未找到已写出的任何内容。——原编者注

23. 责任，——连带责任
24. 个人利益或社会动力
25. 可完善性
26. * 公众舆论
27. * 政治经济学与道德的关系
28. * 与政治的关系
29. * 与立法的关系
30. * 与宗教的关系

第十一章　生产者，消费者

如果人类的水平不是在不断提高，人就不是可完善的。

如果社会趋势不是让所有的人都向逐渐提高的水平接近，那么，经济法则就不是和谐的。

然而，人类的水平如何能够提高，如果每一定的劳动量不产生一份日益增长的满足，这种只可用有偿效用转变为无偿效用的情况才能说明的现象？

而另一方面，这种已变成无偿的效用如何会使所有的人接近一个共同的水平，如果它并不同时变成共有的？

这就是社会和谐的主要法则。

为了阐明所提供的和所接受的服务，我非常希望，经济语言向我提供不是生产和消费而是另外两个词，因为这两个词太富于物质味道了。有些服务，如牧师、教师、军人、艺术家的服务，它们带来的显然是道德、教育、安全、美感，这与所谓的行业毫无共同之处，当然，它们提供的服务的目的也都是满足。

以上两个词是大家所接受的，我不想标新立异。但是应该说清楚，至少我所说的生产是指提供效用的东西，而消费则是这种效用所提供的享受。

但愿贸易保护主义学派，共产主义的变种，相信我们。当我们使用生产者和消费者这些词时,我们并不是荒谬到如此地步,像保护主义学派诽谤我们的那样,设想把人类分为两个截然不同的阶级,一个只管生产,另一个只管消费。博物学家能将人类分为白人和黑人,男人和女人,而经济学家却不能将人类分为生产者和消费者,因为,正如贸易保护主义者先生们以一种很深刻的见解所说的那样,生产者和消费者只是同一个人而已。

正因为他们只是同一个人,政治经济学才应该从这双重身份的角度去考虑每个人。这并不是划分人类,而是研究人的两种区别甚大的形态。如果贸易保护主义者们借口说,我们每个人依次是讲话的对象和讲话的人,而禁止语法使用我和你这些代名词,我们就会提醒他们注意,虽然人们不能把所有的舌头放在一边,而把耳朵放在另一边,因为我们大家都有耳朵和舌头,但这并不能说明,就每一句话而言,舌头不属于一个人,而耳朵则不属于另一个人。同样,就任何一项服务而言,提供服务的人是截然不同于接受服务的人。生产者和消费者形成对立,以致时常争吵。

贸易保护主义者们不让我们从生产者和消费者这双重角度去研究人类利益,但他们却肆无忌惮地向议会要求作出这种区别。人们看到,他们是根据卖出或买进来要求垄断或自由的。

因此,我们不应在贸易保护主义者们的拒绝面前停滞不前,我们应承认,在社会秩序中,职业上的分工给每个人带来两种相当不同的处境,其作用和关系值得我们加以研究。

通常,我们从事一种手艺、一种行业,但我们并不是直接向我们的一行一业要求给予我们满足所需的对象。我们提供和接受一些服务;我们创造和要求一些价值;我们买进和卖出;我们为他人劳动,而他人也为我们劳动:总之,我们是生产者,也是消费者。

由于我们以不同的身份到市场上去,我们的心理状态也就非常不同,甚至可以说是完全相反的。以小麦为例,同一个人到市场去购进时的愿望就和去出售时的愿望不一样。作为买主,他希望丰年;作为卖主,他就希望荒年。但这些愿望的根源却是同一个,即个人利益;但是,既然卖或买、给或收、供或求是些完全对立的行为,那就不能不使它们出于同一动机而产生对立的愿望。

互相冲突的愿望不能同时符合大众利益。我已在另一本著作中[①]设法使人了解,以消费者身份具有的愿望是与公众利益相协调的。既然满足是劳动的目的,既然劳动量只能由障碍来确定,显然,劳动是痛苦,应该设法减少它;满足是福利,应该协同使其增长。

这里出现了一个重大的、永久性的、令人惋惜的错觉,它产生于对价值所下的错误定义以及同效用的混淆。

价值既然只是一种关系,对于每个个人来说,它是重要的,但对于群众来说,却无关紧要。

对于群众来说,只有效用起作用,而价值则丝毫不是效用的尺度。

对于个人来说,也只有效用起作用。但价值却是效用的尺度,因为,就任何特定的价值而言,个人在这个价值的尺度内、在社会

① 《经济诡辩》第一章,卷四,第5页。

环境中取得他所选择的效用。

如果把人看作是孤立的人，那么，很清楚，他主要是在消费而不是在生产，因为消费在相当程度上牵涉到劳动，而劳动却不涉及消费。

职业上的分工已导致某些经济学家不是以消费而是以劳动来衡量大众利益。于是，在追随着他们的过程中，人们竟然以奇怪的方式把原则颠倒了：在损害其结果的情况下促进劳动。

人们这样推论：

所克服的困难愈多，情况就愈好。因此，让我们增加必须克服的困难吧。

这个推论的缺点是显而易见的。

不错，存在一定数量的困难，就会有一定数量的劳动去尽可能地克服这些困难，这无疑是好事。但是，为了增加价值而减少劳动力或者增加困难程度，这却是不可思议的。

在社会上，个人所关心的是增加他的服务的价值，即使其效用保持不变。假定他的欲望实现了，结果是可想而知的。他得到更多的利益，而他的弟兄们的利益却少了，因为总效用并未增长。

因此，不能从特殊现象得出普遍的结论，即：让我们采取某种措施，以便那些想看到其服务价值增加的人的意愿得到满足。

价值既然是一种关系，如果其增长到处与以前的价值成正比例，那么人们就什么也没有做；如果其增长对于不同的服务是随意的和不相等的，那么，人们只会是把不公正引进到效用的分配上而已。

每种交易都产生争论，这是其本质所决定的。天哪！我刚才用的是什么词？如今感情主义学派是如此之多，我难道不是在自找麻烦吗？他们将认为，争论意味着敌对。因此，你就是同意，对立是社会的自然状态。于是，我又不得不再次与人争辩。在这个国家里，政治经济学甚少为人所知，以致使用一个词就会招来一个敌手。

人们有理由责难我写了下面这句话："卖主和买主之间存在着一种根本的对立。"对立这个词，尤其是使用根本的这个形容词来加重语气，这大大地超出了我的思想。它似乎指出利益的永久性对立，因而是一种不能摧毁的社会的不调和，而我本来想说的却只是任何买卖前的暂时的争论，它是交易这个观念固有的。

只要这个世界上存在自由的影子，这使感情用事的空想家大为伤感，卖主和买主就会商讨他们的利益，争论他们的价格，这就是人们所说的讨价还价，而社会规律并不会因此不是和谐的。是否有可能设想，一项服务的供给者和需求者对此项服务的价值，在思想上尚未取得暂时的一致看法之前，就互相接近？是否有人认为，这样将会引起世界动乱？或者在这个世界上，应该取消一切交易、一切交换、一切易货、一切自由，或者必须承认，每个缔约者可以维护他的地位，强调他的动机。然而正是从这种如此被人贬低的自由争论中产生等价服务和公平交易。那些组织者如何能以别的办法达到这种如此为人期望的公平呢？他们将用他们的法律来束缚仅仅一方的自由吗？那么，另一方将可为所欲为了。难道他们以双方今后应该在博爱的原则下做买卖为借口，就可以剥夺双方调整其利益的能力吗？但是请那些社会主义者允许人们向他直言，这是一些混乱难懂的文字，因为这些利益毕竟是必须调整的。

如果买主为卖主辩护，而卖主又为买主辩护，争论会不会发生呢？必须承认，下面那种交易将是很有趣的。“先生，这呢料，你只给我10法郎吧。——你说什么？我要给你20法郎。——可是，先生，它不值这么多；已经过时了；穿半个月就会破。——它是耐穿的料子，可穿两个冬天。——那么，先生，为了使你高兴，我加5法郎；这是博爱容许我做的限度。——这料子，如果我出少于20法郎，就是违背我的社会主义；不过应该懂得作出牺牲，我接受了。”就这样，这笔古怪的交易恰好达到了通常的结果，而那些组织者将遗憾地看到，这个该死的自由依然存在，虽然它是以颠倒了的方式出现，并带来一种反向的对立。

那些组织者说道，这不是我们所要的，这岂不又成了自由吗？——那你有什么办法，因为服务仍必须交换，而条件也必须讲好吧？——我们要求由我们来加以解决。——我就料到……

博爱啊！灵魂的纽带，自天而降入人心的神的火花，你的名义被滥用得够了吧？人们就是用你的名义来企图窒息一切自由。人们就是用你的名义来企图建立一种众人从未见过的新的专政，而且人们会担心，在为如此众多的庸人充当通行证、为如此众多的野心家充当假面具、为如此众多的为人类尊严所不齿的妄自尊大者充当玩物之后，这个被玷污的词会终于丧失其伟大和高贵的意义。

因此，我们不要奢望推翻一切、代管一切、使人和物都脱离他们本质具有的那些法则。让世界按照上帝所创造的样子存在下去吧。我们不要想象，我们这些可怜的平庸作家，除了只是稍微正确的观察家之外，还能是别的什么。我们不要企图改变人类，就好像我们是在人类之外、在人类的错误和软弱之外似的，这会使我们显得可笑。让生产者和消费者去获取利益、商讨、争论，并且用正直和和平的协议去解决他们的问题吧。我们将只限于去观察他们的关系和由此产生的结果。这就是我始终根据一条人类社会的伟大规律要做的事，这条规律是：个人和各阶级的逐步平等是同普遍进步相结合的。

一条直线之并不同于一种力量、一种速度，正如它并不同于一种价值或一种效用一样。然而数学家却在利用它。为什么经济学家就不会也这样做呢？

有些价值相等，有些价值之间存在已知的比例，如 1/2、1/4、2 倍、3 倍。完全可以用各种长度不等的线来代表这些差别。

对于**效用**却并不如此。我们已看到，总的效用分为无偿效用和有偿效用，即由于大自然的作用而产生的效用和人类劳动的结果所产生的效用。后者互相估价、衡量，可用一条一定长度的线来代表，而前者则不能加以估价、衡量。的确，大自然为生产一公担小麦、一桶酒、一头牛、一公斤羊毛、一吨煤、一立方米木材所做的工作很多。但我们毫无办法去衡量众多自然力量的配合，其中多半是未知的，并且从创世以来就在起作用。再者，我们对此也不感兴趣。因此，我们应该用一条不确定的线来代表无偿效用。

设有两种产品，其中一种所值是另一种的两倍，可用下面的线表示：

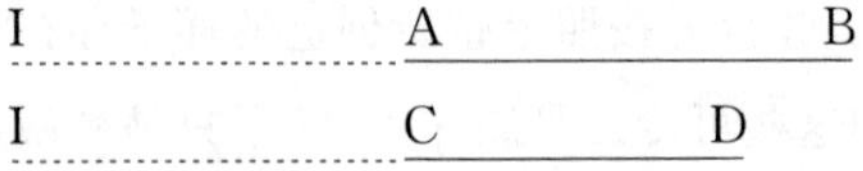

IB，ID 代表全部产品，总效用，满足需要的东西，绝对财富；

IA，IC 代表大自然的配合，无偿效用，共有财产部分；

AB，CD[①] 代表人类服务，有偿效用，价值，相对财富，财产部分。

我不需要说明，你可想象随便用一种东西：一幢房屋、一件家具、一本书、珍妮·林唱的一首曲子、一匹马、一匹布、一次门诊等等来代替AB，用来交换两倍的CD；另外，缔约双方甚至不自觉地彼此互相给予，一方是一倍的IA，另一方是两倍的IC。

因此，人终生所操心的是，缩小努力对结果的比例，以大自然作用代替他本身的作用，总之，以少获多。这是他的才能、他的智慧和他的热忱的坚定不移的目标。

假设某甲是IB的生产者，他找到一种方法来使他只用以前的劳动的一半完成他的产品，其中还包括用来制造使用自然力量的工具所需的时间。

只要他保守他的秘密，上述图形就不会有什么变化。AB和CD将代表同样的价值和同样的比例，因为世界上既然只有他知道这种快速制造方法，这种方法就将为他一个人的利益服务。他将半天休息，或者将每天做两个IB而不是一个；他的劳动将获得比以前更好的报酬。这种成果是有利于人类的，但在这一点上，人类将由一个人来代表。

顺便提一下，读者在此应该看到，英国经济学家们的价值来自劳动这个公理是多么站不住脚，如果它的目的是使人认为，价值和劳动是成比例的。人们看到，劳动量减少了一半，价值却不变，这是每时每刻都在发生的事。为什么？因为服务没有变。发明前如同发明后，只要这个发明还是一个秘密，出让IB的人所提供的是

① 原文作CC，似应为CD，特改正如上。——译者

同一服务。如果有一天，某乙，ID的生产者，能对某甲说："你向我要两小时的劳动来交换你一小时的劳动。可是我知道你的方法，如果你将你的服务价格抬得这样高，那我就要自己动手了。"那时，情况就不一样了。

然而这一天必将到来。一个方法一经发明，就不会长久是一个秘密。于是产品IB的价值将降低一半，而我们就会有下面两个图形：

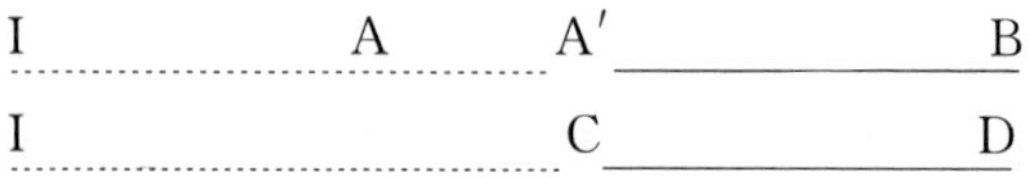

AA′代表消失了的价值，消失了的相对财富，变成共有财产的财产，以前有偿的今天变成无偿的效用。

因为，至于某甲，他在这里是生产者的象征，他又回到了他原先的状况中。他以过去生产IB的同样努力，现在可生产两倍的IB。他要得到两倍的ID，就得被迫给予两倍的IB，即家具、书籍、房屋等等。

这一切对谁有利呢？这显然是对某乙，ID的生产者有利，他在这里是所有的消费者的象征，包括某甲本人在内。其实，若是某甲想消费他自己的产品，他将节省由AA′的消失所代表的时间。至于某乙，即世界上所有的消费者，他们将用在自然力量没有参与的时期所需的一半时间、一半努力、一半劳动、一半价值来购买IB。因此，这种力量是无偿的，而且是共有的。

既然我已经尝试用几何图形说明问题，请容许我再用一次。如果这种用到政治经济学上也有些奇怪的方法有助于读者领悟我所要描绘的现象，我将感到欣慰。

不论作为生产者还是作为消费者，任何人都是一个提供服务并在交换中接受服务的中心。

设将一个生产者，例如一个抄写员，一切生产者或一般生产的象征，置于 A(图 1)。他交给社会 4 份手抄本。如果，在我们观察时，这些手抄本每 1 份的**价值**是 15，那么，他贡献的服务等于 60，并得到一项相等的价值，此项价值是不均匀地分摊在许多项服务上面的。为简化论述起见，我只使用 4 种服务，起自圆周上的 BCDE 4点。

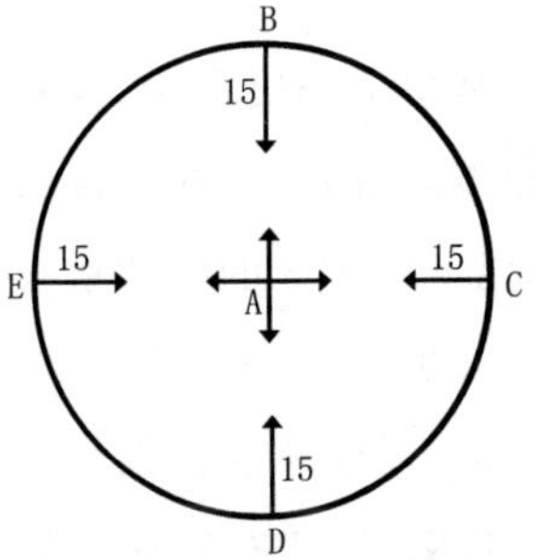

图 1

生产的价值＝60

接受的价值＝60

生产的效用＝4

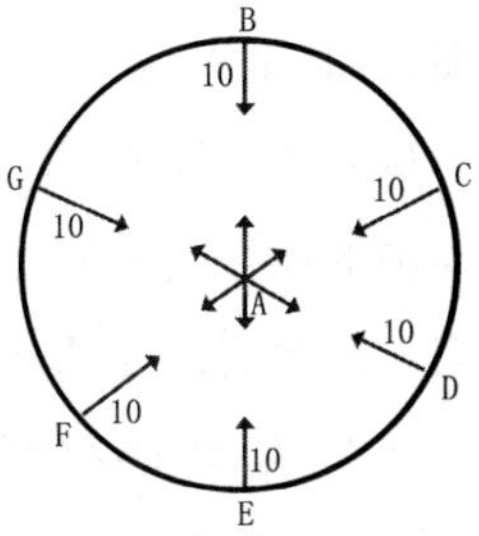

图 2

生产的价值＝60

接受的价值＝60

生产的效用＝6

这个人发明了印刷术。从此，他在 40 小时中做了原需 60 小时的工作。假设竞争迫使他按比例地降低他的书价；原值 15 的书，现在只值 10。但是这个劳动者现在能够印出 6 本书，而不是原先的 4 份手抄本了。另一方面，起自圆周原来是 60 的酬金，并未变动。因此，6 本书的报酬是每本值 10，这是因为以前 4 份手抄本是每份值15。

我简略地提请注意，这里正是人们在机器、自由贸易以及有关任何进步的问题上始终遗忘之处。人们看到快速方法所腾出的劳动，于是就恐慌起来。人们却没有看到，一种同样比重的报酬也同时可以随意支配了。

所以，新的交易将用图2来表示。我们在图2上看到从中心A放射出等于60的全部价值，这个价值分摊在6本书上而不是4份手抄本上。一项等于60的价值仍起自圆周，这在今天，如同在以前，是平衡所必需的。

那么，是谁在这个变动中获利了呢？从价值角度来说，没有人获利。从真正的财富，即从实际满足的角度来说，获利的是排列在圆周周围的无数消费者。他们每个人都以减低1/3的劳动量来买一本书。消费者就是人类。因为，请注意，如果A本身作为生产者毫无所获，如果他必须像以前那样劳动60小时才获得以往的报酬，作为书的消费者，即以其他人同样的名义，他却有所获。如果他想读书，他可以像所有其他人一样，以相当于节省1/3的劳动来获得这个满足。

如果他以生产者的身份看到，他自己的发明的利益由于竞争而逐渐失去，那么，他从哪里得到补偿呢？从三方面：

(1)只要他能够永远保守他的秘密，他仍以15卖出对他只值10的书；

(2)他以较少的费用获得自用的书，因而也分享了他向社会提供的利益。

(3)但他得到的补偿主要是：虽然他被迫让人类分享他的进

步,但他也分享人类的进步。

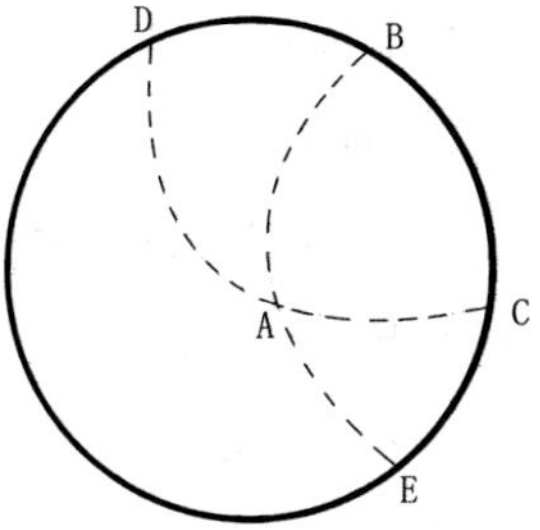

图 3

B,C,D,E 分享到 A 所完成的进步,但 A 也将分享到 B,C,D,E 所实现的进步。A 相继处于全部行业的中心和圆周上(图 3),因为他依次是生产者和消费者。譬如说,如果 B 是一个以纺锭来代替纺锤的棉纺织者,A 和 C、D 都将分享到利益。如果 C 是一个用帆来代替桨的水手,则 B、A、E 都将省力。

归根结底,机制是基于下述法则:作为生产者,他只有在为报偿其才能的必要时间内才享受到进步所带来的好处。不久,进步导致价值降低,给第一个模仿者留下一个虽然较少,但是恰当的报酬。最后,价值与减少了的劳动成比例,于是人类得到了全部节约。

因此,大家享受到每个人的进步,每个人又享受到大家的进步。社会主义者们提出我为人人、人人为我,并把这作为他们建立在压迫和强制之上的组织中处于萌芽状态的新鲜事物提供给世界,而上帝早已对此做出安排了,上帝是让这种情况从自由中诞生的。

我说,上帝已做出安排;而且,在几个盲从者效忠于一个偏执狂者,和怀疑者代追随者受过的情况下,上帝不会在孔西德兰领导的模范公社里、或在一个有六百个和睦论者的法伦斯泰尔里、或在一个试验中的伊卡里亚岛上推行他的法则。不,上帝,通过一个奇妙的机制,已全面地、普遍地做出了安排,在这个机制中,公正、自由、效用以及人与人之间的关系互相结合和互相协调,其程度会使社会组织的策划者们泄气。

请注意,我为人人、人人为我这条伟大法则的普遍性大大地超出我的论述所设想的范围。语言已经是笨拙的,而笔墨则更加迟钝。作家只能非常缓慢地陆续指出那些只有在全部显露时才能使人赞赏的现象。

我刚才谈到了发明。人们会从中得出结论,认为这是实现了的进步避开生产者而去扩大人类共有财产的唯一情况。并非如此。任何来自地势、气候或某种自然施与的利益,在第一个发现并占有它的人的手里迅速地滑过,但并未因此而消失,却是去构成供给人类在其中汲取共同满足的巨大储存库。与这个结果有关的唯一条件就是:劳动和交易必须是自由的。违背自由,就是违背神的意愿,就是中止其法则的效果,就是妨碍进步。

我刚才就福利所说的一切,对于祸害也是适用的。在生产者手里不停留任何东西,既无利益也无祸害。利弊都趋向于分摊在整个社会身上。

我们刚才看到,生产者如何全力追求能使其事业得以发展的东西,同时,我们确信,他在很短时间内就失去利益。他似乎只是在一个具有高等智慧的手里普遍进步的盲目和驯服的工具。

他以同样的热忱竭力避免一切阻碍他的活动的事物,而这对人类来说是值得庆幸的，因为这些障碍，久而久之，就会危害人类。例如，假定人们对A，一本书的生产者，课以重税。他就必须把这笔税加在他的书价上，从而作为组成部分列入书的价值。这就是说，B，C，D，E应该用更多的劳动来购买一种同样的满足。他们的补偿取决于政府如何运用税收。如果政府运用税收得法，则他们将可不受损失，甚至政府的安排可使他们有所获。如果政府用税收来压制他们，那么，这将是一种附加的双重欺压。至于A，他却摆脱了课税，虽然他垫支了税款。

这并不是说，生产者不常常忍受各种各样的阻碍，其中就有捐税。他有时被捐税压得濒于垂死的境地，而正因如此，这些捐税才逐渐转移，并终于转嫁给群众。

例如，在法国，葡萄酒就受制于许多捐税和阻碍。接着，人们又制定出一套制度，禁止酒外销。

请看，祸害是如何通过一些迂回反射而逐渐从生产者身上过渡到消费者身上的。一旦受到捐税和阻碍所造成的损失，生产者就立即致力于寻找补偿。但由于消费者的需求以及酒的数量依旧，他就不能提高酒价。他在课税后的所得没有课税前多。而且由于在课税前，他只获得一种由自由交换的服务的价值所确定的正常报酬，所以他的亏损就是捐税的全部金额。要提高价格，就必须减少酒的产量[①]……

因此，消费者即公众和最初影响某一类生产者的亏损或利润的关系，如同土地和电的关系那样，这是一个共同的大蓄水池。一

① 见作者关于《饮料税》的演讲，卷5，第468页。——原编者注

切出自其中，然后，经过若干或长或短的弯路，在产生了种种不同的现象之后，一切又重返其中。

我们刚才看到，经济成就，可以说，只是在生产者身上滑过去，然后就到达消费者身上，因而一切重大问题应该从消费者的角度加以研究，如果人们想熟悉它们的持久的、全面的后果。

生产者的作用从属于消费者的作用，我们从效用推断出来的这种隶属关系，已经从道德角度的考虑得到充分的证实。

因为责任无不来自首创精神。然而首创精神在哪里呢？在需求中。

需求（它涉及报酬方法）确定一切：资本和劳动的方向，人口的分布，职业的道德性，等等。这是因为需求适应欲望，而供给则适应努力。欲望有合理的或不合理的、道德的或不道德的。努力只是一种效果，在道德上是中性的，或者它只具有一种反映的道德性。

需求或消费对生产者说："给我做这个。"生产者顺从他人的推动。若是生产者始终和处处都等待需求，这一点，对于大家来说，就会是显而易见的。

但事实上的经过并非如此。

不论是交换带来了分工，还是分工确定了交换，这是一个微妙而无益的问题。我们说，人之所以交换，这是因为，他既然是有理性的又是社会的成员，他就懂得，这是增加效果与努力的比例的一种办法。分工与远见带来的唯一结果就是，一个人不等待为他人劳动的建议。经验告诉他，这种建议在人类关系中是默认的，同时又存在着需求。

他事先就作出努力去满足这个建议,职业就是这样产生的。人们预先制造鞋和帽;人们为了唱得好,为了教学,为了辩护,为了医病,等等,而预作准备。但供给在这里预见到并确定需求,这是否真实呢?

不。就是因为人们确信,将有人需求各种服务,所以才作准备,虽然总是并不确切地知道需求将来自何人。其证明就是,各种服务之间的关系相当明确,这些服务的价值通常是经过相应检验的,这就使人们怀着某种安全感去从事某种制造,或者选择某种职业。

因此,需求的推动力是事先存在的,因为人们能如此准确地计算出它的重要性来。

所以,当一个人选择一种行业时,当他从事生产时,他所关心的是什么呢?是不是他生产的东西的效用或生产成果的好或坏、道德或不道德呢?绝对不是,他只想到它的价值。需求者关心的则是效用。效用满足他的需要、欲望和一时的爱好。与此相反,价值只是为满足所让与的努力、所转移的服务。只有当由于交换而轮到供给者变成需求者时,他才关心效用。当我决定宁可做鞋子而不做帽子时,并不是因为我对自己提出了这样的问题:人们是否对保护自己的脚比保护自己的头更关心?不,这要由需求者来关心,并确定他的需求。需求又确定价值或公众对服务的评价。最后,价值决定努力或供给。

从而产生一个十分引人注目的道德后果。两个国家能够拥有相等的价值,即相对财富是相等的(见第六章),但它们拥有的实际效用,即绝对财富,却是很不相等的;当一个国家提出的欲望比另一个国家的更不合理时，当后者想到的是它的实际需要，而前者却想象出一些虚假的或不道德的需要时，就会发生上述情况。

一个国家的人民可以偏爱教育，而另一个国家的人民却重视美味佳肴。在此情况下，对于前者，提供服务就是讲授某些知识；对于后者，则是取悦于其口味。

然而，人们是按照他们所给予多种服务的重要性来酬报服务的。若是没有交换，他们就会自我服务；如果不是根据他们的欲望的性质和强度来确定，那么，他们是根据什么来确定呢？

在一个国家里，将有许多教授，在另一个国家里，却有许多厨师。

在这两个国家里，所交换的服务在总数上可以相等，因而代表相等的价值、同样的相对财富，但是绝对财富却不相等。这只能说明，一个国家善于使用其劳动力，而另一个则不善于使用。

从满足的角度看，结果将是：一个国家的人民有很高的教育水平，另一国的人民则善于烹调。这种爱好上的不同所造成的后果不仅影响到实际财富，而且甚至影响到相对财富；因为教育能为发展提供服务的新办法，这是佳肴所办不到的。

人们注意到，各国有种种不同的爱好，这是它们的前人、它们的性格、它们的信仰、它们的虚荣心等等所造成的结果。

无疑，有些需要，如饮食的需要，是如此迫切，使得人们几乎可视为是些已知数。但是一个人为了有干净衣服穿而忍饥挨饿，而另一个人只在吃饱了之后才想到衣服的整洁，这并不少见。许多国家的人民也是如此。

但是一旦这些迫切的需要得到满足，其余的一切需要就大大地取决于意志；这是爱好问题，而就是在这里道德性和良知的力量占有优势。

各国的种种欲望的力量常常确定每个人的劳动量，这是为满足他的各种欲望而在他的全部努力中愿意付出的劳动量。英国人首先想吃得好。因此，他付出巨大的劳动量来生产食品，如果他也做别的东西，那是为了对外交换食品；结果，英国消费的小麦、肉类、黄油、奶、糖等等的数量是惊人的。法国人想的是娱乐。他爱好美的东西并爱更新，他的劳动方向就服从他的欲望。在法国，有许多女歌唱家、丑角、时装店、咖啡馆、豪华的商店，等等。在中国，人们渴望吸鸦片来做好梦。所以国家把大量劳动用于直接从事生产，或间接通过交换来取得这种宝贵的麻醉品。在西班牙，人们倾向于宗教排场，因此，居民们的努力大量涌向宗教建筑物的装饰等等上面。

我不会竟然说，在努力里，从来不存在不道德行为，如果努力是为不道德的和低级趣味的欲望服务的。但是，显然，不道德的原理是在欲望里面。

人若是孤立的，这就不会有疑问。对于联合起来的人类来说，这也不会有疑问，因为联合起来的人类，就是扩大了的个人。

因此，谁想斥责我们南方的劳动者酿酒呢？他们是在满足一种需求。他们翻土，照料葡萄园，收获葡萄和酿酒，而并不过问人们将用他们的产品来做什么。追求满足的人应该知道这个满足是不是正当的、道德的、合理的、有利于人的。责任在他的身上。不这样，世界就不会前进。如果劳动者要对自己说，“我不想做一件这种式样的衣服，因为这种式样过于奢侈，或者因为它妨碍呼吸，等等”，那么，我们将会处于什么样子的境地呢？

假使伦敦的有钱的寻欢作乐者喝法国酒喝醉了，这和我们可怜的葡萄种植者有关吗？人们能否更严肃地指控英国人在印度收获鸦片，为的是去毒害中国人？

不，轻浮的人民总是鼓励轻浮的行业，正和严肃的人民创立严肃的行业一样。如果人类在完善，这并不是由于生产者的教化，而是由于消费者的教化。

当宗教对富人，即重要的消费者，提出关于他的巨大责任的严厉警告时，这说明，它完全懂得了。政治经济学从另外一个角度并以另外一种语言提出同样的结论。它肯定地指出，人们不能阻止供给所需求的东西；对于生产者来说，产品只是一种价值，一种并不代表善恶的货币，而在消费者的意愿中，它却是效用，是道德或不道德的享受；因此，表示欲望并提出需求的人应该承担这种欲望和需求的有益的或有害的后果，并在上帝的正义面前，如同在人类的舆论面前，回答他给劳动指出的方向是好还是坏。

因此，不论站在什么观点上，人们看到，消费是政治经济学的重要终结；善与恶，道德与不道德，和谐与失调，一切取决于消费者，因为他代表人类。①

① 见卷四第72页注。——原编者注

第十二章　两种箴言

现代伦理学家们主张我为人人、人人为我，以此来反对古谚人各为己、休管他人，这是对于社会一种很不完整的看法，而且仅由于此，这种看法是很错误的，我甚至要进一步说，这种看法是很可悲的，这将使他们大吃一惊。

首先，让我们从这两个著名的箴言中除去多余的内容。人人为我是出于对反命题的爱好而附加上的一条，因为它必定包括在我为人人里面。至于休管他人，这种思想与其他三种并无直接联系；但因为它在政治经济学上有重大意义，我们在以后也要探究它的内容。

剩下来的是我为人人和人各为己这两条之间所谓的对立。据说，一个表明同情原则，另一个则表明个人主义原则。前者是团结，后者是分化。

如果人们想说的仅是确定努力的那个动机，那么，对立是无可争辩的。但是我认为，如果从全部人类努力的结果这个角度考虑，情况就不是这样。请考察一下在可酬报的服务问题上服从个人主义原则的社会，你就会确信，在人各为己劳动时，实际上也在为人人劳动。事实上，这是不能否认的。如果读我这几行的人是有职业的，我恳请他观察一下自己的情况。我问他，他的一切劳动是否以他人的满足作为目标，而另一方面，他的一切满足是否来自他人的劳动。

显然，那些说人各为己与我为人人互相排斥的人相信，个人主义与结社是不相容的。他们以为，人各为己意味着孤立或具有孤立趋势，个人利益造成不团结而不是团结，并导致休管他人，即导致一切社会联系的消失。

对此，我重申，他们对于社会的看法是完全错误的，因为它是不完整的。即使人只是受个人利益驱使，人类还是在寻求互相接近、配合努力、联合力量、彼此为对方劳动、互相提供服务，群居或结社。如果说，人类是不顾个人利益而这样做，那是不正确的；不，人类是出于个人利益才这样做。人类群居就是因为感到这样做有好处。如果感到这样做有坏处，就不会群居。所以，个人主义在这里完成的事业正是我们时代的那些感情主义者想交由博爱、克己，或与自爱对立的其他动机来完成的。这证明，神远比那些自称是其先知的人更知道赋予群居性什么，这正是我们始终得出的结论。因为，二者必居其一：或者团结妨害个性，或者它对个性有利。如果它妨害，社会主义者先生们将怎么办，他们能有什么合理的动机去实现伤害大家的东西？如果，与此相反，团结是有利的，不论人们怎么说，它将根据个人利益去实现，而个人利益正是一切动机中最有力的、最持久的、最一致的、最普遍的动机。

请看事情的经过。一个开垦者去西部开垦一块土地。他没有一天不感到孤立状态给他造成多大的困难。不久，第二个开垦者也到达荒地。他把帐篷搭在哪里呢？他将自然而然地远离第一个人吗？不，他将自然而然地接近第一个人。为什么？因为他知道，只有在互相接近中，人们才能获得一切利益。他知道，在许多场合，他们能够互相借用工具、行动一致、克服个人力量无法克服的困难、互相开辟出路、交流思想和看法，共同防御。随后，第三个、第四个、第五个开垦者也进入荒地，他们的趋向都是情不自禁地被吸引到冒烟的第一批建筑物那里去。于是，其他的人就能够带着更大量的资金突然来临，因为他们知道，他们在那里将找到可以使用的劳动力。移民区形成了。人们能够稍许改变一点作物，开辟出一条小径通往邮车经过的大路，输入和输出货物，还想到修建一座教堂、一幢校舍，等等。总之，移民们的力量，仅仅由于互相接近而得以扩大，使得它大大超过他们单独的力量的总和。这就是一些人被吸引到另一些人那里去的原因所在。

但是，有人会说，人各为己是一句很凄凉的、很无情的箴言。世界上的一切争辩、一切谬论都阻止不了这句箴言所引起我们的厌恶，不使它散发出利己主义的臭味；而利己主义，这难道不仅是社会的一种祸害、已成为万恶之源了吗？

让我们澄清一下。

如果箴言人各为己被理解为，它应该指导我们的一切思想、一切行为、一切关系，而且它应该存在于我们的一切父子、兄弟、夫妇、朋友、国民的感情深处，或者不如说，它应该扼杀这一切感情，它就是可怕、可恶的，我不相信，世界上会有一个人把它奉为自己的守则，而敢于把它作为一种理论来宣扬。

但是社会主义者们是否将不顾普遍事实的权威性，始终拒绝承认有两种人类关系：一种出自同情原则，我们认为，它属于道德领域，另一种则出自个人利益，这是在素不相识的、互不欠账而只求公正的人们之间实现的一种关系，它是由自愿和经过自由商讨的协议来解决的。恰恰是这后一类的协议构成政治经济学的领域。然而，这些交易不可能建立在同情原则上，正如家庭和友谊关系都是基于利益原则之不合理一样。我将永远对那些社会主义者们说：你们想混淆这两种不可混淆的东西。虽然你们是够不可理喻的，你们却不够强大有力。那个铁匠、那个木匠、那个农民，在艰苦的劳动中干得筋疲力尽，他们可能是极好的父亲、令人称赞的儿子，他们可能有很高的道德观念，怀有最豁达的心肠；尽管如此，你们却绝不能促使他们，在献身原则下，朝夕劳动不止，汗流浃背，自行节衣缩食。你们的感情主义的说教是，并将永远是无力的。倘若这种说教不幸诱惑了少数劳动者，它便会造成一批受骗者。如果一个商人按照博爱原则销售货物，我看，不到一个月，他的孩子们就会沦为乞丐。

神同时赋予群居性其他保障，他这样做是对的。既然人已经存在，既然感受力是与个性紧密相连的，那就不可能希望、祝愿和理解，个人利益竟能普遍地被废除。然而，为了使人际关系得到正确的平衡，就该这样做，因为，如果你仅在若干优秀分子的灵魂里消灭这个动机，你就造成两个阶级，即被诱惑去害人的恶人和充当受害者的好人。

既然在劳动和交换问题上，人各为己这个原则应该作为动机而不可避免地占上风，奇妙的是，造物主已运用这个原则，在社会等级内部实现我为人人那个博爱准则，他巧妙地把障碍转变为工具，而且大众利益已交由个人利益负责，前者已变成可靠的，因为后者是不可摧毁的。我认为，在这些结果面前，共产主义者们和其他那些人为社会的发明家们可以承认，在不因此而感到十分屈辱的情况下，在组织问题上，他们那个天上的对手肯定比他们高强。

请注意，在社会的自然秩序中，产生于人各为己的我为人人要比共产主义或社会主义观点的我为人人全面得多、绝对得多、深刻得多。我们不仅为大家劳动，而且，如果我们所取得的进步不能让大家分享，我们就不能实现任何性质的进步（见第十章及第十一章）。当我们想出了一个方案，或者发现了大自然的一种施与、土壤中的某种新的生殖力、物质界一条规律中的某种新的活动天地时，利益对于我们来说是暂时的、过渡性的，因为，从报偿的角度看，这本是公正的，从鼓励的角度看，也是有用的，然后，利益从我们手里逃脱，虽然我们努力不放它，它仍然从个人所有变成社会所有，并永远落入无偿的共有财产的领域。就这样，我们在使人类享受我们的进步的同时，我们自己也在享受他人所实现的进步。

归根结底，被人各为己激发出来的个人主义的一切努力就朝着我为人人的方向演变，而每一个局部的进步给社会提供的无偿效用，将是这个进步给其发明者带来的利益的千百万倍。

由于我为人人，没有任何人会为自己活动。有哪一个生产者还会想加倍劳动去另外获得他的工资的三千万分之一呢？

人们也许会说：何必去辩驳社会主义的准则？它能有何害处？它也许不会使忘我原则深入到工厂、店铺，也不会在集市上和交易中推行这个原则。但是，最终，或者它将一无所获，那么，你就可把它束之高阁，或者它将使利己主义原则变得稍为灵活，这种为一切同情心所排斥的原则无权得到我们的同情。

凡是错误的东西总是危险的。把上帝显然是为了人类的保存和前进而定出的一个普遍的、永恒的原则描绘成应受指责和天谴的原则，这总是危险的；我承认，这个原则，作为动机，并不使我们感动，但是它的结果却震撼并满足我们的智慧；而且，这个原则让上帝已放在人类心灵中的其他更高级的动机去充分发挥作用。

但是人们知道发生了什么事吗？那些社会主义者只采用他们那个准则的一半，即人人为我。人们继续在为我劳动，这是应该的，但是除此之外，还要求大家也为我劳动。

这本该如此。当那些幻想家想改变人类活动的伟大动机，用博爱来代替个人主义时，他们想象的是什么？是夹杂着伪善的矛盾。他们对群众喊道："抑制你们心里的个人利益而跟随我们走吧，你们将得到，作为报酬，这个世界上的一切福利、一切乐趣。"当人们试图戏谑地模拟福音的腔调说话时，就应该得出和他们一样的结论。博爱和克己意味着牺牲和痛苦。"牺牲你们自己吧。"这就是说："请到最下层去自愿忍受贫苦吧。"但是在舍弃的借口下许诺享受，指出在所谓牺牲背后的福利和财富，为了打击被人们斥为利己主义的狂热，就求教于它的最具物质性的倾向，这不仅证明，人们想打倒的原则的生命力是不可摧毁的，这还在反对它的同时，把它捧到最高点；这是加强敌人的力量，而不是打败敌人，用不公正的觊觎代替正当的个人主义，激起最粗俗的感觉主义，尽管所用的某种神秘行话是凭空捏造的。贪婪可能响应这种号召。[①]

我们难道不就是处于这样的情况吗？在一切等级中，在一切阶级中，普遍呼声是什么呢？人人为我。在说出我这个词时，我们想到的是我们，而我们所要求的就是，在大家的劳动中获得不该得的一份。换言之，我们使掠夺成为经常性的。无疑，赤裸裸而直接的掠夺是如此不义，以致使我们厌恶，但是，幸亏有人人为我这个准则，我们减轻了良心上的不安。我们在他人头上加上一个为我们劳动的义务，然后，把享受他人劳动的权利归于自己。我们要求国家、法律强制推行这种所谓的义务，保护这种所谓的权利，于是，我们得到这样一个古怪的结果，即以博爱的名义互相剥夺。我们依靠他人为生，而就是用这个名义，我们给自己加上英勇牺牲的美名。啊，古怪的人类心理！啊，狡猾的贪欲！我们每个人都竭力牺牲他人的份额来扩大自己的一份，这还不够；都想享受我们并不从事的劳动，这也还不够；我们还深信，我们这样才在献身的实践中显得高尚，我们几乎把自己比作耶稣基督，但我们却看不到，在我们自我欣赏时，这些使我们深为赞赏的牺牲并不是我们自己做的，而是我们要求他人做的。[②]

大骗局的进行方式值得我们观察一下。

---

① 当伊卡里先头部队从勒哈佛尔出发时，我曾询问过几个这些失去理智的人，设法了解他们的思想基础。一种容易得到的福利，这就是他们的期望和他们的动机。其中一个告诉我："我出发了，我的兄弟将第二批出发。他有八个孩子：他无须再抚养他们，你要知道，这对他来说是多大的利益。""我容易理解这个，我说，可是这个沉重的负担将必须落到别人的头上去。"把妨碍我们的东西摆脱给别人，这就是这些不幸者从人人为我这个箴言中所领会的博爱方式。——原注

② 见《论掠夺和法律》，卷五，第 2 页及以下各页。——原编者注

盗窃！呸，卑鄙；此外，这要坐牢，因为法律禁止盗窃。但是如果法律指使盗窃，并提供援助，这难道不得很方便吗？……多么光辉的启发！……

人们立即向法律要求一种小特权、一种小垄断。既然要别人尊重这种特权，就得付出一些辛劳，于是就请国家来负担。国家和法律狼狈为奸，它们实现的正是根据它们的使命应予防范或惩罚的东西。垄断的爱好逐渐占有优势。没有一个阶级不想要本阶级的垄断。那些阶级大声叫喊：人人为我，我们也要表现是博爱者，并使人看到，我们也懂得连带责任。

有时候，那些互相盗窃的特权阶级，由于遭到勒索而受的损失，至少同他们勒索别人而得到的一样多。此外，不享有特权的广大劳动者，却在忍受痛苦、濒于死亡而不能抗拒。他们起来暴动，在街头上建起街垒，血流遍地，于是成了一股不可忽视的力量。

他们要求什么呢？他们要求废除压迫他们的那些特权、垄断、限制吗？绝不是。他们也被灌输过博爱主义。人们对他们说过，只有那个人人为我才能解决社会问题。人们再三用例子对他们论证过，特权（这只是一种盗窃）如果得到法律的支持，它就是很道德的。人们就这样看到，人民在要求……什么？……特权！……他们也命令国家，在损害人民利益的情况下，为他们提供教育，工作，信贷，救济。啊！多么奇怪的幻想！这种幻想将持续多久呢？人们可以设想，一切上层阶级，从最高阶级起，会接踵而来索取恩惠、特权。在这些阶级的底下，是广大的人民群众，上述这一切都落到他们的头上。但是也可以设想，这些人一旦成为胜利者，也妄想完全置身于特权阶级之中，为自己建立垄断并且扩大滥用特权的基础和依此为生；还可以设想，他们却看不到，在他们底下没有任何东西来维持这些不公正。这就是我们时代前所未有的最令人惊异的现象之一。

会发生什么事呢？那就是，在这条道路上，社会被引导到普遍沉沦。它有充分的理由表现惊慌。人民不久就失势了，于是，过去的贪赃枉法又暂时恢复了常态。

然而这个教训，对于那些上层阶级并非完全无益。它们感到，必须公正对待劳动者。它们很想做到这一点，这不仅因为它们本身的安全有赖于此，而且也是出于公平感，这是必须予以承认的。是的，我深信不疑，富有阶级巴不得找到最好的解决办法。我也深信，如果有人要求富人舍弃他们一大部分财产，同时向他们保证，今后人民将得到幸福和满足，他们会乐于做出这种牺牲的。所以，他们热衷于寻求办法来，用习惯用语说，**援助劳动阶级**。但是对此他们想象出什么呢？……还是特权阶层的共产主义，然而是一种缓和的共产主义，而且他们以能把它提交明智的政体为荣。如此而已，他们不会走出这个圈子，……

第十三章　论地租[①]

当土地价值增长时，如果土地产物的价格也相应增长，我就能理解在本书第九章中阐述的理论所遭到的异议。人们会说："随着文明的发展，劳动者的状况要比产业主的状况恶劣，这也许是一种命中注定的必要性，但这肯定不是一条和谐的法则。"

幸而这并非如此。通常，使土地价值增长的形势会同时也使生活必需品的价格下降……让我们用一个例子来说明。

设离城 10 公里有一块土地值 100 法郎。人们在这块土地的附近筑一条路，这是给收成开辟通路。于是土地立即升值到 150 法郎。地主由于获得了改良土地或生产品种更多的产品的便利条件，他的产业得到了改善，于是，土地售价上升到 200 法郎。

土地的价值因此增加两倍。我们首先从公正的角度，然后再从城市消费者而不是从地主所获得的效用的角度来考察这种剩余价值。

至于地主自费改良土地而得到的价值增长，人们不会提出任何疑问。这是一种沿袭一切资本法则的资本。

---

① 两三个短的片断是作者关于这重要的一章所遗留的一切。这表明，他本有意，正如他声明的那样，主要依据费城的加莱先生的著作来批驳李嘉图的理论。——原编者注

我敢说，对于筑路，这也是如此。范围扩大了一点，但结果是一样的。

事实上，地主用他的土地来分担公共开支；多年来，他为在遥远地方建设具有综合性效用的工程做出了贡献；最后，修筑了一条对他有利的道路。他所付出的大笔税款可以看作是他在政府企业中所占的股份，而由于那条新的道路而每年得到的土地收入则可以看作是这些股份的股息。

会不会有人说，地主始终应该付税而一无所得？……关于这种情况，让我们回到上面的例子上去。土地虽然通过复杂而又多少值得商榷的课税办法而有了改良，但这种改良却可看作是由地主在所获部分利益范围内自费进行的。

我刚才讲的是一条路。我可以引证任何其他的政府参与。例如，安全有助于给资本、劳动和土地带来价值。但是谁为安全支付费用呢？地主、资本家、劳动者。如果国家开支得当，则支付的价值应当以任何一种形式在地主、资本家、劳动者的手中再度形成和出现。对于地主来说，这只能以他的地价增长的形式出现。倘若国家开支不得当，这就是不幸，租税就没有了；这是应由纳税人来监督的事。在此情况下，对于土地来说，价值没有增长。而这显然不能归咎于地主。

但是，由于政府的作用和私人的能力，这样增值的土地上的产品价值增加了。城市里的买主是否要付出更高的价格来买这些产品呢？换言之，这 100 法郎的利息是否将加到田里即将出产的每公担小麦上？如果人们本来付 15 法郎，今后是否将给 15 法郎加上一个小数点数目？这是一个最有趣的问题，因为利益的普遍和谐和公正取决于此。

然而我勇敢地回答说：不。

无疑，地主今后将多收回5法郎（我假定利润率是5%）；但是他没有损害任何人的利益。恰恰相反，买主将获得更大的利益。

因为我们前面提到的那块田地从前远离市场，其产量也很低；由于运输上的困难，到达市场上的产品售价就高。今天生产活跃起来了，运输也经济了；上市的小麦数量更多，运费更低，于是售价也就更低。尽管地主获得5法郎的总利润，买主获得的利益却更大。

总之，实现了劳力的节约。这对谁有利呢？对缔约双方都有利。分享这种大自然给予的利益的法则是什么？那就是我们在谈到资本时经常引证的法则，因为这种增值构成一种资本。

当资本增加时，地主或资本家的份额在绝对价值上增加了，而在相对价值上则减少了，劳动者（或消费者）的份额则在绝对价值上和相对价值上都增加了……

请看事实经过。随着文明的进程，离居民区中心最近的土地的价值增加。低级的产品在那里让位于高级的产品。首先，牧场在谷物面前消失，然后谷物种植又被园艺所代替。粮食以更低的运费从更远的地方运来，最后，这已是无可争议的事实，那里的肉类、面包、蔬菜甚至鲜花的价格都比其他较落后的地方更便宜，虽然那里劳动的报酬比其他地方高……

伍若葡萄园

……服务交换服务。预先准备好的服务经常和现时的或将来的服务进行交换。

服务的价值并不是按照服务所必需付出的劳动，而是按照该项服务所节省的劳动来计算的。

然而，事实上，人的劳动在改进。

从这些前提推论出一个社会经济学上十分重要的现象，那就是，一般地说，以往的劳动在同现时的劳动的交换中受到损失。[①]

二十年前，我做了一件东西，我用了100个劳动日。我提出交换，并对我的买主说：给我一件也使你用了100个劳动日的东西。他可能回答我说：二十年来，已有了进步。原来需要你用100个劳动日的东西，现在它只要70个劳动日就能完成。然而，我并不以你所用的时间来衡量你的服务，而是以它为我提供的服务来衡量：这个服务只值70个劳动日，因为我可以用这段时间来自己做，或者找别人来为我服务。

结果是，资本的价值不断贬低，资本或以往的劳动并没有受惠，这正和那些肤浅的经济学家所认为的相反。

任何稍微陈旧的机器，正常磨损的不算，无不由于人们今天能制造更好的机器这唯一原因而跌价。

土地也是如此。在过去，为了使土地达到今天的肥沃状态，所需的劳动要比今天多，因为今天人们有更有效的劳动方法。

这是一般的，但不是必然的进程。

---

① 同样的观念已在第五章补充部分的结尾提出。——原编者注

以往的劳动能在今天提供比以前更大的服务。这是少有的，却是实际存在的一种情况。例如，我藏有用 20 个劳动日酿成的酒。如果我当时将它立即卖出，我的劳动会收到一定的报酬。但我把酒存起来，它变得更好了；第二年的收成不好，价格上涨了，于是我的报酬就更多了。为什么？因为我提供的服务更多了，因为买主须比我付出更多的辛劳才能获取这样的酒，因为我满足一个变得更大、更受欢迎的需要，等等……

这就是必须常常考虑的情况。

我们共1 000个人。每个人有自己开垦的一公顷土地；以后出售土地的时候到来。然而，1 000个人里面有 998 个人在交换中，收不到或将永远收不到和他们从前所用的劳动日一样多的现时劳动日，这是因为以往较粗糙的劳动，与现时的劳动比较，不能提供同样多的服务。但是有两个地主的劳动较为聪明，或者说，他们较为幸运。当他们在市场上提供这种劳动时，他们发现，这种劳动提供的服务是无法仿制的。每个人就想：这种服务，如由我自己去做会所费不赀。因此，我将出高价来买；而且只要我不是被迫，我就始终深信，如果我用任何其他办法来取得，花费将不会更多。

这就是伍若葡萄园的情况。这和找到一颗钻石、天赋一个好歌喉，或者身材漂亮、看一次要收 5 分钱的人的情况相同，等等……

我国有许多荒地。外国人会说：为什么你们不耕种这些土地？——因为它不好。——可是你看，旁边那块土地也不好，却已经耕种了。——对于这个异议，本地人无法答复。

因为第一个答复就不对头：土地不好？

不，人们不开垦新地并不是因为土地不好，而且有些好的土地也未加以开垦。其原因是，要将这块荒地开垦并使它达到与邻田相同的生产状况，所花费的资金要比买进那块邻田本身还要多。

然而，对于懂得思索的人来说，这无可辩驳地证明土地本身并无价值……

（发挥这个观念的所有观点……①）。

---

① 这些计划要发挥的观点已经不存在，但以下是作者提出的事实的两个主要结论：

（1）两块土地，一块是已耕种的A，另一块是荒地B，假定性质相同；从前为开垦A所用的劳动量是用开垦B的必要劳动来衡量的。甚至可以说，由于我们的知识、工具、交通工具等等方面的优越性，B的改良所需的劳动日益少于耕种A时所需。如果土地本身具有一种价值，A的价值就会等于改良它所需的一切，另加上它本身的自然生产能力所要的代价，即大大多于现在使B成为耕地所需的必要总和。然而，情况正好完全相反：土地A的价值更低了，因为人们宁可买进A而不去开垦B。在买进A时，人们不偿付自然力，因为人们甚至不偿付原先在开垦时所付出的劳动。

（2）如果A每年生产1 000单位小麦，开垦后的B的产量也会一样多。人们耕种了A，这是因为从前1 000单位小麦足够酬报开垦它或每年耕作它所需的全部劳动。人们不耕种B，这是因为现在1 000单位小麦不会偿付相同的，或者甚至更少的劳动，正如我们上面已注意到的那样。

这是什么意思呢？显然，这是因为人类劳动的价值高于小麦的价值了，这是因为一个工人的一天劳动所得值并获得更多的小麦。换言之，小麦需要更少的努力，并和更少的劳动交换；而关于生活必需品逐渐昂贵的理论是错误的。（见卷一，1850年12月8日致经济学家日报五的附言。同时请参阅巴师夏的一个弟子的著作：R. 德·丰特内的《论土地收入》。——原编者注）

论货币①

……………………………………………………………………

论信贷②

……………………………………………………………………

---

① 见《万恶的金钱!》,卷 5,第 64 页。

② 见《无偿信贷》,卷 5,第 44 页。——原编者注

第十四章　论工资

人们热烈渴望固定性。世上不乏一些不安、冒险的人，对于他们，侥幸是一种需要。然而可以肯定，就整体而言，他们希望一个安定的未来，想知道依靠什么，盼望能预先安排好一切。要想懂得人类如何珍视固定性，只需看一看他们是如何热衷于谋求公职的。但愿人们不要说，这是为了公职所授予的荣誉。当然，有些职务的劳动并不是十分高贵的，例如监视、搜查、欺压公民。但是钻营者却不乏其人。为什么？因为这些职务构成一种可靠的地位。我们可能都听到过家长谈到他的儿子时说："我替他谋求某个行政机关的一个临时雇员职位。无疑，为了达到要求的教育水平，我为他花了一大笔费用，这是无可奈何的。再者，以他所受的教育，他本来无疑会找到一个更有前途的职业。作为公务人员，他发不了财，但他准能生活下去，一直会有饭吃。四五年后，他将开始拿 800 法郎的薪俸，然后一级一级地晋升直到领取 3000 到 4000 法郎。服务三十年之后，他将有退休权利。所以他的生活是有保障的：他应该善于过这种默默无闻、勤俭节约的生活，等等。"

所以，对于人类来说，固定性是很有吸引力的。

然而，考虑到人的本性和他的劳动的性质，固定性似乎同这种性质又是不相容的。

任何在思想上把自己置身于人类社会开始时期的人都会很难理解，如此众多的人如何能从社会中获取一个明确的、有保证的、源源不断的数量的生活资料。这也是没有引起我们足够注意的现象之一，正因为我们一直对此熟视无睹。请看那些领取固定薪俸的公务人员、预先知道其收入的有产者、能准确计算其年金数额的年金收入者、每天领同样工资的工人。如果撇开用于估价和交换的货币不谈，人们就会看到，固定的东西乃是生活资料的数量，这是那些不同类别的劳动者所获得的满足的价值。然而我认为，这种逐渐扩大到一切人、一切工种的固定性，是文明的一个奇迹，是今天被人如此愚蠢地加以诽谤的这个社会的一个不可思议的效果。

因为，让我们回想一下一种原始社会状态。假设我们对猎人、或渔民、或牧民、或战士、或农民说："随着你们取得的进步，你们会愈来愈能预见到每年必定会得到的享受，"这些老实人是不会相信我们的。他们会回答说："这将取决于某种计算不到的事情，例如季节的变化无常，等等。"这是因为他们不能设想，人运用创造性的努力，竟然能随时随地建立一种保险。

然而，这种对于未来遭遇的相互保险完全属于我称之为**实验统计学**的那类人文科学。这种统计学取得了长足进步，因为它来源于实验，所以固定性也在取得很大的进步。两种持久的现象有利于固定性：(1)人渴望固定性，(2)人每天都在获得实现固定性的办法。

在指出固定性在人类交易（在这些交易中，人们起先似乎并不关心固定性)中建立的过程之前,让我们先看看固定性是如何从交易中产生的,而固定性正是交易的目标。这样,读者将懂得我所称为实验统计学的含义。

每个人都有一幢房屋。如果一幢失火,其业主就破产了。其他业主立即惊慌起来。每个人都会想:"我本来也可能有同样的遭遇。"因此,所有的业主联合起来,建立对火灾的一种相互保险,以便尽可能分担风险,这就没有什么值得大惊小怪的了。他们之间的协议十分简单。格式如下:"如我们之中,一人房屋失火,其余的人就出资援助受灾者。"

每个业主就这样获得了双重信念:首先,他将在所有这一类灾害中承担一小部分责任;其次,他绝不会蒙受灾害的全部损失。

其实,从长远考虑,人们就会发现,业主在对自己作出了一种安排。他在为补偿灾害给他造成的损失而节约。

这就是结社。这甚至就是社会主义者给这种性质的安排所起的名称:结社。一旦出现投机,照他们看来,结社就消失。照我看来,它却在完善,我们将就此加以探讨。

促使那些业主互相结合、互相保险的东西就是对于固定性、安全的渴望。他们喜爱已知的机遇胜于未知的机遇,宁可要众多的小风险而不愿意要一个大风险。

他们的目的并未完全达到,在他们的处境中,还有着许多侥幸的东西。每个人都可能想:"如果灾害多起来,我应支付的一份是否将变得无法承受呢? 无论如何,我想预知我应出的那份,并用同样的方法给我的动产、商品等等保险。"

这些灾害似乎是事物本质所决定的，而且无法逃避。

人们总是情不自禁地相信，在取得每一进步后，一切都已完成。因为，如何才能消除这种以尚处于未知状态中的灾害为转移的侥幸呢？

但是相互保险在社会内部发展了一种实践知识，即：灾害造成损失的价值与被保险的价值之间的以年平均值计算的比例。

在此基础上，一个企业家或一家公司，经过计算之后，往访那些业主，并对他们说：

“你们相互保险的目的是想买到你们的安宁；你们为支付灾害损失而每年储备的一份不确定的资金是你们为这些如此宝贵的财产所付出的代价。但你们无从预知这个代价的数目。另一方面，你们的安宁并不完全可靠。那么！我来向你们建议另一种方法。你们付给我一笔固定的年度保险费，我就承担你们一切灾害的风险；我给你们大家都保险，我有向你们担保履行我的承诺的资本。”

业主们急忙接受，即使这种固定保险费会稍高于相互保险的平均额，因为，对于他们，最重要的并不是节省几个法郎，而是获得安宁，完全的安宁。

在这里，社会主义者们认为，社团因此被毁灭了。我却肯定，它是完善了，并且走上了其他无限完善的道路。

但是，社会主义者们说：“那些投保人之间不再有任何联系了。他们不再彼此往来，他们不再必须协商了。一些寄生的中间人插入到他们中间，而业主们现在的支出多于支付灾害所需的数额，其证明就是，保险业获得了巨大利润。”

回答这种批评很容易。

首先，社团以另一种形式存在。投保人所付的保险费始终是赔偿灾害的基金。投保人找到了留在社团中而自己又可不必操心的办法。这显然对他们每个人都是有利的，因为所追求的目的还是达到了；在可以独立行动和自由运用资金的情况下，这种留在社团中的可能性正是社会进步的特征所在。

至于中间人的利益，它完全是明确而正当的。投保人，在赔偿灾害方面，仍是合伙人。但是插进来一家公司，向他们提供下列利益：(1)它免除他们的地位中还存留的侥幸的东西；(2)它免除他们遇到灾害时要做的任何照料和工作。这些就是服务。然而，服务要换取服务。公司的插手是具有一定价值的服务，其证明就是，这种服务是自由地被接受和偿付的。社会主义者们反对中间人，只是令人可笑而已。这些中间人是用暴力强加于人的吗？他们唯一使人接受的办法难道不是说："我将要求你付出一些辛劳，但是我使你避免的辛劳会更多"吗？如果真是如此，人们怎能称他们为寄生虫，或者甚至为中间人呢？

最后，我认为，这样改变了的社团走上了在各方面都取得新的进步的道路。

确实，希望获得与其业务规模成比例的利益的那些保险公司在推动着保险业。它们为此而到处设有代理人，它们贷款，它们千方百计增加投保人的数目，即合伙人的数目。它们承保各种为原来的相互保险所没有涉及的风险。总之，社团逐渐扩大到更多的人和事物方面。这种发展促使公司降低它们的价格，它们甚至也为竞争所迫而降价。在这里，我们又看到那条伟大的法则：福利从生产者手中滑过而归属于消费者。

不仅如此。公司相互之间还进行再保险业务来相互保险，并且从赔偿灾害的角度考虑，把设立在英国、法国、德国、美国的无数各式各样的社团融合成一个独一的大社团。其结果是什么呢？如果一幢房屋在波尔多、巴黎或任何其他地方失火了，全球的业主们，英国的、比利时的、汉堡的、西班牙的业主们都拥有备用基金来准备赔偿灾害。

这就是自由和自愿结合的社团所能达到的威力、普遍性、完善程度的一个例子。但是，对此，人们必须让它有选择方法的自由。然而，如果社会主义者们，这些结社的热烈拥护者，执政了，将会发生什么事呢？他们的当务之急莫过于威胁以各种形式出现的社团，特别是保险社团。为什么呢？恰恰因为它为了普遍化而使用的方法就是能使每个成员处于独立地位。这些可怜的社会主义者竟然对社会机构如此孤陋寡闻！他们就是想把我们引回到摸索时期的最低级社会中去，引回到原始而近乎野蛮形态的社团中去。对于任何进步，他们都以它远离了这些社会形态为借口，而予以废除。

我们将看到，就是由于同样的成见、同样的无知，他们才不断地或者反对利息，或者反对工资，而这些正是适合资本和劳动报酬的固定的形式，因而是十分完善的形式。

雇佣制尤其是社会主义者的攻击目标。他们几乎把它说成是一种略为缓和的奴隶制或农奴制的形式。总之，他们认为，这是一种看起来是自由的，而实际上是由一方独占利益的欺骗性的协议，一种弱肉强食，一种资本对劳动所行使的暴政。

对于必须制定的制度，他们争论不休，而对于现有的制度，特别是对于雇佣制，他们的共同仇恨显示出一种动人的一致性；因为尽管他们不能在他们所偏爱的社会秩序上取得一致，他们却此唱彼和地轻视、诽谤、诬蔑、仇恨和使人仇恨目前存在的情况。其理由，我在别处已经说过[1]。

不幸的是，这并不是在哲学辩论的领域中发生的。社会主义的宣传，在一个无知而懦弱的新闻界的协助下，竟能使对于雇佣制的仇恨甚至深入到雇工阶级中去。这个新闻界尽管否认自己是社会主义的，却以时髦的夸张词句来蛊惑人心。工人们对这种报酬形式表示厌恶了。这种形式对他们似乎是不公正的、屈辱性的、可恶的。他们认为，这给他们打上了奴隶身份的印记。他们要根据其他方法来参与财富的分配。从这种要求到醉心于最疯狂的乌托邦，只有一步之差，而这一步已经跨过去了。二月革命时，工人们最关心的事就是摆脱工资。在办法上，他们求教了他们的诸神。但是，他们的诸神虽然没有哑口无言，却只是按照习惯降下一些隐晦的神谕，在其中**社团**这个重要的词凌驾于一切，好像**社团**和**工资**是不相容的。于是，工人们想试验这种解救人类的社团的一切形式，同时，为了使它更有诱惑力，他们竟乐于用**团结一致**的一切魅力来美化它，把**博爱**的一切功绩都归因于它。人们一时几乎相信，人心本身即将遭受一次大变动，并摆脱利益的桎梏而只接受献身的原则。奇怪的矛盾！人们希望，在社团中同时获得牺牲的荣誉和尚未得知的利益。人们追求财富，谋求别人对自己的牺牲的赞赏，也为自己戴桂冠。这些迷途的、正处于被人引到一种不公正的

[1] 第一章第32—33页，以及第二章第50页及以下各页。——原注

生涯中去的工人似乎觉得需要自欺，崇奉他们从使徒那里学到的掠夺方法，并将它们蒙上一块布，然后放在新启示的圣殿里。也许这么多的危险的错误，这么多的明显的矛盾从未如此深入人类的心灵。

让我们看看什么是工资。我们要从它的起源、它的形式、它的效果来考虑。我们要承认它存在的理由；我们要明确知道，它在人类的发展中是一种倒退呢，还是一种进步。我们要核实，它的身上是否有某种屈辱性的、堕落的、愚昧的东西，以及是否能看到它与奴隶制的所谓一脉相承。

服务交换服务。人们所让与的和所收受的东西一样，都是劳动、努力、辛劳、细致、先天的或后天的才能；人们互相接受的就是满足；确定交换的就是共同利益，而用来衡量交换的就是对互相交换的服务的自由评价。人类交易产生了众多的办法，需用大量的经济词汇加以表达，但是利润、利息、工资这些用来表达细微差别的词却并不改变事物的实质。产品换产品，或者不如说，服务换服务，在经济观点上，这始终是一切人类进化的基础。

这条法则对于雇工们并不例外。请仔细加以研究。他们提供服务吗？这没有疑问。他们接受服务吗？这也没有疑问。这些服务是在自愿地、自由地进行交换吗？人们在这种交易方式中发现了诈骗、强暴现象吗？也许就是在这里，开始工人们的抱怨。他们不至于竟然自称被剥夺了自由，但他们肯定，这种自由纯属名义上的，甚至是微不足道的，因为被穷困所迫而作出决定的人不是真正自由的人。因此需要知道，这样理解的自由，其缺点是否来自工人的地位，而不是来自他接受报酬方式。

当一个人以他的劳动来为另一个人服务时，他的报酬可以是他所生产的一部分产品，或者是一笔确定的工资。在这两种情况下，他必须洽商这一产品份额，因为它可大可小，或者洽商这笔工资，因为它可高可低。而如果此人是处在绝对贫困的情况下，如果他无法等待，如果他是在一种急需的刺激下，他就得受法则的支配，不能避免对方的苛求。但是必须注意，并不是报酬的形式给他造成这种依附关系。不论他是在创业方面试试运气，还是做计件工，他的朝不保夕的地位使得他在交易前的商讨中就处于劣势。所以，把**结社**作为灵丹妙药向工人们提出的那些革新家们把工人们引入了歧途，而且他们自己也搞错了。当他们仔细观察到，穷苦的劳动者在什么情况下收到一部分产品，而不是一笔工资时，他们对此就会信服了。的确，法国最悲惨的人莫过于我家乡的渔民或葡萄种植者，虽然他们有幸享受社会主义者们专门称之为结社的一切好处。

但是，在探讨影响工资额的因素之前，我应该阐明，或者不如说是描写这种交易的性质。

渴望生活资料方面的保证，追求固定性，避免侥幸，这是人的一种自然趋势，因此这种趋势是有利的、道德的、普遍的、不可消灭的。

然而，在原始社会，可以说，人是完全生活在侥幸之中的。我常常感到惊奇的是，政治经济学忽略了那些为了把侥幸限制在愈来愈狭窄的限度内所作出的重大和可喜的努力。

请看：在一个猎人部落中，在一个游牧部落或者一个新建立的殖民地内部，是否有一个人能肯定他明天的劳动将值多少？在劳动和价值之间，似乎存在着不相容性，而且不论是他从事狩猎、捕鱼或者耕种，没有什么东西比劳动结果更带有偶然性，难道不是这样吗？

因此，在社会的童年时代，我们会很难找到与待遇、薪俸、佣人的工钱、工资、收入、年金、利息、保险等等类似的东西，而这些都是由人类想象出来的，以便给予个人处境愈来愈多的固定性，使人类愈来愈远离那种痛苦的感觉：对生活资料的渺茫性所感到的恐惧。

而且，在这方面取得的进步的确令人钦佩，虽然我们对这种现象习以为常，以致无所觉察。因为，既然劳动成果，以及随之而来的人类享受，由于事态、意外情况、大自然的反复无常、季节的变化，以及种种灾害而受到深刻的变易，那么，如何会发生这样的情况，即由于固定工资、年金、薪俸、养老金，竟有那么众多的人在一个时期内，有些人则终身能摆脱其应承受的那部分**偶然性**，而这种偶然性似乎就是我们的本质的主要成分呢？

动力因，人类美好的进化的原动力，就是一切人都憧憬福利的趋向，**固定性**则是其中的一个主要部分。办法就是对于那些可估计的机会的**承包契约**，或者逐步放弃那种所有合伙人永远与事业共休戚的原始结社形式，换言之，就是改善社团。那些现代大改革家竟向我们指出，社团好像正是被使其完善的因素摧毁了，这至少是令人奇怪的。

要使某些人同意承包那些必然要落到人身上的风险，就必须使我称之为**实验统计学**的某类知识取得一些进步，因为实验必须能够评估，至少是粗略地评估，这些风险，从而评估人们为使某人摆脱风险而提供的服务的价值。所以粗俗而无知的人，在交易和结社方面,不同意这种性质的条款;嗣后,正如我所说过的,侥幸就完全主宰了他们。假设有一个年老的野人备有一些野味,并找来一个年轻的猎人为他服务。他不给这个猎人一份固定工资,而是分给他一份猎获物。那么,他们两人如何能从已知情况去决定未知情况呢?过去的经验还不足以使他们预先保证未来。

在缺乏经验和野蛮的时代,人们无疑要联系,要结社,因为否则他们就不能生活下去,这是我们已经论证过的;但是,在他们那里,社团只能具有原始的、初级的形式,而社会主义者们就是把这种形式作为未来的法则和救星向我们提出的。

后来,当两个人,在共同承担风险的情况下,长期在一起劳动之后,由于有了评估风险的可能,于是,其中一个人就以给另一方一种约定报酬的方式,由他来承担全部风险。

这种安排肯定是一种进步。要确信这一点,只需知道,它是在双方同意下自由达成的,如果它对双方不适合,就不会达成协议。这种安排的有利方面是易于理解的。一方在承担企业的一切风险之后,可以独立经营,而另一方则取得了地位的固定性这种对于所有的人都是如此宝贵的东西。至于社会,一般说来,过去由两种智慧和两种意志分头经营的企业,今后将服从一个统一的意志和行动,这只能使它从中获益。

但是,既然两个人在继续配合,而改变的只是分享收益的方式,那么,难道因为社团经受了变更,就能说它已被解散了吗?既然改革是经过自由协商并满足大家要求的,就尤其不能说它变质了。

要实现新的满足办法,我可以说,总是必须有一种以往的劳动和现时的劳动的配合。首先，资本和劳动，在共同事业中联合起来时，必须都各自承担企业的风险。这种情况一直要持续到这些风险可以通过实验加以评估为止。于是，在人们心中出现两种同样是自然的趋势，我要说的是管理的统一和地位的固定这两种趋势。为此，只需资本对劳动说："经验告诉我们，你可能得到的收益就是数目为若干的那个平均报酬。如果你愿意，我保证给你这个数额，而由我来主持业务，成败都由我负责。"这是再简单不过了。

劳动可能回答说："这个建议对我很适合。有时，我一年只挣300法郎，有时却挣900法郎。这种波动使我烦恼，它妨碍我均匀支配我自己的和家庭的开支。为能避免这种持续的变化并收到600法郎的固定报酬，这对我是有利的。"

根据这个答复，合同的条款改变了。人们仍将联合努力，分享收益，因此，社团并未解散，而是变更，即资本一方将承担一切风险和得到一切额外的赢利作为补偿；至于劳动一方，它将从固定性中受益。这就是工资的起源。

协议也能以另一种方式订立。时常承包人对资本家说："我们曾在共同承担风险的情况下一起工作。现在，既然我们对这些风险都已更加了解，我建议由我来承包。你在这个事业中有20 000法郎，为此，你有时一年收入500法郎，有时收入1 500法郎。如果你同意，我将每年给你1 000法郎，即5%，并将使你不再承担任何风险，只要由我来主持事业。"

资本家或许将回答："既然由于巨大而令人不快的差距，我每年平均所得不超过1 000法郎，我宁愿获得一笔有保证的数目。这样，我将通过我的资本而仍留在社团内，但不承担任何风险。今后，我的活动、我的智慧可有更多的自由去从事其他事业。”

从社会角度和个人角度来说，这都是有益的。

由此可见，人类心灵深处总是渴望稳定状态，有一种持续的工作从各方面减少和限制侥幸。当两个人参与一个共同风险时，这个风险是不能自行消灭的。但发展趋势是，其中一个人以承包方式来承担风险。如果由资本来承担，劳动就以工资的名义领取固定的报酬。如果劳动愿承担风险，资本就以利息的名义取得固定的报酬。

既然资本不是别的东西，而只是人类的服务，人们就可以说，资本和劳动实际上只是表达一种共同观念的两个词而已；因此，利息和工资这两个词也是如此。因而，在假的政治经济学总是看到对立的地方，真的政治经济学则始终看到一致。

所以，从其起源、性质、形式方面来看，工资本身和利息一样，并无堕落和使人屈辱之处。两者都是在一个共同事业的成果中分到现时的劳动和以往的劳动所构成的份额。只是，久而久之，两个合伙人几乎常常对其中的一个份额采取承包方式。如果现时的劳动渴望获取一种均匀的报酬，它就以它的不可靠的份额换取工资。如果是以往的劳动，它就以它的可能的份额换取利息。

我深信，在最初结社形式里增加的这种新的条款绝不是解散，而是改善。当我考虑到，这种规定来自一种十分明显的需要、一种人类对于稳定性的自然倾向，而且它在并不损伤大众利益而是恰恰相反，在为大众利益服务的情况下，使各方得到满足，我对上述信念就不存有任何怀疑了。

现代改革家们以发明了社团为借口，想把我们引回到它的初级形式中去。他们应该告诉我们，承包契约在哪里损害了权利或公正；他们应该告诉我们，这些契约如何损害了进步，并且依据什么原则他们企图禁止这些契约。他们也应该告诉我们，如果说这样的条款带有野蛮的色彩，那么，他们如何调和这种条款经常而越来越多的作用和他们所宣称的人类的可完善性这两种情况呢？

在我看来，作为进步的最强大的动力之一，这些条款是其最奇妙的表现形式之一。它们既是过去一种很古老的文明的完美结果和对它的报偿，又是未来一种无限的文明的起点。如果社会曾坚持社团的原始形式，即把事业的风险摊到一切有关人身上，则99％的人类交易就不会完成。今天参与二十个事业的人就可能会永远被拴在一个事业上。一切交易就会缺乏统一的看法和意志。最后，人类就绝不会尝到稳定性的好处，而这正可能是天才的源泉。

因此，雇佣制是从一种不能摧毁的自然趋势中产生出来的。然而，我们必须注意，它只是部分地满足人的渴望。它使工人们的报酬更为均匀、更为平等、更接近一个平均数，但是，有一件事是它无法办到的，正如把风险组合在一起也办不到一样，那就是保证工人们的工作。

这里，我要提请注意，我在本文中所援引的那种感情是多么强烈，而现代的改革家们却似乎并未觉察它的存在，我指的是对于渺茫性的厌恶。恰恰是这种感情使那些夸夸其谈的社会主义者如此轻而易举地让工人们仇恨工资。

人们可设想工人状况的三种类别：侥幸占优势，稳定性占优势，一种中间状态，在其中被部分地排除的侥幸尚未完全让位于稳定性。

工人们没有理解的是，社会主义者们对他们鼓吹的那种社团乃是社会的童年，它是处于摸索时期、突变、过剩与萧条交替的时代，总之，就是侥幸占绝对主宰地位的时代。与此相反，雇佣制则是处于侥幸与稳定之间的中间阶段。

然而，工人们却远未感到稳定性，他们像一切感到不舒服的人那样，把他们的希望寄托在地位的改变上。所以，社会主义就十分容易地用社团这个很有分量的词来蛊惑他们。工人们自以为是被向前推进，而实际上，他们是被驱向后退。

是的，这些不幸的人是被驱向社会进化的最初摸索时期，因为向他们鼓吹的那种社团，除了是用一切风险把大家拴在一起之外，还能是别的什么东西呢？这是绝对蒙昧时代的必然措施，因为承包契约至少表明一种实验统计学的开端。这种社团除了是侥幸王朝的百分之百复辟之外，还能是什么别的东西呢？

因此，只在理论上了解社团并为之兴奋的工人们，一旦二月革命似乎有可能将它付诸实行时，他们就改变了主意。

那时，许多雇主，由于受到普遍陶醉的影响，或由于恐惧，提出以分红代替工资。但是，工人们在这种共担风险的局面前退缩了。他们懂得，如果向他们提出的这种办法遇到企业亏损，就没有任何形式的报酬了，就是死路一条。

于是人们看到了一件事，它对于我们国家的工人阶级来说，会是不体面的，如果不去指责那些所谓的改革家们，正是工人阶级不幸给予了他们以充分的信任。人们看到，工人阶级要求有一种能维持其工资的折中社团，在其中，它只分享这种社团的利润，而不分摊其亏损。

工人们自己是否会想到提出这样的特权要求，这是很值得怀疑的。人的本性里有一种反对明显的不公平的那种良知和公正感。要败坏人心，必须从歪曲他的思想开始。

这就是社会主义学派领袖们所做的事，在这一点上，我常常想知道，他们是否怀有罪恶的意图。意图是我一向愿意尊重的一种庇护所，但是在这种情况下，很难完全宽恕社会主义领袖们的意图。

他们在他们的著作中进行大量的不公正而又固执的宣传，以激起工人阶级对雇主的不满之后，又在使工人阶级信服，这是一场战争，而在战争中可以使用任何手段来对付敌人之后，为了让工人们的最后通牒获得通过，他们就用科学的微妙词句把这个通牒包起来，甚至把它笼罩在神秘主义的云雾中。他们臆想出一个抽象实体，社会，这社会对其成员负有一种最低程度的义务，即有保证的生活资料。他们对工人们说："因此，你们有权利要求一个固定工资。"他们就这样开始满足人对稳定性的自然倾向。接着，他们教导说，工人除工资之外应该分到一份利润；当人们问他们，工人是否也应该负担一份亏损时，他们却回答说，用国家的干预和通过纳税人的保证，他们已臆想出一种避免任何亏损的普遍行业体系。正如我所说过的，这就是人们在二月革命时所看到的办法，它解除了那些可怜的工人们最后的疑虑，使他们乐于提出对他们有利的三个条款：

(1)继续领工资；

(2)分享利润；

(3)不分担任何亏损。

人们也许会说，这种规定并不显得那么不公正和不可能，因为，在许多报纸、铁路等等企业中，都采用和维持着这种规定。

我的回答是：以小题大做来欺骗自己，这真是有些幼稚可笑。稍有诚意的人会承认，若干企业让雇工分享利润的做法并不是结社，它不配这种称谓，而且也不是两个社会阶级关系中发生的一次大革命。这是给予雇工的一种巧妙的赏赐，一种有用的鼓励，这种形式并不是新的，虽然人们想把它当作参加到社会主义里的一个新形式。采用这种办法的雇主们，在获利时，慷慨地拿出 1/10、1/20、1/100 的利润来布施，并且大肆宣传一番，自称是社会秩序的慷慨的革新家；但这实在不值得我们去过问。我还是谈谈我的主题。

雇佣制因此是一种进步。首先，以往的劳动与现时的劳动，在共同承担风险的情况下，在共同经营的事业中联合起来，在这样一种形式下的范围当是很受限制的。如果社会未曾找到其他的组合方法，世界上就绝不会完成过重人业绩，人类就会停留在狩猎、捕鱼和农业这些雏形状态中。

后来，两个合伙人听从双重感情的驱使，即对稳定性的喜爱和追求，以及甘冒风险来领导事业的愿望，议订由一方承包共同风险的契约，但并不中断双方的联合。双方约定，由一方给予对方一个固定报酬，并由他承担全部风险和主持事业。当这种固定性适用于以往的劳动，即资本时，它就叫做利息；当它适用于现时的劳动时，就称为工资。

但是，正如我已提请注意的，对于某一阶级的人来说，工资仅在生活资料方面构成一种不完全的稳定性或保证。这是走向福利的很重要而艰难的一步，是人们最初本来会认为是不可能的一步，但这并不是福利事业的全部实现。

也许有必要顺便说说，地位的固定性、稳定性是和人类所追求的一切伟大成就一样的。人类一直在接近这种稳定性，但将永远达不到。仅仅由于稳定性是一种福利，我们就将永远努力去不断扩大它在我们中间的威望，但是从我们的本性来看，我们不能完全享受它。甚至可以说，这并不可取，至少对于像处于目前状态的人来说是如此。不论是属于什么种类的，绝对的福利都会是任何欲望、任何努力、任何计划、任何思想、任何预见、任何道德的死亡；尽善尽美排斥可完善性。

因此，随着时间的推移，由于文明的进步而上升到**雇佣制**的劳工阶级，在实现稳定性的道路上并未就此停止努力。

当然，做了一天工之后，准有工资可得；但是，当种种情况、工业危机，或仅仅患病迫使工人失业时，工资也停发了，那时，难道工人和他的老婆、孩子们就得挨饿吗？

他只有一个办法，那就是在有工可做的日子里储蓄，以满足年老和生病时的需要。

但是，以个人而论，谁能预先相对地测定出哪个时期能提供帮助，哪个时期需要帮助呢？

对于个人来说是办不到的事，对于群众来说，却由于**多数法则**而变得可行。所以，这种为应付失业时期而在就业时期所作的贡献，如由社团集中起来，就要比由个人命运来做更为有效地、更为有规律地、更为有保证地达到它的目的。

一种令人赞赏的机构，互助社，就由人类本身酝酿出来，而这种机构，远在社会主义这个名词出现之前就已存在了。很难说谁是这种组合的发明者。我相信，真正的发明者就是需要，就是人对于固定性的渴望，就是驱使我们去填补一些空白的那个总是不安的、总是活跃的本能。这些空白是人类在走向稳定性的征途上要遇到的。

二十五年多来，在兰特省最穷苦的乡村中，在那些最穷困的工人和工匠中间，我确实看到一些互助社自发地产生出来。

互助社的目的显然是使满足得到普遍的取齐，把在好日子里领得的工资分摊在生活的各个时期上。互助社的入伙者人人都有安全感，这种感觉是人在生活道路上所能找到的最可贵的和最令人欣慰的感觉之一。而且，他们都感到他们互相依存的关系、他们相互提供的作用；他们完全懂得，每个个人或每个行业的利益和困难是如何成为共同的利益和困难的；他们团结在他们的章程中规定的一些宗教仪式的周围；最后，他们要互相进行审慎的监督，这种监督足以使人同时怀有人类的尊严感和自尊感，这是一切文明的第一阶段，也是困难的阶段。

迄今，使这些互助社取得成功的东西——成功确实来得很慢，凡是有关群众的事都是如此——就是自由，这是不言而喻的。

这些互助社的必然困难存在于责任的转移上。如果个人对他本身的行为所产生的后果不负责任，这对未来必然会造成巨大的危险和困难。① 有朝一日，当所有公民都说“我们在为援助那些不

① 见后面“责任”一章。——原注

能劳动或找不到工作的人而集资”时，恐怕就会看到，人对惰性的自然倾向就要发展到一种危险的地步，不久，勤劳者就会被懒惰者欺骗。因此，互助意味着互相监督，否则互助基金很快就会用罄。这种互相监督，对于社团来说，是一种生存的保障，对于每个入伙人来说，它是一种避免受骗的保证，还为互助社赢得真正的信誉。由于有监督，酗酒和放荡渐渐消失，因为，如果已经证明，一个人由于他的过失和恶习而故意招来疾病和造成失业，他还有什么权利得到公益金的救济呢？这种监督可以恢复责任制，而社团本身却倾向于削弱其力量。

然而，要使这种监督得以实施并取得成果，互助就必须在其章程和基金的规定和运用上是自由的、自主的但也是受限制的，必须能够使其规章适应每个地方的要求。

假定政府进行干预，不难猜到它在其中自封的角色。它的当务之急将是借口集中而占有一切款项；同时，为了粉饰这个行动，它将许诺，把纳税人的钱用来扩大这些基金。[①] “因为，”它将说，“国家赞助一种如此伟大、如此慷慨、如此慈善、如此人道主义的事业，这难道不是很自然和很公正吗？”然而，第一个不公正却是：强迫入社，通过集资的办法，让那些不应该分摊援助的公民们捐款。其次，借口统一、连带责任（天知道？），它想把一切社团合并为一个服从统一规定的社团。

但是，我要问，当机构的金库由捐税资助时，当没有一个人，除非是一位官僚，会愿意维护共同基金时，当每个人不把防止弊端当

① 见卷四，论《法律》，特别是第100页及以下各页。——原编者注

作是自己的一种义务，却乐于去支持弊端时，当任何监督都将中止，而装病只是为了欺骗政府时，在这样的情况下，机构的信誉将变得怎样？应该承认，政府是倾向于自卫的；但是，既然不能再指望私人行动，那就必须代以官方行动。它将任命一些审查员、检查员、监督员。人们将看到有无数手续介乎需要和援助之间。简而言之，一种令人赞赏的机构，在它诞生的时候，就将转变为一个警察部门。

国家首先将只意识到，增加它的亲信，增加任命的职位，扩大它的扶助和扩大它对选举的影响，这对它是有利的。它没注意到，在为自己擅自加上一个新的职权时，一种新的责任将落到自己身上，而我敢于说，这是一种可怕的责任。因为不久将会发生什么事呢？工人们不再把公款看作是一种由他们经管和提供的财产，他们的权利以此为限的财产。他们渐渐习惯于不把生病或失业时得到的救济看作是来自他们自己预先储备的有限的基金，而是把它看作是一种社会的债务。他们不承认社会无法付款，而且对于分摊的款项永远不会满意。国家将被迫不断向预算要求拨款补助。它在遇到财政委员会的反对时，就陷入无法摆脱的困境中。弊端日益增多，而人们却年复一年地推迟对弊端的整顿，这正是惯例。这样直到爆炸的那一天为止。但是，那时人们将发现，他们不得不考虑如何对付这样的人民，他们不知道自己如何行动，他们什么都等待一位部长或一位省长来想办法，甚至对于生活必需品也是如此，而他们的思想败坏得连权利、财产、自由和正义这些概念都丧失了。

我承认，当我看到立法议会的一个委员会负责为互助社起草一个法案时，上述的那些理由就使我很不安。我以为，摧毁这些互助社的时刻已经到来。我之所以为此而担忧，特别是因为，在我眼里，互助社的前途是无量的，只要让这些机构保存自由所带来的那种令人鼓舞的气氛就行了。怎么！让人类自己去试验、摸索、选择、搞错、纠正错误、学习、协商、主持自己的产业和自己的利益、自己给自己办事、自担风险、自行负责，难道做到这些就如此困难吗？人们难道没有看到，这样做正是使人能称为人吗？人们是否将始终认定一个注定要倒霉的出发点，即：一切统治者是监护人，而一切被统治者则是未成年的孤儿？

我说，把互助社交由有关的人去照管，它就会有一个无量的前途，我只需引用英吉利海峡彼岸发生的事来作证明。

“在英国，个人的远见并未等待政府的推动才在两个劳动阶级之间组织了一种力量雄厚而互利的救济。长期以来，在大不列颠主要城市中，创办了一些自由社团，它们自己管理自己，等等……

“在三个王国中，这些社团的总数达 33 223 个，入伙人数不少于 3 052 000 人。这等于大不列颠成年人口的一半……

“这种劳动阶级的大联合会，这种有效的、真正博爱的组织是建立在最巩固的基础之上的。它的收入是 125 000 000，积累的资本达 280 000 000。

“当工作减少或停工时，一切需要就从这个基金中提取。有时候，人们看到，英国居然能承受它的庞大工业不时和几乎定期地遭到的巨大而深刻的动荡所造成的影响，这确实使人感到惊奇。对于这种现象的解释，大部分就在我们要指出的事实里面。

“劳埃布克先生[①]，鉴于问题重大，要求政府采取主动和监护措施，亲自掌握这个问题……财政大臣拒绝了。

“凡是个人利益足以自由地自行管理的地方，英国政府就认为无须由它的活动来加以干预。它在上面进行监督，使一切都循规蹈矩地进行；但是它让每个人享受其努力的成果，让他按自己的观点和方便来管理自己的事物。英国作为国家的伟大之处，一部分肯定应归功于公民们的这种独立性。”[②]

作者会补充说：也就是由于这种独立性，公民们才得到经验和个人的价值。就是由于这种独立性，政府才可相对地不负责任，从而取得稳定性。

当互助社将完成其现在刚刚开始的演变时，在从互助社里诞生出来的那些机构中，我把劳动者的退休基金会放在第一位，因为它具有很重要的社会意义。

有些人把这样一种机构看作是空想。这些人无疑想自称知道，就稳定性而言，什么是不准人类逾越的界限。我要问他们一些简单的问题：如果他们从来就只知道以狩猎或捕鱼为生的那些部落的社会状态，那么，且不谈地产收入、国家年金、固定待遇，就连雇佣制这个最穷苦阶级的状况中最低级的固定性，他们会预见到吗？在这之后，如果他们从来就只看到存在于尚未表现有结社思

---

① 值得注意的是，劳埃布克先生是下议院的一位极左派的议员。从这个身份来看，他是一切想象得出的政府的天生对头；同时，他却催促政府来吞并一切权利、一切功能。因此，说两山不相碰的那句谚语是错误的。——原注

② 摘自 1850 年 6 月 22 日《新闻报》。——原注

想的那些国家的雇佣制，那么，他们会敢于预言互助社的命运，正如我们看到在英国运行的那些互助社的命运吗？或者，他们是否有充足的理由相信，劳动阶级先上升到雇佣制，然后走向互助社，这要比达到退休基金会阶段更为容易？这第三阶段是否会比其他两个阶段更难达到？

对于我来说，我看到人类渴望稳定性；我看到，世世代代以来，人类把一些奇妙的办法，为这一阶级或那一阶级的利益，补充到人类的不完全的业绩里，那些办法似乎远远超过任何个人发明。我不敢说，在这条路上，人类将在何处止步。

有一点是肯定的，退休基金会是一切工人的普遍、一致、强烈、衷心的渴望，而这是很自然的。

我常询问他们，我一直承认，他们生活上巨大的痛苦并非工作重、工资低，甚至也不是不平等的现象在他们的心灵深处激起的愤懑。不，使他们悲伤的、使他们灰心的、使他们痛心的、使他们抑郁的，就是未来的渺茫性。不论我们是属于什么行业的，不论我们是公务人员，享年金者，有产者，商人，医生，律师，军人，法官，我们都在不自觉地，因而是忘恩负义地享受社会所实现的进步，以致不再理解渺茫性所造成的折磨。但是让我们设身处地替一个工人、一个工匠想一想。他每天醒来就有这种思想：

“我年轻而身强力壮，我在工作，我甚至认为，我比我的大多数同行流的汗更多，空间时间更少。但是我只能使我和我的家人达到糊口的程度。可是，当我年纪大了或者生了病不能劳动时，我将变得怎样，他们又将怎样呢？我必须克制自己，要以一种超人的力量、一种超人的谨慎从我的工资里积蓄一些钱，以应付不幸的日子。再说，对于生病，我还可以碰碰运气，而且有互助社的帮助。可是老年却并不是一种可能性，它将必然到来。我感到，它每天在接近，就要赶上我了；那时，一辈子老老实实、勤勤恳恳地工作的我，我的前途是什么呢？我，进救济院、监狱或卧床不起；我的老婆，讨饭；我的女儿，更糟。啊！为什么没有一种社会机构，在我年轻时，甚至强迫我交出一些钱，以便拿来救济我的晚年？”

必须承认，我刚才轻描淡写地叙述的想法，无时无刻不在折磨着我们的无数弟兄，使他们担惊受怕。而当一个问题在这样的情况下提到人类面前时，我们大可放心，它不是不能解决的。

如果工人们为了给自己的未来以更多的稳定性而做的努力，在社会其他阶级中间散布了惊慌，这是因为他们努力的方向是错误的、不公正的、危险的。他们的第一个想法，这在法国是惯例，就是插手于共有财富，用税收来创办退休基金会，让国家或法律进行干预，即享有掠夺的一切利益，既不冒风险，也不感到羞耻。

工人们如此向往的机构并非来自社会前景的这一方面。退休基金会要想成为有益的、巩固的、值得称赞的，要想使它前后协调一致，它就应该是工人们的努力、毅力、精明、经验、远见的成果。它应该由工人们作出的牺牲来维持，它应该靠他们的汗水成长。他们不应向政府提出任何要求，除非是要求有行动的自由和对于任何舞弊的镇压。

但是，劳动者创办退休基金会的时机是否已到来？我不敢肯定，我甚至承认，我不相信时机已到。要想建立一种使一个阶级进一步实现稳定性的机构，必须在想要建立这种机构的社会环境中，已经实现了一定的进步，一定程度的文明，必须有为它准备的必不可少的一种气氛，并且，如果我没弄错的话，应由互助社来建立退休基金会，因为互助社将创造物质财富，它将用合作精神、经验、远见以及尊严感影响劳动阶级。

因为，请看英国发生的情况，你会深信，任何东西都是互相联系的，而一种进步要得以实现，就需要有另一种进步为它开路。

在英国，所有对此有兴趣的成年人都自愿地陆续加入互助社。这一点很重要，因为这种行动，只有根据多数法则，大规模地进行，才能表现出某种正确性。

这些互助社拥有巨大的资本，此外，每年还获得大量收入。

可以相信，以救济的名义使用这些巨大的款项将要按比例地愈来愈受到限制否则就会否定文明。

卫生是文明所发展的恩惠之一。卫生、医疗方法取得了某些进步；机器在部分地代替最艰苦的人类劳动，寿命在延长。在这一切方面，互助社的负担趋于减轻。

更有决定性和更为必然的是英国工业大危机的消失。这些危机的原因，有时是由于英国人不时地突然迷恋于投机事业，因而导致资本的浪费，有时是，在限制制度的管制下，生活资料不得不受到价格波动的影响：因为，很清楚，当面包和肉类很昂贵时，人民所有的钱就都用于买这些东西，而置其他的消费品于不顾，于是工厂的停工就成为不可避免的。

关于这些原因中的第一个，人们看到，它今天在公开辩论的教训下、在经验的更严厉的教训下，已经消失；而且人们已可预见到，不久前还如此轻信地购买美国公债、墨西哥矿产、向铁路企业投资的那个国家，对加利福尼亚的幻想将比其他国家更为清醒。

关于自由贸易，我将说些什么呢？它的胜利应归功于科布登[①]而非劳伯特·比尔，因为，据说，使徒总会找到一位政治家，而政治家却离不了使徒，难道不是这样吗？它是世界上一种新的力量，我希望它将给予人们称之为失业这个怪物以沉重打击。限制的趋势和结果（它并不加以否认）将是让国家的许多工业，因而是它的一部分人口，处于一种不稳定的地位。正像被一种片刻即逝的力量在海面上掀起的波涛不断渴望落下来那样，那些被胜利的竞争所层层包围的虚假工业不断显出要垮台的迹象。需要什么来使它们垮台？对世界上无数税则之一的一条条款做一个修改，于是就会发生一场危机。此外，竞争的圈子愈小，一种商品的价格变动就愈大。如果人们在一省、一区、一镇的周围都设立关卡，价格就会有重大波动。自由是根据保险原则行事的。对于各个地方和每个年度，它以好的收成来弥补坏的收成。它维持接近一个平均值的价格，因而是一种平衡力量。它促进稳定性，而制止不稳定性，这个危机和失业的重要根源。可以毫不夸张地说：科布登的成就的第一部分将大大削弱那些使互助社在英国产生的危险。

科布登已在从事另一项工作（它将成功，因为运用得法的真理总会胜利），它对劳动者命运的固定性所起的影响同样是很大的。我要说的是废除战争，或者不如说（反正一样）将和平精神注入决定和平与战争的舆论中。战争一直是人民在他的工业、商业进程、投资方向，甚至他的爱好等方面所能遭受的最大的扰乱。因此，对

① 见卷三，第442—445页。——原编者注

于那些最不能改变其工作方向的阶级来说，这是一个造成混乱和不安的有力原因。这个原因愈是削弱，互助社的负担就愈轻。

另一方面，由于进步的力量，仅仅由于时间推移所带来的好处，互助社的财产将变得愈来愈多。因此，必将到来一个时刻，那时互助社将对自身进行改造，并建立退休基金会，以此来对人类事物固有的不稳定性进行一次新的和决定性的征服。这就是互助社无疑将要做的事，因为这是劳动者普遍和热烈的期望。

要注意的是，在物质情况为这种创立作准备的同时，道德形势也由于互助社的影响而倾向于创立退休基金会。互助社在工人中间培养习惯、品质和道德；具有和传播这些精神因素，对于退休基金会的建立，是一种必不可少的前提。只要仔细观察一下，人们就将深信，这种机构的创建取决于一种十分先进的文明。它的出现应该是高度文明的结果与报偿。如果人类尚无往来、协商和管理共同利益的习惯，或者，如果人类沉湎于邪恶，以致未老先衰，或者，如果人类设想可对公众为所欲为，集体利益是一切欺骗的合法目标，这种机构怎能创立呢？

要使退休基金会的成立不会成为一个混乱和不和的原因，劳动者必须懂得，只应求助于自己，集体基金应该由那些有机会参加的人自愿地筹措，用捐税，即用强制力来迫使局外的阶级资助基金，是极端不公正和反社会的。然而，我们离这一步还很远，而经常乞灵于国家只是充分表明劳动者的希望和企图是什么。他们希望，他们的退休基金会应该由国家来拨款资助，就像公务人员的养老金那样。于是一种弊端就这样永远引起另一种弊端。

不过，如果说，退休基金会应该专门由那些对基金感兴趣的人来资助，人们能不能说，基金已经存在，因为人寿保险公司所提供的措施就能够使任何工人在将来享受目前的一切牺牲？

我长篇大论地谈了互助社和退休基金会，虽然这些机构只间接地与本章的主题有关。我是想表明，人类在逐渐向征服稳定性进军，或者不如说（因为稳定性包括某种停滞的东西），在对侥幸的搏斗中已取得胜利；侥幸，这种经常性的威胁，它凭本身的力量就会扰乱生活中的一切享受；它是好像必然要悬挂在人类命运头上的达摩克利斯之剑①。如果把每个人一生中在所有的场所遇到的机遇压缩到一个平均数，从而逐渐地和无限地把这种威胁排除掉，这肯定是呈现给达观而善于仔细观察的经济学家的最令人赞赏的社会和谐之一。

不要相信，这个胜利取决于两种多少带有偶然性的机构。不，经验会证明，它们是行不通的，人类不会因而找不到走向固定性的道路。只要渺茫性是一种祸害，人们就可放心，它迟早即将有效地被人们克服，因为这是我们本性的法则。

正如我们已看到的，尽管雇佣制在稳定性方面是劳资之间的一种较先进的组织形式，它给侥幸还留下一个很大的地盘。实际上，只要工人在做工，他就知道他能指望什么。但是他的工作能做到何时，他干活的力量能持续多久？这是他所不知道的，

---

① Damoclès（纪元前四世纪），暴君丹尼斯（Denys）的朝臣。丹尼斯因达摩克利斯经常颂扬幸福，想以比喻使达懂得什么是显贵的享受。他邀达在宴会上代坐主位，并嘱咐侍者像待他一般来侍奉达。达正沉醉于幸福之中，忽抬头见有一把沉重而十分锐利的剑仅以一根马鬃悬挂在他头上。达吓得将盛满酒的酒杯脱手坠地，立即明白一个暴君能给的幸福是什么。达摩克利斯之剑的意思在这里是指，侥幸在经常威胁人类的幸福。——译者

同时,对于他的未来,是一个可怕的问题。资本家则有另一种渺茫感。它不牵涉到一个生死攸关的问题。“我的资金有利息可得,但是这个利息是高还是低呢?”这就是以往的劳动所提出的问题。

那些感情用事的慈善家在这里看到一种令人愤慨的不平等,想用人为的办法,我可以说,这是一种不公正和粗暴的办法,来消灭这种不平等,他们却没有注意到,归根结底,事物的本质是无法改变的。以往的劳动要比现时的劳动更可靠,因为已创造的产品不可能不比待创造的产品提供更肯定的资源;已提供的、已接受的和已被估价的服务不可能不比尚在供应阶段的服务提供一个更牢靠的基础。假设有两个渔民,一个对于他的未来一点不担心,因为经过长期劳动和储蓄后,他拥有钓竿、渔网、船只和一定数量的鱼,而另一个,除了捕鱼的诚意之外,一无所有。如果你们对此不觉得奇怪,那么,你们为什么对社会等级在任何一级上表现出同样的差别而吃惊呢?要证明,工人对资本家的羡慕、嫉妒、简单的怨恨是正当的,情况必须是一方的相对稳定性是造成另一方的不稳定性的原因之一。但是,相反的情况才是真实的。正是一个人手里掌握的资本在为另一个人实现对工资的保障,尽管你认为这种保障是不够的。的确,没有资本,侥幸就会更加迫在眉睫和更加严峻。如果它对大家都同样严峻,这种严峻性的增长难道会给工人们带来利益吗?

两个人冒同等的风险,每个人冒的险是40。一个人,由于工作和预见得如此之好,以致有关他的风险降低到10。他的同伴的风险,由于一种神秘的连带关系,也因而降低到20,而不是10。有功的人获得一份更大的报偿，还有比这更公正的事吗？另一个享受到他的弟兄的才能，还有比这更令人赞赏的事吗？可是请看吧！这正是博爱以这种情况有损于平等为借口而加以反对的东西。

老渔夫有一天对他的伙伴说：

"你没有小船，没有渔网；除了你的双手之外，你没有其他捕鱼工具。你很可能捕到极少的鱼。你也没有粮食，然而，要做工却不能空着肚子。你跟我来，这是你的利益，也是我的利益。这是你的利益，因为我将把一份我们捕得的鱼让给你，不论多少，总要比你单独努力的所得更多些。这也是我的利益，因为，由于你的帮助，我多得的那份将超过我要让与你的部分。总之，把你我的劳动和我的资本结合起来，与这些劳动和资本的单独活动比较起来，将使我们获得超额的东西，而对这种超额东西的分享则说明联合起来如何对我们两人都有利。"

事情就这样说定了。后来，年轻的渔民宁愿每天接受一个固定数量的鱼。他的不可靠的利益因此变成工资，联合的好处却并未消失，更谈不上联合的解体。

而就是在这样的形势下，社会主义者们的所谓博爱却起来反对小船和渔网的暴虐和拥有这些东西的人自然较为稳定的地位，因为，他制造了这些东西，正是为了获得某种可靠性，他才制造了这些东西！就是在这样的形势下，这种博爱在竭力使那个赤贫者相信，在同老渔民自愿作出的安排中，他是受害者，他应该赶快回到孤立状态中去！

是的，资本家的未来比工人的未来较为可靠，这等于说，已经占有的人比尚未占有的人处境要好。情况是如此，也理应如此，因为这正是每个人渴望占有的理由。

所以,人类总想摆脱雇佣制而成为资本家。这符合人心本性的进程。哪个劳动者不想有一件属于自己的工具、属于自己的存款、一家属于自己的店铺、一个作坊、一块土地、一所房屋?哪个工人不渴望变成雇主?在长久服从命令之后,谁不乐于指挥?需要了解的是,经济世界的那些重大法则和社会机构的自然作用是会促成还是阻碍这种倾向。这是我们对工资将要研究的最后一个问题。

在这方面,可能存在怀疑吗?

愿人们回忆一下生产必要的演变:无偿效用不断代替有偿效用;就每一成就来说,人类努力在不断减少,腾出来的力量被用于从事新的事业;每一工时与一种日益增长的满足相适应。从这些前提中,怎能不推论出,待支配的有用效果在逐渐增长,从而给劳动者带来持久的改善,这种改善因而是无止境的?

因为,在这里,结果变成原因。我们看到,进步不仅在前进,而且由于前进而加速:rires acquiers eundo[①]。事实是,世世代代以来,储蓄变得更容易,因为劳动的报酬变得更多了。然而,储蓄使资本增加,引起对劳动力的需求,并决定对工资的提高。工资的提高又促进储蓄和使雇工转变为资本家。因此,在劳动的报酬与储蓄之间,存在着一种有利于劳动阶级的经常的作用和反作用,它们日益被用来减轻这一阶级的急迫必需品的负担。

人们或许会说,我在此只集中凡是能在无产者眼前炫耀希望

① 拉丁文:在前进中获得更大的力量。——译者

的东西，同时又掩饰凡是能使他们陷入沮丧的东西。人们会说，有平等的倾向，也有不平等的倾向。你为什么不分析这两种情况，以便说明无产阶级的真实处境，从而使政治经济学似乎拒绝看见的悲惨事实与政治经济学取得一致？你向我们指出，无偿效用在代替有偿效用，上帝的赐予日益落入共有领域，而仅仅由于这一事实，人类劳动所获得的报酬就在日益增长。从这种报酬的增长中，你推论出，储蓄变得日益容易；从这种情况又推论出报酬的进一步增加，从而导致更多的新储蓄，依此类推，直至无穷尽。这种循环可能既是合乎逻辑的又是乐观的，我们可能无法给以科学的批驳。但是，确定它的事实在哪里呢？人们在哪里看到无产阶级实现了解放呢？是否在那些大制造业中心？是否在那些农村的日工中间？如果你的理论上的预测不兑现，这是否因为，除了你所援用的经济法则之外，还有一些其他在相反方向起作用的法则，而你却不谈？例如，你为什么丝毫不谈劳动力之间的竞争，这种迫使劳动力跌价的竞争？不谈无产者的生活急需，这些急需迫使他们忍受资本提出的条件，以致那些最贫困、最挨饿、最孤立，因而是要求最低的工人为大家确定工资率？如果经过如此多的障碍，我们的不幸的兄弟们的状况却有所好转，那你为什么不对我们指出，人口法则在起到它的致命的作用，使人口激增，使竞争加剧，使劳动力的供应增加，使资本得势，并使无产者被迫接受 12 或 16 小时的劳动，以此来换取**维持生活所必不可少的东西**(这是专用词)？

如果我没有接触到问题的所有方面，这是因为不大可能把要谈的都集中在一章里。我已经阐述过**竞争**的一般法则，人们可以看到，它远不只向任何阶级，特别是最不幸的阶级，提供使它严重失望的原因。以后，我将阐述人口的一般法则，我希望，人们将确信，它在总的效果上并不是残酷无情的。如果每个重大的解决办法，例如一部分人类未来的命运，并不是来自一条孤立的经济法则，也不是来自本书的一章，而是来自这些法则的全部或来自全书，这并不是我的过错。

接着，我请读者注意这个区别，它当然不是什么难以捉摸的东西；当人们看到一种效果时，不应把它看作是产生于普遍的、神的法则，如果，却正好相反，它是由于违背这些法则而产生的。

我当然并不否认，各种形式的灾难（劳累过度，工资不足，未来渺茫，自卑感）在打击着我们兄弟们中的那些不能通过财产提高他们生活的人。但是必须承认，渺茫性、匮乏和无知，这是全人类的起点。既然如此，我认为，问题就在于知道：(1)普遍的、神的法则是否并不趋向减轻一切阶级的这三重桎梏，(2)最先进的阶级所完成的业绩是否并不是为落后阶级准备的一种便利。如果对这些问题的答复是肯定的，则人们可以说，社会和谐是被确认了，而神意在我们眼里就会得到证实，如果需要加以证实的话。

随后，既然人类有意志和自主权，神意的乐善好施的法则，只有在人类服从这些法则时，才对他有利，这是肯定的；我虽然肯定人类的可完善的本质，我却的确不是说，即使他漠视或者违背这些法则，他也会进步。所以我说，无欺骗和无强制的、自愿的自由交易，它自身就具有对大家都是一种进步的原则。但这并不是肯定，进步是不可避免的，和它应该来自战争、垄断和欺骗。我说，工资趋向提高，这种提高有利于储蓄，而储蓄又反过来提高工资。不过，如果雇工，由于挥霍和放荡的习惯，从一开始，就使产生这种进步效果的原因归于无效，我就不说，效果也仍然会出现，因为我的肯定中已包含有相反情况。

为了用事实来考验科学推论，必须选择两个时期加以说明。例如 1750 及 1850。

首先，必须证明这两个时期的无产者与有产者的比例。据我推测，一个世纪以来，同毫无进步的人数相比，取得某些进步的人数是大大增加了。

其次，必须证明这两个阶级各自特有的地位，这只有观察它们的满足时，才有可能。人们很可能发现，今天它们中的一个从积累的劳动中，而另一个则从现时的劳动中获得比在王朝统治时期更多的实际满足。

若是这两个相互有关的进步不很理想，特别是对于工人阶级来说，就必须考虑，它们是否未被错误、不公正、强暴、蔑视、感情，即人类的过失，一些偶然的原因延误了，这些原因不能同我称作社会经济经常的伟大法则相混淆。例如，难道不曾有过一些可以避免的战争和革命吗？这些浩劫难道不是首先吞噬了、接着消耗了大量无法估计的资金，因而减少了工资基金，并使许多劳动者的家庭推迟了解放的时间吗？此外，它们向劳动要求的不是满足，而是毁灭，这难道没有歪曲劳动的目的吗？难道不曾有过垄断、特权、摊派不当的赋税吗？难道不曾有过荒谬的消费，可笑的时装，只由于无谓的成见和幼稚的感情而造成的力量的消耗吗？

且看这些事实的后果是什么。

有些普遍法则是可以遵循或者违背的。

如果说，百年来，法国人经常违背社会发展的自然秩序是无可争辩的，如果说，力量上、资本上和劳动上惊人的损失应归咎于不断的战争、定期的革命、不公正、特权、挥霍、各种各样的疯狂行为，而另一方面，如果说，尽管有这第一个很明显的事实，人们也看到了另一个事实，即在这百年期间，一些有产阶级分子来自无产阶级，而与此同时，两个阶级各自得到更多的满足，我们能否得出以下这个严肃的结论：

社会世界的普遍法则是和谐的，它们在各方面促进人类的完善。

因为，如果在这一百年期间，那些法则如此屡遭很深刻的破坏，人类反而更进步了，法则的作用就应该是仁慈的，甚至起到对干扰都给以补偿的作用。

再说，怎能是另一种情况呢？难道在仁慈的普遍法则这些用语里，没有一种歧义或赘语吗？它们能不是这样吗？……当上帝赋予每一个人一种向善的不可抗拒的冲动，并且赋予他智慧，以便辨别善恶，从而能够自我纠正时，从这一瞬间起，上帝就决定，人类是可完善的，并且经过许多摸索、错误、失望、压迫、动摇之后，终于会走向无限佳境。人类在无错误、无欺骗、无压迫的情况下前进，这正是人们所称为社会秩序的普遍法则。错误和压迫，这就是我称为对这些法则的违背或干扰源。前者不可能不是仁慈的，而后者则不可能不是有害的，除非人们怀疑，干扰源是否不比普遍法则更为永久地起作用。然而这是与下面的前提相矛盾的：我们的智慧能够犯错误，但又能够自行纠正。社会世界既然是这样构成的，错误迟早要遇到责任制的限制，压迫迟早要在连带责任制面前被粉碎，因而干扰源的性质不是永久性的。正因如此，它们所干扰的事物才称得起是普遍法则。

为了遵循普遍法则，必须认识这些法则。因此请容许我强调一下被人误解的劳资关系。

劳资只能是相互依存的。在永不分离的情况下，它们之间的协议是经济学家所能观察到的最重要和最有意义的事实之一。请对这个问题三思。刻骨的仇恨、激烈的斗争、罪行、流血都可能来自一个有缺陷的观察，如果这个观察得到推广。

然而，我深信不疑，人们多年来在这个问题上用最错误的理论充塞公众的头脑。人们宣称，从劳资的自由交易中产生的应该是资本家的垄断和工人们的受压迫，这不是偶然的而是必然的。因此，人们不怕得出结论说，应该到处窒息自由，因为，我再说一遍，当人们控诉自由产生垄断时，人们不仅以为看到了一个事实，而且表明了一条规律。根据这种论点，人们就援引机器和竞争的作用。我相信，西斯蒙第先生是这些可悲的学说的创立者，而布雷先生则是其传播者，尽管后者是很胆怯地做出结论，而前者则不敢做任何结论。不过后来者的胆了更大。他们在煽动对资本主义和财产主义的仇恨之后，在让群众把自由必然导致垄断这个发现当作一条无可争议的信条之后，他们有意或无意地引诱人民去抓住这个该死的自由。[①] 经过四天浴血搏斗，自由是被解放了，但不稳固。我们难道没看到，听命于庸俗成见的国家之手每时每刻都准备去干涉劳资关系吗？

我们的价值论已经推论出竞争的作用。我们也要看一看机器

① 1848年6月间。——原注

的效果。这里我们仅对于劳资关系的一些概念阐述我们的看法。

首先，大大触动我们那些悲观的改革家的事实就是，资本家比工人富有，资本家获得更多的满足，结果是，资本家从共同完成的收益中得到较大的，因而是不公正的一份。这就是那些并不十分巧妙的、并不十分公正的统计所得出的结果，而改革家们则在这些统计中阐述工人阶级的地位。

这些先生们却忘记了，绝对穷困乃是全人类必然的起点，只要一个人一无所有，或还没有另一个人为他获得一点东西，绝对穷困势必要持续下去。看到资本家，作为一个整体，比普通工人富有，这是简单地看到，拥有一些东西的人比一无所有的人有更多的东西而已。

工人应该向自己提出的不是下面的问题：

“我的劳动给我带来很多收益吗？它给我带来很少收益吗？我的收益和别人的一样多吗？它给我的收益正是我想要的吗？”

而是这样一些问题：

“是否因为我为资本家劳动，而使得我的收益减少了？如果我单干，或者和其他像我一样的一无所有的劳动者联合起来干，我的收益会更多吗？我的生活艰苦，不过，如果世界上不存在资本，我的生活会好些吗？如果通过我同资本达成的协议，我获得的份额大于在没有协议的情况下我会得到的，那么，我抱怨的根据是什么呢？在自由交易的情况下，我们各自的份额将根据什么法则增加或减少呢？如果这些交易的实质是，收益总额的增长使我在超额部分中取得的比重日益增加，那么，我是否应该像对待好兄弟那样对待资本，而不是仇恨它？如果证明资本对我有利，而没有资本，我就会死亡，那么，当我诽谤它、恫吓它、强迫它消失或逃走，我是不是很审慎和经过了深思熟虑呢？”

人们不断托词说，在订约前的商讨中，双方地位是不平等的，因为资本可以等待，而劳动却不能等待。人们说，最迫不及待的人势必要做出让步，让资本家确定工资率。

无疑，从事物的表面看，谁有粮食，并由于预见性而能等待，谁在交易上就得到好处。如果只看一笔单独的交易，以**产品换服务**的人就不会像以**服务换产品**的人那样急于成交。因为，谁能够谈**产品**，谁就是占有者，而当人们占有时，人们就能够等待。

然而，不应忘记，价值在服务里和产品里有同一原理。如果一方谈**产品**而不是**服务**，这是因为他有提前提供**服务**的预见性。实际上，双方的服务在衡量价值。然而，如果，对于现时的劳动来说，任何延迟是一种痛苦，对于以往的劳动，则是一种损失。因此，不要以为，谈**产品**的资本家随后将以推迟交易为乐，特别是如果考虑到他的全部交易。事实上，人们看到由于这原因而有许多游资吗？仅仅为了降低工资、使工人们挨饿而停止制造的厂主、停止运输的船主、推迟收成的农民，这样的人有很多吗？

这里并不否定，资本家在这方面的地位优于工人。不过，在他们之间的协议中，难道没有别的东西要考虑吗？例如，**积累的劳动**由于时间的唯一作用而丧失它的价值，这难道不是一种完全有利于**现时的劳动**的形势吗？这个现象，我已在别处谈到，但是在此再提请读者加以注意，还是很重要的，因为这对现时的劳动的报酬有很大影响。

在我看来，斯密的**价值来自劳动**论之所以是错误的，或至少是不完整的，就是因为这个理论只确定价值是一种因素。其实，它既然是一种关系，就应该有两个因素。此外，如果价值仅来自劳动并代表劳动，它就会与劳动成比例，这是与一切事实相反的。

不，价值来自被接受的和被提供的服务，而服务既取决于接受服务的人所避免的辛劳，也取决于提供服务的人所付的辛劳。在这方面，最常见的事实使推理得到确认。当我买一件产品时，我要问："为做它用了多少时间？"这无疑是我做估价的因素之一，但我还会特别要问："我会用多少时间做它？我用了多少时间做出人们要同我交换的东西？"当我买一项服务时，我不仅要考虑：我的卖主向我提供的这种服务要用他多少时间，而且还要考虑我为自己提供这种服务要用我多少时间。

这些问题和它们所引起的答复是构成估价的主要的部分，因而通常是由它们来决定估价的。

试就偶然找到的一颗钻石来论价。人们将要让与你的是很少的劳动，或者一点劳动都没有，而向你要的劳动却很多。为什么你会同意呢？因为你考虑的是人们使你避免的劳动，这是你为了满足占有一颗钻石的欲望而通过任何其他途径必须忍受的劳动。

因此，当以往的劳动与现时的劳动交换时，根本不是根据它们的强度或时间，而是根据它们的价值，即根据它们互相提供的服务、根据彼此的效用。资本会说："看，这个产品从前用了我 10 个工时。"如果现时的劳动能够回答说："我可用 5 小时做一个同样的产品。"资本就不得不忍受这个差距所造成的损失，因为，我再说一遍，对于现行的买主来说，知道产品从前须花费多少劳动，这无关紧要；他所感兴趣的是知道这产品今天让他避免的劳动，即他所期待于产品的服务。

大体上说，资本家在预见某一种服务会有需求之后，预先准备好这种服务，并将服务的可变动的价值并入到产品里。

当为了一种将来的报酬，劳动被这样提前完成之后，谁也无法告诉我们，它将在未来哪一天正好提供同样的服务，节省同样的辛劳，并因而将保存一个同样的价值。这甚至是不可能的。它将可能是很珍贵的、很难以任何其他方式代替的、可能提供价值更高或受更多人欢迎的服务，它将随着时间的推移而取得一个日益增长的价值，换言之，将能交换到一个比重愈来愈大的现时的劳动。因此，某一产品，例如一颗钻石、一只斯特拉狄瓦利余斯小提琴、一帧拉斐尔的油画、拉斐德城堡的一棵葡萄秧，不是不可能交换到比它以前所需多得多的劳动日。这只是表明，以往的劳动在此情况下因提供很多的服务而会获得很好的报酬。

相反的情况也是可能的。本来需要 4 小时劳动的东西可能只以 3 小时的同样强度的劳动卖出。

但是，（从工人阶级的角度，和为了他们的利益，他们如此热烈和合理地渴望摆脱使他们惧怕的不稳定状态，我认为下述情况是极端重要的。）虽然两种交替出现的情况是可能的，并且轮流实现，虽然积累的劳动，同现时的劳动比较起来，在价值上有时增有时减，然而，前一种情况是相当罕见的，因而可视为是偶然的、特殊的情况，而后一种情况却是人类组织固有的普遍法则的结果。

一个人，就其智力上和经验上的收获而言，本质上是进步的，至少在工业方面是如此（因为，从道德角度看，这种肯定会遇到反驳者），这种说法是无可争辩的。以前用一定的劳动来制成的大多数东西，今天由于机器的完善、自然力量的无偿供应，只需要较少的劳动就可制成，这是毋庸置疑的。所以，人们可以毫无顾虑地肯定，例如，每隔十年的时间，一定的劳动量，在大多数情况下，所实现的成就要大于前一个十年时期所能实现的。

从这里得出什么结论呢？那就是，同现时的劳动相比，以往的劳动在每况愈下；那就是，在交换中，在无任何不公正的情况下，为实现服务的等价交换，以往的劳动必须把多于它收到的工时给予现时的劳动。这是进步的一个必然的结果。

你对我说："这是一部十年前造成的机器，但它还是新的。制造它用了我 1000 个劳动日。如果你给我相等的劳动日，我就把它让给你。"我对此回答说："十年来，人们发明了新工具，发现了新方法，今天我用 600 个劳动日就能制成它，或者找别人做一部类似的机器；因此，我不会给你更多的劳动日。"——"那么，我要损失 400 个劳动日。"——不，因为今天 6 个劳动日就值从前的 10 个劳动日。总之，你要用 1000 个劳动日来制成的东西，我可以用 600 个劳动日获得。讨论就到此终止；如果时间使我们的劳动价值受到损失，为什么要我来承担这个损失呢？

你对我说："看，这里有一块土地。为了把它整理成具有现在的生产力的状况，我同我的祖先用了 1000 个劳动日。实际情况是，他们那时既不知道斧子，也不知道锯子和铲子，一切都是用体力来做的。无论如何，你先给我 1000 个劳动日，这是我给你的 1000 个劳动日价值，然后加上等于土地生产力价值的 300 个劳动日，你才能买到我的这块土地。"我回答："我不会给你 1300 个劳动日，甚至不会给你 1000 个劳动日。我的理由是：地球上有无穷无尽的无价值的生产力。另一方面，人们今天有了铲子、斧子、锯子、犁，以及其他许多压缩劳动时间和使劳动富有成果的手段，因此，我能用 600 个劳动日把一块荒地垦成你那块地的状况，或者（这对我来说是绝对一样的）通过交换获得你从你的田里获取的一切利益。因此，我将只给你 600 个劳动日，多一小时也不给。”——“在此情况下，我不仅没有从这块土地的所谓生产力价值中获益，我还收不回我同我祖先用于改良它的实际劳动日。但是李嘉图却指控我出卖大自然的能力，西尼耳却指控我拦路劫持上帝的赐予，一切经济学家却指控我是一个垄断者，普鲁东指控我是一个盗窃者，而我恰好是受骗者，这难道不是怪事吗？”——你不是垄断者，你也不是受骗者。你得到你所给出的东西的等价物。一种很久前用手操作的粗糙的劳动与更灵巧和更有成果的现时的劳动进行完全的等量交换，这是既不自然、也不公正、又不可能的。

人们看到，由于社会机构一个令人赞赏的效果，当同时提供以往的劳动与现时的劳动时，当涉及明确它们协作的收益将应按什么比例在它们之间进行分配时，对它们各自特有的优越性就要予以考虑；它们以比较各自提供的服务这种方式来参与分配。然而，有时可能例外地发生一种情况，即以往的劳动具有这种优越性。不过，人的本性，进步的规律，在几乎是普遍的情况下，使这种优越性表现在现行的劳动中。进步有利于现时的劳动，损失则落到资本头上。

这个结果表明，我们的那些现代改革家，在所谓资本的暴虐启示下，所进行的攻击是多么空洞无物和枉费心机。除了这个结果之外，还有一个想法更能熄灭一种人为的和可悲的仇恨，这种仇恨是被一些人成功地在工人们的心里煽起用来反对其他阶级的。

这个想法是：

资本，不管它的奢望达到什么程度，也不管它在使奢望成功的努力中是如何幸运，它也绝不会把劳动置于比在孤立状态下更坏的状况中。换言之，有资本永远要比没有资本更有利于劳动。

让我们回忆一下我刚才援用的例子。

两个人依靠捕鱼为生。一个人有渔网、钓竿、一只小船和一些吃的东西，他在等待他以后劳动的成果。另一个人，除了劳动力之外，别无所有。合伙对他们有利。[①] 不论分配条件是什么，这些条件绝不会让这两个渔民之一的命运恶化，富有的和贫穷的渔民的情况都一样，因为一旦其中的一个发现，合伙比在孤立状态中更耗费，他就会回到孤立状态中去。

在未开化的生活中如同在游牧生活中，在农业生活中如同在工业生活中，劳资关系总是在再现这个例子。

因此，资本的存在与否始终是由劳动掌握的。如果资本的野心发展到一种情况，使得劳动在共同活动时比单独活动收益更少，劳动就可随时决定到孤立状态中去，这始终是一个用来对付自愿而有偿的联合开放的安身之所（在奴隶制下除外），因为劳动总是能够对资本说：按你对我提出的条件，我宁可独自行动。

人们辩驳说，这种避难所是虚幻和不可靠的，劳动根本不可能单独行动，它离不开工具，否则就要死亡。

---

① 请参阅第十章。——原注

这种说法是对的，不过它确认我的论点的真实性：即使资本把它的苛求发展到极限，它仍对劳动有好处，劳动仅仅因此而与资本联合。劳动，只有在联合终止时，即当资本抽回时，才开始进入一个比恶劣的联合更恶劣的状况。因此，不幸的使徒们，停止叫喊资本的暴虐吧！因为你们承认，它的作用始终是，可能是或多或少地，但始终是有益的。奇怪的暴君，其力量有助于所有那些愿意感受其作用的人，而只有在不使用它时才成为有害的！

但是人们坚持异议说：这在原始社会可能是如此。今天资本已侵入一切领域；它占据一切岗位；它侵占了一切土地。无产者如果得不到资本的允许，就不再有空气、空间、立足之地、安眠之所。他因此听凭资本支配，你给他的那个安身之所只是孤立状态而已，而你也承认，这就是死亡！

这是对于社会经济学的完全无知和令人惋惜的混淆。

如果像人们所说的那样，资本侵占了一切自然力量、一切土地、一切空间，试问这对谁有利？无疑，对它有利。但是，一个只有劳动力的普通劳动者如何能在法国、英国、比利时获得比他在孤立状态中多出千百万倍的满足？这绝不是在你们所痛恨的那个假设社会中发生的，而是在你们所钟爱的另一个假设社会中发生的，即资本并未篡夺任何东西的社会。

对于这个事实，我一直要辩论到你们用你们的新的科学来解释它为止，因为，至于我，我相信已经提出了要辩论的理由（第七章）。

是的，请看看在巴黎遇到的第一个工人。询问他所领取的工资和他所获得的满足。当你们双方痛骂够了那个该死的资本之后，我将插进来对这个工人说：

让我们来摧毁资本和它所创造的一切。我把你安置到一亿公顷最肥沃的土地上去，土地连同它的地上物和地下物完全归你所有和享用。你将不会和任何资本家打交道。你将充分享有你的四个自然权利：狩猎、捕鱼、采摘和放牧。你将肯定没有资本，因为否则你就会恰好处于你所批评别人的那个地位。不过你毕竟不需再抱怨财产主义、资本主义、个人主义、高利贷者、投机商、银行家、垄断者等等。全部土地将属于你。看看你是否愿意接受这个地位。

我们的工人最初将幻想一个有权势的君主的命运。然而经过思索之后，他可能将对自己说：让我们计算一下。即使有一亿公顷良田，也还得生活。让我们算一算在两种地位中的面包账。

现在我每天领取 3 法郎。如果小麦卖每百升 15 法郎，每隔五天我就可以有 100 升小麦，这就好像是我自己播种和收获这些小麦。

当我将是一亿公顷土地的所有者时，如果没有资本，我是否将在两年内最多生产出 1 公担小麦来？而在这段时间内，我会饿死无数次……因此，我还是要我的工资。

对于人类过去不得不完成的进步，即使这是为了维持工人们贫困的生活，人们确实考虑得不够[①]……

① 自罗马取回的手稿到此终止。接下来的简短摘记是我们在作者留在巴黎的文件中找到的。它告诉我们，他本来拟如何结束和总结这一章。——原编者注

工人们命运的改善就存在于工资里面和支配工资的自然规律里面。

(1)工人趋向上升到资本主义企业主之列。

(2)工资趋向提高。

后果:从雇佣制到企业的过渡变得日益不可取但日益容易……

第十五章　论储蓄

储蓄不是积累兽肉、麦粒或钱币。这种在本质上范围很有限的可替换的物资积蓄，只是处于孤立状态的个人的储蓄。迄今，我们所谈的关于价值、服务、相对财富的一切都告诉我们，储蓄虽来自这种萌芽，但在社会上却有其他的发展情况和另一种性质。

储蓄就是人们把向社会提供服务的时刻和从社会收回等价服务的时刻有意地予以隔开。例如，一个人，从二十岁直到六十岁，每天可向别人提供价值等于 4 的服务，而只从他们那里要等于 3 的服务。在此情况下，当他年迈不能再劳动时，他就可以从社会那里收取他四十年全部劳动的四分之一的付款。

在什么情况下，他收到和陆续积累债权证，如汇票、本票、钞票、钱币，这是完全次要的和形式上的。这只同履行债务的方法有关，既不能改变储蓄的本质，也不能改变储蓄的作用。货币在这方面给我们造成的错觉仍然是一个错觉，虽然我们几乎大家都在受骗。

因为我们难以不相信，储蓄者从流通中收回一项价值，因而给社会造成一定的损失。

在这里，我们遇到一个违反逻辑的明显的矛盾，一条似乎以一种不可逾越的障碍来对抗进步的绝路，一种似乎指控造物主的威力或旨意的令人伤心的不协调。

一方面，我们知道，只有通过资本大量的筹措和持之以恒的积累，人类才能得到扩大、提高，实现余暇、稳定，从而实现智力的发展和道德的培养。而劳动力的需求、促进平等的工资的提高也取决于资本的迅速增加。

但是，另一方面，储蓄难道不是花费的反面吗？如果花费的人激发和活跃劳动，储蓄的人所做的难道不是正相反吗？如果每个人都开始尽量节约，人们就会看到劳动成比例地萧条，如果储蓄是全面彻底的，劳动就会完全停止。

因此，应该怎样劝导人们呢？政治经济学向道德提供什么肯定的基础呢？而我们在道德领域中只看到下面自相矛盾的和有害的选择：

"如果你不储蓄，资本将不再形成，它将消散；劳动力将增加，但支付劳动力的手段呆滞，劳动力将互相竞争，削价以就业，工资将降低，人类将在这方面没落下去。"从另一方面看，情况也将是如此，因为，如果你不储蓄，你老来将不会有面包，你将不能给你的儿子开辟更广阔的职业，不能给你女儿嫁妆，不能扩大你的企业，等等。

"如果你储蓄，你就减少工资的基金，你就危害你的无数弟兄。你将损害劳动这个满足的总创造者；你就因而降低人类的水平。"

这些令人不快的矛盾在我们对储蓄所做的解释面前消失了，这个解释是基于我们对价值的探讨所得出的观念。

服务交换服务。

价值是对两种可比较的服务的评价。

据此，储蓄就是，在提供了一种服务之后，假以时日来收取等价的服务，或者更一般地说，就是，在所提供的服务和接受的服务之间隔开一段时间。

然而，如果一个人不从社会收取他有权获得的服务，这个人在哪里损害社会或危害劳动呢？当我本可以立即索取欠我的价值时，我将在一年后才收取它。因此，我给社会一年暂缓期限。在此期间，劳动继续进行，服务继续交换，就像我并不存在似的。我并未带给社会任何混乱。相反，我给别人的满足又增加了一种满足，而他们在一年内无偿地享受它。

无偿地这个词并不恰当，因此必须把这种现象讲完。

隔开两种要交换的服务的这一段时间本身就可以做交易，像它可以交换一样，因为它具有一项价值。这就是利息的起源和说明。

有一个人提供一种现时的服务。他的意愿是，在十年之后才收取等价的服务。这是一项他不想立即享受的价值。然而，价值的性质就是能够采取一切可能的形式。用一定的价值，人们必定获得价值相等的任何可想象得到的服务，或者是非生产性的，或者是生产性的。延期十年才收回一笔债的人，因此不仅延缓一种收益权，他还延缓一种生产的可能性。正因为如此，在世界上将有许多准备洽谈这种延缓的人。其中一个人将对我们的储蓄者说："你有权利立即收到一项价值，而你却愿意在十年后才收取它。那么，在此十年期间，让我来代替你行使你的权利吧。我将代你收取属于你的债权的价值，我将在十年期间把它用于某种生产上，到期将把它归还给你。你因此将对我提供一项服务。既然一切服务都具有价值，是在同另一项服务相比较时才能进行评估的，那就只需评估我有求于你的这项服务，确定它的价值。这一点议定后，到期我交付你的不仅是你具有债权的那项服务的价值，而且还有你向我提供的那项服务的价值。”

所谓利息就是储蓄起来的价值的暂时出让所需交付的那个价值。

一个第三者可以期望别人有偿地让与他一项储蓄起来的价值的收益权。基于同样理由，原始债务人也可谋求同样的交易。在这两种情况下，这都叫做请求信贷。给予信贷，就是假以时日来清偿一项价值，就是为了他人而放弃对此项价值的收益权，就是提供服务，就是取得一种等价服务的权利。

但是，现在既然我们已知道这个现象的一切详情，当再谈储蓄的经济效果时，很显然，这个现象对一般活动、对人类劳动并无任何危害。即使那个做出节约并通过服务的交换而收到金钱的人，即使那个人会把金钱全部搁置起来，他也不会对社会有任何损害，因为他只有在把等价的服务交给社会之后，才能从中收取价值。我要补充说，这种搁置是不接近事实的、例外的、反常的，因为它有损于那些想这样做的人的个人利益。金钱在一个人的手里意味着：“谁占有我们，谁就已经向社会提供了服务，而未被偿付。社会把我们作为证券交给他。我们同时是一种借据、承诺和担保。只要他愿意，他就随时可以把我们拿出来并归还给社会，然后从那里收取他享有债权的那些服务。”

然而这个人并不急于收回。因此他将保存那些金钱吗？不，因为，我们已看到，隔开两种服务的交换的那段时间本身就成为可以做交易的东西。倘若我们的储蓄者拟在十年内不向社会收取他应得到的服务，他的利益在于找一个人代替他，以便给他享有债权的那项价值再加上此项特殊服务的价值。因此，储蓄在任何方式下都不涉及物质性的搁置。

但愿道学家们不再被这种想法阻拦住……

第十六章　论人口

我早就想开始撰写这一章，即使这仅是为了替马尔萨斯还击以他为目标的猛烈攻击。一些无任何影响的、无任何价值的、无知溢于纸上的文人，由于此唱彼和，竟然能在公众舆论中反对一位严肃的、有良心的、博爱的大作家，并把一种至少值得认真研究的理论说成是谬论，这简直是不可思议。

我可能不全部同意马尔萨斯的观念。每个问题都有两个方面，而我认为，马尔萨斯过于专门注意阴暗的一面。对于我来说，我承认，在我的经济研究中，我往往得出这样的结论：上帝所做的一切都很好。当逻辑把我引导到一个不同的结论时，我就不禁要怀疑我的逻辑。我知道，这个对于最终意愿的信念是精神上的一种危险。（读者以后将可判断，我的成见是否使我误入歧途。）但是这永远不会阻止我去承认，在这位经济学家令人钦佩的著作中，有很多的真理，尤其不能阻止我敬佩充满全部著作的对人类的那种热爱的感情。

洞悉社会经济学的马尔萨斯，对于大自然为保证人类在进步的道路上前进而赋予它的一切创造性的动力，抱有清楚的看法。与此同时，他相信，人类的进步可能由于一个原因——人口原因而完全停顿。在观察世界时，他忧愁地想：“上帝似乎对物种非常关心，而对人则很少关心。因为我们看到，不论是哪一类生物都具有那么强大的生殖力、那么非凡的繁殖能力、那么多的胚芽，以致物种的命运似乎无疑得到保证，而人的命运则似乎很不可靠；所有的胚芽不能都生存下去，其中一些就不能出生或者出生后夭折。”

“这条规律对人也不例外。（令人惊奇的是，这竟冒犯了那些喋喋不休地重复大众权利应优先于个人权利的社会主义者。）上帝确实赋予了人类一种巨大的繁殖力而使人类保存下来。因此，如果没有预见性，人口的数目会自然而然地达到超过土地所能养育的程度。但人是有预见性的，唯有他的理智、他的意志才能够阻止这种必然的进展。”

从这些前提出发，有必要高度重视预见性的运用。当然，人们可随意对这些前提持有异议，但马尔萨斯却认为，它们是无可非议的，因为没有折中的办法，必须让人类自愿地防止过度的繁殖，或者像所有其他的物种那样，在强制性手段的打击下死亡。

所以，马尔萨斯绝不会认为在规劝人要有预见性这一方面做得很够了；他愈是博爱，他就愈感到有责任强调草率繁殖的有害的后果，从而予以避免。他说：若是你们如此轻率地繁殖下去，你们将无法逃脱任何丑恶形式的惩罚：饥饿，战争，瘟疫，等等……富人的牺牲、赈济、经济法则的公正只不过是些不灵的药品。

马尔萨斯在他的热忱中流露出这一句话来，这句话，如果同他的整个体系和指导他的感情割裂开来，就会像是无情的。这一句话是在他的著作的第一版里，那时还只是一本小册子，后来他才写出一部四卷本的著作。人们对他指出，他在这句话里所表达的思想形式可能被人曲解，于是他就删去了，后来，在《人口论》的许多版本中，就从来未再见到这句话。

但是他的一个对头，葛德文先生，又提起了这句话。发生了什么事呢？因为德·西斯蒙第先生（一位最有善意的意愿，却做尽了坏事的人之一）转达了这句不幸的话。于是所有的社会主义者立即抓住了这句话，而这句话就足以使他们能对马尔萨斯进行审判、定罪和处以死刑。无疑，他们得感谢西斯蒙第的博学多闻，因为，至于他们，他们从未读过马尔萨斯和葛德文的著作。

社会主义者们就这样把马尔萨斯自己删掉的这句话当作是他的体系的基础。他们一再重复这句话，直到令人生厌：皮埃尔·勒鲁在一本18开本的小书里，至少转述了四十次；这句话成了所有劣等改革家用来攻击的资料。

这一学派最有名和最激烈的一位写了一篇反对马尔萨斯的文章。有一天，我和他交谈时，曾引证了《人口论》上所表达的见解，那时，我才发现，他对该书一无所知。我对他说："你驳斥了马尔萨斯，但你是否从头到尾读过他的著作？"——"我一点也没读过，"他回答说。"他的全部体系可用一页来概括并以那众所周知的算术级数和几何级数来归纳，这对我就够了。"——"显然，"我说，"你是在嘲弄公众、马尔萨斯、真理、良心和你自己……"

请看，一种舆论是如何在法国得势的。五十个不学无术之徒人云亦云地重复一个比他们更蠢的人带头提出来的一句荒谬恶毒的话；而只要这种恶毒的话迎合时尚，它就变成一条定理。

然而必须承认，科学不能预先想要达到一个令人欣慰的结论而去研究一个问题。如果一个研究生理学的人事先就决心要证明上帝不愿意要人生病,则别人会有什么想法?如果一位生理学家把一个体系建筑在这样的基础上,而另一位生理学家却只用事实来反驳他,前者很可能会动怒或许会指控他的同行亵渎宗教;但是难以相信,他竟会指摘他的同行是致病的根源。

然而这却是马尔萨斯的遭遇。他在一部充满事实和数字的著作中,阐述了一条触犯许多乐观论者的法则。那些不愿接受这条法则的人就以一种怨恨的感情明目张胆地恶意攻击马尔萨斯,好像他本人故意在人类面前设置了本来是来自人口原理的障碍。如果简单地证明,马尔萨斯是搞错了,同时还证明,他的所谓法则并不是唯一的一条法则,这本来会是更为科学的。

应该说,人口问题只是许多问题之一,那些问题都提醒我们,人类只能在许多祸害中进行选择。不论上帝的意愿是如何,痛苦已经列入上帝的计划。我们不要在无邪恶的地方寻求和谐,而是在邪恶把我们引回到善良,并且使自己逐渐自我限制的作用里寻求和谐。上帝赋予了我们自由意志。我们必须学习(这种学习是长期而艰巨的),然后,按照获得的知识行事,这也不是更容易的事。在这种条件下,我们将逐渐摆脱痛苦,但绝不能完全摆脱,因为即使我们能完全避开惩罚,我们还得承受为了获得预见性而做更多的艰苦努力。我们愈是摆脱祸害的压迫,我们就愈是要服从预见性所引起的困难。

要反对这类事情是毫无用处的;它就存在于我们周围,它是我们的大气层。我们将永远不会脱离人类的困苦和伟大这个既定条件。就是在这个条件下,我们要和马尔萨斯一起研究人口问题。

在这个重要问题上，我们首先将只是某种普通的报告人，然后，我们将发表我们的看法。如果人口法则能用一句格言来概括，对于科学的进步和传播，这确是一件大好事。但是，如果由于问题的资料的数目和变化，我们发现，这些法则不能用一个简短而严谨的公式来概括，我们就将放弃这种做法，准确性，即使是比较冗长些的，也要比一种欺骗性的简洁要好。

我们已看到，进步使大自然力量愈来愈适应我们的需要的满足，因而在每一个新的时期，同一数量的效用的获得却给社会留下或者更多的余暇，或者更多的劳动，这些劳动将转而被用来获取新的享受。

另一方面，我们已论证过，从自然界取得的每一项成果，在开始时，总是较为直接地有利于那些先驱者，随后，由于竞争法则，它就转化为全人类的共有和无偿的财产。

根据这些前提，似乎人类的福利本来应该有所增长，而且与此同时，应该得到迅速的均等分配。

然而情况并非如此，这是无可辩驳的事实。世界上许多不幸者并不是由于他们的过错而不幸的。

造成这个现象的原因是什么呢？

我认为有许多原因。一个原因是掠夺，或者称之为不公正。经济学家们只是偶然地谈到它，而且是由于它意味着某种错误、某种虚假的科学概念。他们以为，在阐述普遍法则时，无须过问这些法则在不起作用时或被人违背时所起的作用。然而掠夺在世界上起过，并仍在起着很大的作用，因此，即使作为经济学家，我们也不能不予以考虑。这不仅牵涉到偶然的盗窃、小偷小摸、孤立的罪行。战争、奴役、神权政治的欺骗、特权、垄断、限制、苛捐杂税，这些才是掠夺最突出的表现。人们懂得，如此大规模的干扰力量，由于它们的存在或它们留下的深刻的痕迹，对于不平等状况所产生并还在产生什么样的影响；我们以后将试图衡量它们的巨大影响。

另一个原因推迟了进步，特别是阻碍了进步以平等的方式普及到全人类。按照一些作者的说法，这个原因就是人口原理。

因为，如果随着财富的增长，分享财富的人数也更为迅速地增加，那么，绝对财富可能会更多，而个人财富却更少。

再者，如果有一类服务是大家都能提供的，例如只需体力劳动的那种服务，同时，如果这个任务恰好是由一个取酬最少的但人口繁殖最迅速的阶级来承担，在这些劳动者之间必将有一种不可避免的竞争。最下面的一个社会阶层将永远享受不到进步，如果这一阶层的人口增长速度比进步普及的速度更快。

人们看到人口原理所具有的基本重要性。

马尔萨斯把它表述如下：

人口趋于适应生活资料的水平。

我顺便指出，人们把这条真或假的法则的荣誉或责任归诸马尔萨斯，这真令人惊奇。从亚里士多德那时起，也许没有一个政论家没有宣布过这条法则，而且往往用的是同样的词句。

因为只需看一看全部生物界，就可发现，并且对此毫不怀疑，大自然对物种要比对人更关心。

大自然为延续种族所采取的预防措施是不可思议的，其中包括充沛的胚芽。这种超量繁殖似乎到处都是与敏感、灵巧性，以及每一物种用来抵御毁灭的力量成反比地计算出来的。

因此在植物界，仅仅一个个体，通过种子、插条等等，提供的繁殖办法就不可胜数。如果一棵小榆树结的种子都能成活，每年就会提供一百万棵树，我对此是不会感到惊奇的。为什么情况并非如此呢？因为所有这些种子不能都得到生命所需的条件：空间和养料。它们被毁掉了；植物不敏感，大自然就既未吝惜、繁殖办法也未吝惜毁灭办法。

和植物近似的动物也是能无限繁殖的。谁没有考虑过牡蛎如何能繁殖得足以供人大量食用？

随着人们在生物的阶梯上不断前进，人们看到，大自然，在赋予繁殖办法方面，不再那么慷慨了。

脊椎动物不能像其他动物那样迅速繁殖，特别是大的动物种类。牝牛怀胎九月，每次只生一头小牛，并要哺乳一段时间。然而，牛类的繁殖力显然会超过绝对必需的数目。在一些富国，如美国、法国、瑞士，这类动物，尽管屠宰很多，仍然在增加。如果我们有无限的草地，无疑，我们可以同时屠宰更多和使繁殖更快。我假设，如果空间和饲料不缺，若十年后，尽管肉的消费量增加十倍，我们会有多十倍的公牛和牝牛。因此，牛类的繁殖能力远未对我们发挥出它的全部效果，一切与这种能力无关的限制和缺乏空间和饲料的情况另作别论。

人类的繁殖能力肯定逊于任何其他物种；而且这理应如此。人不应该像动物那样遭到同样程度的毁灭。因为大自然把人置于敏感性、智慧和同情心的优越条件中。但是，人在肉体上能否摆脱一条法则？根据这条法则，一切物种的繁殖能力能够超过空间和食物所允许的程度，这一点是无法设想的。

我说肉体上，因为我在此只谈生理学的法则。

在繁殖的生理能力和实际繁殖力之间存在一个根本的区别。

一个是摆脱了任何障碍、任何外来限制的那种器质性的绝对能力。另一个则是这种力量同控制和限制它的全部抵抗力相结合的实际合力。罂粟的繁殖力也许是每年一百万，而在一块罂粟田里的实际繁殖力却处于停滞状态，甚至在减退。

马尔萨斯试图提出的就是这条生理学的法则。他研究过在什么时期，如果空间和食物对他们始终是无限的，一定数目的人会增加一倍。

人们已预先了解到，既然一切需要都得到完全满足的假设从未实现，理论时期必然要比任何可观察到的实际增加一倍的时期短。

观察到的数字确实是很不相同的。根据摩罗·德·约内斯先生的研究，以人口的目前状态为基础，为增加一倍，土耳其会需要555年，瑞士需要227年，法国需要138年，西班牙需要106年，荷兰需要100年，德国需要76年，俄国和英国需要43年，美国需要25年（其中扣除移民人数）。

为什么有这些巨大的差别？我们无任何理由认为这是由于生理上的原因。瑞士妇女的体格和生殖能力并不亚于美国妇女。

绝对生殖能力必须受外来障碍的控制。无可争辩的证明就是，一旦某种环境排除了这些障碍，生殖能力就显露出来。因此，一种完善的农业、一种新工业、一种产生当地财富的任何来源，无不把众多的一代人引到自己周围。就这样，在一种灾祸，例如瘟疫、饥荒或战争，毁灭了大部分人口之后，人们就看到繁殖力立即迅速提高。

繁殖放慢或停止，则是因为缺乏或即将缺乏空间和食物，是因为繁殖遇到了障碍而中断或退缩。

马尔萨斯对这个现象的说明激起了对他那么多的叫骂，其实，在我看来，这是无可争辩的。

如果有人把1 000只鼷鼠放在一只笼子里，并给它们每日必需的食料，尽管鼠类的生殖力是出名的，它们的数目却不会超过1 000只；或者，如果超出此数，就会有缺粮和痛苦，这两种情况都会减少它们的数目。的确，在此情况下，如果说一种外因所限制的不是生殖力，而是限制生殖力的结果，这种说法可能是对的。在生理倾向和造成常数的限制力之间，一定会存在对抗，其证明就是，如果人们逐步增加饲料，直到增加一倍为止，人们很快就会看到，笼子里有了2 000只鼷鼠。

你想知道人们用什么来回答马尔萨斯吗？用**事实**。人们对他说：证明人的繁殖力有限度的就是，在某些国家，人口的增长处于停顿状态。如果级数法则是正确的，如果人口每25年增加一倍，则法国在1820年就会有3千万居民，今天的人数会超过6千万了。

这合乎逻辑吗？

什么！我首先看到的是，法国的人口在25年内仅增长了五分之一，而在别的地方却增加了一倍。经研究其原因，我发现，这是由于缺乏空间和食物。我看到，在我们今天的耕作、人口和风俗条件下，很难相当迅速地创造生活资料，使**可能的**后代得以出生，或者使他们**出生后**可以生存下去。我说，生活资料在法国，每25年不能增加一倍，或者最多不到一倍。正是所有这些消极力量都在抑制生理上的能力；而你们却以繁殖缓慢为理由，得出结论说，生理上的能力并不存在！这样一种辩论方法是不严肃的。

人们是否有更多的理由否认马尔萨斯所指出的几何级数呢？马尔萨斯从未提出过以下的笨拙的前提："事实是，人口是按几何级数繁殖的。"相反，他说，这个事实并未出现，因为他在寻求妨碍事实出现的那些障碍，而且他把这种级数只是作为器质性的繁殖能力的公式而提出的。

在研究一定的人口需要多少时间才能增加一倍时，如果假定一切需要的满足永远不会遇到障碍，他确定这个时间是 25 年。他之所以这样确定，这是因为他选择了美国人民作为观察对象，该国人民虽然离他的假设的条件很远，却最接近这个假设。对他们的直接观察使他得以确定这个时间。在找到这个时间以后，只是由于这始终牵涉到繁殖的潜在能力问题，他才说，人口趋于按几何级数增加。

人们否定他的说法。但是，实际上，这是否定明显的事实。人们完全可以说，增加一倍的时间不一定到处都是 25 年，也可能是 30 年、40 年、50 年，因种族不同而有所不同。这一点是可商榷的；但是，人们肯定不能说，假设中的级数不会是几何级数。如果事实上在一定时期内一百对生出了两百对，那么为什么在同样时间内两百对不会生出四百对呢？

——人们说，因为繁殖会受到抑制。

——这正是马尔萨斯所说的。

但是，繁殖将被什么东西抑制呢？

马尔萨斯指出两种对于人类无限繁殖的普遍障碍：他称之为

预防性障碍和镇压性障碍。

既然人口只是由于无出生或死亡增加才会被抑制在低于其生理倾向可能造成的数字上,因此,马尔萨斯的分类命名无疑是完整的。

此外,当空间和食物的条件把人口限制在一定数目时,破坏性障碍比预防性障碍所起的作用要大,这是毫无疑问的。如果我们说,当食物处于停顿状态时,出生人数会增长,而死亡人数却不增加,这陷入一个明显的矛盾之中。

不管其他极端重要的经济因素如何,在这种情况下,自愿节育要比强制执行好,这也是显而易见并无须证明的。

因此,直到这里,马尔萨斯的理论在任何方面都是无可争辩的。

或许马尔萨斯的错误在于把在美国看到的 25 年这个时期作为人类生殖力的限度。我很明白,他原以为,这样就可避免指责他夸大其词或抽象化。他自己说过:如果他是以真实情况为依据,人们将怎敢说他夸大可能性的重要性呢?他却没有注意到,他在这里混淆了可能与现实,并且,撇开不谈限制法则,把受繁殖法则和限制法则控制的事实的发生时期作为衡量繁殖法则的尺度,这样,他就面对不被人理解的情况了。并且,这就是所发生的事情。人们曾嘲笑这些几何级数和算术级数;人们指责他把美国当作世界其余地方的典型;总而言之,人们利用他对两条截然不同的法则的混淆,用一条法则来否定另一条。

当人们探索繁殖的抽象能力时,必须暂时忘却任何由于缺乏空间、食物和福利而出现的肉体上或精神上的障碍。但是,如果问题是用这些词句提出的,也就没有必要去准确解决它了。在人体里面，如同在一切有机生物里面，现在这种能力，在很大比重上，超过人们过去所观察到的或将来会出现的一切迅速繁殖的现象。以上等小麦为例，假设：每粒种子长出五个穗，每个穗结出二十粒种子，一粒种子就有在五年内生产二十亿粒种子的潜在能力。

以犬类为例，根据以下两个基础，即一胎四头和繁殖六年，推论的结果是，一对狗十二年内可繁殖出八百万头小狗。

就人类而言，如果规定，从十六岁成年到三十岁停止生育，每对夫妻可以生育八个孩子，考虑到夭折而把这个数字减少一半，那还是太多，因为我们是根据一切需要得到满足这个假设来推论的，这就大大限制了死亡的威胁程度。然而这些前提是以 24 年为一期的，这使我们得出：

2—4—8—16—32—64—128—256—512，等等；最终，在两个世纪里，达到二百万。

如果人们根据欧勒所采用的基础进行计算，增加一倍的时间将是 12 年半；八个时期恰巧是一个世纪，而在这段时间内的增长将等于 512∶2。

在任何时代、任何国家，人们都未曾看到人口以这种惊人的速度增加。按照创世纪的说法，希伯来人进入埃及时，人数为七十对夫妇；人们在《民数记》中看到，摩西在两世纪后所做的人口调查，二十一岁以上的人有六十万，这就假定，人口至少有二百万。由此可推论出，人口每隔 14 年增加一倍。巴黎天文台的表格是不适于核对圣经上的事实的。难道有六十万战士就能假定有多于二百万的人口，并从而计算出一个比欧勒所计算的时间要少的人口增加一倍的时间吗？人们有权怀疑摩西的统计数字或欧勒的计算，但是人们将肯定不会说，希伯来人的繁殖超过可能的限度。这就是我们所要求的。

在上述的例子里，这个现实的生殖力大概最接近潜在的生殖力。我们还可举美国的例子。人们知道，在这个国家，不到25年，人口就增加了一倍。

没有必要再进一步研究；只需承认，在我们人种里，如同在其他一切物种里，繁殖的器质性能力超过繁殖的情况。何况这意味着，如果现实超过可能，也是与事实矛盾的。

关于这种绝对力量，无须更严格地加以确定，而且它可以被看作是一种不变的力量。与这种力量对应，还存在另一种力量与它对抗。这另一种力量在一定程度上限制、压抑、中断前者的作用，并根据时间、地点、职业、风俗、不同人民的法律或信仰而以很不相同的障碍来同它对抗。

这第二种力量，我称之为限制法则，显然，各国、各个阶级的人口动态是这两条法则互相结合的作用的结果。

但是限制法则是什么呢？从广义上说，它就是，生命的繁殖被维持生命的困难所控制或制止。我们已用马尔萨斯的公式表达过的这个思想值得深入研究。它是我们要讨论的主要部分。[①]

有生命而无感情的有机生物，在这两种法则之间的斗争中，的确是完全被动的。就植物而言，每一种类的数目受到肥料的限制。种子的改良是无止境的，但是空间和土地的肥沃性却不是无穷的。种子彼此之间互相伤害、互相毁灭、早萎，最终，成活下来的仅是土

① 下文写于1846年。——原编者注

壤所能滋养的数目。动物具有感情,但是一般说来,它们似乎缺乏预见性;它们大量繁殖,对于后裔的命运并不介意。只有死亡、夭折才能限制它们的繁殖而维持它们的数目和它们的生存手段之间的平衡。

德·拉梅内[①]先生用他那无法模仿的语言对人民说:

"众人在土地上都有席位,上帝已使土地相当肥沃,以便丰富地供应众人的需要。"然后又说:"创世主未使人的状况比动物更恶劣;难道众人不都是大自然丰盛宴会的客人吗?"又说:"田里植物把它们的根先后延伸到滋养它们的土壤中,这些根相安无事地在那里生长,其中没有一个吸收另一个的汁液。"

可以认为,这只是作为某种危险的结论的前提的一些骗人的夸夸其谈,而一个令人十分钦佩的口才竟然被用来为最有害的错误做宣传,这诚属憾事。

当然,如果认为,任何植物都不窃取另一植物的汁液,一切植物都在土壤中互不妨害地伸展它们的根,这是不真实的。地上每年落下亿万粒植物种子,它们在那里获得生命的开始,然后被更强大和更有生命力的植物窒息致死。如果说,一切生出来的动物都是大自然盛宴的客人而没有一个被排斥在外,这也是不真实的。野兽互相毁灭,而家畜被人屠宰掉的数目也是无法计算的。甚至没有任何东西更能证明繁殖和限制这两个法则的存在及其相互关系。法国为什么有那么多的公牛和绵羊,尽管进行了大量的屠杀?虽然熊和狼也有很大繁殖力,而且被杀的不多,为什么熊和狼却那么少?这是因为人给牛羊准备了食料,而不让熊和狼得到食料;人

---

① Lamennais(1782—1854),法国哲学家、作家和神学家。——译者

对它们实行了限制法则，使繁殖法则受到一定的控制。

因此，对于植物和动物，限制性力量似乎只在毁灭这种形式下出现。不过，人是具有智慧、预见性的。这个新的因素，对于他来说，将修改，甚至改变这种力量发挥作用的方式。

无疑，对于具有物质器官的生物，明确地说，对于动物，具有毁灭性的限制法则是适用的。人类的数目不可能超过生活资料所允许的程度，这等于说：现有的人数多于可能的数目，这就意味着有矛盾。因此，如果理智、预见性在他身上失灵了，他就变成植物或兽性的人；那时，根据支配一切物种的生理上的伟大法则，他势必要繁殖；同时，根据对他本来不起作用的那个限制法则，他也势必被毁灭。

不过，如果他有预见性，这个限制法则就要受他的意志支配；他修改它，控制它；这确实不再是同样的法则了：它不再是一种盲目的力量，而是一种有理性的力量了，它不仅仅是一条自然法则，而且是一条社会法则了。人是物质和智慧这两个要素相遇、相结合和相溶化之点。他既不专门属于一个要素，也不专门属于另一个要素。因此，对于人类来说，限制法则在两种影响下出现，并通过预见性和毁灭的双重作用，把人口维持在一个必要的水平上。

这两种作用的强度并不一样。相反，当一种作用加强时，另一种则减弱。应该达到的一个结果，那就是限制：镇压或预防能够或多或少地达到这个结果，这要看人是否变得蠢了还是聪明了、更物质化了还是更有智慧、生活上更呆板枯燥了还是更有道德；法则或多或少在他的身边或在他的身上，但它总是必须存在于某个地方。

关于预见性的广阔领域，人们还不能得出一个正确的观念，因为马尔萨斯的解释者搬用道德约束这个含糊不清和软弱无力的用语大大地把它限制了，而且他用下述定义把它的价值更贬低了。他说：“如果一个人没有能力养活他的一家，他就不结婚，并在贞洁中生活，这就是道德。”聪明的人类社会，为了对付人类可能的繁殖，除了上述的道德约束形式之外，还采取许多其他形式的障碍。例如，什么是童贞呢？担心的母亲像守护宝贝那样关心的、每个人都尊重的这种童贞，可能是唯一的一种不容消除的天真无邪，否则就是犯罪。继天真无邪之后的害羞又是什么呢？这是少女的一个神秘的武器，它既使爱人着迷，又使他胆怯，并美化初恋时期和延长其过程。首先在无知与真相之间这样放置的一层面纱，以及随后又在真相与幸福之间放置的那些神奇的障碍，这种在任何别的方面都会是荒谬的事，在这里难道不是奇妙的吗？对两性关系强加这么严厉的戒律，稍一违犯就要遭受羞辱，在失足问题上，不但折磨失足的女人，而且折磨那些因此而产生的可怜的后代，这种舆论力量是什么呢？这种如此微妙的荣誉、如此普遍受到赞赏的，甚至受到那些已摆脱约束的人的赞赏的那种刻板的克制，那些法规，那些门当户对所造成的困难，那些各种各样的防范措施，如果这一切不是属于智慧、道德、预防的范畴，因而是专门属于人类范畴的限制法则所起的作用，又是什么呢？

假设这些障碍被消除了，假设人类在两性的结合上不考虑门当户对、财产、前途、舆论、风俗，假设人类把自己降低到植物和动物的状况，人们能否怀疑，像动物和植物那样，繁殖能力的强大作用很快就需要限制法则进行干预，只是这一干预表现为物质的、粗暴、镇压性的，即通过贫困、疾病和死亡来限制繁殖？

任何预见性和任何道德观念姑且不谈，我们是否能否认，人类如同一切物种，在刚到成年时，两性的吸引尚不够大？如果规定16岁为成年，同时，如果身份证证明，在某一国家内，人们在24岁前不结婚，这就是限制法则的道德与预防部分对繁殖法则的作用减去了8年；如果人们在这个数字上加上应属于绝对独身状况的数字，则人们将深信，智慧的人类未被创世主按粗暴的动物来对待，而且人有能力将镇压性限制转变为预防性限制。

唯心论学派和唯物论学派，在这个重大问题上，可以说是改变了作用，这是相当少见的：前者攻击预见性，竭力使粗暴原则占优势；后者宣扬人的道德部分，推荐以理性主宰偏见和欲望。

在这一切里面，有一种真正的误会。假设一个家长向最正统的牧师请教如何持家。当然，对于这一特殊情况来说，他将获得一些意见，这些意见符合被知识确立为原则、却被同一牧师所拒绝的观念。老牧师将说："管好你的女儿，尽可能使她免受世俗的引诱；就像培养一朵宝贵的花儿那样去培养作为她的妩媚和自卫的那种天真无邪和纯洁吧。等待一个诚实而合适的求婚者上门；然而，你得工作，要使她有一个适当的命运。你要想到，在贫苦中，婚姻会招来很多痛苦和更多的风险。你要记住那些老谚语，它们是各民族的智慧；它们告诉我们，宽裕是婚姻和和睦最可靠的保障。你为什么要急急忙忙呢？你要你女儿在25岁就负担家务，而又不能按照你的门第和你的身份来抚养和教育子女吗？你要那无法克服其工资不足的丈夫只是发愁，再则绝望，最后可能堕落吗？你现在关心的计划是你所能关心的最严重的计划。你要权衡它，要考虑成熟；切勿匆忙，等等。"

假定这个家长借用德·拉梅内先生的话，回答说："上帝在创世时告诫人类：要生育繁殖，要占据和控制大地。而你，你却对一个姑娘说：放弃家庭、婚姻的贞洁欢乐、做母亲的神圣乐趣；禁欲吧，过独身生活吧；除了你的贫困，你还能繁殖什么？"人们难道认为，老牧师没有什么话好回敬这种议论吗？

他会说，上帝并未命令人不加区别地和无限度地生育，像牲畜那样结合，对未来毫无预见性；上帝并未把理智给予人而又禁止他在最庄严的场合中使用理智：上帝确实命令人生育，但要生育就得生活，而要生活就得有生活资料；因此，在生育的命令中，也必然含有给年青一代准备生活资料的命令。宗教并未把童贞置于罪行之列；恰好相反，宗教把童贞作为一种品德，敬重它，使它圣化，颂扬它；因此，不能因为人们为了家庭的福利、幸福和尊严，而在准备慎重地履行上帝的诫命，就认为人们在违犯它。那么，世界上日常听到的、作为一切有道德和有教养的家庭的行动准则的这种由经验规定的推理和其他类似的推理，难道不是一种普遍的学说在特殊情况下的应用吗？或者说，这种学说难道不是一种在所有特殊情况下都遇到的推理的概括吗？在原则上反对预防性限制干预的唯心论者，就像那个会对人类说下面这番话的物理学家："在任何情况下，你们可以行动起来，就像存在重力，但不要在理论上承认重力。"

直到现在，我们并未远离马尔萨斯的理论；但是人类有一个品质，我认为，大多数作者对这个品质的价值未给予相应的考虑；它在有关人口的现象上起到巨大作用，解决了这个重大问题所提出的许多课题，并使得在博爱者的灵魂上再现出那种似乎被不完整的知识已经排除的安宁和信心；这个在理智和预见性概念下理解的品质就是可完善性。人是可完善的；他能改善和堕落：一方面，必要时，他会停滞不前，另一方面，他也能在文明的无限阶梯上上升和下降。对于个人、家庭、国家和种族都是如此。

马尔萨斯因为没有充分考虑到这个进步原理的全部威力，他才被引向失望的结论，并引起了普遍的反感。

因为，应该承认，他只看到某种不会被人接受的禁欲形式下的预防性障碍，因此，他就无法赋予这种障碍以力量。所以，在他看来，一般是镇压性障碍在起作用；换言之，就是罪恶、贫困、战争、罪行等等在起作用。

在我看来，这里有一个错误。我们将承认，限制性力量的作用在人身上的表现不仅是一种守贞的努力、一种禁欲的行为，而且特别是一种福利的条件，一种防止他和他的家庭堕落的本能的行动。

有人说，人口趋于适应生存必需品的水平。请注意，对于生存必需品这个从前普遍采纳的用语，萨伊以生活资料这另一个正确得多的用语来代替。似乎起先只牵涉到生存问题。情况并非如此；人不仅仅靠面包生活，对于事实的研究清楚地证明，当全部生活资料，包括衣着、住所以及其他因气候，甚至习惯而成为必需的东西告缺时，人口的增长就停止或延缓下来。

因此，我们说：人口趋于适应生活资料的水平。

但是这些资料是不是固定的、绝对的、单一的东西呢？肯定不是：随着人变得文明，他的需要的圈子在扩大，甚至可以说，即使简单的生存也在扩大其需要。从可完善的人的角度看，生活资料，其中应该包括肉体、精神和道德上的需要的满足，在程度上，和文明一样是无止境的。无疑,有一个最低限度:疗饥,御寒,这是一种生活条件,而这个限度,我们可在美洲的野人和欧洲的穷人的状况中看到;但是一个最高限度,我却不知道,它也不存在。自然的需要满足之后,又产生出其他的需要,这些需要起先是人为的,如果人们愿意这样说,但是习惯又使它们成为自然的需要,然后又产生出其他的需要,再产生出其他的需要,以致无穷无尽。

因此,人每在文明的道路上前进一步,他的需要范围就扩大一些,而生活资料这个繁殖和限制两大法则的会合点就往高处移动。因为,虽然人能堕落和完善,他却厌恶前者而向往后者:他的努力趋于维护他所取得的等级,提高它;而被人们那么确切地称为第二本性的习惯在行使我们的动脉系瓣膜的功能,阻碍任何退步。因此,他对他本身的繁殖所施加的智慧和道德方面的作用受到这些努力的影响,并与这些进步的习惯相结合,这是非常简单的事。

人的这种组织引起许多后果,我们现在只指出其中几个。首先,我们赞同许多经济学家所说的人口与生活资料之间的平衡;但后者既然在经常变化,并随着文明和习惯而变化,我们在对人民和阶级进行比较时,就不能承认,人口是和生产成比例的(如萨伊所说[①]),或是和收入成比例的(如西斯蒙第所肯定的)。其次,教育程度每提高一级就意味着更多的预见性,在社会或它的一些部分中所实现的完善的每一阶段,道德和预防性障碍应该愈来愈使粗暴和镇压性障碍的作用归于无效。由此可见,任何社会进步都含有一种新的进步的萌芽,rires acquiers eundo〔拉丁文:在前进中获

① 应该指出,是萨伊使人注意到了,生活资料是一个可变数量。——原注

得更大的力量〕，因为更高的福利和预见性相互促进，并无限地发展下去。同样，当由于某种原因，人类追随一种退步的运动时，不舒适和无预见性就彼此互为因果，而堕落就不会有止境，如果社会不具备神赋予一切组织起来的团体的这种治疗性力量。因为，请注意，在堕落的每一时期，毁灭性的限制所起的作用都会变得更为痛苦，同时更易于辨认。起先，这只是恶化和衰微；随后，就是贫困、饥饿、混乱、战争、死亡；这是悲惨的，却是可靠的教训方法。

我们真希望能够在此指出理论如何说明事实，而事实又如何证实理论。对于一国人民或一个阶级来说，当生活资料降低到同仅够维持生存的东西相混淆这个最低限度时，如在中国、爱尔兰以及各国最低层阶级的情况，人口或食物资源稍一波动就出现死亡；事实在这方面确认科学的归纳。长久以来，饥馑已不再威胁欧洲，人们将这种灾祸的消失归功于许多原因。当然有许多原因，但最普遍的原因就是，由于社会进步，生活资料已远远超过生存必需品。逢到荒年，人们在削减食物本身之前，可以放弃许多满足。在中国和爱尔兰却不是这样：当人们仅仅有少许大米或土豆时，他们用什么去买其他食物，如果大米和土豆也告缺？

最后，我们应该在此指出人类可完善性的第三个后果，因为它反驳马尔萨斯的学说的令人惋惜之处。我们曾把下述公式归之于这位经济学家："人口趋于适应生存必需品的水平。"我们本当说，他走得更远，他的真正的公式，他从中得出如此令人忧伤的结论的那个公式是：人口趋于超过生存必需品的水平。如果马尔萨斯在这里原来仅仅想表达的是，在人种里，繁殖生命的能力高于维持生命的能力，这不会有争辩的可能。但这并不是他的思想：他肯定，如果一方面考虑到绝对繁殖能力,另一方面又考虑到它的两种方式下的限制,即镇压性和预防性方式,结果仍是,人口趋于超过生活资料。① 这对于一切具有生命的物种都是正确的,但除却人类。人是有智慧的,并可无限制地使用预防性限制。他是可完善的,他渴望完善,厌恶堕落;进步是他的正常状态;进步意味着日益高明地使用预防性限制;因此,生活资料比人口增长得更快。这个结果不仅来自可完善性原则,而且也是为事实所确认了的,因为满足的圈子到处都扩大了。如果真如马尔萨斯所说,生活资料的增长总是落后于人口的增长,我们人种的贫困就势必是累进的,文明就会出现在时代的开始,而野蛮则出现于时代的终了。但实际情况恰好相反,因此可以证明,限制法则就能将人类繁殖控制在产品增长水平之下。

从上述可知,人口问题是如何广泛和繁难。当然,遗憾的是,人们未曾给出正确的公式,当然,我更感遗憾的是,我自己也不能给出这个公式。但是人们难道没有看到,这个课题是如何与一个教条定理的狭隘限制有抵触吗?想用一个生硬的方程式来表达那些本质上多变的已知条件的关系,这难道不是一种徒劳无功的企图吗?让我们回忆一下这些已知条件。

(1)繁殖法则。绝对的、可能的、生理上的能力使人类繁殖生命,维持生命的困难姑置勿论。这第一个已知条件,这个唯一具有某种精确性的已知条件,并不需要精确性,因为,如果在人用污水

① 人口繁殖趋势不超过生存必需品的国家很少。这样一种经常的趋势势必产生低层阶级的贫困,并阻碍他们的状况有任何持久的改善……。人口定律……,在生存必需品增长之前将使人口的数目增加,等等。(洛西引自马尔萨斯)——原注

来维持生活的实际状况下，繁殖的最高限度绝对无法达到，那么，这个假设中的最高限度又有什么作用呢？

（2）因此，对于繁殖法则有一个限度。这个限度是什么呢？生活资料，有人说。但什么是生活资料？这是无法掌握的满足的总和。满足要随地点、时间、种族、等级、风俗、舆论和习性而变动，因而移动我们所寻求的限度。

（3）最后，将人口局限在这种活动的界限内的力量是什么呢？对于人来说，这个力量分为两股：镇压的力量，和预防的力量。然而前一无法精确评估的作用又完全从属于后者的作用，这后一作用取决于文明的程度、习惯的势力、宗教和政治机构的倾向，以及财产、劳动和家庭的结构，等等。因此，不可能在繁殖法则和限制法则之间制订一个可推论实际人口的方程式。在代数学里，*a* 和 *b* 代表可以计数、可以衡量和可从中确定比例的一定数量；但是生活资料，意志的精神主宰，死亡的必然作用，这是人口问题的三个已知条件。它们本身是灵活的，而且从它们所支配的人那里取得惊人的伸缩性。按照蒙田的说法，人是一种如此奇妙地多变和各不相似的生物。因此，当一些经济学家想给予这个方程式一种它并不具有的精确性时，那些经济学家们未能使思想更加接近，反而使它更加分化了，这一情况就不足为奇了，因为，在他们的公式中，没有一个字句不在推论和事实方面招来众多异议。

让我们现在进入应用领域：应用除了用来阐明学说之外，是科学之树的真正果实。

我们说过，劳动是交换的唯一对象。要取得一种效用（除非大自然已经无偿地把它给予了我们），就必须付出辛劳去生产它，或者把这种辛劳偿还给为我们代劳的人。人绝对不会创造什么:他为了一个有用的目的而安排、处置、转移;这一切都是要付出辛劳的,而他的辛劳的结果就是他的财产;如果他把它出让,他就有权利要求偿还一种经过自由议价的被认为相等的服务。这就是价值、报酬、交换的原理,这个原理虽简单,却不失为真实。在人们所称的产品中,存在不同程度的自然效用和不同程度的人造效用;唯有后者涉及劳动,它是人类交易的唯一物质;我并不否认萨伊的"产品交换产品"这个著名的和内容极为丰富的公式,但我认为下述公式在科学上更为精确:劳动交换劳动,或者更确切地说:服务交换服务。

不要以为,劳动彼此交换是按照它们的时间或强度进行的;不要以为,出让一小时辛劳的人,或者说,一个力大无穷的人总能要求他人对他作出一种类似的努力。时间、强度是影响劳动评价的两个因素,但它们并不是唯一的因素;还有在某种程度上令人厌恶的、危险的、困难的、聪明的、有远见的,甚至幸运的劳动。在自由交易的势力下,在财产得到完全保障的情况下,每个人是自己的辛劳的主人,因而有权只按自己的要价出让它。他的通融有一个限度,即当保留它要比交换它更为有利的时候;他的奢望也有一个限度,即当对方认为拒绝交易更为有利的时候。

报酬率有多少等级,就像社会上有多少阶层一样,如果我可以这样说的话。报酬最低的劳动就是最接近原始、自然活动的劳动,这是神的一种公正、有益和必然的安排。普通壮工很快即达到我刚才所说的奢望的限度,因为没有一个人不能做他所供给的自然劳动;而且他自己被迫处于他的优越感的极限,因为他不能从事他所需求的智力辛劳。作为物质品质的时间、强度，正是这类物质劳动的报酬的唯一因素，而这就是它通常按日取酬的原因。工业上的一切进步可归纳如下：在每一产品中，以一定数量的自然的、因而是无偿的效用来代替同样数量的人造的、因而是有偿的效用。由此可知，如果有一个社会阶级比任何其他阶级对自由竞争比任何其他阶级更感兴趣，这主要就是工人阶级。如果自然要素、生产方法和生产工具并未由于竞争而经常把它们的协作成果无偿地给予大家，工人阶级会有怎样的命运呢？一个普通壮工不会知道利用热、引力、弹性、发明制造方法和占有利用这些力量的工具。在这些发明的开头时，发明者们的这种最高级的智力劳动所得的报酬是很高的；换言之，它相当于大量的原始劳动；再换言之，它的产品是昂贵的。但是出现了竞争，产品跌价了，自然服务的配合不再对生产者有利，而是对消费者有利了，而利用自然服务的劳动在报酬上接近于计时报酬的劳动。因此，无偿财富的共同基金不断增长；各种产品趋于具有并肯定日益具有那种无偿条件，水、空气和光就是在无偿条件下向我们提供的；所以，人类的水平有望提高和取齐；因此，姑且不谈人口法则，社会的最低阶级是可能最迅速得到改善的阶级。但是我们说过不谈人口法则，这就把我们引回到我们的主题上来。

让我们设想有一个水池，其中有一个不断扩大的孔把愈来愈多的水引入池内。如果只考虑到这种情况，水面就应该不断提高；但如果池壁是活动的、能伸缩的，显然，水面的高度将以这两种情况的互相影响为转移。水面将降低，不管供应水池的水量增长得怎样快，如果水池的容量扩大得更快；它将升高，如果水池的范围只是非常缓慢地按比例扩大，尤其是如果水池的范围固定不变，特别是如果水池的范围缩小。

这就是我们在寻求其命运的那个社会阶层的写照；应该说，这是人类广大阶层的写照。报酬，能满足需要、维持生命的物品，就是通过弹性的孔进入池内的水。池壁的活动性就是人口的动态。生活资料以一种日益递增的方式来供应这个阶层，这是肯定的；[①]但是需求的范围扩大得更快，这也是肯定的。因此，在这个阶层中，生活是否幸福和有价值，这就要看限制法则的道德、智慧和预防性部分在生活上如何控制繁殖的绝对定律了。劳动阶级人数的增长有一个限度，那就是，报酬的累进基金不足以养活他们的时候。他们可能的改善却没有限度，因为两个因素促成改善，一个，即财富，在不断扩大；另一个，即人口，则属于他们的意志的范围。

我们刚才关于社会最低阶层的说法，即关于从事最原始的劳动的阶层的一切，也适用于其他阶层，这些阶层是按所谓粗俗性、特定的物质性排列并定级的。如果只考虑每个阶级本身，则各个阶级都服从同一普遍法则。在所有的阶级中，繁殖的生理能力和限制的道德能力之间有斗争。一个阶级区别于另一个阶级唯一的方面就是这两种力量的会合点，就是报酬使人们称为**生活资料**这个限度达到的高度，习惯在两个法则之间确定这种限度的高度。

但是，如果我们考虑的不是不同的阶层本身，而是它们彼此的关系，我相信，人们可以辨别两个定律在相反方向所造成的影响，而这肯定是人类实际状况的说明。我们已证明，一切经济现象，特

① 请参阅第八章。——原注

别是竞争法则，是如何趋于使条件相等的；在我们看来，这在理论上是无可争辩的。既然任何自然利益、任何精巧的方法、任何使用这些方法的工具，归根结底，都不能最终停留在生产者的手里，既然由于神的一种不可抗拒的施舍使成果趋于成为公有的、无偿的，因而对一切人都相等的财产，显然，最穷苦的阶级是从社会经济法则这种令人赞赏的安排中获取相对利益最多的阶级。正如穷人在可呼吸的空气方面受到和富人同样慷慨的待遇一样，在进步所不断消灭的那部分物价方面，穷人也是同富人平等的。因此，在人类内心深处有一种走向平等的不可思议的趋势。我在这里并不是说一种渴望的趋势，而是实现的趋势。然而平等并不会自行实现，或者说，它自行实现得那么缓慢，以致人们在比较相距很远的两个世纪时，才仅仅觉察到它的进步。这些进步甚至是那么不显著，以致许多善良的心灵否定它们，虽然肯定这是否定错了。是什么原因使阶级融合在一个共同的和不断提高的水平中的进程推迟了呢？

我认为，只应在预见性的不同程度中去寻找原因。预见性在人口问题上推动着每一社会阶层。我们说过，限制法则在道德和预防性方面是听凭人处置的。我们还说过，人是可完善的，而随着他变得完善，他就更聪明地运用这个法则。因此，随着阶级更有知识，这些阶级就知道作出更有效验的努力、更明智的牺牲，以便将各自的人口维持在本阶级的生活资料的水平上，这是自然而然的事。

如果统计相当先进，它或许会把这种理论上的归纳变为确证，指出社会上层比下层晚结婚。然而，如果诚属如此，我们就易于理解，在所有阶级提供各自的服务的大市场上，在交换各种性质的劳动的大市场上，原始劳动，与智力劳动相对而言，提供的数量要大得多。这说明了为什么不平等状况要持续下去，而这种不平等状况正是一些属于另一范畴的强有力的原因在试图不断消除的。

我们刚才简略地阐述的理论导致一个实际结果，即博爱最好的形式、最好的社会组织就是那些把知识、理性、道义、预见性送到人类的所有阶层，特别是最低阶层的组织。这种组织按照神的意志行事，即在进步中求得平等，正如社会和谐向我们所揭示的那样。

我们谈到组织，因为，预见性确实既来自所处地位的必要性，也来自纯粹明智的深思熟虑。有一种财产组织，或者更确切地说，企业组织，比别的组织更有利于经济学家们称之为对市场的知识，也就是预见性。例如，在预防下层阶级的人口过多方面，土地收益分成制要比租佃制[①]更有效，这似乎是肯定的。一个分成佃农家庭比一个短工家庭更能感到早婚和过度生育的害处。

我们还谈到博爱的形式。布施确实能够给予一个现实的和局部的好处，但是它只能对劳动阶级的福利有一种很有限的影响，如果不说它是有害的话；因为它不发展预见性，甚至也许使它瘫痪，而能提高这个阶级的正是这种预见性。传播健康的思想，特别是那些具有一定尊严的习惯，这是人们所能授予下层阶级的最大的福利，最持久的福利。

生活资料，我们不厌其烦地重复说，并不是一个固定的数量；它们以风俗、舆论、习惯为转移。在社会的所有阶级中，人们对于降低已习惯的生活水平都感受到同样的反感，这种反感在最低下

① 租佃须有短工阶级。——原注

的阶级中也能感觉得到。贵族的高贵后裔落到资产阶级的地步，其痛苦也许甚至要比资产阶级的子弟变为壮工或者比壮工的儿女沦为乞丐更大。因此，某种舒适的习惯，生活上的某种尊严是使用预见性的最有力的刺激；如果工人阶级一旦得到某些享受，他们就不想放弃，那么为了维持这些享受并保留与他们的新习惯相协调的工资，他们就不得不使用预防性限制的办法。

所以，我把英国许多业主和工厂主作出的决定看作是博爱最美的表现形式之一，他们决定拆毁用泥土和茅草建成的小屋，而以配备适当家具、通风、明亮、宽畅、清洁的砖屋来代替。如果这种措施是普遍的，它会提高工人阶级的派头，把今天还是一种相对的奢侈变为实际的需要，它会提高所谓生活资料的限度，并从而提高最低级的报酬本位。为什么不？文明国家中的下层阶级远处于野蛮人民的下层阶级之上。它已经提高了；它为什么不会再提高呢？

然而不要产生幻想；进步只能是很慢的，因为，在任何程度上，它必须是普遍性的。人们会设想，它能迅速地在地球的一角实现，如果人民彼此之间互不影响；但是事实上并非如此：对于人类来说，在进步中如同在堕落中，有一条连带责任的大法则。比如说，如果英国工人的状况由于工资普遍提高而有了显著的改善，法国工业就会有更多的机会去制服它的对手，并且由于它的发达而克制海峡彼岸出现的进步动向。神似乎不想让一类人能比另一类人提高到超过某一限度之上；因此，在人类社会广大的全体中，如同在它的最小的细节中，我们总是发现，一些令人赞赏的和不屈不挠的力量在试图把个人的或集体的利益最终授予群众，并将一切优越性拉回到一个不断平衡又一直提高的共同水平的桎梏之下，就像海洋涨潮时的水平那样。

概括地说，可完善性既然是人的明显的特性，竞争作用和限制法则既然已明确，从人类在土地上的命运这唯一的角度看，其命运似乎可归纳如下：(1)一切社会阶层的同时提高，或者说，人类普遍水平的提高；(2)一切阶级的无限接近，和分隔阶级的距离的陆续消灭，直到一个被绝对正义所设置的限度为止；(3)社会的最低阶层和最高阶层在数目上相对减少，和中间阶层的扩大。人们将说，这些法则应该引来绝对平等。这正像直线和渐近线的永恒接近不会引来合并一样。……

本章大部分是从1846年起写出的，它也许不足以明白地表达作者对于马尔萨斯的观念的对立。

巴师夏在其中突出了个人主义动机所起的未被觉察到的并且当然是预防性的作用，对于福利的递增的欲望，对于更佳情况的奢望；以及使每个人把获得的福利认作是一种真正的需要的那种习惯，一种生活资料的下限，任何人都不愿看到他的家庭生活水平降得更低的那个下限。但这里只是法则的某种消极方面，它仅仅指出，在凡是以财产和家庭为基础的社会里，人口不会是一种危险。

还必须使人看到，人口本身是一种力量；必须证明，人口密度带来生产力的必然增长。正如作者自己所说的，这就是被马尔萨斯所忽略的重要因素，这个因素，在马尔萨斯看到了失调的地方，却将使我们看到和谐。

在“交换”一章中所指出的前提是巴师夏本来打算在探讨人口时加以发挥的，现在我们看到，他想得出的结论是完全反马尔萨斯的。我们在他所写的最后的笔记之一里面发现了这个结论。他建议予以强调：

“在‘交换’一章中，我们论证了在孤立状态中，需要高于能力；在社会状态中，能力高于需要。

“这种能力高于需要的情况来自交换，即协力和分工。

“由此而产生在无穷进步的圈子中的因果作用和反作用。

“能力高于需要的情况使得在每一代都创造出一种超额财富，使其能抚养人数更多的一代。人数更多的一代意味着一个更好和更深入的分工，意味着使能力进一步高于需要。

“令人赞赏的和谐啊！

“因此，在某一时期，设全部总需要为100，全部能力为110，则超额部分10分摊如下：例如5用于改善人类命运、引起更高级的需要、在人的内心里发展尊严感，等等，另外的5用于增加人数。

“在第二代，需要是110，即：在数量上增加5，在质量上增加5。

“但就是由于这种情况（由于物质、精神和道德上更全面的发展，以及更大的人口密度这双重理由，生产变得更容易）能力的强度也增加了。例如它们可用120或130来表示。

“新的超额部分，新的分摊，等等。

“请不要害怕过多；需要的提高只是增加了尊严感而已，它是一种自然的限度……”

（原编者注）

第十七章　私人服务，公共服务

服务交换服务。

服务的等价产生于自愿交换和交换前的自由议价。

换言之，投入社会中的每项服务的价值和与它对应的任何其他服务的价值相等，只需一切供给和一切需求都自由地产生、自由地比较、自由地商议。

不管人们如何议论和钻牛角尖，如果不把自由观念和价值观念结合起来，就不可能设想出一个价值的观念。

当没有任何暴力、任何限制、任何欺诈破坏服务的等价时，才可以说，公正占主导地位。

这并不是说，人类于是就达到了尽善尽美的地步，因为自由总是给个人评价的失误留有余地的。人往往受自己的判断和激情的蒙骗，常常不能对他的欲望作出最合理的安排。我们已看到，一项服务能按它的价值来评估，而它的价值与它的效用之间并无一个合理的比例；为此，只需让我们的某些欲望压倒另一些欲望就够了。智慧、良知和风俗方面的进步，在把每项服务都放置在它的道德位置时，才愈来愈实现这个美好的比例。一件无价值的物品、一出幼稚无聊的戏、一种不道德的娱乐，在一个国家里，能有很高的价值，而在另一个国家里，却受到蔑视和指责。所以，服务的等价并不是对其效用的正确评估。不过在这方面，自由和责任感使我们的爱好和欲望得到纠正，使我们的满足和评估得到改善。

在世界上一切国家里，有一类服务，在其提供、分配和报酬的方式上，完成了一种与私人或自由服务完全两样的演变。这就是公共服务。

当一种需要具有的普遍性和单一性足以使它成为公共需要时，所有属于同一聚居区（市、省、国家）的人就可以通过一种活动或一种集体委任方式使此项需要得到满足。在此情况下，他们任命公务人员来负责向集体提供和分配有关的服务，并以分摊资金来支付此项服务的报酬，这种资金的分摊额，至少在原则上，是与集体的每个成员的资力成比例的。

实际上，社会经济中占首位的要素不会必然被这种交换的特殊形式所破坏，特别是在各方都同意的情况下。这始终是一些努力的转让、服务的转让。公务人员为满足纳税人的需要而劳动，纳税人则为满足公务人员的需要而劳动。如何确定这些互相提供的服务的相对价值，我们将在以后予以研究；但交换的基本原则，至少抽象地说，仍然完整无缺。

一些作者，因其见解受到苛捐杂税的影响，就认为，任何投入公共服务的价值都丧失了，这是错误的。[①] 这种断然的指责是经

① “一旦纳税人付出了这个价值，对于他来说，这个价值是丧失了；一旦这个价值被政府消耗了，对于大家来说，它是丧失了，并且不再回到社会中去。”

（萨伊，《政治经济学》，卷三，第 9 章，第 504 页）

可能；但社会获得了向它提供的服务，例如，安全。此外，萨伊，在以后的几行里，又用下述词句恢复了真正的学说：

“征税就是损害社会；只要人们得不到任何服务作为交换，这个损害就未被任何利益所抵偿。”（同上书）——原注

不住考察的。关于盈亏，在政治经济学上，公共服务与私人服务毫无区别。不管是我自己看守我的田，还是我付钱给替我看守它的人，还是我付钱给国家，由它找人来看守，这始终是一种对比利益而做的牺牲。以这样或那样的方式，我无疑失掉了努力，但我获得了安全。这并不是一个损失，而是一种交换。

会不会有人说：我拿出的是一件物品，却收不到什么有形体的东西？这又是重新陷入价值的错误理论中了。只要人们把价值赋予物质，而不是服务，人们就以为，凡是公共服务都是无价值的或丧失了价值。然后，当人们在价值问题的真假之间踌躇时，人们在捐税问题的真假之间也不得不迟疑不决。

如果捐税并不必然是一种损失，它就更不一定是一种掠夺。[①] 无疑，在现代社会里，通过捐税进行的掠夺是大规模的。我们在以后将要看到，这是扰乱等价服务和利益和谐诸原因中最活跃的一个。但是，反对和消灭滥行课税的最佳办法就是不要把它说成是本质上的掠夺者，这是夸大其词。

因此，从公共服务本身、从其本质、从其正常状态来考虑，不谈任何滥用，公共服务和私人服务一样是纯粹的交换。

但是在这两种交换的形式下，服务赖以进行比较、议价、转让、平衡并表现它们的价值的方法，就其本身和效果而言，是如此各不

---

① “公共捐税，即使是国家同意征收的，都是对于财产的侵犯，因为人们只能在私人的土地、资本和工业所生产的价值上提取价值。因此，一旦公共捐税超出保存社会所必需的总额，就可把它们看作是掠夺。”（同上书）

这又是用插入句矫正判断过于绝对之处。服务交换服务的学说使问题和解决办法简化得多了。——原注

相同，我要请读者允许我以较多的篇幅来探讨这个难题；这是向经济学家和政治家提供思考的最令人感兴趣的问题之一。老实说，这正是政治与社会经济联结之处。在这里，人们才可看到这种错误的来源及其影响，这种对政治经济学最有害的错误混淆了社会和政府，因为社会是包括私人服务和公共服务在内的总体，而政府则只包括总体中的公共服务那部分。

当人们不幸追随卢梭学派及其信徒一切共和党人，而不区别地运用政府和社会这两个词时，人们就事先暗含地，在不加考察的情况下决定，国家可以而且应该吸收全部私人活动，其中就有个人的自由和责任，一切私人服务应该转变为公共服务，社会秩序是法律使之存在的一个偶然的和约定的事实，并且决定立法者的绝对权力和人类的丧权。

事实上，我们看到，公共服务或政府活动，从斯巴特的共产主义或巴拉圭的传教会直到美国的个人主义，中间经过法国的中央集权，都是因时间、地点、场合的不同而扩大或缩小的。

因此，作为一门科学，政治学入门的第一个问题便是：

哪些服务应该停留在私人活动的领域内？哪些服务应该属于集体的或公共的活动？

这个问题等于说：

在称作社会的这个大圆内，合理地画出称作政府的内切圆。

显然，这个问题与政治经济学有关，因为它要求对交换的两种很不相同的形式作比较研究。

一旦这个问题解决了，还有另一个问题：公共服务的最佳组织是什么？这个问题属于纯粹的政治学，我们不去研究它。

让我们来考察私人服务和公共服务的主要差别，这是为了确定分开这两种服务的那个合理界限所必须事先进行的研究。

本章以前的全部论述都是用来指出私人服务的演变的。我们已看到它开始出现在下面明示的或默示的建议中：你为我做这个，我将为你做那个；这意味着在出让的东西和收到的东西上的一种互相同意的交换。因此，关于以货易货、交换、评估、价值的概念，如果没有自由和有自由而无责任，是无法想象的。在进行交换时，每一方，在自担风险的情况下，要考虑自己的需要、嗜好、欲望、能力、情感、方便、自己的整个地位；而我们在任何地方都从未否定，自由意志的行使不和错误的可能性、一种不合情理的选择的可能性有联系。但过失并不是由于交换，而是由于人类本性的不完善，而改正的办法就只能在责任本身里（即在自由里），因为责任是任何经验的源泉。在交换中运用强制，以人可能弄错为借口来破坏自由意志，这不会带来任何改进，除非人们证明，执行强制手段的官吏本性是完善的，不受激情和错误的支配，不属于人类。相反，这会不仅转移责任，而且会消灭责任，至少在它的那个最宝贵的部分中，即有偿的、惩罚性的、实验性的、纠正性的，因而是进步性的那部分，这难道不是很明显的吗？我们还看到，自由交换，或自由地接受和提供的那些服务，在竞争的作用下，以和有偿力量成比例的方式，不断扩大无偿力量的配合，以和私有财产领域成比例的方式，不断扩大共有财产领域；我们就这样承认了，在自由中，有一种力量，它在各方面都实现渐进的平等，即社会和谐。

至于自由交换的方法，无须加以描绘，因为，如果强制有无穷的形式，自由却只有一种形式。再说一遍，私人服务的自由和自愿的转让可用下述简单的词句来说明:"你给我这个,我将给你那个;你为我做这个,我将为你做那个。"产品交换产品,服务交换服务。

公共服务却不是这样交换的。在这里,在任何一种措施上,强制是不可避免的。我们可能遇到无穷的形式,从最绝对的专制起,直到所有公民都进行最普遍和最直接的干预为止。

虽然这种政治理想并未在任何地方实现过,虽然它的实现也许永远只是想象中的事,我们仍假定它会实现。因为我们在寻求什么呢?我们寻求的是,服务进入公共领域时,这些服务会发生什么变化。并且从科学的角度看,我们应该撇开特殊的和局部的强暴手段不谈,而只考虑公共服务本身和在最正当的场合下的那种公共服务。总之,我们应该研究仅仅由于它变成公共的而发生的变化,而不谈使它成为公共的原因,以及在执行过程中出现的那些弊端。

方法如下:

公民们任命代理人。这些集合起来的代理人以过半数决定某一类需要,例如教育的需要,不再由公民们的自由努力或自由交换来满足,而是由一类特别委任办理此事的公务人员来满足。这就是提供服务的情况。此后,既然国家为了公民们的利益而占用了新的公务人员的时间和才能,它也应该为了公务人员的利益而向公民们收取生活资料。这是通过普遍的摊派或捐税来进行的。

在一切文明国家里,此项捐税以金钱形式征收。几乎没有必要指出,在金钱背后有劳动。实际上,人们是在以实物支付。实际上,公民们在为公务人员而劳动,而公务人员也同样在为公民们劳动。

我们在此提出这个意见，以防止一种来自对货币的错觉的十分流行的诡辩。人们往往听到：公务人员收到的钱又大量落到公民们的身上。人们由此推论：这种情况是加到服务所产生的好处上的第二种好处。由于这样推理，人们就在为最寄生性的职务辩护。人们却未注意到，如果服务停留在私人活动的领域内，钱就不会流到国库里去，并从国库又流到公务人员手里，却会直接流到那些自由提供服务的人手里。我说，这些钱又会大量地回到群众手里。如果人们不把目光限于对货币流通的观察，如果人们看到，实际上，劳动在交换劳动，服务在交换服务，上述诡辩就站不住脚了。在公共范畴里，可能有时公务人员接受服务而不提供服务；那样，对于纳税人来说，就有损失，不管金钱的动态在这方面能使我们产生什么错觉。

虽然如此，让我们再进行我们的分析：

这是一种新形式下的交换。交换意味着两个词：**给予**和**接受**。让我们来考察一下，当交易从私人性质变成公共性质时，在**提供**和**接受**服务这两个方面，交易是如何受到影响的。

首先，我们看到，公共服务总是，或几乎总是在法律上或事实上，取消了同样性质的私人服务。当国家承担一项服务时，它通常通令，除它之外，任何人不得提供这项服务，特别是如果它同时又能为本身取得一笔收入。例如，邮政、烟草、纸牌、火药等方面。即使它不采取这种措施，结果仍会一样。哪个工业会向公众提供一种国家免费提供的服务呢？不会有人为了谋生而去私人讲授法律或医学、修公路、饲养纯种种马、创办工艺学校、开垦阿尔及利亚的土地、办展览，等等。其理由就是公众不会买国家免费供给他们的东西。

正如德·科墨南[1]先生所说的，如果国家决定免费向大家提供鞋子，制鞋工业很快就会垮台，即使宪法第一条宣布它是不可侵犯的。

老实说，免费这个词用到公共服务身上就包含最粗俗的和最幼稚的诡辩。

我真欣赏公众对这个词的极端轻信。有人对我们说，你不想要免费教育，免费养马场吗？

我当然想要，而且，如果可能，我还想要免费的食品，免费的住房……

不过，不让任何人破费才是真正的免费。然而，公共服务却是让大家破费的；因为大家已预付了费用，所以接受此项服务的人才不再破费。在普遍摊派中付过钱的人将不会出钱叫私人企业为自己提供服务。

公共服务就这样代替了私人服务。它给国家的总劳动、国家的财富并未增加什么。它让公务人员做原来由私人企业做的一切。需要了解的是，这两种做法中哪一种招致最多的附带的弊端。本章的目的就是解决这些问题。

只要一种需要的满足成为一项公共服务的对象，它就大部分脱离个人自由和个人责任的领域。个人不再能自由地根据自己的意愿随时购买所需、考虑他的财力、他的方便、他的地位、他的道德评价，他也不能按他认为是合理的顺序来满足他的需要。不管他情愿与否，他不能从社会中取得他认为是有用的那份服务，就像他在私人服务中所得到的那样，而是必须接受政府认为适于给他准

① de Cormenin(1788—1868)，法国政治家。——译者

备的那份,不管其数量和质量如何。也许,当他肚子饿了,需要吃面包时,人们却从他手中拿走一部分他必需的面包,然后给他一种对他毫无用处的教育,或者几张戏票。他对于自己的满足不再能自由控制。由于他不再负有责任,当然,他也就不再有智慧。远见和经验,对于他来说,都变得无用了。他不再属于自己,丧失一部分自由意志,进步缓慢,他已不是一个完全的人。在特定的情况下,他不仅不再由自己来判断,而且失去了为自己作出判断的习惯。这种在他身上蔓延的心理上的麻痹,由于同样理由,也蔓延到他的所有同胞身上;于是,人们就曾看到许多国家完全陷入一种有害的无所作为的状态。[①]

只要有一类需要和相应的满足都停留在自由领域内,每个人在这方面就可以自己做主,并随意改变自己的主意。这似乎是自然的和公正的,因为没有两个人处于同样的场合,对于一个人来说,情况甚至每天都在变化。这样,一切人类的才能,比较、判断、远见就得以行使和发挥。一切良好的决定就这样都带来报偿,如

---

① 国防部长渥普尔(Jean Jooeph d'Hautpoul,1754—1807,法国将军。——译者注)在一个例子里明确地指出这种变化的效果。"每个士兵,"他说,"领 16 生丁伙食费。政府不发给他们这 16 生丁,而是由它来供应他们的伙食。"这样,大家都有一份同样的口粮,不管这对他们是否合适。一个人的面包太多了,就把它丢掉;另一个人的肉不够,等等。我们做了一次试验:让士兵随意支配这 16 生丁,于是,我们高兴地看到他们命运的显著的改善。每个人考虑自己的爱好、体质和物价。通常,他们用一部分肉来代替面包。在这里多买些面包,在那里多买些肉,在别的地方又多买些蔬菜,在另外的地方则多买些鱼;他们的身体健康起来,他们更快活了,而国家则摆脱了一个重大责任。

读者明白,这并不是从军事角度去评价这种经验。我举这个例子是因为我认为,这能指出公共服务和私人服务之间、规定和自由之间的第一个区别。是让国家拿走我们的伙食费,由它来养活我们呢,还是把钱留给我们,由我们自己去获取食物?对于我们的各种需要,都可以提出同样的问题。——原注

同错误会招致惩罚一样；而经验这个远见的极好的助手，就至少能完成它的使命，促使社会走向完善。

但当服务变为公共性质时，一切个人的法则就都消失并被融化、概括为一个适用于所有人的强制性的成文法，这个法律毫不考虑特殊情况，并使人类本质上最高贵的能力变得毫无生气。

如果国家的干预，在有关我们从它那里所接受服务方面，夺去我们的自主权，在有关我们向它偿还的服务方面，它就更加不让我们做主了。这种对等物，作为交换的组成部分，也不是自由的，因为是由一个法律统一规定的，这个法律是事先公布并强制执行的，任何人都不能逃脱。一句话，既然国家向我们提供的服务是强加于我们的，它向我们要求的服务也是强加于我们的，这种服务统称为捐税。

这里出现大量理论上的困难和弊端，因为，实际上，国家用武力来克服一切障碍，这是任何法律的必然后果。我们坚持认为，在理论上，当私人服务转变为公共服务时，就会产生以下严重的问题：

国家是否将在任何情况下，向每个公民征收与其提供的服务等价的捐税？这会是公正的，而这种等价恰恰就是准确无误地来自自由交易，以及交易前的议价。因此，如果国家渴望实现这个严格公正的等价，就没有必要从私人活动领域里分出一类服务来。但是国家对此甚至不予考虑，也不能这样考虑。同官吏打交道是不能讨价还价的。法律是按一般情况制定的，它不能为每个特殊情况规定各种不同的条款。如果它是根据公正的精神制定的，在被交换的两种性质的服务之间，它最多不过是寻求一个约略的等价，一个近似的等价。按比例课税和累进课税这两个原则似乎以各种名义让这个近似性达到最高限度。但是稍加思索就足以看出,比例税或累进税都不能实现被交换的服务的严格等价。因此,从被接受的和被提供的服务这双重角度来看,在强行夺走公民们的自由之后,公共服务又无理地搞乱这些服务的价值。

对于服务来说,破坏责任原则,或者至少移转责任,其弊病也不是最小的。责任!它是人类的一切:这是人的动力、教师、酬劳者和惩罚者。没有它,人就不再有自由意志,他不再是可完善的,他不再是一个有道德的人,他不学习,他毫无价值,他无所作为,他只能算是人群中的一分子而已。

如果个人失去责任感是一种不幸,国家的责任感过分扩大则是另一种不幸。一个人,即使他是愚蠢的,还是有足够的知识来看到他的福利和祸害是从何而来的;而当国家包办一切时,它就对一切都负责。在这些人为安排的压力下,受苦的人民只能责怪他们的政府,而他们唯一的办法,作为他们唯一的策略,就是把它推翻。于是,革命就不可避免地接连发生。我说革命不可避免,这是因为,在这种政体下,人民必然受苦,其原因是,公共服务的体制,除了扰乱价值的平等之外,这已经是不公正的,还导致财富必然的损失,这意味着毁灭;而毁灭和不公正就是痛苦和不满。社会中这四种有害的诱因同责任的转移相结合,就不能不导致我们半个多世纪以来不幸目睹的那些政治骚动。

我本来不想离开我的主题。然而我不禁要提请注意,当事情被这样组织起来时,当政府通过把自由交易陆续转变为公共服务,变得庞大无比时,就要担心,本身就是一种很大的祸害的那些革命,除了进行大量试验之外,甚至不能以补救方法自居。责任的移转把人民的舆论歪曲了。惯于完全依赖国家的人民不会指责国家做得太多，而是做得不够。他们推翻一个国家，并用另一个国家来代替它，对新的国家不是说：少做些，而是说：多做些；而鸿沟就是这样出现的，并变得越来越深。

清醒的时刻终于来到了吧？人们是否觉得必须减少国家的职能和责任？但却被其他的困难所阻挡。一方面，既得权利者群起结盟，他们不愿触犯一大批人为的、已存在的事物；另一方面，公众也忘却了如何为自己办事。在重获曾经那么热烈追求的自由的时候，公众却畏惧起来，拒绝自由。你要给他们教育的自由吗？他们却认为，一切科学行将消失。你要给他们宗教的自由吗？他们却认为，无神论行将占领一切领域。人们曾对他们再三说过，一切宗教、一切智慧、一切科学、一切知识、一切道德都存在于国家或出自国家！

但这些问题将在别的地方再谈[①]，现在我言归正传。

我们曾致力于揭示竞争在财富开发中所起的真正作用。我们看到，它旨在使利益从生产者身上滑过去，使进步转而有利于集体，不断扩大无偿领域，从而扩大平等领域。

但是，当私人服务变成公共服务时，它就摆脱了竞争，于是这种美好的和谐中止了。因为公务人员缺乏推向进步的那种刺激，而且，当进步甚至并不存在时，它如何会转而有利于大家呢？公务人员并不是在利益的激励下行事，而是凭借法律的势力行事。法律对他说："你向公众提供某项特定的服务，你就同时从他们那里接受另一项特定的服务。"服务的热情程度丝毫不改变这两句固定

① 见小册子《中学毕业会考和社会主义》，卷四，第442页。——原编者注

的话。与此相反，私人利益却对自由劳动者悄悄地说："你为别人做的事愈多，别人为你做的事也愈多。"在这里，报酬完全取决于努力的强度和技巧。集体精神、晋升的愿望、忠于职守，对于公务人员来说，无疑是有效的刺激。但它们绝不能代替个人利益的那种不可抗拒的鼓动。经验已肯定了在这方面的推理。一切落入官僚主义领域的东西几乎都是停滞不前的；说今天的教育比弗朗索瓦一世时代办得更好，这是令人怀疑的；而且我不相信，有人想把各部的活动同一家制造厂的活动相比。

因此，随着私人服务归属于公共服务类，它们至少在某种程度上因循不前而毫无成果可言，这对提供此项服务的那些人无损（他们的薪俸不变），却有损于整个集体。

除了这些在道德、政治和经济方面的巨大弊端之外（对这些弊端，我只勾出了一个轮廓，其余的则要由读者运用自己的洞察力去推断），有时候，以集体行动代替个人行动也有好的一面。存在某种性质的服务，其主要优点就是规律性和单一性。这种代替办法，在某些情况下，甚至能为集体一定的满足节省一定的人力财力。因此要解决的问题是：哪些服务应该停留在私人活动领域？哪些服务应该属于集体或公共活动？我们刚才对这两种性质的服务的主要区别所做的研究有助于我们解决这个重大问题。

首先，用什么原则来区别那些应该列入集体活动范围的事物和应该留在私人活动范围的事物。

我首先要声明，我在这里所称的**集体活动**是以法律为准绳和以强制力作为执行手段的一个庞大组织，换言之，即政府。但愿人们不要对我说，自由和自愿的结社也显示一种集体活动。但愿人们不要以为，我把单独行动的意义给予私人活动这一词。不。但是，我说，自由和自愿的结社仍属于私人活动，因为这是交换的方式之一，而且是最强有力的方式。它并不改变服务的等价，它并不影响价值的自由评估，它并不转移责任，它并不消灭自由意志，它并不摧毁竞争及其效果，总之，它并没有以强制作为原则。

但是政府的活动是通过强制来普遍进行的。它必然援用 compelle intrare①。政府依照法律行事，大家必须服从，因为法律意味着惩罚。我不相信，有人否认这些前提；我会把它们置于最有力量的权威，即普遍性的事实的权威的保护之下。到处都有法律和强制力在制服那些顽抗者。

那些把政府和社会混为一谈的人认为，社会和政府一样，都是人为约定的。因此，出现了适于他们使用的以下准则："人在组成社会时，牺牲了他们的一部分自由来保存另一部分自由。"

显然，这个准则在自由和自愿交易的地区是错误的。如果两个人，为了更美好的前途，互相交换服务或者以合伙劳动来代替各自的单干，谁能在哪里看到有被牺牲的自由？更好地使用自由，难道这是牺牲自由吗？

充其量，人们可能说："人牺牲他的一部分自由来保存另一部分自由，并不是当他们组成社会的时候，而是当他们服从政府的时候，因为政府活动的必要方式就是使用强制力。"

然而，即使有这个修正，当政府不超出它的合理的职能范围时，那个所谓准则仍是错误的。

① 拉丁文：强迫进来。——译者

但这些职能是什么呢?

正是这个以强制力为辅的政府特性向我们揭示出其规模和限度。我说:政府只通过强制力的干预而行动,因此,它的行动唯有在强制力的干预本身是正当的时候才是正当的。

然而,当强制力进行正当的干预时,这并不是为了牺牲自由,而是为了让人尊重自由。

因此,这个被用来作为政治学基础的准则,对于社会来说,已是错误的,对于政府来说,仍然是错误的。每当我看到这些理论上令人不快的失调在一个深入的检验面前消失时,我总是感到欣慰。

在什么情况下使用强制力是正当的呢?有一种情况,我并且相信只有一种情况:正当自卫。如果诚属如此,政府得以存在的理由以及它的合理的限度就找到了。[①]

什么是个人的权利?这就是同他的同类做自由交易,从而产生对他的同类一个相互的权利。什么时候这个权利受到了侵犯呢?当一方侵犯另一方的权利的时候。在此情况下,人们往往说:“过分的自由,滥用自由”,这种说法是错误的;应该说:“缺乏自由,破坏自由。”如果人们只看到侵犯者,这无疑是过分的自由;如果人们看到的是受害者,或者甚至如果人们考虑这一现象的全部,正如人们应该做的那样,那就破坏自由。

当一个人的自由,或者不如说,他的财产、才能、劳动受到侵犯时,他的权利就是甚至使用暴力来保卫它们;这就是所有的人所一

---

① 作者在他以前的一部著作里,曾有意解决这样的问题。他曾研究过什么是法律的正当领域。在题为《法律》的小册子里的全部叙述都适用于他现在的论文。请读者参阅卷四,第342页。——原编者注

直采取的行动，只要他们能够随时随地这样做。

于是，一些人就有了协商和结社的权利，以便*甚至使用*共同的暴力来保卫个人自由和财产。

但是个人没有权利为了其他目的来使用暴力。我不能正当地迫使我的同类勤劳、节制、节约、宽宏、博学、虔诚，但我可正当地迫使他们公正。

由于同样理由，集体暴力不能正当地用来发挥对劳动的热情、节制、节约、宽宏，从事科学研究，宗教信仰；但它能正当地伸张正义，维护每个人的权利。

因为，除了在个人权利中寻求集体权利的根源之外，还能到哪里去寻求呢？

想象找到一种纯粹抽象的生活，想象在公民之外的居民区，想象在人群之外的一种人类，想象在局部之外的整体，想象在组成集体的个人之外的另一种集体，这就是我们时代的可悲的怪癖。这不如有人对我说："以一个人为例，你在想象中去掉他的肢体、他的脏腑、他的器官、他的身躯和他的灵魂，以及构成他的一切成分，他仍旧是一个人。"

如果一种权利并不存在于任何一个人的身上，这些个人的全体可简称为一个*民族*，那么，这种权利如何会存在于民族里呢？特别是对于其中的一部分人，他们在政府中只有一些受委托的权利，这种权利又怎么会存在呢？那些个人如何能委托他们所没有的权利呢？

因此，必须把下述这个无可争议的真理看作是任何政治的基本原则：

在个人之间，暴力的干预唯有在合法自卫的情况下才是正当的。集体也只有在同样的情况下才能合法地诉诸暴力。

然而,政府的本质就是通过强制途径来对公民行事。因此,它除了正当维护一切个人权利之外,不能有其他合理的职能,它只能受委托使大家的自由和财产得到尊重。

请注意,当一个政府越出这些界限时,它便进入一个无限制的天地,这就导致它不仅逾越了它的使命,而且消灭了它的使命,这就构成了最骇人听闻的情况。

因为,当国家已经让人尊重这条隔开公民们的权利的固定不变的界限时,当它在他们中间已经维护了公正时,如果它本身不想侵犯受委托来守卫的界限,也不亲手用暴力来破坏受它保卫的自由和财产,那么,它还能做些什么呢? 在公正之外,我不相信有人能想象出一种公正的政府干预。你们可以尽量列举由最纯粹的博爱所启发的行为,对于道德和劳动的鼓励、奖励、优惠,直接的保护,所谓无偿的赠送,所谓慷慨的倡议;在这些漂亮的表象背后,或者在这些漂亮的现实背后,我要向你们指出其他不大令人满意的现实:为了一些人的利益而侵犯了另一些人的权利,自由被牺牲了,财产被篡夺了,才能受到了限制,掠夺完成了。于是,集体暴力犯下了它自己负责镇压的罪行。而世界能否亲眼目睹一个比这更凄惨、更痛苦的情景?

原则上,政府拥有强制力作为必要手段,就是为了让我们知道哪些私人服务可以正当地转变为公共服务。这些公共服务的目的就是维护一切自由、一切财产、一切个人权利和防止犯法和罪行,总之,一切关于公共安全的服务。

政府还有另一项使命。

在所有国家中,都有一些公有的财产,一切公民共同享有的财产,例如河流、森林、道路。与此相反,可惜也有一些债务。这份公共领域的资产和债务应由政府加以管理。

最后,从这两个职能中产生另一个职能:

征收那些用于良好的公共服务所必需的捐税。

因此:

维护公共安全,

管理公有产业,

征收捐税。

我认为,这就是政府职能的有限制的范围,或者说,政府应将其职能收回到这些范围以内。

我知道,这种见解触犯许多已经被人接受的观念。

"什么!"有人会说,"你想把政府降低到充当法官和警察的角色吗?你把它的一切创造性都剥夺了!你禁止它在文学、艺术、商业、航行、农业、道德和宗教观念等方面给以有力的推动;你剥夺它的最崇高的属性,即为人民开辟走向进步途径的属性!"

那么,我对说这样话的人要提出几个问题。

上帝把人类活动的动机和对于进步的渴望放到哪里去了?是否放到了所有人的身上?还是仅仅在他们中间的那些获得或夺到一纸立法者委任状或一纸公务人员证书的人的身上?尽管欲望是存在于我们内心的无限和不知疲倦的动力,是否我们都没有愿望了?由于最起码的需要得到了满足,是否我们的欲望就不像同心圆那样愈来愈向更高的阶段扩张?对于艺术、文学、科学的热爱,对于道德和宗教真理的热爱,对于寻求与我们当前或将来的生存有关的解决办法的渴望，这些是否都从集体落到了个人身上，即是说，从抽象落到现实上，并且是从一个简单词汇落到有感觉和活生生的人的身上？

如果你从这个已经是荒谬的假设出发，即精神上的主动性是在国家身上，而被动性则在民族身上，你难道不是把风俗、学说、见解、财富，凡是构成个人生活的一切都交由相继执政的那些人负责吗？

其次，国家本身拥有一些资源来完成你托付给它的巨大任务吗？它所拥有的每一文钱难道不是必须都取自公民吗？如果它的执行手段是从个人那里得来的，那么，这就是个人实现了这种手段。因此，认为个人是被动的和无所作为的，这里有矛盾。为什么个人创造了资源呢？为了得到他自己所选择的满足。那么，当国家侵占这些资源时，它又做了什么呢？它并不用来创造一些满足，而是转移这些满足。它不把满足给予理应得到它的人，却施与并无任何权利得到它的人。它使不公正系统化，而它本来是负责加以惩处的。

是否有人会说，在转移满足时，国家是在提纯并使其符合道德标准？国家是否把个人可能用于满足起码需要的那些财富用于满足精神方面的需要？但是谁敢肯定，运用暴力、掠夺来搞乱自然次序（而需要和欲望正是按照这种次序在人类中发展的）会带来好处？谁敢肯定，从挨饿的农民口里拿走一片面包，以便向城市居民提供一些寓意可疑的戏剧，这种做法是道德的？

再者，人们在转移财富时，不会不同时转移劳动和人口。因此，这始终是一种人为而靠不住的做法，它代替了基于自然的和不变的规律的那个有规则的和稳定的次序。

有些人以为，一个受到限制的政府比较软弱。他们以为，众多的职能和官吏向国家提供一种具有广泛基础的稳定性。这纯粹是一个错觉。如果国家走出一个确定的范围必然转变成为不公正的、破坏的和掠夺性的工具，必然扰乱工作、享受、资本和劳动力的自然分配，必然制造出导致失业、工业危机和贫穷的原因，必然增加违法和犯罪的比重，必然采取愈来愈强硬的镇压手段，必然激起不满和恶感，那么，它如何能从这些杂乱无章的因素中得到一种稳定性的保障呢？

有人抱怨人的革命倾向。这当然是对此问题没有加以思索。当人们看到，在一个伟大的人民那里，私人服务被侵犯并转变为公共服务，政府侵占公民所生产的三分之一的财富，法律变成公民手里的一种掠夺武器，因为它的目的是，以建立服务的等价为借口，而实际上是破坏这种等价；当人们看到，人口和劳动被依法转移，豪富和贫困之间的鸿沟日益加深，资本无法积累来为日益增多的后代创造就业机会，整个的阶级因而遭受最艰苦的匮乏；当人们看到，政府为了能够把一些微不足道的福利归功于己，自称拥有万有动机，因而承担祸害的责任，如果在这些时候，革命并不因此更为频繁，那人们倒要感到惊奇，并且钦佩人民为公共秩序和安宁所做的牺牲。

如果**法律**和作为它的执行机关的**政府**被局限在我所指出的范围以内，我真想知道革命如何会产生。如果每个公民是自由的，他无疑要少受痛苦，而与此同时，如果他感到各方面压在他肩上的责任，那么，他如何会想到把他的痛苦归咎于一项**法律**或一个政府，而这个政府正是为了镇压一切不公正而存在的呢？有人见过一个村子起义来反对它的治安法官吗？

在美国，自由对于秩序的影响是明显的。在那里，除了司法，除了对公有财产的管理，一切都听由人们自由和自愿交易。我们大家都本能地感到，这是世界上给革命提供最少因素和机会的国家。如果，一方面，已建立的秩序并不触犯任何人；而另一方面，人们又能以最大的便利，根据需要来合法地修改秩序，公民们有什么利益，即使是表面上的利益，去激烈地改变这个秩序呢？

我弄错了，美国有两个革命的积极原因：奴隶制和限制制度。大家知道，这两个问题每时每刻都在把公共安宁和联邦关系置于危险之中。然而，请注意，人们能否引证一个对于我的观点有利和更有决定意义的论据？人们在这里难道没看到，法律与它的目的背道而驰吗？人们在这里难道没看到，法律和公共暴力的使命本应是保护自由和财产，却批准、确认压迫和掠夺，使之系统化和永存，并加以保护吗？在奴隶制问题上，法律说："我将用公民的金钱来建立一支力量，这并不是为了维护每个人的权利，而是为了消灭某些人一切的权利。"在价格问题上，法律说："我将用公民的金钱来建立一支力量，这并不是为了让公民们自由交易，而是为了不让它们自由交易，为了改变服务的等价，为了让一个公民有两个人的自由，而另一个公民则一点自由也没有。由我负责来执行这些不公正，如果公民未经我同意而犯有不公正的行为，我就予以最严厉的惩罚。"

因此，这并不是因为缺少法律和公务人员，换言之，因为缺少公共服务，才会发生革命。恰恰相反，这是因为有太多的法律、公务人员和公共服务。因为，就其性质而言，公共服务、管理它们的法律、强制推行它们的暴力从来不是中立的。它们能够、也应该在必要时，顺利地得到扩大，以便在众人之间，使严格的公正得以存在；而超越这一范围，它们就成为合法进行镇压和掠夺的工具、混乱的原因、革命的诱因。

正当法律在原则上为一切掠夺倾向服务的时候，我还能谈论这种渗透到社会所有领域里的伤风败俗的不道德情况吗？在讨论有关奖赏、鼓励、优惠、限制问题的那天，请你去参加国民代表大会。你会看到，每个人为了得到盗窃成果的一份而表现的那种厚颜无耻的贪婪，这种盗窃，如果是由个人亲自去做，他无疑会感到面红耳赤的。如果有人用手枪阻止我在边境完成一项符合我的利益的交易，他就会感到自己是一个匪徒；但是，如果他要求和表决一项法律，用公共暴力来代替他自己的暴力，并以我自己的金钱来迫使我服从这项不公正的禁令，他就不会感到内疚。在这方面，法国现在的情况是多么令人悲伤啊！所有的阶级都在受苦，而每个人不但不要求永远消灭一切合法的掠夺，却转而向法律说："你既然是全能的，你既然拥有暴力，你既然能把祸害转变为福利，我就请你帮帮忙，为了我的利益去掠夺其他阶级吧。请强迫他们来买我的东西，或者付给我奖金，或者给我免费教育，或者给我无息贷款，等等……"法律就这样变成一个伤风败俗的大学校；如果有什么使我们吃惊的，那就是，当人民的道德感这样被他们的立法本身所败坏时，个人盗窃的倾向却没有发展。

最令人痛心的就是，掠夺，当它这样借助法律的力量无所顾忌地顺利进行时，最终竟变成一整套有学术价值的理论；它有自己的教授、报刊、博士、立法者、诡辩术、微妙的内容。在人们为了袒护掠夺而使用的那些传统的诡辩中，有必要辨别下面的一个：在一切都相同的情况下，需求的增长，就有利于提供服务的人，因为更殷切的需求和停滞的供应之间这种新关系会增加服务的价值。从这里就得出下面的结论：掠夺对大家都有利：对掠夺阶级有利，因为这直接使它致富；对被掠夺阶级有利，因为这间接使它致富。因为，变得更富的掠夺阶级要扩大他们的享受范围，他们就不能不在更大的比重上需求被掠夺阶级的服务。然而，就任何服务而言，需求的增长就是价值的增长。所以，稍被盗窃的阶级应为此而感到幸福，因为盗窃去的成果有助于他们就业。

只要法律仅限于为少数人去掠夺多数人，这种诡辩就显得十分貌似有理，并一直被成功地予以援用。“把从穷人头上刮来的捐税交给富人，”有人说，“这样我们将增加富人的资本。富人将醉心于奢侈的享受，而奢侈就将使穷人有工作。”而每个人，包括穷人在内，觉得这个方法可靠。由于试图指出其弊端，我曾长期被人看作，并仍在被人看作是劳工阶级的敌人。

但是，二月革命以后，穷人在立法方面有发言权了。他们曾否要求废止掠夺性的法律？一点也不；诡辩已经在他们的头脑里扎根。那么，他们要求了什么呢？他们要求那些变成大公无私的法律转而为他们的利益去掠夺富人阶级。他们要求免费教育、无息贷款、由国家创办的退休基金会，以及累进税，等等……于是富人叫喊道：“啊！无耻！一切都完了！新的蛮夷突然侵入社会了！”他们绝望地抵抗穷人的野心。最初是明枪作战，现在是以投票方式作战。但是富人为此放弃了掠夺吗？他们连想都没有想要放弃。诡辩继续在给他们当作借口。

可以让他们明白，如果他们进行直接的掠夺，而不是通过法律，他们的诡辩就会烟消云散；如果你为了看一出戏，假借你的私人权力，从一个工人的口袋里取走1法郎，你是否会对这个工人说："朋友，这个法郎将要流通，并将会给你和你的兄弟们带来工作？"而这个工人是否有理由回答："如果你不盗窃我这个法郎，它也同样会流通；它将到面包师那里去，而不是到戏院的布景师那里去；它将给我带来面包，而不是让你去看戏。"

此外，必须注意，穷人也能援用这种诡辩。他们可以对富人说："让法律来帮助我们窃取你们的财富吧，我们将消费更多的布匹，这将有利于你的工厂；我们将消费更多的肉，这将有利于你的土地；我们将消费更多的糖，这将有利于你的设备。"

在一个国家里提出这样的问题，这真是非常不幸的；在这个国家里任何人都不想把法律作为公正的准绳，每个人只想在其中寻求一个对他自己有利的盗窃工具，同时所有的智力都被用来在掠夺的复杂和遥远的效果中找寻托词！

为了支持上述看法，在此摘引1850年4月27日星期六在制造业、农业和商业大会上的一段辩论，[①]也许不是无益的。

---

① 手稿到此终止。请读者参阅题为《掠夺和法律》的小册子，作者在其中第二部分驳斥了在这次会议上发表的诡辩言论。（卷五，第1页及以下各页。）

关于他本应续写的文章：捐税，机器，贸易自由，中间人，原料，奢侈，请参阅：(1)关于饮料税的演说，载入小册子《国会的不相容性》第二版（卷五，第468页）；(2)题为《看到的事物和看不到的事物》的小册子（卷五，第356页）；(3)《经济诡辩》（卷四，第1页）。——原编者注

第十八章　骚乱原因

倘若任何形式的暴力、诡计、压迫、欺诈从未损害过在人类内部进行的交易，人类会发展到什么地步呢？

公正和自由是否必然造成不平等和垄断？

为了弄清这一点，我认为必须研究人类交易的性质、起源、发生的理由、后果和这些后果的后果，直至最终效果，并且不谈不公正可能造成的偶然骚乱，因为人们会同意，不公正并不是自由和自愿的交易的本质。

人们可以坚持说，不公正必然会闯入世界，社会不能逃避它；而我也相信这一点，因为人具有情欲、自私心、原始的无知和无预见性。我们也要研究不公正的性质、起源和后果。

但是经济学一开始就应该阐述那个假定是自由和自愿的人类交易的理论，就像生理学描述器官的性质和关系那样，而不谈变更这些关系的那些骚乱原因。

我们相信，服务交换服务；我们相信，重要的愿望就是被交换的服务的等价。

我们相信，能达到这种等价的最佳时机就是，当它在自由的影响下产生，并且由各方来自行判断的时候。

我们知道，人会犯错误，但他也能纠正错误；同时，我们相信，错误坚持越久，纠正就越接近发生。

我们相信，一切妨碍自由的事物都扰乱服务的等价，而一切扰乱服务的等价的事物都造成过分的不平等，其结果是，一些不该富的人富起来，另一些不该贫困的人却贫困下去，造成财富的普遍损失、仇恨、不和、斗争、革命。

我们不会竟然说，自由，或者服务的等价，造成绝对的平等，因为，就人类而言，我们不相信存在任何绝对的东西。不过我们认为，自由趋于使所有的人接近一个变得日益提高的水平。

我们相信，在自由制度下，还会存在的不平等是偶然形势的产物，或是对过失和缺点的惩罚，或是对与财富的利益相对立的其他利益的补偿；因此，我们认为，它不会在人们中间造成愤懑。

最后，我们相信，自由就是和谐……

但是要想知道，这个和谐是否存在于现实中，还是只存在于我们的想象中，对于我们来说，它是否是一种感觉，或仅仅是一种渴望，那就必须让自由交易经受科学研究的考验，就必须研究事实、它们之间的关系和它们的后果。

这是我们已经做过的。

我们已看到，如果在人的需要和满足之间，存在无数障碍，使得在孤立状态中的人无法生活，那么，协同努力、进行分工，总之进行交换，就能发挥足够的力量，使他能够陆续克服他先后遇到的一切障碍。随着人口密度的增加，交换变得愈加容易，克服障碍的速度也就愈快。

我们已看到，人的智慧使他掌握的活动手段愈来愈多、愈来愈有效，并且愈来愈完善；随着资本的增长，他在生产中取得的绝对份额和相对份额都日益增加；这是造成平等的首要的和有力的原因。

我们已看到，人们称之为奇妙工具的土地，这个在其中制造一切人类用于衣、食、住的奇妙的实验室，是由造物主无偿地赐予人类的；虽然它在名义上被人所占有，它的生产作用却不能被占有，在一切人类交易中，这个作用仍是无偿的。

我们已看到，财产不仅没有侵犯共有财产的消极作用，而且它直接和不断扩大共有财产；这是造成平等的第二个原因，因为公有资产愈丰富，财产的不平等就愈要消失。

我们已看到，在自由的影响下，服务趋于获得其正常的价值，即与劳动成比例的价值；这是造成平等的第三个原因。

我们因此确信，在人类中间，趋于形成一个自然的水平，这并不是要把人拉回到落后状态，或者使他们处于停滞状态，而是号召他们走向一个不断进步的境界。

最后，我们看到，价值、利息、地租、人口诸法则以及任何其他伟大的自然法则，并不像不完整的政治经济学所断言的那样，把失调引入了这个美好的社会秩序，恰恰相反，这些法则产生了和谐。

说到这里，我似乎听到读者叫嚷道："这就是经济学家们的乐观论！尽管痛苦、悲惨、无产阶级、赤贫、弃儿、羸弱、犯罪、造反、不平等就在他们的眼前，他们却视而不见，怡然自得地高唱社会法则的和谐，以免丑恶的景象打扰他们在自己的体系中找到的乐趣。他们逃避现实，跟他们所斥责的那些空想家一样，栖身于幻想的世界中。社会主义者和共产主义者还能看到祸害，他们感觉到它、描绘它、厌恶它，他们只是不该提出一些无效的、行不通的或幻想的应付方法。经济学家们却比他们更不合逻辑；他们不是否定祸害，就是对之无动于衷；即使他们没有造成祸害，他们却对生病的社会叫喊："一切任其自然，不要干预；在这个美好无比的世界里，一切都进行得最好。"

我以政治经济学的名义，坚决拒绝对我们进行的这种谴责和对我们的话做出这样的解释。我们和我们的敌对者一样看待祸害，我们和他们一样对祸害感到痛心，我们和他们一样在竭力了解造成祸害的原因，并且和他们一样准备消除这些原因。但我们不像他们那样提出问题。他们说：劳动和交易的自由，即在自然规律的自由作用下形成的那种社会是可憎的。因此，必须从机构中除掉这个有害的部件——自由（他们故意称之为竞争，甚至称之为无秩序的竞争），并用他们发明的那个人为的部件来强制代替它。于是出现了成千上万的发明。这是很自然的，因为空想的天地是无止境的。

而我们，在研究了关于社会的上帝法则之后却说：这些法则是和谐的。它们容忍祸害，因为它们是由人造成的，即由可能犯错误的和遭受痛苦的人造成的。不过祸害在机构中也有它的使命，那就是，给人带来警告、改正、经验、知识，一句话，一切使人变得完善的东西，然后自行限制和自行毁灭。

我们还要说：自由并不是在人类中间真的支配一切，上帝的法则并不是真的在发挥其全部作用，或者，如果这些法则起作用，这至少为了缓慢地、艰难地补救无知和错误所起的扰乱作用。因此，当我们说一切任其自然时，请不要谴责我们，因为我们要说的并不是：任凭人类随心所欲地行事，即使是作恶。我们要说的是：研究上帝的法则，赞扬这些法则，并放任它们起作用。排除它们在暴力和诡计的滥用里所遇到的障碍，你就会看到在人类内部完成的双重进步：在改善中出现的平等。

因为毕竟两者必居其一：或者人的利益是一致的，或者它们在本质上不是一致的。所谓利益就是人群趋之若鹜的东西，否则就不是利益。如果人群趋向别的东西，这个别的东西就是利益。因此，如果利益是一致的，只要它们被理解了，就会出现福利与和谐，因为人对利益的追求是很自然的。这就是我们所主张的，所以我们说：启发教育和一切任其自然。如果利益在本质上不是一致的，那么，你们才是正确的；除了违背、损害和妨碍一切利益之外，别无其他办法来产生和谐。这种来自一种违反群众利益的专制的和外界的作用的和谐，这是多么古怪的和谐！因为你们很清楚，人不会顺从地听任损害的；要想使他们屈服于你们所发明的安排，你们就必须首先比他们全体更强大，或者，你们就必须使他们错认他们的真正利益所在。因为，在利益必然是不一致的假设中，最好的情况就是，人人都在这方面搞错。

强制力和欺骗，这就是你们仅有的办法。我不相信，你们还能找到别的办法，除非承认利益是一致的；而如果你们承认这一点，你们就站在我们这一边了，那么，你们就应该像我们那样说：让上帝的法则自由发挥作用吧。

然而你们不愿意这样做。必须重申，你们的出发点是：利益是对立的；所以你们不愿让它们互相协调并达成妥协；所以你们不要自由；所以你们要专制。你们是前后一致的。

但是，请你们注意。斗争不仅要在你们和人类之间展开。你们接受对人类的斗争，因为你们的目的正是要损害利益。斗争也要在你们中间展开，在你们这些社会的发明者和营造者之间展开，因为你们现在有一千人，你们马上就会有一万人，但大家都持有不同的看法。你们将怎么办？我看得很清楚，你们将竭力夺取政权。这才是唯一能战胜一切抵抗力量的办法。你们当中的一位将取得成功吧？正当他忙于阻挠那些被统治的人时，他将看到同样急于接管政府机关的其他发明者向他发起进攻。公众对第一个人的不满将有助于其他发明者获得成功，因为，我们不要忘记这一点，第一个人损害了大家的利益。于是，我们被投入无休止的革命中去，其唯一的目的是解决下面的问题：人类的利益是如何和被谁损害的？

请你们不要指责我夸大其词。如果人的利益不是一致的，必然会出现上面的情况；因为，在人的利益不一致的假设下，你们绝不能摆脱下面的困境：或者放任利益不管，随之而来的将是混乱；或者必须有一个强有力的人来强行损害这些利益，在这种情况下，仍旧产生混乱。

的确还有第三条途径，我已经指出过。那就是在他们的真正利益问题上欺骗所有的人；既然对于一个普通人来说，这不是一件轻而易举的事，捷径就是把自己打扮成上帝，而这正是那些空想家，在等待成为部长期间，求之不得的事，只要他敢于这样做。在他们的文章中，总是充斥神秘的语言；这是一个试探气球，用来测验公众的轻信程度。可惜这种手段在十九世纪已经行不通了。

让我们坦率地承认：为了摆脱这些乱麻般的困境，在研究了人类利益之后，我们就应该承认它们是和谐的。这样，作家和政府的任务就会变得合理而容易了。

既然人往往搞错自己的利益所在，作为作家，我们的任务就是说明这些利益和描绘它们，让它们得到理解；当然，只要看到自己的利益所在，他就会追随这些利益。既然对自己的利益认识不清的人会损害大众的利益（因为利益是息息相关的），政府将负责把少数叛离分子和违背上帝法则的人拉回到与效用的道路一致的那条公正的道路上来。换言之，政府的唯一使命就是主持公正。它无须在侵犯个人自由和耗费巨资的情况下，徒劳无功地制造一种和谐，这种本来会自行形成的和谐反而会被政府的活动摧毁。

如上所述，人们看到，我们并不是那么过分相信社会和谐，竟然不承认，它可以而且经常被扰乱。我甚至应该说：在我看来，盲目的欲望、无知和错误给这个美好的秩序带来的扰乱比人们所能设想的要严重得多，其延续时间也长得多。我们将要研究的就是这些扰乱原因。

人是被投到这个世界上来的。他内心有一种无法克服的意向，使他向往幸福、厌恶痛苦。既然人依照这种意向行事，就不能否认，个人利益不是一切个人的，因而是社会的重要动机。既然个人利益，在经济范围内，是人类活动的动机和社会的重要动力，祸害就应该像福利一样来自个人利益，应该在它身上去寻找扰乱和谐的原因。

个人利益永无止境的渴望就是通过满足来应付需要，或者更广泛地说，应付欲望。

介于需要和满足这两个基本上是密切相关的和不可转移的词之间，有一个可转移的、可交换的词：努力。

人，除了器官之外，还具有比较和判断的能力：智慧。但是人的智慧不是万无一失的。我们可能搞错，这是无可争辩的；因为，如果有人对我们说：人不会搞错，我们就会回答他：没有必要向你证明和谐。

我们可能搞错的形式有许多种。我们可能估错我们的需要的相对重要性。在此情况下，在孤立状态中，我们会给予我们的努力一个并不符合既定利益的方向。在社会范围中，在交换的法则下，效果仍是如此；我们让需求和报酬向一类无价值的或有害的服务方面发展，并让人类的劳动也向这一方面发展。

如果我们不知道，一种被热烈追求的满足，只有在开辟更大痛苦的源泉的情况下，才会使一种痛苦终止，我们还可能搞错。结果经常会变成原因。我们被赋予预见性来处理接连出现的结果，这使我们现在做出未来的牺牲；但我们往往缺乏预见性。

由于我们判断的弱点，或者由于我们激情的力量而产生的错误，是祸害的第一个根源。它主要属于道德领域。在这里，既然错误和激情是个别的，祸害在一定程度上也是个别的。思考、试验、共同负责是改正错误的有效的方法。

然而这种性质的错误，当它们系统化时，就具有社会性质，并产生十分广泛的危害。例如有些国家，其统治者深信，人民的繁荣不是以已经满足的需要来衡量，而是以不论结果如何的努力来衡量的。分工大大有助于这种错觉。既然人们看到，各个行业都在克服障碍，人们就把障碍的存在想象为财富的一个来源。在这些国家里，当虚荣心、无价值的行为、对于光荣的虚假热爱，这些狂热症占统治地位，从而激起类似的欲望，并决定一部分工业向这个方面发展时，如果被统治者忽然进行自我改造，并且提高道德水平，统治者就会以为一切都丧失了。他们说：理发师、厨师、仆人、绣花娘、舞师、做花边的人等等会变成什么呢？他们看不到，人的心灵所永远具有的诚实、合理和正当的欲望就足以供养劳动；问题绝不是废除爱好，而是纯洁和改造这些爱好；因此，劳动跟随同样的演进时，就可以转移，而不是停止。在那些学说盛行的可怜的国家里，人们往往听到说："道德和职业不能并存，这真是憾事。我们真希望，公民们都成为有道德的人，但我们不能允许他们变成懒惰和卑鄙的人。所以，我们将继续制定有关奢侈的法律。必要时，我们将向人民征税；为了他们的利益，为了保障他们的工作，我们将委托国王、总统、外交官、部长来作代表。"这是出于最大的诚意而说和做的。人民本身对此就是心甘情愿的。显然，当奢侈和轻佻就这样变成由政府加以规定、调整、强制执行并加以系统化的立法事务时，责任法则就全部丧失了其说服教育的力量[①]……

① 作者未能继续考察这些错误。对于被这些错误引上歧途的人来说，这些错误几乎是造成痛苦的直接原因。作者也未能描述粗暴和诡计所表现的另一类错误，这类错误的第一批后果是压在别人身上的。除了前后两个片段之外，他的笔记并不包含任何可应用于《骚乱原因》的内容。关于这些片段，请参阅《诡辩》第二组第一章，题为《掠夺的生理学》（卷四，第127页）。——原编者注

第十九章　战争

在一切有助于反映一国人民的面貌、道德状况、性格、习惯、法律、天才的情况中，其中一个几乎包罗万象，因而高踞其一切情况之上，这就是人民获取生活资料的方式。这是查理·孔德[1]所作出的一个观察，但它对于伦理学和政治学却未产生过更多的影响，这是令人奇怪的。

这个情况确实以连续性和普遍性这两种同样有力的方式在影响着人类。生活、保养和发展自己、养家糊口，这些并不是时间、地点、爱好、见解、选择的问题；这是各个时代、各国所有的人的永久的和不可推卸的而要天天操心的事。

他们的绝大部分体力、智力和道德力量都在随时随地直接或间接地用于创造和替换生活资料。猎人、渔民、牧民、农民、制造商、商人、工人、手工业者、资本家，大家想到的是首先要能生活（尽管这种想法是平凡的），然后，如有可能，再生活得越来越好，其证明就是，他们仅仅为此而当上猎人、渔民、制造商、农民，等等。同样，公务人员、士兵、法官之所以进入这些行业，也只是因为这些行业保证他们的需要得到满足。不应该责怪一个人缺少献身和克己

---

① Charles Comte（1782－1837），法国政论家和政治家。——译者

精神,如果他也援用以下谚语:司铎靠祭台吃饭,因为在隶属圣职之前,他还属于人类。而且,如果在这个时候,他写一本书来反对这种概况的庸俗性,或者不如说,人类状况的庸俗性,那么,此书的出版就是对他自己论点的批驳。

我并非要否认克己的存在。但是人们会承认,克己是例外的情况;正因如此,它才有价值,并得到我们的钦佩。要是人们考虑的是全体人类,除非与感情主义的魔鬼订立了盟约,否则就必须承认,无私的努力丝毫不能在数量上,与我们为获取最起码的生活必需品所作的努力相比,因为后者构成我们的全部劳动,它在我们每个人的生活中占有一个如此重要的地位,以致它不可能不对我们民族的生活所表现的情况具有重大影响。

圣马可·冉拉旦先生曾说过,他学会承认,与由于需要和劳动而不得不服从的那些重大的普遍法则相比,政治形式,相对而言,就无关紧要了。“你想知道什么是人民吗?”他说,“请不要问他们如何自己管理自己,而问他们做些什么。”

这个总的看法是正确的。但作者在把这个看法转变制度时,就随即把它歪曲了。政治形式的重要性被他夸大了;他怎么办呢?他把它贬低到一文不值,否认它,或者只是为了嘲笑才承认它。他说,政治形式只是在选举的日子,或者读报的时候,才使我们感兴趣。君主政体或者共和政体,贵族政体或者民主政体,这有什么关系?让我们看看他的结论。他认为,年轻的国家都相似,不论他们的政体如何;他把美国比作古埃及,因为在这两个国家都进行了浩大的工程。什么!美国人开垦土地、挖运河、修铁路,这都是为了他们自己,因为他们有民主制度,他们是自主的!而埃及人修寺院、建金字塔、石碑、宫殿，这都是为了他们的国王和长老，因为他们是奴隶！这里只有小区别，一个形式上的问题，不值一顾，或者只是为了嘲笑才值得一顾！……啊，对经典著作的崇拜！你这有害的传染病，你是怎样把你的狂热信徒们引入迷途的！

圣马可·冉拉旦先生的出发点始终是：一个人民的最重要的事业决定他们的天才。他说道：以前，人们从事战争和宗教活动；今天，他们从事商业和工业。所以，在我们之前的先辈们都带有战争和宗教的烙印。

卢梭早已肯定，对于生活的操心只是某些最平庸的人民的最重要的事业；而其他民族，那些更无愧于这个名称的民族，则专门从事更高尚的工作。

圣马可·冉拉旦先生和卢梭，在这里，难道没受到一种历史错觉的欺骗吗？他们是否把某些人的娱乐、消遣或某些人的专制政治所使用的借口和工具当作大家的事业了？而这种错觉不正是因为史学家向来只和我们谈论不劳动的阶级，而从不谈论劳动的阶级，以致我们终于把不劳动的阶级看成整个民族吗？

我不能不相信，在希腊人那里如同在罗马人那里，在中世纪如同在今天，人类是受需要支配的；需要是如此强烈而又层出不穷，所以必须予以满足，否则就要死亡。于是，我相信，在那个时代如同在今天，满足需要是人类中最大部分的要全力以赴的主要事业。

有极少数人不从事任何劳动而靠受奴役的群众的劳动来养活他们，这一点似乎是肯定的。这少数游手好闲的人让他们的奴隶为他们建筑豪华的宫殿、宽大的城堡或者阴暗的堡垒。他们喜爱沉湎于声色生活和艺术巨作。他们乐于谈论哲理、宇宙起源；最后，他们精心培养他们的统治和享受他们赖以存在的两门学问：暴力学和诡计学。

虽然在这些贵族之下，广大群众为自身创造维持生活的手段，并为他们的压迫者创造满足其寻欢作乐的手段，但由于史学家从未提到过这些群众，我们终于忘记了他们的存在，因此完全把他们撇开不谈。我们只看到贵族；我们所称的古代社会或封建社会就是指它们；我们想象，这样的社会是靠自己来维持的，无须求助于商业、工业、劳动、通俗普及；我们赞赏它们的无私、它们的宽宏大量、它们对于艺术的爱好、它们的唯灵论、它们对于劳务的蔑视、它们的感情和思想的升华；我们大声肯定，人民在某一时期只关心光荣，在某一时期只关心艺术，在某一时期只关心哲学研究，在某一时期只关心宗教活动，在另一时期又只从事道德修养；尽管有那么卓绝的典范，我们却未能把自己提高到那样的水平，而不得不在我们的现代生活中，把劳动和它所包含的一切平凡的业绩放在一个重要的地位上。对此我们深感悔恨，并引以为耻，当我们想到，劳动在古代生活中所占的重要地位时，我们才以此自慰。只是一些人所摆脱的劳动又沉重地落到受奴役的群众头上，使正义、自由、财产、财富、平等、进步受到极大的损害；这是我必须提请读者注意的第一个骚乱原因。

因此，为了获取生活资料，人类采用的方法就不能不对他们的物质、道德、精神、经济和政治状况产生重大影响。如果人们能观察几个部落，其中第一个专门狩猎，第二个专门捕鱼，第三个专门务农，第四个专门航海，谁会怀疑，这些部落，在他们的思想上、见解上、习惯上、服装上、风俗上、法律上、宗教上不存在巨大的差别？无疑，人性的本质到处都可显现；所以，在这些法律、习惯、宗教中，会存在共同点。我相信，这些共同点就是人们称之为人类的普遍法则。

不管怎样，在我们的现代伟大社会中，一切或者几乎一切的生产方法，渔业、农业、工业、商业、科学和艺术，都同时被应用，虽然其比重因国家不同而有所不同。这就是为什么，如果每个民族不专门从事一种行业，所有的民族之间的差别就不会那么大。

但是，如果一个人民的行业性质对他们的道德观念产生重大影响，他们的欲望、爱好、道德观念对他们的行业性质也会产生重大影响，或者起码对这些行业之间的比重产生影响。这个意见已在本著作的另一部分提出过，[①]所以，我不再强调，而开始谈本章的主题。

一个人（或人民）可用两种方式获取生活资料：创造或者盗窃。

每一种方式又使用几种方法。

人们能够通过狩猎、捕鱼、耕种等等创造生活资料。

人们能够通过欺骗、暴力、强权、诡计、战争等等盗窃生活资料。

如果在这两种方式范围内，只要一个民族依靠自己的一个方法的优势就可在民族之间造成巨大的差别，那么，在靠生产生活和靠掠夺生活的人民之间，这种差别该有多大？

既然我们的每一种能力，不论它是属于哪一类的，无非是用来

① 参阅第十一章结尾。——原注

维持我们的生命，那么，凡是改变一切人类能力的事物就足以改变人民社会状态。

这个至为重要的考虑却很少为人所注意，这使我不得不对此做一些论述。

为了实现一项满足，必须事先付出一种劳动。因此，形形色色的掠夺绝不排斥生产，而是必须以生产为前提。

我认为，这似乎能够稍许减少史学家、诗人、小说家对于那些贵族时代的迷恋；在他们看来，在那些时代，他们称作的工业主义并不得势。人们在那些时代里生活，因此，劳动完全像今天那样执行它的艰巨任务；只是一些民族、一些阶级、一些个人能够把他们的辛劳转嫁给别的民族、别的阶级、别的个人而已。

生产的性质就是从“无”中获得维持和美化生活的那些满足，结果是，一个人或一国人民都能无限地增加这些满足，而对他人或他国人民并不造成任何匮乏；恰恰相反，对经济机制的深入研究却向我们揭示：一个人在劳动中取得的成就给另一个人的劳动提供成就的机会。

掠夺的性质是，以一种相应的匮乏为条件来获得一种满足，因为它并不进行创造，它只转移劳动所创造的东西，它使有关的双方所付出的努力化为绝对损失。因此，它不是给人类增加享受，而是予以减少；此外，它把享受给予不应获得的人。

要生产，就必须把全部能力引向对大自然的支配，因为要攻打、制服并使之有效力的就是大自然。所以，用来制犁的铁是生产的标志。

要掠夺，就必须把全部能力引向对人类的统治，因为要攻打、杀戮或奴役的就是他们。所以,用来制剑的铁是掠夺的标志。

正和在养活人的犁和杀戮人的剑之间存在对立一样,在劳动的人民和掠夺的人民之间也应存在对立。在他们之间不可能有丝毫共同之处。他们不会有同样的思想、同样的价值标准、同样的爱好、同样的性格、同样的风俗、同样的法律、同样的道德、同样的宗教。

无疑,博爱者可能看到的最悲惨的景象之一就是,一个创造颇多的世纪竭尽全力通过教育来给自己灌输一种掠夺性人民的思想、感情、错误、偏见和邪恶。人们经常指责我们的时代,说它缺乏统一性和不能协调它的看法和做法;他们是对的,我想,我刚才已指出其主要原因。

通过战争途径进行的掠夺,即最逼真的、最单纯的、最赤裸裸的掠夺,其根源是在人的心灵里、人的组织里和社会的那个普通动力里:对满足的向往和对痛苦的厌恶;总之,它是在我们大家都有的那个动机里:个人利益。

我很愿意充当它的控诉人。人们迄今一直认为,我曾经崇拜过这个原则;把对人类有利的结果归功于它,也许甚至认为,我把它捧到高于同情、献身、克己原则之上。不,情况并非如此;我仅仅证明了它的存在和它的万能。这个万能,在我指出个人利益是人类的普遍动机的时候,如果我现在不从中得出扰乱的原因,有如我以前得出社会秩序的和谐法则一样,那么,我就评价错了,自相矛盾了。

我们说过,人需要顽强地生存下去,改善自己的状况,获得他所设想的幸福,或者至少接近这个幸福。出于同样理由,他想逃避辛劳和痛苦。

然而劳动，人类为进行生产而必须对大自然从事的这种活动，却是一种辛劳。由于这个原因，人厌恶劳动，而只有当他为了避免一个更大的祸害时，才同意劳动。

在哲学上，有些人说：劳动是一件好事。如果考虑到劳动的结果，这是对的。这是一种相对的好事，换言之，这是一种使我们避免更大祸害的坏事。这正是为什么当人们以为无须劳动就能获取结果时，他们那么热衷于逃避劳动。

另外一些人说，劳动本身就是一件好事，这与它产生的结果无关；它提高人的道德水平，使人强壮，并且是愉快和健康的一个源泉。这一切都是很对的，并且再次显示出，上帝在其业绩的各个部分中所施与的最终意愿是考虑得何等周到。不错，即使撇开不谈其在生产方面的结果，作为额外的报酬，劳动给躯体带来力量，给心灵带来欢乐；既然可以说，游手好闲是一切邪恶之母，就应该承认，劳动则是许多美德之父。

但这一切必须无损于人心不可克服的自然倾向，无损于下面的感觉：我们不是寻求劳动本身；我们始终对劳动和它取得的结果进行比较；我们不会以大量的劳动来谋求以少量的劳动就能获得的东西；在两种辛劳之间，我们不会选择最大的辛劳，同时我们的普遍倾向是缩小努力与成果的比例，并且，如果我们因而能取得某种闲暇，为了得到附带的报酬，我就可把此闲暇用于从事符合我们爱好的劳动。

此外，在这方面普遍事实是有决定意义的。我们看到，随时随地，人都把劳动视为是有偿的，而把满足看作是对他的状况的补偿。我们也看到，随时随地，人都尽可能地把辛劳或转给动物、风、水、蒸汽、自然力，或者，当他能够统治他的同类的时候，真不幸，推给他的同类。在这后一种情况下，我重申，因为人们太经常忘记这一点，劳动并未减少，而是被转移了。[①]

人既然被置于需要和劳动这两种痛苦之间，并为个人利益所迫，他就想方设法都予以避免；至少在一定程度上予以避免。于是，掠夺，作为问题的解决办法，就出现在他的眼前。

他想：的确，如果食物、衣服、住房等没有生产出来，我就无法获得我的生存条件和我的满足所必需的东西。不过，并非必须用我自己的劳动来生产这些东西。只需某人来劳动，而我只需是最强者，就能如愿以偿。

这就是战争的起源。

它的后果无需我多说。

当一个人或一国人民在劳动，而另一个人或另一国人民则等待着劳动完成后去抢劫时，读者一眼就可看出人力所遭受的损失。

一方面，掠夺者一点也未能像他所想的那样避免任何种类的劳动。武装掠夺也需要付出努力，有时要付出巨大的努力。就这样，在生产者致力于创造适应满足的物品的时候，掠夺者却在准备盗窃此项物品的办法。但当暴力行径完成了或尝试过以后，为适应满足所生产的物品并未增减。它们可以满足不同的人的需要，而不能满足更多的需要。因此，掠夺者为掠夺而作出的一切努力，

---

① 当人们提出下述这个问题时：奴隶劳动的成本比雇佣劳动高还是低？他们就忘记了这一点。——原注

加上他并未为生产而作出的其他的努力,就完全丧失了。即使这不是对他而言,至少对人类而言,情况就是如此。

不仅如此;在大多数情况下,在生产者方面也出现类似的损失,因为,如果他不采取任何预防措施而等待威胁他的事件发生,这是不太可能的;而一切预防措施,如军备、设防、军需、操练,这都是劳动,而且是全部丧失的劳动。这些话不是对期待自己得到安全的人说的,而是对人类说的。

如果生产者在这样把他的劳动分为两部分之后,仍然认为自己的力量不足以抵抗掠夺,则情况还要坏,人力损失的规模就要更大,因为那时就会停止劳动,任何人都不准备让别人掠夺他生产出来的东西。

至于精神方面的后果,就双方的能力所受到的伤害而言,结果也是不幸的。

上帝要人对大自然作和平的战斗,并直接从大自然那里获取胜利的果实。当人要通过统治他的同类而得以统治大自然时,他的使命就被歪曲了;他把他的能力引向一个完全不同的方向。请只看看**预见性**,这个对于未来所预先作出的看法;它以某种形式把我们一直提高到**神性**的水平,因为**预见**也就是**赋予**,请看生产者的预见性与掠夺者的预见性是多么不同。

生产者需要学习因果关系。他从这个角度研究物质界的规律,并设法使它们成为愈来愈有用的助手。如果他注意观察他的同类,这是为了预测他们的欲望,并且,以互惠为条件,满足他们的欲望。

掠夺者并不观察大自然。如果他观察人,他就像鹰窥伺猎物那样在寻求办法削弱人类、攫住人类。

同样的区别也在其他能力上表现出来，并扩大到观念方面……[1]

通过战争的掠夺并不是一件偶然的、孤立的、暂时的事实，而是一件很广泛和很常见的事实；就经常性而言，它仅次于劳动。

世界上有哪个地方，战胜的种族不是高居于战败的种族之上的？欧洲、亚洲、大洋洲的岛上有哪个幸运的地方依旧被原始人种占据着？如果移民情况遍及任何地方，就是因为战争是一个普遍的事实。

战争的痕迹是普遍存在的。除了流血、战利品、错误的观念、变坏的才能之外，战争还到处留下满目疮痍，其中必有奴隶制和贵族制……

人并不满足于掠夺逐渐形成的财富，他还要侵占过去的财富，各种形式的资本；他特别着眼于形式最固定的资本——地产。最后，他侵占人本身。因为，既然人的才能就是劳动工具，他觉得，侵占这些才能比侵占其产品更为直截了当……

这些重大事件，作为骚乱原因、作为阻力，给人类命运的自然进展带来多大的影响啊！如果人们想到战争所造成的劳动损失，如果人们想到，被战争削弱的实际收入集中在一些战胜者的手里，人们就会懂得群众的一无所有，这种一无所有，在我们今天，是自由所不能解释的……

好战精神是如何散布的。

① 请参阅《中学会考和社会主义》，卷四，第462页。——原编者注

侵略者不能免于报复。他们常常进攻他人，有时他们也要自卫。当他们进行防御时，他们对他们的事业才有正义感和神圣感。于是，他们才能激发勇气、献身精神、爱国心。但是，他们把这些感情和这些观念也引入到他们的进攻战里。而那时，爱国主义又是什么呢？……

如果有两个种族，一个是游手好闲的战胜者，另一个则是受屈辱的战败者，共同占有土地，凡是激起欲望、同情的一切，例如闲暇、节庆、艺术的爱好、财富、军训、比赛、优美、雅致、文学、诗词都属于前一个种族。至于被征服的人，他们就只有胼手胝足，破烂不堪的茅屋、褴褛的衣衫，……

由此可见，始终同军事统治联系在一起的那些统治者的观念和成见在制造舆论。男人、女人、儿童都把军事生活放在劳动生活之前，战争被置于劳动之前，掠夺被置于生产之前。战败者也赞同这种心理，当他们推翻了他们的压迫者时，在过渡时期，也准备效法他们的压迫者……对于他们来说，这种效法简直是一种狂热……

战争如何结束……

掠夺和生产一样来源于人心，社会的法则不会是和谐的，即使在我所说的有限的意义上，如果生产不可能逐渐取代掠夺……

第二十章　责任

在这本书里有一个中心思想；它在每一页上盘旋，给每一行增加生气。这就是开创基督教信条的那个思想：我信上帝。

是的，如果说，这个思想有别于某些经济学家的思想，这是因为他们似乎认为："我们对上帝缺乏信仰，因为我们看到自然规律在导致灾难。"而我们却说："一切任其自然！因为我们对自己更无信心，而且我们明白，为制止这些规律进展而作出的一切人类努力只是加速灾害的到来而已。"

如果说，这个思想有别于社会主义著作，这是因为它们说："我们假装信上帝，但实质上我们只信自己，因为我们不顾一切任其自然，同时，我们全体认为，我们的每一项社会计划都比神的安排要优越得多。"

我说的一切任其自然，就是：请你们尊重自由，尊重人类的首创精神……。①

因此，我们信仰自由，因为我们信仰普遍的和谐，即信仰上帝。我们以信仰的名义宣布，以政治经济学的名义提出精神运动的那

① ……因为我相信有一种更高级的推动力在指导人类，因为，既然上帝在精神范畴里，只能通过利益和意志来行事，那么这些利益自然结合的总和、这些意志的共同趋势就不可能导向终局性的祸害：因为，否则，不仅人或人类会走向错误，而且无能为力的或不怀好意的上帝自己将会把其不成熟的创造物推向祸害。

些神奇、灵活和富有生气的法则，我们坚决拒绝被盲目者投入到这个非凡的机构里的那些狭隘的、笨拙的、停滞不前的制度。按照无神论者的观点，让偶然性自由行事是荒谬的。但我们，这些信徒，我们有权喊道：让上帝的秩序和正义自由行事吧！让被称为人类首创精神的那个万无一失的动力的施动者，那个传动部件自由行事吧！这样被理解的自由就不再是对个人主义所进行的混乱的神化；我们所推崇的就是上帝，他把行动起来的人引向前进的道路。

我们知道，人的思想可能迷失方向，这是在隔开已知的真理和预感到的真理之间的那个阶段发生的。但是，既然人的本性是寻求，他的命运就是发现。我们必须注意，真实不仅和我们的领会的形式和我们的心灵的本能有着和谐的关系和必然的相似性，而且和我们的生活里一切物质的和精神的状况也有着和谐的关系和必然的相似性，因此，即使人的智慧没有看出它就是绝对真实，人的先天的同情心没有看出它就是公正，或者人的理想没有看出它就是美，它最后还会以它的实际而无法拒绝的有用形态被人接受。

我们知道，自由可能导致祸害。但是祸害本身也有其使命。上帝一定不是轻率地把它设置在我们的面前使我们跌倒；上帝把它放在我们应该走的道路两旁，以便在遇到它时，人可以又被祸害引回到福利的道路上去。

意志也像惰性的分子那样，它们有自己的万有引力定律。但是，那些惰性生物是服从早已存在的必然趋势的，而对于自由的智慧来说，引力和斥力却产生于运动之后；这种力来自它们似乎在等待着那个有意识的决定，并且根据行动本身而发展，通过人们称为报酬或惩罚、快乐或痛苦的那种为合作或抵抗所做的渐进努力，它们对施动者作出接受或反对的反应。如果意志的方向是一般法则的方向，如果行为是好的，运动就受到协助，人就会有福利。如果，相反，两者的方向分道扬镳，如果行为是坏的，就会有某种东西反对它，错误就造成痛苦，而这个痛苦又是错误的救星和终了。就这样，祸害经常同祸害对立，如同福利不断招致福利一样。人们可以说，从一定的高度来看，自由意志的偏离只局限于以确定的幅度，在高级而必要的方向上摆动；任何想破坏这种限度的顽固的抗拒只会自取灭亡，而丝毫不会扰乱其范围内的秩序。

这种合作或抵抗的反应力，通过报酬和惩罚，在管理着人类有意识的和必然的活动途径，这种自由生物的万有引力定律（祸害只占其必要的一半），可以用两个重要的词来表达，就是责任和连带责任；前者使行为的好、坏后果落到个人头上，而后者则把此后果传递给全体社会；前者把人作为一个单独而自主的整体和他打交道，后者则把人作为从属于人类这个不朽集体的成员和分子，把他置于一个共同承担福祸的无法回避的共同体中。责任是个人自由的必然结果，是人权存在的理由，连带责任是人对社会的隶属关系的证明和他应尽义务的原则。

（巴师夏的原稿缺掉一些。请原谅我试续此宗教引论的思想。）①

……责任，连带责任；这些神秘的法则，除了神的启示之外，谁也无法评估其起因，但我们却可评估它们对于社会进步所产生的效

① 此段注解的作者署名为R.F.，他可能是本书的编者，但未注明其编者身份。——译者

果和可靠的作用:这些法则虽然似乎有时互相冲突,却是互相联系、互相渗透、互相配合的;而且,如果目光短浅的、步履维艰的政治经济学只限于提供方法,这个既是它的力量,又是它的弱点的拐杖,这些法则就应该在它们的整体上、在它们的共同作用上予以看待。

你要认识你自己;神谕说,这是精神科学和政治科学的开头、中段和结尾。

我们在别处说过:关于人或人类社会,**和谐**不能意味着**完善**,而是**改善**。然而可完善性,在任何程度上,则始终意味着将来和过去的缺陷。如果人永远不能进入**绝对福利**这块福地,他的智慧、他的功能有何用?他就不再是人了。

祸害是存在的。它是人类的缺陷所固有的;在精神范畴和物质范畴中,在群众和个人身上,在总体和部分中,它都表现出来。因为眼睛可能患病和失明,生理学家是否就低估这个奇妙的器官的和谐的机制呢?难道因为身体不能免于痛苦、疾病和死亡,同时又因为大卫王在绝望中曾叫嚷:"啊,坟墓,你是我的母亲!墓志铭,你是我的兄弟和我的姊妹!"他就将否认人体的巧妙的结构吗?同样,因为社会秩序绝不会把人类引到绝对福利的幻想港口,经济学家是否将拒不承认社会秩序在其组织里所呈现的奇妙情况,这个组织的目的正是为了不断加强知识、道德观念和幸福呢?

怪事,人们否认经济学能像生理学那样有受到赞赏的权利!因为,总之,从和谐角度看,在目的因方面,个人和集体之间区别是多么大啊!无疑,个人,在生命的过程中,出生、成长、发育、变美、改进，直到其他的火炬向这个火炬取火的时刻来临。此时，他全身花团锦簇，欢欣鼓舞，充满优雅；他就是开朗、感情、善意、爱情、和谐的代身。然后，在若干时间内，好像是为了在他的曲折的生活道路上指引他召唤来的那些神灵，他的智慧仍有所增长和充实。但是，不久，他的美貌减色了、他的优雅消失了、他的感觉迟钝了、他的躯体变弱了、他的记忆模糊了、他的见解软弱了，而他的感情本身，除了某些优秀人物以外，似乎充满利己主义，失去了魅力、纯真、诚挚本色、深度、理想、克制、诗意、一种无法形容的芬芳，总之，这些另一年龄的特权。虽然大自然采取了一些巧妙预防措施来推迟他的衰败，他却朝相反的方向经历他过去的一系列改进。他在生活道路上陆续放弃他取得的一切成就，他从充足走向匮乏，直到一无所有。哦！即使乐观论本身的天才，当他看到这个过去如此自豪而不可一世的人悲哀地走向坟墓的时候，也无法在这个缓慢的、不可原谅的堕落中发现任何令人宽慰的、和谐的东西……坟墓！……然而这难道不也是进入另一个天地的大门吗？……就这样，当科学无所作为时，宗教[①]就在另一世界里，又为个人把在尘世中断了的和谐的一致性[②]重新建立起来。

虽然有这种必然的结局，生理学是否就看不到，人体是出于造

① 宗教（来自拉丁文 religare，即连接），就是连接今世和来世、活人和死人、时间和永恒、有限和无限、人和上帝的东西。

② 神的公正，在考虑个人命运时，显得那么不可思议，而在考虑民族命运时，这个公正却变得有目共睹了，这是否如此呢？每个人的生活就是在一个舞台上开始，而在另一个舞台上收场的一场戏；但是民族的生活却并不是如此。这出有教育意义的悲剧在地上开幕和闭幕。这就是为什么历史是一个神圣的读物；这就是神的公正。——（德·古斯丁《俄罗斯》）——原注

物主之手最成功的杰作呢？

但是，如果社会躯体不能免于痛苦，即使它会非常痛苦，它也并不是注定不可救药的。不论人们怎样说，在达到最高峰后，它的前途并不是一个不可避免的衰落。即使帝国灭亡了，这也不是人类的倒退；老式文明的解体只是为了让位于一种更先进的文明。朝代可以灭亡，政权形式可以改变，人类却不因此而不进步。国家的衰落像是秋天的落叶。它使土壤肥沃，配合春日的归来，并预示未来的一个更大的丰收。即使从纯粹的民族角度看，这种必然衰落的理论也既是错误又是陈旧的。在人民的生活方式中，不可能看到任何不可避免的衰落的原因。经常把一个民族比作一个个人，并认为两者都要经历幼年和老年，这种类比法只是一种错误的隐喻。一个集体是在不断发生变化的，只要它的机构具有弹性和灵活性，只要这些机构不与人类思想所产生的新的势力发生冲突，而是组织得可以接受并适应智能的这种发挥，人们就看不出有任何理由不允许它在一种永恒的青春中繁荣昌盛。不过，不管人们如何设想帝国的虚弱和混乱，就整体而言，同人类融合在一起的社会总是建立在更牢固的基础上的。人们越研究它，就越深信，它和人体一样也具有一种使它摆脱祸害的解救力量，并且本身就有一种进步的力量。它被这后一种力量推向一个无法规定其限度的完善境界。

所以，如果人体的祸害不会损害生理上的和谐，那么，集体的祸害就更不会损害社会的和谐了。

但是如何协调祸害的存在与上帝的至善呢？不能由我来解释我不懂的事物。我只指出，解决办法，正像不能强加于解剖学那样，不能强加于政治经济学。这些都属于观察现象的科学，只能根据人的状况去研究人，而不能问津上帝的莫测高深的奥秘。

因此，我再说一遍，在这本书里所谈到的和谐并不是针对绝对完善的观念，而是无限改进的观念。上帝曾把痛苦和我们的本性连在一起，因为上帝要求我们先软弱、后强大，先无知、后懂科学，先有需要、后得满足，先努力、后收效，先取得、后占有，先贫困、后富有，先犯错误、后懂真理，先取得经验、后具有远见。我绝对服从这个裁决，何况我想不出一种别的安排。如果通过一个既简单又巧妙的机制，上帝让大家都接近一个日益提高的共同水平，如果上帝就是通过我们所称为祸害的作用向大家保证持续而广泛的进步，那么，我将不仅对这只既仁慈又强大的手顶礼膜拜，我还要祝福它，钦佩它，崇拜它。

我们看到出现一些学派，它们利用这个问题无法得到解决(以人类而言)这一情况，搅乱其他一切问题，就好像我们有限的智慧能理解和协调那些无限的事物。它们在社会科学里一开头就写出这样一句话：上帝不可能需要祸害，然后达到一系列的结论："社会上存在祸害，因此，它并不是按照上帝的意旨组织起来的。让我们改变、再改变、永远改变这个组织；让我们试验、实验，直到我们找到一种形式来在这个世界上消灭一切痛苦的痕迹。只有这样，我们才承认上帝统治的到来。"

不仅如此。这些学派还像对待痛苦那样，在它们的社会计划中把自由排除在外，因为自由意味着犯错误的可能性，从而意味着祸害的可能性。"让我们把你们组织起来吧，"他们对人类说，"你们不必过问；你们不要自己做什么比较、判断、决定；我们憎恨一切任其自然，可是我们要你们听从支配，并要你们让我们放手行动。如果我们引导你们走向完全的幸福，上帝的至善也就将得到证实。”

矛盾，不合逻辑，狂妄自大，人们不明白这样的话的中心思想是什么。

一个缺乏哲理性，但十分嚣张的学派在许诺人类一种完善的幸福。它说，要是人们把人类的管理交给它，它就利用一些办法来使人类免除一切艰苦的感觉而变得强大起来。

如果你不盲目听从它的诺言，并立即提出自有世界以来使哲学绝望的这个可怕而无法解决的问题，它就警告说，你要把祸害的存在和上帝的至善协调起来。你犹豫吗？它就指控你亵渎宗教。

傅立叶早已想到这个论题的一切组合形式。

“或者上帝未能给我们一部有吸引力的、关于正义、真理、统一的社会准则，在此情况下，上帝为我们创造了需要而又不给予我们得以满足的手段，那么，他是不公正的。”

“或者上帝并无此意愿；在此情况下，上帝随意为我们创造了无法满足的需要，这是蓄意虐待。”

“或者上帝能做到而又不愿意；在此情况下，上帝知道行善，却喜欢邪恶当道，他就是魔鬼竞争者。”

“或者上帝愿意而未能做到；在此情况下，上帝知道善良，并愿意行善，却不知道如何行善，他没有管理我们的能力。”

“或者上帝既未能也不愿意做；在此情况下，上帝是罪大恶极而不是愚蠢，他比魔鬼还不如。”

“或者上帝能够并愿意做;在此情况下,准则存在,上帝就应予以启示,等等。”

傅立叶是位先知。让我们相信他和他的门徒吧;上帝将被证明是必要的,感受性将改变性质,而痛苦将在世界上消失。

但是,为什么那些绝对福利的鼓吹者、那些大胆的逻辑学家在不断地说:“上帝既然是十全十美的,上帝的杰作也应是十全十美的,”并指控我们亵渎宗教,因为我们甘心忍受缺陷,而他们却没感觉到,在最好的假设中,他们也像我们一样亵渎宗教?我很不同意,在孔西德兰、海纳根等先生的统治下,世上没有一个人失去他的母亲或者患牙痛;在此情况下,这个人也可能唱起连祷:或者上帝未能做或者上帝不愿意做;我希望,从社会主义启示的那个伟大日子起,祸害重新堕入地狱般的深渊;我希望,他们的计划中之一,即法朗吉、无息信贷、无政府、三位一体、社会工场等等,具有消灭未来的万恶的效能。但这样的计划将有消灭过去的痛苦的效能吗?然而,无限并无止境;而如果,自创世以来,土地上只有一个不幸者,根据他们的观点,这就是使得上帝的至善问题无法解决。

因此,我们不要把有限的政治经济学同无限的奥秘连在一起。让我们对前者运用观察和论证;而把后者归属于启示和信仰的范畴。

从任何方面、任何角度看,人是有缺陷的。至少在这个世界上,人到处都遇到限制,并在各方面都接触到有限。他的力量、他的智慧、他的感情、他的生命毫无绝对之处,并且附属于一台不能免于疲劳、变质、死亡的物质机器。

不仅如此,我们的不完善是如此根深蒂固,使得我们甚至不能在我们身上和身外想象出任何一种完善。但我们的思想同这种观念却相距甚远,以致它用来掌握这种观念的努力都是徒劳无益的。人愈是要抓住它,它就愈变得无法捉摸,并且消失在一团乱麻般的矛盾中。请你向我指出一个十全十美的人;请你指出一个不会受痛苦的人,他因此没有需要、欲望、感觉、感受性、神经、筋肉;他无所不知,他因此缺乏注意力、判断、推理、记忆、想象、头脑;总之,你所指出的那个人并不是一个人。

因此,无论从哪个角度来考虑人,必须把他看作是一个不能免于痛苦的生物。必须承认,祸害是被作为动力列入神的意旨的;与其寻求消灭它的那些异想天开的办法,倒不如研究它的作用和使命。

当上帝决定创造一个由需要和满足需要的能力构成的生物时,这一天,上帝就决定,这个生物将会痛苦;因为,无痛苦,我们就不能理解需要,而无需要,我们就不能理解我们任何能力的效用及其存在的理由,我们的伟大正是来自我们的软弱。

我们除了受到无数推动力的敦促、具备一种指导我们的努力并评估其结果的智慧,尚有用来做决断的**自由意志**。

自由意志意味着错误的可能性,而错误则意味着无法避免的痛苦。我不信有人能对我说,**自由选择**只不过是冒作出一个坏选择的风险,而作出一个坏选择,只不过是给自己准备一种辛劳。

无疑,这就是为什么只满足于人类的绝对福利的那些学派都是一些唯物论者和宿命论者。他们不能承认自由意志。他们懂得,行动的自由产生于选择的自由;选择的自由以错误的可能性为前提;错误的可能性就是祸害的偶然性。然而,在一个组织者发明的那样的人为的社会中，祸害却不能出现。为此，必须使人类免除错误的可能性；而最可靠的办法，就是剥夺人类的行动和选择的自由，即自由意志。社会主义就是专制政治的化身，这样说是有道理的。

面对着这些狂妄的言行，人们想知道，这个组织者根据什么敢于不仅替自己，而且替世界思维、行动和选择；因为这个组织者终究属于人类，因此，他是可能犯错误的。他越想扩大他的学问和他的意志的范围，他就越会犯错误。

无疑，这个组织者认为异议缺乏基础，因为它把他同其余的人混为一谈。既然他承认上帝的杰作有缺点，并要改造它，他就不是人；他是上帝，甚至高于上帝……

社会主义有两个要素：不合逻辑和狂妄自大！

但是作为我们一切研究出发点的自由意志，一旦它被否定，难道不正需要在此进行论证吗？我将避免作此论证。只要每个人都感觉到这个自由意志，这就够了。我感觉到它，并不是隐隐约约地，而是比亚里士多德或欧几里得可能予以论证的要深刻百倍地感觉到它。当我作出一个使我荣幸的选择时，我就从我内心的愉快感觉到它；当我作出一个使我不光荣的选择时，我也从我内心的悔恨感觉到它。此外，我可证明，所有的人都以他们的行为来肯定自由意志，虽然有些人在他们的著作中予以否定。所有的人都在比较动机、进行商榷、作出决定、食言反悔、进行推测；一切的人都在出主意，对不公正表示愤慨，欣赏献身行为。因此，一切的人都承认，自己和他人都有自由意志，否则就没有可能的选择、主意、预见、道德观念、品德。我们不必竭力去论证那些已为普遍实践所承认的事物。即使在君士坦丁堡也没有绝对的宿命论者，正如即使在亚历山大港也没有绝对的怀疑论者一样。那些自称是这样的人，虽然疯狂到企图说服他人的程度，他们却没有足够的力量来说服自己。他们很微妙地证明，他们没有意志；但是，既然他们好像是根据一个意志在行动，我们就不要和他们争论了。

因此，以下就是我们的情况：我们被置于大自然的内部，处在我们的兄弟中间，经受冲动、需要、嗜好、欲望的压力，具有各种用来对事物或人施加影响的能力；我们的自由意志决定我们的行动，我们的智慧是可完善的。因而是不完善的，而这个智慧，它一方面指导我们；另一方面，也能在我们的行为的后果上贻误我们。

任何人类活动都产生一系列好的或坏的后果，其中有一些又落回到进行这种活动的人的头上，而另一些则要影响他的家庭、他的亲属、他的同胞，有时候甚至全人类，这个活动就好像在拨动两根弦，其声音向我们发出神谕：责任和连带责任。

责任就是，就行事人而言，在行为及其后果之间存在的自然联系：它是任何人都未曾发明的一种必然的辛劳和报酬的完整体系，它完全按照伟大的自然法则的规律行事，因此，我们可以把它看作是上帝的措施。它的目的显然是限制有害的活动和扩大有益的活动。

责任既起纠正作用又起促进作用，它既能奖励又能惩罚，它是如此简单，如此近在咫尺，如此和我们构成一个整体，如此永恒地进行活动，以致不仅我们不能否认它，而且它和祸害一样是一些现象之一，而如果没有这些现象，生命对于我们来说，就不可理解。

创世纪说，第一个人被逐出伊甸乐园，这是因为他学会了辨别善恶，上帝向他宣判：你将终生劳苦，才能从土地里得到食物，土地将为你长出荆棘和蒺藜来。你将用汗水来换取面包，直到你又回到土中，你本是从土中出生的；你原是尘土，那么，你就要归于尘土。[①]

这就是善和恶，即人类。这就是产生好的或坏的后果的行为和习惯，即人类。这就是劳动、汗水、艰难、痛苦和死亡，即人类。

我说，这就是人类，因为选择、搞错、受苦、纠正，总之，一切组成责任观念的要素，就是我们敏感的、聪明的和自由的本性所固有的，他们就是这个本性，我相信，最丰富的想象力也不能为人设想出另一种生存的方式。

如果说，人在伊甸乐园里生活过，并且不知善恶，我们可以相信这一点，但我们却不能理解这一点，因为我们的本性已有了深刻的变化。

我们无法把生活的观念同感受性的观念分开，把感受性的观念同快乐和痛苦的观念分开，把欢乐和痛苦的观念同辛劳和报酬的观念分开，把智慧的观念同自由和选择的观念分开，并把这一切观念同责任的观念分开，因为就是这一切观念的总体给予我们人的观念，结果是，当我们想到上帝，而理智告诉我们上帝不可能感到痛苦时，人和感受性对于我们来说，是如此不可分割，使得对于人的观念成为含糊不清。

这无疑就是使信仰成为我们命运的必要补充的理由。它是人和造物主之间唯一的可能的纽带，因为，对于理智来说，造物主是、并将永远是那个不可理解的上帝。

---

① 见旧约创世纪第三章第17—19节。——译者

要了解责任如何严密监视我们并从各方面紧逼我们，只需注意最平凡的事实。

例如，如果我们没有感受性，我们会被火烧着，或被物体碰撞；或者，如果我们的感受性并未因接近火和碰撞重物而有痛苦感，我们就每时每刻都有死亡的危险。

从幼年到老年，我们的一生只是一个漫长的学习过程。我们经过多次跌跤而学会了走路；我们通过反复而艰苦的经验而学会避免热、冷、饥、渴、过分行为。我们不要抱怨经验的艰苦性，但如果它们不艰苦，我们就会一无所获。

在道德范畴，情况也是如此。残忍、不公正、恐惧、强暴、欺诈、懒惰的悲惨后果使我们学会和善、公正、勇敢、克制、诚实和勤劳。经验的获得是长期的；它甚至将永远持续下去，但它是有效的。

人既是如此造就的，那就不可能否认，责任是社会进步所依赖的动力，它是在其中产生经验的熔炉。因此那些相信过去时代的优越性的人，和那些对未来表示绝望的人一样，都陷入了最明显的矛盾之中。他们不自觉地提倡犯错误，诬蔑知识。他们似乎是说："我愈学习，我知道的就愈少；我愈能辨别能损害我的事物，我就愈受损害。"如果人类是在这样的基础上造就的，人类早就不存在了。

人的起点是无知和无经验；我们追溯的时代愈早，就愈会发现，那时，人不具备足以引导其进行选择的知识，而这个知识只是通过下述办法之一才能获得：思索或试验。

然而，每项人类行为不只含有一个后果，而是一系列后果。有时，第一个后果是好的，而其他的则不好；有时第一个是不好的，而其他的则是好的。从一个人类的决定中，可以产生许多比例不同的、结合在一起的祸福。让我们把产生恶多于善的行为称为恶行，而把带来善多于恶的行为称为善行。

如果我们的一项行为产生第一个使我们高兴的后果之后，接着又产生其他许多有害的后果，以致祸的总和超过福的总和，这项行为就会随着我们获得更多的预见性而趋于自行限制并消失。

人类当然会在觉察到长远的后果之前，先觉察到当时的后果。由此可见，我们所称的恶行在蒙昧时代是更繁多的。然而，同样行为的多次重复就形成习惯。蒙昧时代因此是恶习当政时代。

然后，这还是坏法律当政的时代，因为重复的行为、普遍的习惯构成供法律借鉴的风俗，而法律就是所谓风俗的官方态度。

这种蒙昧是如何终止的呢？人类如何学会认识他们的行为和习惯的第二个、第三个乃至最终的后果呢？

对此，他们的第一个办法就是应用他们得自神的辨别能力和推理能力。

但是有一个更可靠和更有效的办法，那就是经验。有了行为，就必然有其后果。第一个后果是好的，这一点人们已知道，正是为了获得这个后果，人们才有所行动。但是第二个后果却带来痛苦，第三个带来的痛苦更大，依此类推。

于是，人们明白了，启蒙取得了成功。人们不再重复这项行为；由于担心其他后果所包含的更大祸害，人们就牺牲第一个后果所带来的福。如果行为变成了习惯，而同时，人们又无力予以舍弃，那么，至少在经过思想斗争后，人们只得带着犹豫和厌恶的心情投入这种行为。人们不提倡这种行为；人们斥责它；人们劝阻他们的子女。而这肯定就是踏上进步之路了。

如果，相反，这是一种有益的行为，而人们却裹足不前，因为唯一已知的第一个后果是痛苦，而随后将会产生的有利的后果却未为人所知，那么，人们就感受禁戒的后果。例如，一个野人吃饱以后，他不会预见明天将要挨饿。他为什么今天劳动呢？劳动是一种现时的辛劳，这一点无需预见性也能知道。因此，他处在惰性中。但一天过去了，第二天带来了饥饿，在这个刺激下就必须劳动。这个一而再、再而三的教训不会不发展预见性。他逐渐对于懒惰有了应有的评价。人们以懒惰为耻，劝年轻人不要懒惰。公众舆论的权威转到了劳动这方面。

但是，要使经验成为教训，使它在世界上完成它的使命，使它发展预见性，使它阐明一系列的效果，使它激励好习惯并限制坏习惯，总之，使它成为进步和改变品德的工具，就必须使责任法则起作用。必须让人觉察到坏的后果，说得重一点，就是必须使恶暂时横行。

无疑，最好是没有恶；如果人是按另一个计划造就的，这或许会如此。但是，人既然有需要、欲望、感受性、自由意志，他既然有选择和犯错误的能力，有能力引发一个必然要带来后果的原因，而只要原因存在，他就无法消灭其后果，那么，消灭原因的唯一方法就是指导自由意志、纠正选择、取消那种行为或恶习；而这一切只有通过责任法则才有可能。

因此可以肯定以下一点：人既然是现在的样子，恶不仅是必要的，而且是有益的。它有一个使命，它属于普遍和谐的范畴。它的使命就是摧毁它自身内在的原因，以此来自我约束、促成善的实现和推动进步。

让我们在我们所谈的观念方面，即在政治经济学方面，找出几个例子来阐明这一点。

储蓄，浪费。

垄断。

人口[1]……

责任通过三种制裁表现出来：

(1)自然制裁。这就是我刚才所说的制裁，或是行为和习惯所带来的必然的惩罚或报酬。

(2)宗教制裁。这是行为和习惯，根据其性质的善恶，在另一世界里得到的惩罚或报酬。

(3)法律制裁。由社会预先准备好的惩罚和报酬。

在这三种制裁中，我承认，在我看来，第一种是基本的制裁。我的这种说法不免要触犯我所尊重的感情，但我请求基督教徒容许我说出我的见解。

想知道一个行为是否邪恶，或者因为天启是这样宣告的，而且不以此行为的后果为转移，或者因为此行为产生了恶果，这个问题在哲学思想和宗教思想之间或许将是一个永久争论的问题。

我认为，基督教可能赞同这后一个见解。它自己也说，它并不要违背自然规律，而是要加强它。人们不能承认，至高无上的上帝对人类行为会作出一种专断的分类，对一些行为许以惩罚，对另一些则许以报偿，而竟不考虑它们的效果，即这些行为在普遍的和谐

[1] 作者本想通过举例并预先说明其性质，在此做一些有趣的发挥，可惜他并未写出来。读者可参阅本书第十六章以及小册子《看到的事物和看不到的事物》第七章及十一章，卷五，第363页及383页，以补不足。——原编者注

中是否调和。

上帝说:“不要杀人,不要偷盗。”当上帝说这些话时,无疑,他的目的是禁止某些行为,因为它们损害其业绩、人和社会。

人对于后果是如此重视,以至如果他信奉一个宗教,而这个宗教禁止一些为普遍经验所证实其效用的行为,或者决定一些明显有害的习惯,我认为,这个宗教,久而久之,就不会维持下去,而在知识的进步面前消失。人类不能长期设想,上帝蓄意奖恶和禁善。

我在此泛泛一提的问题,对于基督教,也许无重大意义,因为基督教只允许本身就是善的好事,并且只禁止坏事。

但我所考察的问题就是要知道,在原则上,宗教制裁是否确认自然制裁,或者自然制裁是否在宗教制裁面前无足轻重,并且,在万一互相抵触时,向宗教制裁让步。

然而,如果我没弄错,传教士的倾向是很少过问自然制裁。他们对此有一个无法辩驳的理由:“上帝命令干这个,上帝禁止干那个。”无须再进行推理,因为上帝是永远正确的和全能的。即使上帝所命令的行为会导致世界的毁灭,也必须盲目前进,完全如同上帝在直接和你谈话,并向你指出天堂和地狱所在。

甚至在名副其实的宗教里,无害的行为,有时在上帝的权威下,也会遭到禁止。例如,放债生息曾被宣布为犯罪。如果人类照此禁令行事,人类早就在地球上消失了。因为,无利息就不可能有资本;无资本就无过去的劳动与现时的劳动的协作;无此协作就无社会;而无社会就无人。

另一方面,如果仔细考察利息,人们就会深信,它不仅在总的效果上是有益的,而且它丝毫不违反慈善和真理;它不比一位传教士的薪俸高，并且肯定比某些教徒谢礼要少。

因此，教会的全部权力在这方面也未能使事物的本性暂停一分钟。充其量，在极少数的情况下，它只是把利息最不常用的一种形式做了一番乔装打扮而已。

对于训诫，也是如此。当圣经对我们说："如有人打你的右脸，你就送上你的左脸让他打，"[①]这个训诫的实质是消灭个人的，从而是社会的正当防卫权。然而，无此权利，人类就不可能存在。

那么，发生了什么事呢？自十八个世纪以来，人们把这个训诫作为一种徒劳无功的规章一再重复。

但是，更为严重的是，这个世界上存在假宗教。这些宗教必然承认同针对某些行为的自然制裁相矛盾的训诫和禁令。然而，在辨别真和假，以及是来自上帝的还是来自欺诈的事物这个如此重要的问题上，我们的一切办法当中没有一个比考察一种学说在人类的演进和进步方面所能造成的好的或坏的后果更为可靠、更有决定意义：a lucctiluo eorum cognoocetio eos（拉丁文：你会从它们的结果中辨认出）。

法律制裁。大自然既然以各种活动和各种习惯必然产生结果的形式建立了一整套赏罚制度，那么，人类的法律还该做些什么？它只有三个办法：让**责任**自由行动，赞同它，或者妨碍它。

我认为无可置疑的是，当实行一种法律制裁时，这只是为了使自然制裁更有力量、更有规律、更加确实和更有效。这两种力量应该协作，而不应该互相抵触。

例如，如果诈骗最初有利于从事诈骗的人，它往往终究要有害

① 见新约马太福音第5章第39节。——译者

于此人，因为它损害他的信用，他的地位和他的名誉，并且在他的周围造成不信任和猜疑。此外，它总是有害于受害者。最后，它向社会敲起警钟，迫使社会运用一部分力量来从事耗资的防范。因此，祸的总和大大地超过福的总和。自然责任就是作为防御和镇压手段在不断起作用。然而，人们也设想，集体并不专门依赖必要的责任所起的缓慢作用，同时又设想，集体认为，给自然制裁增加一种法律制裁是适时的。在此情况下，人们可以说，法律制裁只是有组织和有规律的自然制裁。

它使惩罚更直接和更肯定；它使事实更具有公开性和真实性；它保障被告，必要时，给他一个合法的申辩机会，防止舆论的误解，并且以公诉形式来平息个人报仇心情。最后，这也许是主要的一点，它并不破坏经验教训。

因此，当法律制裁与自然制裁协作去获取同一结果时，人们不能说，法律制裁在原则上是不合逻辑的。

然而，不应由此得出结论说，法律制裁应在任何情况下代替自然制裁，同时，不能因为人类的法律起到和责任同样的作用，就认为它是正当的。

对赏罚的人为的分配，它本身就会有由集体承担的不可忽视的弊端。法律制裁机器来自人，由人开动，因而是耗资的。

因此，在使一个活动或一个习惯服从有组织的镇压之前，始终必须提出下面的问题：

这个由于自然镇压加上法律镇压而获得的超额好处，能补偿镇压机器所固有的祸害吗？

或者，换言之，人为的镇压所造成的祸害是大于，还是小于免于惩罚所造成的祸害？

在盗窃、杀人、大多数违法和犯罪的情况下，这个问题是没有疑问的。所以，世界上所有的人民都用国家强制力来镇压它们。

但是，当涉及一个难以观察到的习惯，而这个习惯可能来自道德原因，对其评估是非常棘手的时候，问题就变了；有时候，这个习惯被普遍认为是有害的和邪恶的，于是，法律就保持中立，而依赖自然责任。

我们首先要说，每当涉及一个有疑问的习惯或活动，一部分人认为是坏的，而另一部分人则认为是好的时，法律就应该这样表态。你认为，我信奉基督教是错误的，我却认为，你信奉路德教也是错误的。让上帝来裁决吧。我为什么要打你，或者你为什么要打我？如果我们之中的一个人打另一个人是不对的，那么，我们委托第三者，国家强制力的受权者，来打我们之中的一个人，以便满足另一个人，这如何能说是对的呢？

你认为，我给我的孩子讲自然科学和伦理学是错了，我却认为，你只教你的孩子学希腊文和拉丁文也是错了。让我们彼此按我们的良心行事吧。让*责任*法则影响我们的家庭吧。它将惩罚我们之中错了的人。我们不要援用人类的法律，因为它会惩罚并未搞错的人。

你肯定，我应选择某种职业，按某种方法工作，使用木制的犁而不使用铁制的犁，密植而不稀植，最好不在西方购买而在东方购买。我的主张却完全相反。我已经通盘考虑过：归根结底，在涉及我的福利、我的生活、我的家庭幸福的问题上，我要比你更关心，不要搞错，因为你关心的只是你的自尊心和你的体系。你可以劝导我，但不要强加于我任何东西。我甘冒一切风险来作出决定，这就足够了，法律的干预在这里就是暴政。

人们看到，在生活中的几乎一切重要行为上，必须尊重自由意志，依赖人的个人判断，依赖上帝赋予人使用的这个内在知识，然后听任责任行动起来。

在类似的情况下，法律的干预，除了给予真理和谬误同等机会这一重大弊端之外，还有更为严重的弊端，那就是使智慧本身变得迟钝，即熄灭作为人类天赋及保证其进步的那个火炬。

但是，即使一项活动、一种习惯、一个实践被公众的良知认为是坏的、邪恶的、不道德的，当这种情况属实时，当那些明知故犯的人也带头感到内疚时，这还不足以说明人类法律干预的正当性。正如我刚才所说的，还必须知道，在这种邪恶行为的不良后果和任何法律机器所固有的不良后果相加之后，人们得到的祸害总和是否最终超过法律制裁给自然制裁增加的好处。

我们可以在此考察为镇压懒惰、浪费、悭吝、自私、贪婪、野心而实行的法律制裁可能造成的祸福。

试以懒惰为例。

这是一个相当自然的倾向，不少的人对意大利人所颂扬的美好的懒惰和卢梭所说的快乐的懒人产生共鸣。因此，无疑懒惰使人得到某种满足，否则世界上就不会有懒人。

然而，很多的祸害都来自这种倾向，以致各国的圣贤指出，游手好闲为万恶之源。

恶远远超过善；自然责任法则，在这方面，必须起有效的作用，或者作为教训，或者作为鼓励，因为实际上，由于劳动，世界已达到了我们今天所看到的文明程度。

现在，或者作为教训，或者作为鼓励，法律制裁会给神的制裁增加些什么呢？我们假定有一种惩罚懒人的法律。这种法律能把国民积极性提高到什么确切的程度呢？

如果能够知道这一点，人们就会有一个正确的尺度来衡量法律所产生的好处。我承认，我对问题的这一部分没有任何概念。但是，必须知道这个好处所要的代价是什么，只要稍加思考，人们就乐于相信，法律镇压造成的肯定的弊端远远超过那些渺茫的好处。

首先，法国有 3 600 万公民。必须对所有的人实行严格的监督，在田地、工场、家庭里监视他们。请想一想，这需要多少公务人员，增加多少赋税，等等。

其次，今天，勤劳的人们，幸好他们的人数很多，和懒人一样，也受到这种难堪的监视。为了惩罚一个本应由大自然来惩罚的罪人，竟让一百个无辜者忍受可耻的措施，这是一种巨大的弊端。

再者，懒惰是从何时开始的呢？在付诸司法的每一个案子里，都必须进行最仔细的和最慎重的调查。被告是一个真正游手好闲的人呢，还是在做必要的休息？他是否有病、在沉思默想、在祈祷，等等？如何评估这一切微妙的差别？他是否在早晨加紧干了工作，以便在晚上有一些余暇？要有多少证人、鉴定人、法官、宪兵，要造成多少抵抗、告密、仇恨啊！……

最后，还有司法上的错误。将有多少懒汉逃脱掉！而作为抵偿，将有多少勤劳的人用一个月的怠工，在监狱里赎回他们一天的闲散！

人们看到这些事情以及其他许多事情以后，就决定：让自然责任自由行事。人们这样做是正确的。

社会主义者们，为了达到他们的目的，从来不在专制政治面前退缩，因为他们已宣布，他们的目的是至高无上的。他们谴责责任是个人主义，然后，他们试图消灭它，并把它并入已被扩大到其自然范围之外的那个连带责任的势力范围之内。

人类可完善性的两大动机这样遭到败坏，其后果是不幸的。人不再有尊严，不再有自由，因为，当行事人个人不再对其行为的好坏后果负责时，他的单独行动的权利就不复存在。若是个人的每个行动的一系列后果行将反映到整个社会，每个行动的首创性就不能属于个人，而属于社会了。唯有集体才应该决定一切、调节一切：教育、食物、工资、娱乐、交通、情谊、家庭，等等。然而，社会是通过法律来表达的，而法律就是立法者。因此，这就像一群牲畜和一个牧童，甚至比这还要不如，这是一块死材料和一个工人。人们看到，取消责任和个人主义会把人引到什么地步。

要在群氓面前隐瞒这个可怕的目的，必须用痛斥利己主义的方式，逢迎最自私的感情。社会主义曾对那些不幸的人说："不要考虑你们是否由于责任法则而受苦。世界上有幸福的人，而依照连带责任法则，他们应把他们的幸福与你们分享。"而为了使一种人为的、官方的、合法的、强加的、脱离其自然意义的连带责任达到这个使人愚蠢的水平，掠夺就成为制度，关于公正的一切概念被曲解了，那个被认为是已经废除的个人主义感情受到推崇，其强烈和邪恶的程度达到顶峰。就这样，应运而来的就是：以否定自由的和谐为原则，以专制政治和奴隶制度为结果，以不道德为手段。

任何歪曲责任的自然进程的企图都是对于公正、自由、秩序、文明或进步的损害。

对于公正。有了一种行为或一种习惯，就必然会有好或坏的后果。哦！如果可能取消这些后果，停止执行责任的自然法则可能会是有益的。但人们通过成文法所能达到的唯一结果就是，一个坏行动的好后果由行事人获得，而坏后果则落到第三者，或集体的头上，这无疑就是不公正的特点。

所以，现代社会是根据下述原则组成的：家长应该照料和抚养他的孩子。就是基于这个原则，人口才得以在适当限度内增长和分布，每个人对此都有责任感。人并不都是具有同样程度的预见性的，而且[①]，在大城市里，不道德行为和无预见性是并存的。现在，有一整套预算和管理部门来收容被父母遗弃的子女；对弃婴这个不光彩行为进行的追究并没有起作用，所以愈来愈多的被遗弃的孩子就在我们的那些穷乡僻壤泛滥成灾。

一个农民为了免于家庭过重的负担而晚婚。人们却强迫他抚养别人的孩子。他不会劝他的儿子要有预见性。另一个人一直过独身生活，人们却要他出钱来抚养私生子。从宗教角度考虑，他的良心是无愧的，但从人的角度考虑，他该认为自己是一个傻瓜……

我们不想在此讨论公共慈善这个重大问题，我们只想提出一个基本的意见，即国家愈集中权力，它就愈把自然责任改变为人为的连带责任，同时，它愈使打击与起因毫无关系的人的那些后果失去它们在公正、惩罚和预防性障碍等方面的天意。

① 本章结尾部分只是一系列既不连贯又未作发挥的摘记而已。——原编者注

当政府不得不承担一项理应是私人活动范围内的服务时，它起码应该把责任尽可能地放在该负责的人的身上。

所以，在弃婴问题上，既然原则上父母应该抚养子女，法律就应该想尽办法来使其如此。如果无父母，就应由市镇来抚养；如果无市镇，则应由省来抚养。你要无限增加弃儿吗？你就宣布，这由国家来负担。如果法国还要抚养中国儿童或由中国抚养法国儿童……，情况就会更糟。

制定法律来制服责任的祸害，这真是怪事！人们难道会没觉察到，人们并不能消灭这些祸害，而只是引开它们吗？结果是，多一个不公正和少一个教训……

只有每个人都更好地尽到义务，世界才能改进，否则它如何能完善呢？如果每个人由于不尽义务而更受苦，他难道会不更好地尽他的义务吗？如果社会活动必须干涉责任，这应该是为了辅助，而不是排斥，为了集中，而不是分散其后果。

有人说过，舆论是世界之王。当然，要善于统治他的王国，他就必须知识渊博和经验丰富；而当共同协作来形成舆论的每个人愈认识到因果关系时，舆论的知识和经验的水平就愈高。然而，只有经验才更能使人感觉到这种因果关系，而经验，正如人们所知道的那样，完全是个人的；它是责任所产生的结果。

因此，在这个伟大法则的自然作用中，有一整套宝贵的教育制度，触动它是很不慎重的。

如果你使用一些轻率的办法让人类逃避对其行为应负的责任，他们仍可通过理论而不是经验受到教育。我不知道，一种未被经验巩固和证实的教育是否比无知本身更危险……

责任感是大可完善的。

这是最高尚的道德现象之一。责任感是我们在一个人、一个阶级或一个民族身上最佩服的品德；它指出一种高度道德修养和一种对舆论的判断表现出的美妙的敏感。但有时候，责任感，在一个问题上，表现十分突出，而在另一个问题上，却显得很淡薄。在法国的上层阶级中，如果有人因在赌博上行骗，或独自酗酒而被人捉住，他就会感到羞耻。而在村民中间，此事就只是可笑而已。但是，在政治权利上做交易，以投票换取利益，自相矛盾，见风使舵，时而高喊：国王万岁！时而高呼：同盟万岁！……这些事情，在我们的风俗中，却不算是可耻的。

责任感的发挥大大有赖于妇女的参与。

她们是非常负责的。在男人中间形成一股教化力量，这就要依靠她们，因为她们能有效地进行批评和表扬……她们为什么不这样做呢？因为，在道德方面，她们并不充分了解因果关系……

道德是大家的学问，特别是妇女的学问，因为风俗是她们所造成的……

第二十一章 连带责任

如果人是十全十美的，如果他是永远正确的，社会就会呈现一种和我们应该寻求的和谐完全不同的和谐。我们的和谐并不是傅立叶的和谐。它不排斥祸害，它容忍失调；不过我们还是承认，社会仍是和谐的，如果这些失调正在准备协调并把我们再引回到协调。

我们的出发点是：人会犯错误，而上帝却给了人以自由意志，同时还赋予了他选择、搞错、混淆真假、鼠目寸光、贪图不合理的享乐等等的能力。

人会搞错。但一切行为、一切习惯都要产生后果。

我们已看到，通过责任，这些后果又落回到行事人的身上；因此，随之而来的赏罚这样的自然后果就引导他趋善而避恶。

如果人生来就注定要孤独地生活和劳动，责任就是他唯一的法则。

但情况并非如此，他是注定要群居的。卢梭说：人生来就是一个完善而孤独的整体，是立法者的意志在把他变成一个更大的整体的一部分。这是不真实的。家庭、市镇、国家、人类都是一些整体，人与这些整体有着必然的联系，因而个人的行为和习惯，除了产生那些要落回到他身上的后果之外，还产生其他延及他的同类的那些好或坏的后果。这就是人们所说的连带责任法则，这是一种集体责任。

卢梭关于立法者发明了社会的这个说法（这个说法本身就是错误的），其害处在于，它诱导人把连带责任作为立法的创造；我们不久将看到，现代立法者根据这种学说使社会屈从于一种人为的连带责任，它同自然的连带责任背道而驰。对于任何事物，这些人类的显赫操纵者的原则是，用他们自己的事业来代替被他们漠视的上帝的业绩。

让我们首先看看连带责任法则的自然存在。

在十八世纪，人们不相信它的存在，人们坚持错误应由个人负责的格言。这个世纪主要从事反抗天主教的活动，它可能担心，赞同连带责任原则会给原罪教义敞开大门。伏尔泰每次在圣经上看到有人为他人受罪时，就嘲笑说："真可怕，但上帝的公正并不是人的公正。"

我们在这里不必要辩论原罪。但伏尔泰所讽刺的却是一个无可争议而又神秘的事实。连带责任法则，在个人和群众身上、在细节和整体里、在个别事实和一般事实里，都表现得那么明显，只有宗派精神的盲目性或者激烈斗争的狂热性才不接受它。

任何人类公正的第一条规则都是把一个行为的惩罚集中在行事人的身上，其原则是：错误是属于个人的。但个人的这条神圣法则既不是上帝的法则，甚至也不是社会的法则。

这个人为什么富呢？因为他的父亲曾是积极的、正直的、勤劳的、节约的。父亲有道德，儿子才得到报酬。

另一个人为什么总是受苦、生病、虚弱、担惊受怕和不幸呢？因为他的父亲虽然身体强壮，却因荒唐过度而自我毁灭了。犯错误的人享受其错误所带来的愉快的后果，而无辜者却遭受不幸的后果。

世界上没有一个人的状况不是由那些与他自己的决定无关的无数事实决定的；例如，我今天所抱怨的事也许就是我的曾祖父的轻举妄动所造成的，等等。

当人们考虑不同国家的人民或者同一国家人民的不同的世代的关系时，连带责任就在一个更大的规模和更无法说明的间隔上表现出来。

我们今天在享受着十八世纪所从事的脑力或体力劳动，这难道不奇怪吗？我们自己竭尽全力在全国修筑铁路，而我们之中也许没有一个人会在这些铁路上旅行，这难道不是不可思议的吗？谁能不承认，我们以往的革命对我们今天的一切有着深刻的影响呢？谁能预见到，我们现时的争论所遗留给我们的子孙的是和平还是分歧呢？

请看看公债。我们互相进行战争，顺从野蛮的情欲，因而毁灭宝贵的力量；我们找到了把这种毁灭性的灾难转移到我们子孙头上的办法，他们也许将厌恶战争，而不明白我们为什么酷嗜仇恨。

请看看欧洲。看一下使法国、德国、意大利、波兰动荡的那些事件；然后请你说连带责任法则是不是一个空想的法则。

无须再进一步列举事实。因为只要一个人、一国人民、一个世代的活动对于另一个人、另一国人民、另一个世代产生影响，这个法则就被证实了。整个社会只不过是连带责任在其中相互交错的一个整体而已。这是智慧的可交流性的结果。例如，演说、文学、发明、科学、道德等等，这一切都是心灵借以沟通的无形的思潮。这是一切看不出有任何联系的努力而它们又合成一股力量，把人类推向平衡，推向不断提高的平均水平。它们是一个取之不尽、用之不竭的巨大的效用和知识宝库，每个人都在使用它，并且不自觉地扩大它。它们交换思想、产品、服务和劳动、善和恶、道德和罪恶，从而使人类家庭变成一个大单位，并使那些亿万个短暂的生命变成一个普遍、持续不断的共同生命。上述这一切就是连带责任。

因此，在人类之间，在一定程度上，自然存在着无可争议的连带责任。换言之，责任并不是专属于个人的，它是所有人共有的；行动出自个人，后果却分摊在集体身上……

然而，必须注意，每个人的本性都是想要幸福。有人会说，我在此称颂利己主义；我并没有称颂，我是在证实。我证实这种不可能不存在的普遍的、天生的感情：个人利益、向往福利、厌恶痛苦。

因而得出结论：个人倾向于做出安排，把自己行为的好后果归于自己，而把坏后果推给他人；他尽可能寻求把坏后果分摊到最多的人的身上，以便掩人耳目并引起较小的反应。

但是舆论，这个世界之王，是连带责任的孩子，他集合一切分散的不满情绪，把一切受到损害的利益组成一股可怕的抵抗力量。如果一个人的习惯给周围的人带来不幸，这就会激起反感。人们就严厉地评论这个习惯，批判它，谴责它；有这个习惯的人就变成怀疑、蔑视和仇恨的众矢之的。即使这个人从中捞到一些利益，但是不久，这些利益就不够抵消公众厌恶所加于他的痛苦了；依照责任法则，一个坏习惯总是要导致不幸的后果，而依照连带责任法则，它又带来其他更不幸的后果。

对于人的蔑视不久即扩大到习惯，邪恶方面。既然对思考的需要是我们最强有力的动机之一，显然，连带责任通过它在反对恶行过程中所引起的反应，就趋于限制和摧毁那些恶行。

连带责任因此像责任一样，是一种进步的力量；而且人们看到，就行事人而言，它变成反射回的责任，如果我可以这么说；人们看到，这还是一种相互赏罚的制度，这个以令人钦佩的方式计算出来的制度是用来限恶扬善，并将人类引向进步的道路的。

但要使连带责任在这个意义上起作用，即让那些在自己并未从事的一个行为中受益或受害的人，通过同意或拒绝，感谢或反抗、尊重、情谊、赞扬或蔑视、仇恨和报复对行事人作出反应，必须有一个必要的条件：认识和评估行为及其一切后果之间所存在的联系。

当公众在这方面搞错时，法则就达不到它的目的。

一个行为损害群众，但群众却深信这个行为是对他们有利的。于是出现什么情况呢？那就是，公众不但反对谴责这个行为，并因而不会限制它，却颂扬它、尊敬它、庆祝它，并重复它。

这种情况是屡见不鲜的，其原因是：

一个行为对群众产生不止一个后果，而是一系列的后果。然而，第一个后果往往带来一个局部的、完全看得见的好处，而以后的后果却使一种难以识别或难以找出其原因的祸害无声无息地渗入社会里。

战争就是一个例子。在社会的原始时代，人们看不到战争的一切后果。实际上，在当时的文明中，只有较少的以往的劳动可被毁灭，较少的科学和金钱可被战争机器摧毁，战争后果要比以后的时期为害较小。人们只看到第一个战役、胜利后的战利品、胜利带来的陶醉，于是，战争和战士就深得人心。以后，人们看到，轮到敌人变成了胜利者，他们放火烧毁庄稼和收成，强派捐税，并作威作福。人们看到，在成功和失败的交替中，一代一代的人死亡，农业被破坏，两国人民都变得贫困。人们看到，国家中最重要的那部分轻视和平时期的艺术，把武器掉过头来反对国内的机构，充当专制政治的工具，在叛变和内乱中消耗其本身的不稳定的精力，先后在邻国和本国干出野蛮行为，并且造成家破人亡的情景。人们会说：战争就是扩大了的抢劫……不，人们只看到它的后果，而不愿了解其原因；就是因为这个没落的民族自己也将被某些征服者所侵犯，在他们覆灭几个世纪之后，一些严肃的史学家将写道：这个民族之所以遭到覆灭，是因为他们在和平时期变得软弱无力，因为他们忘记了战争艺术和其先辈的顽强的品德。

我可以指出关于奴隶制的同样的错觉……

这也适用于宗教的错误……

我们今天的禁止性的制度令人同样吃惊……

通过知识的传播，通过对因果关系的深入探讨，把公众舆论引回到谴责坏的倾向和反对有害的措施这个理智的方向，就是向本国提供重大的服务。如果误入歧途的公众的理智倒行逆施起来，例如：尊敬可鄙的事物而鄙视可尊敬的事物，惩罚善行而报偿恶行，鼓励有害的事物而妨碍有益的事物，欢迎谎言而以漠视或侮辱的态度对待真相，那么，这个国家就是与进步背道而驰，并且也许只有通过灾难的可怕教训才可能把他们引回到进步的道路上去。

我们已在别处指出，某些社会主义学派粗俗地滥用连带责任这个词……

现在让我们看看该以什么精神来设想人类的法律。

人类的法律应该与自然规律相似：它应该促成并保证对行为的恰当的报偿；换言之，局限连带责任，组织舆论来加强责任。我想，这是毫无疑问的。法律追求的目的只能是限制恶行和增加善行。为此，它应该有利于赏罚的正确行使，使行为的恶果尽可能集中到行事人的身上……

法律只有这样行事，才符合事物的本质：连带责任导致对恶行的反抗，法律只是使这种反抗合法化而已。

法律因此共同推动进步；它愈是迅速把恶果引回到行事人的身上，它就愈能可靠地限制行为本身。

试举一例。暴力造成有害的后果：在野蛮人那里，镇压是任其自然的；结果怎样呢？激起可怕的反应。如果一个人对另一个人犯下了暴行，在后者的家族中就会燃起一股扑不灭的复仇火焰，并且世代相传下去。于是，法律进行干预，它该怎么办呢？它只限于窒息复仇精神，加以镇压，加以惩罚吗？显然，袒护暴行，使其不受报复，就会鼓励暴力。因此，这不是法律所应该做的。它应该以组织对暴行的反抗来代替所谓复仇精神；它应该对受害的家族说：我负责镇压你们所控诉的行为。于是，整个部落认为自己受到了损害和威吓。它审查申诉，审讯罪犯，在确保事实或人犯无误之后，就这样合法地、确实地镇压一个本来会被不合法地惩罚的行为[1]……

---

[1] 这个草稿到此突然结束；连带责任的经济一面未予论证。读者可参阅第十章及第十一章《竞争》《生产者及消费者》。

再者，和谐论全书到底是什么。利益的一致性，以及各重要箴言：每个人的幸福就是大家的幸福，大家的幸福就是每个人的幸福，等等；这是什么？财产和共同财产的协调，资本的服务，无偿性的扩大范围，等等；这又是什么？以上一切的答案，如果不是本章的标题《连带责任》在实用观点上的发挥，那又是什么呢？——原编者注

第二十二章　社会动力

任何人文科学都不能提供事物存在的道理。

人受苦，社会受难。要问为什么，就等于问上帝为什么当初赋予人感受性和自由意志。在这方面，任何人只知道他所信仰的天启所给予的教导。

但是，不论上帝的意旨如何，人生来就是有感觉的和自由的。这是人文科学可以作为出发点的一个肯定的事实。

这是如此千真万确，我不相信，那些感到惊奇的人能设想出一个有生命的、有思维的、有愿望的、懂得爱的、能行动的生物，即某种类似人的生物，却缺乏感受性或自由意志。

上帝能做出另一种安排吗？无疑，理性表示赞同，但想象力则永远反对，因为我们根本不可能想象把人类同这双重属性分开。然而，有感觉就是能够接受可辨别的感觉，即惬意的或困苦的感觉，从而产生舒适感和不适感。因此，从上帝制造了感受性的那时起，他就容许存在福或祸的可能性。

上帝在赋予我们自由意志的同时，也至少在一定程度上赋予了我们避凶趋吉的能力。自由意志必须以智慧为前提而和它并存。如果选择的能力不和考察、比较、判断的能力联系起来，这种选择的能力又有什么意义呢？因此，凡是来到世上的人都具有一种动力和一种知识。

动力是一种内在的、不可抗拒的推动力，我们所有的力量的实质，它使我们能够避凶趋吉。人们称之为生存本能，个人利益或私人利益。

这种意识时而遭到非议，时而遭到低估，但其存在却是无法辩驳的。我们不遗余力地追求在我们看来是能改善我们命运的一切，而又避免可能损害我们命运的一切。这至少像一切物质分子会有向心力和离心力那样肯定。既然引力和排斥力这双重运动是物质界的巨大动力，人们就可以肯定，驱使人类趋福避祸的那个双重力量是社会机器的巨大动力。

但是，尽管人不遗余力地趋福避祸，这还是不够的，他还必须有能力识别福。上帝赋予他那个称为智慧的复杂而奇妙的机器，就是在这方面所做的安排。集中注意力，比较，判断，推理，联系因果，回忆，预见，这些就是，如果我可以这样说，这个奇异的机器的部件。

我们每个人都具有的推动力是在我们的智慧引导下运动的。但我们的智慧是有缺陷的。它不能免于错误。我们在比较、判断之后，就行动起来；但我们可能搞错，作出一个错误的选择，把祸作为福去追求，而把福作为祸加以逃避。这是社会失调的第一个根源；它是不可避免的，因为人类的巨大动力——个人利益，并不是像物质引力那样的盲目的力量，而是一种由有缺陷的智慧指引的力量。因此，我们应该清楚地知道，我们只在这种限制下才看到和谐。上帝不认为有必要把社会秩序或和谐建立在完善之上，而是把它建立在人类可完善性之上。是的，尽管我们的智慧有缺陷，它却是可完善的。它发展、扩大、自行纠正；它重新开始，并检查自己的活动；经验时时在矫正它，而责任则在我们头上建立起一整套赏罚制度。我们在歧途上走每一步都使我们陷入一种日益增长的痛苦中，以致警告必然要出现，因而使我们的决定以及随之而来的行为迟早会得到必然的纠正。

在推动力的驱使下，人热烈追求幸福而且动作迅速，因此，他就能在他人的祸里寻求自己的福。这是社会组合失调的第二大根源。但这种失调的终结是注定的；它必然要在**连带责任**法则中消逝。这样误入歧途的个人力量会引起其他一切类似力量的反对；这些天性厌恶祸害的力量拒绝不公正并加以惩罚。

进步就是这样实现的，其代价虽高，仍不失为进步。它来自一种天赋的、普遍的、我们的本性所固有的推动力，这种推动力被错误的智慧所指挥并经常服从于腐败的意志。在前进途中受到**错误**和**不公正**阻拦的进步却得到**责任**和**连带责任**强有力的协助来克服这些障碍，而且它必然会得到这种协助，因为它就来自这些障碍本身。

这种存在于一切个人身上并使其活跃的内在的、不朽的、普遍的动机，这种任何人都追求幸福和避免灾祸的倾向，这种感受性的产物、效果和必要的补充，无此，感受性就只是一个不可解的灾害，这种作为一切人类活动根源的极为重要的现象，这种我们称之为**社会机器**大动力的引力和排斥力，这一切却受到大多数政论家的诽谤，这确实是政治经济学史所能提供的最奇特的谬误之一。

—

个人利益的确是造成人的善恶行为的原因。这只能如此，因为它决定我们的一切行为。看到这种情况的某些政论家想象出的唯一根除恶的办法就是窒息个人利益。但是，由于他们就会因此而摧毁我们的活动的动机，于是，他们想赋予我们另一种不同的动机：忠诚，牺牲。他们希望，从此一切社会组合和交易都会按照他们的意见，根据自我牺牲的原则进行。人就不再追求自己的幸福，而只追求他人的幸福；感受性的警告不再起作用，责任的赏罚也将无济于事。大自然的一切规律都将被推翻；牺牲精神将代替生存精神；一句话，任何人将只想把自己的品格奉献给共同的福利。某些认为自己是很虔诚的政论家期待从人心的普遍改变中得到完善的社会和谐。他们忘记告诉我们，他们打算如何进行这种改变。

尽管他们有足够的胆量来进行这个工作，他们却肯定是软弱无力的。他们想要证明这一点吗？请他们就在自己身上试试看吧；请他们竭力压制自己心里的个人利益，使个人利益在最通常的行为中也不表现出来。但是，他们将很快就得承认他们的无能。那么，对于一种他们自己都不能遵循的学说，他们又如何把这种学说无例外地强加于一切人呢？

我承认，在这些矫揉造作的理论中，在这些被言行不一致的人说教的无法实行的格言中，除了表象、充其量是意愿之外我无法看到任何宗教性质的内容。是否真正的宗教启迪了这些信奉天主教的经济学家一种傲慢的思想：上帝做坏了他的作品，必须由他们来重做？当波舒哀说："人渴望幸福，他不能不渴望它"时，他并没有这样想。

反对个人利益的言论永远不会具有很大的科学意义，因为个人利益在本质上是不可摧毁的，或者因为至少不能在人的身上摧毁它，除非连人一起摧毁。宗教、道德、政治经济学所能做的就是开导这个推动力，不仅向它指出它促使我们进行的活动所造成的最初结果，而且还指出其最后结果。暂时的痛苦带来的高级和逐渐的满足，片刻的欢乐带来的长期和日趋严重的痛苦，归根结底，这就是精神上的福和祸。促使人选择美德这个方向的是高尚而明智的利益，但实际上，这也永远是个人利益所决定的。

有人不是从私人利益所造成的不道德的弊端这个角度，而是把它作为一切人类活动的天赋动机来贬低它，这是一件怪事；而更奇怪的是，他们丝毫不考虑私人利益，并认为，不考虑它，也依旧可以从事社会科学的研究。

出于不可理解的傲慢狂，通常那些政论家认为自己是这个动力的占有者和主宰。他们每个人的出发点总是如下：假设人类是一群牲畜，而我是牧人，要使人类幸福，我该怎么办？或者：一方面有一定数量的黏土，另一方面有一个陶器制造者，陶器制造者该做些什么，才能使物尽其用？

在知道谁是最佳陶器制造者，即谁最会揉黏土的问题上，我们的政论家可能有分歧。但在一点上，他们的意见是一致的，即他们的任务是揉人类这个黏土，而黏土的作用就是任他们揉。他们以立法者的名义，在他们同人类之间建立起类似监护人与受监护的未成年孤儿之间的关系。他们从未想到，人类是一个有生命的、有感觉的、有愿望的。并且按规律行事的躯体，这些规律无须发明，更不能强加于人，因为，它们早已存在，只需加以研究就够了；他们从未想到，人类是和他们完全相似的一群生物，丝毫不比他们低下，也不隶属于他们；人类既有行为所需的推动力，又有选择所需的智慧，能在他的体内感觉到来自各方面的责任和连带责任的伤害；最后，他们从未想到，早已自然存在的一套关系是从这一切现象中产生出来的，政治经济学无须创造这些关系，像他们所想象的那样，而是要加以观察。

我以为，卢梭是这样一个最天真的政论家，他从古代希腊人那里找出了被恢复的那种立法者的绝对权力。他深信，社会秩序是一项人类的发明，他把这个秩序比作是一部机器，而人则是这部机器的部件，由王公来开动这部机器；立法者在政论家的推动下发明了这部机器，因此，立法者最终就是人类的动力和调节器。所以，政论家总是以命令方式对立法者谈话，命令他发布命令。“把你的人民建立在某一原则上；给予他们好的风俗；用宗教的桎梏来约束他们；引导他们去从军或经商，或务农，或从事美德善行，等等。”最谦虚的政论家则在匿名的人们后面躲藏起来。“人们在共和国里将不容许游手好闲；人们将在城乡之间适当地分布人口；人们将设法做到无贫富之分，等等。”

这些格式证明，使用它们的人是多么无比的傲慢。它们意味着一种抹杀人类全部尊严的学说。

我不知道还有比这在理论上更荒谬，并在实践上更有害的一种学说。在理论和实践上，它都导致可悲的后果。

它使人相信，社会经济是发明家头脑里想象出来的一种人为的安排。从此，任何政论家就变成了发明家。他的最大欲望是使人接受他的机构；他最关心的是使人憎恶其他一切机构，其中主要是从人的组织和事物的本质中自发产生出来的那个机构。按照这个计划写出的书只是,也只能是对社会的冗长的攻击而已。

这种荒谬的政治经济学并不研究因果关系。它并不探讨行为所产生的善和恶,而是依靠社会的动力去选择应遵循的途径。不,它命令,它强制执行,它强加于人,而如果它做不到,至少它就劝告;就像一个物理学家对石头说:"你得不到支撑,我命令你倒下去,或者至少我劝你倒下去。"就是根据这种论据,特洛兹先生说:"政治经济学的目的是尽可能普及富裕,"这个定义受到社会主义的宠遇,因为它给一切乌托邦打开大门,并导致制定规章。如果阿拉贡先生在一开始上课时就说:"天文学的目的是尽可能普及万有引力。"人们会说什么呢?的确,人是些有生命的生物,他具有意志,并在自由意志的影响下行动。但是人的身上还有一个内在的力量,一种万有引力;问题在于知道人朝什么方向运动。如果是必然朝恶的方向运动,那就不可救药了,而且解救办法也绝不会来自一个作为人而服从于共同倾向的那个政论家。如果是朝善的方向运动,动力就完全找到了;政治经济学无须以强制或劝告的办法来代替它。政治经济学的任务是开导自由意志,指出前因后果;它坚信,在真理的影响下,"福利将逐渐得到尽可能的普及。"

实际上,这个学说不把社会动力置于人的普遍性及其本身的组织中,而是把它交给立法者和政府,其后果更可悲了。它把一种不该由政府负担的沉重责任压在政府身上。如果有痛苦,这是政府的过错;如果有穷人,这也是政府的过错。政府难道不是万能的动力吗?如果这个动力不好,就应该打碎它,然后另外选择一个。或者,人们就责怪政治经济学本身;近来我们听到有人不厌其烦地说:“一切社会痛苦都应归咎于政治经济学。”[1]既然它的目的是,无须人的配合就实现他们的幸福,那么,这种说法有何不可呢?如果这种观念占上风,人们应该做的最后一件事就是回过头来检查自己,并看看他们遭受的祸害的真正原因是否就是他们自己的无知和不公正;他们的无知把他们置于责任的打击之下,而他们的不公正又引来连带责任的还击。如果让人类确信,他们天生是迟钝的,任何活动,因而也是任何责任的要素不是来自自身,而是取决于王公和立法者的意志,那么,人类如何会想到在自己的过错中寻求自己的祸害的原因呢?

如果我有必要指出区别社会主义与经济学的特征,我会在此找到这个特征。社会主义有无数宗派。他们有各自的乌托邦;可以说,他们之间意见分歧、激烈交战。在勃朗先生的有组织的社会车间和普鲁东先生的无政府之间,在傅立叶的社团和加贝先生的共产主义之间,其区别显然有如黑夜之与白天一样。所以,这些学派的领袖如何能置身于社会主义者这个共同的名义之下,而且是什么纽带把他们联系起来反对自然的或神意的社会呢?只有下面的情况:他们不要自然社会。他们所要的就是一个人为的社会,一种完全是发明家头脑里想象出来的社会。他们每个人都确实想充当这个密涅瓦[2]的朱庇特[3];他们每个人确实都钟爱自己设计的产

① 贫困是政治经济学造成的……政治经济学需要死亡来帮助它……这是不稳定和盗窃论。(普鲁东《经济矛盾》卷二,第 214 页)

如果人民缺乏生活资料……这是政治经济学的过错。(同上书第 430 页)——原注

② Minerva,罗马神话中的智慧女神。——译者

③ Jupiter,罗马神话中的主神。——译者

品，并幻想自己的社会秩序。但他们之间还有一个共同点，这就是，他们既不承认人类自己具有趋善的动力，也不承认人类具有摆脱恶的解救力量。他们交战的目的是想知道由谁来揉人类这堆黏土，但他们却一致认为，这是一堆必须揉的黏土。在他们眼里，人类并不是由上帝亲自赋予了进步和生存力量的有生命的和和谐的生物，而是一种惰性材料，等待他们来赋予感情和生命；人类不是一个研究的对象，而是一种实验的材料。

与此相反，政治经济学首先看到的是，每个人身上都有推动力和排斥力，这两股力量就构成社会动力，它并且确信，这个动力是朝善的方向行动的，所以它就不想消灭这个动力，而用另一个它所发明的动力来取而代之。它研究这个动力所产生的非常不同、非常复杂的社会现象。

这是否说，政治经济学与社会进步无关，就像天文学之与天体的运行那样无关呢？显然不是。政治经济学研究有智慧而自由的人，而这样的人，我们千万不要忘记这一点，是不能免于错误的。人的倾向是趋善，但不能永不搞错。因此，政治经济学的有益的介入并不是为了创造因和果，不是为了改变人的倾向，也不是为了使人服从一些组织、命令甚至劝导，而是为了指出取决于人的决定的那些善与恶。

所以，政治经济学完全是一门观察和阐述的科学。它并不对人说："我命令你，我劝你不要太靠近火"，或"我想象出了一个社会组织，诸神启发我建立的机构足以使你们远离火"。不，它看到火在燃烧，就宣布有火，并证明确实如此。它对经济范畴或道德范畴的其他一切类似的现象也这样做，因为它深信，这样做就足够了。

在它看来，不愿被火烧死是一个最重要的和早已存在的事实，这不是它所创造出来的，它是无法加以改变的。

经济学家们不见得始终意见一致，但不难看出，他们的分歧和社会主义者们的分歧的性质是完全不同的。两个经济学家用全部精神观察同一现象及其后果，例如地租、交换、竞争，他们可能得出不同的结论；这只能证明，至少其中一个人观察错了。这就需要重新观察。在其他研究者的支援下，真理也许会终于被发现。所以，只需每个经济学家，像每个天文学家那样，洞悉他的前辈已获得的成就，科学只能是进步的，因而是愈来愈有用的，它不断纠正错误的观察，并在以往观察的基础上不断增加新的观察。

但社会主义者们，他们互相隔绝以便各自在自己的想象中寻求人为的组合，他们可以长期地互相探问，而不会取得一致，而一个人的工作不会对另一个人的工作有任何用处。萨伊利用了斯密的研究，洛西利用了萨伊的研究，布朗基和加尼埃则利用了所有前人的研究。但是柏拉图、莫尔、哈林顿、弗纳龙、傅立叶却热衷于根据自己的幻想组织他们自己的共和国、乌托邦、大洋国、萨朗特、法伦斯泰尔[①]，而他们的这些空想的创造之间并无任何联系。人和物都是这些幻想家头脑里想象出来的。他们先想象一种不符合人心的社会秩序，然后再想象一种人心去适应他们的社会秩序……

① Phalanstěre，法国空想社会主义者傅立叶幻想要建立的社会基层组织。——译者

第二十三章　祸害

近来,有人使政治经济学后退了,把它曲解了,迫使它否定祸害的存在,否则就要被控否定上帝。

无疑想要表现出一种卓绝的同情心、一种无限的仁慈和一种无与伦比的宗教信仰的那些作家曾说:“祸害不能列入神的意旨。痛苦既不是来自上帝,也不是来自大自然,它来自人类的机构。”

由于这种学说迎合人们怀有的激情,它很快就变得深得人心。书籍、报刊充斥反对社会的言论。政治经济学不再可能不偏不倚地研究事实。谁敢警告人类说:某种邪恶、某种习惯必然引起某些悲惨的后果,谁就会被认为是一个没有心肝的人、一个大逆不道的人、一个无神论者、一个马尔萨斯主义者、一个经济学家。

然而,社会主义却曾居然宣告一切社会痛苦的结束,而不是一切个人痛苦的结束。它还不敢预言,人会不再受苦、不衰老和不死亡。

然而,我要问,单独打击个人的那个祸害是否要比蔓延到整个社会的祸害更易于与上帝无限仁慈的观念相调和呢?而且在承认个人身上的痛苦的同时,却又否认群众身上的痛苦,这难道不是一个很明显而幼稚可笑的矛盾吗?

人受苦,并将永远受苦。所以,社会也受苦,并将永远受苦。

那些对社会说话的人应该有勇气告诉它这一点。人类并不是一个神经紧张的年轻妇人，因而必须向她隐瞒即将到来的斗争，而是恰恰要使她预先料到这个斗争，以便赢得胜利。在这方面，从西斯蒙第和布莱起所有充斥法国的书籍似乎都缺乏男子气概。它们不敢说出真相；它们不敢研究真相，唯恐发现，绝对贫困是人类必然的起点，因而人们远不应把贫困归咎于社会秩序，而是应该把克服贫困所取得的一切成绩归功于社会秩序。但如果这样说，他们就不能把自己装扮成遭受文明压迫的群众的那些复仇者和卫护者了。

无论如何，政治经济学观察、联系、演绎事实；它并不创造事实，它并不生产事实，它也不对事实负责。奇怪的是，有人竟然发表，而且甚至宣扬这样的谬论：人类之所以受苦，这是政治经济学的过错。就这样，他们在责怪政治经济学不该观察社会祸害之后，又诽谤它按照这种观察制造祸害。

我说，政治经济学只能观察和证实。如果它意外地承认，人类不是在走向进步而是倒退，一些必然的和无法克服的法则把人类推向一种不可救药的堕落，如果它在最有害的意义上爱用马尔萨斯和李嘉图的定律，如果它既不能否认资本的暴虐，又不能否认机器和劳动的不相容性，也不能否认存在互相矛盾的选择（夏多布里昂和多克维尔提出的人类所面临的这些互相矛盾的选择），政治经济学还是不得不出面说话，并且要大声疾呼。

当深渊就在你面前时，你却把脸遮起来不去看它，这有什么用处呢？是否可以要求博物学家、生物学家在研究人的时候，把人的器官看成不会感觉痛苦或毁灭的东西？“你本是尘土，你仍要回到尘土中去。"这就是解剖学依据普遍经验所大声宣布的。这确实是一个刺耳的真理，起码和马尔萨斯和李嘉图值得怀疑的主张一样刺耳。那么，为了照顾在现代政论家中间突然发展起来的、并创造了社会主义的那个敏感的感受性，难道医学就必须大胆肯定我们的返老还童和我们的永生吗？如果医学拒不向这些骗局低头，那么，是否必须像对待社会科学那样疯狂地叫嚷："医学承认痛苦和死亡，所以它是愤世嫉俗和没有心肝的；它指责上帝的恶意或无能；它是反宗教的；它是无神论者；更有甚者，它作恶多端，却直言不讳？"

我从未怀疑过社会主义学派未曾得到许多好心人和坚信不疑的智者的赞同。我并不想羞辱任何人！但是，社会主义的总的特性终究是很奇怪的，我想知道，时髦还能维持多久这一连串的幼稚言论。

整个社会主义都是矫揉造作。

它爱用一些科学的形式和语言，但我们已看到它是如何理解科学的。

它在著作里装出一副女性的脆弱心肠，竟不能听到对社会痛苦的谈论。它在把这种乏味的多愁善感的时尚引入文学的同时，还在艺术上宣扬对劳动和恐怖的爱好；在仪表上，推行丑家伙形象，长胡须，怒容，一副资产阶级的泰坦或普罗米修斯的神气；在政治上（这个儿戏就不那么天真了），推行过渡时期强硬手段的学说、革命实践的暴力、为理想而牺牲生命和全部物质利益。但社会主义特别要装出的，那就是虔诚！这确实只是一种战术，但是，对于一个学派来说，当一种战术把它引向虚伪时，这个战术就永远是可耻的。

他们总是对我们谈起基督，谈论基督；但我要问，为什么他们同意，清白无辜的基督能够受苦，并在忧伤中喊道："上帝啊，求您拿走这圣餐杯，但愿您的旨意得以执行。"而当全人类也要做出同样的忍受行为时，为什么他们对此却觉得奇怪。

当然，如果上帝对于人类会有别的计划，既然个人无法避免死亡，上帝就会把事物安排得使人类走向必然的毁灭。对此就只好服从；而科学，诅咒或祝福，也就必须证实社会的阴郁的结局，正像它证实个人悲惨的结局那样。

幸而情况并非如此。

人和人类有他们自己的赎罪。

人将有一个不朽的灵魂。人类将有一个无限的可完善性……

第二十四章　可完善性

人类是可完善的；他们向日益提高的水平前进；他们的财富在增长和得到平均分配；他们的观念在扩展和去芜存菁；他们的错误在消失，同时，错误所支持的压迫也随之而消失；他们的知识在发出日益鲜明的光辉；他们的品德在臻于完善；他们，通过理智或经验，在学习从责任领域中汲取越来越多的报偿和越来越少的惩罚的技能；因此，祸害在不断减少，而福利则在人类内部日益扩大，在探讨了人性和智力要素的性质（这个要素就是人的本质）之后，这种情况是毋庸置疑的。人一出生就被赋予这个智力要素，摩西就是据此得以说，人是按照上帝的肖像造成的。

因为人并不是完美无缺的，这一点我们知道得很清楚。如果他是完善的，他就不会显出一副同上帝有些相似的形象，他自己就会是上帝。所以，他是有缺陷的，会搞错和遭受痛苦；而且，如果他停滞不前，他能以什么名义声称他本身就具备完人的形象这种无法表达的特权呢？

此外，如果作为比较、判断、纠正、学习能力的智慧并不构成个人的可完善性，那么，它是什么呢？

如果一切个人的可完善性的联合，特别是在那些能够互相传授他们的知识的人那里，不能保证集体的可完善性，那么，就必须放弃一切哲学、一切精神科学和政治学。

构成人的可完善性的东西，就是他的智慧，或使他从错误——这个祸害之母，过渡到产生福利的真理的那个能力。

使人在思想上为了真理而放弃错误，然后在行为上为了善而放弃恶的就是科学和经验，就是他在现象和行为里发现的后果，而这些是他所从未料想到的后果。

但是，他要获得这门科学，就必须有兴趣去获取它。他要利用这个经验，就必须有兴趣去利用它。因此，归根结底，必须在责任法则中去寻求人类可完善性的实现办法。

既然没有自由，责任就不能有成果，既然非自愿的行为不能给人任何有价值的经验教训，既然如同天然的有机物质的遭遇那样，单单由于外因的作用，在没有意愿、思考、自由意志的任何参与下，进行改善或变坏的生物并不能称作是可完善的（在道德意义上），那就必须得出结论说，自由是进步的本质。攻击人的自由，这不仅是伤害他、削弱他，是改变他的本质；这是用压迫来使他不能完善，这是取消他与造物主的相似之处，这是使他高贵的脸上生来就具有的那种生气暗淡无光。

但作为我们最不可动摇的信条，我们高声宣布人类的可完善性，在一切意义上都是必要的进步，此项进步，由于一种不可思议的一致性在一方面的活跃又引起在其他所有方面同样的活跃。从上面这个宣布来看，这是否意味着，我们是空想家甚至是乐观论者，我们相信，在最好的世界中一切都是最好的，我们在等待不久就会到来的太平盛世？

唉！当我们偶然看一下现实世界，看到仍有那么众多充满痛苦、怨恨、邪恶和罪行的群众在卑鄙和污泥中挣扎时，当我们想了解本应向落后的群众指出通往新耶路撒冷的道路的那些阶级所给予社会的道德影响时，当我们想知道富人如何使用他们的财产、诗人如何使大自然在他们的天才里点燃的神奇的火花，哲学家如何使用他们刻苦钻研的著作，记者如何使用他们自授的神圣职责，高级官吏、部长、议员、国王如何使用命运所置于他们手里的权威时，当我们目睹最近诸如使欧洲动荡不安的革命，在这些革命中，各个党派似乎都在寻求最终会对自己和人类都是最有害的东西时，当我们看到无处不有的各种各样的贪欲、经常为自己而牺牲他人、为目前而牺牲未来，以及只以它最有形的和最无远见的表现显露出的个人利益这个人类不可避免的大动力时，当我们看到被政府的寄生性质侵蚀了其福利和尊严的劳动阶级转向革命的骚动，但其目的不是反对这种吸血的寄生性，而是反对已建立的财富，即那些解放他们自己的要素和他们本身的权利与力量的根源时，当所有这样的景象展现在我们的眼前时，不论我们去到世界上哪一个国家（啊！我们害怕自己，我们为我们的信仰战栗），我们似乎看到，这个灯光在闪烁，快要熄灭，把我们留在悲观论的可怕的黑暗中。

不，没有理由失望。不论我们太接近的情况给我们留下什么印象，人类都是在前进。致使我们产生错觉的是，我们以我们的生命来衡量人类的生命，不能因为对于我们来说几个年头是很多，我们就认为，对于人类来说，这也是很多。即使用这个尺度，我觉得，社会进步在很多方面也是看得见的。我几乎不需要提醒它在物质方面所取得的某些成绩，如城市卫生、交通工具等等。

从政治角度看，法兰西民族未曾获得任何经验吗？谁敢肯定，如果他们刚经历的一切困难出现在半个世纪前，或更早些，他们会以这么少的牺牲、以同样的才能、谨慎和智慧解决这些困难？我是在一个曾经有过多次革命的国家里写这几句话的。每隔五年，佛罗伦萨就来个天翻地覆；每一次，一半的公民要掠夺和屠杀另一半。啊！如果我们有更多一点想象力，不是创造、发明和假定事实的想象力，而是使事实再现的想象力，我们就会更公正地对待我们的时代和我们的同代人！但真实的情况仍然是，也许没有人比经济学家更了解一个真理，那就是，人类的进步，特别是在开始时，是非常缓慢的，其缓慢程度让博爱者大失所望……

我觉得，那些凭着他们的天才来进行宣传的人，在把一些令人气馁的警句投入社会骚动中之前，即让人类在两种堕落方式之间进行选择之前，应该先仔细考虑一下。

关于人口、地租、机器、划分产业等问题，我们已看到这方面的几个例子。

下面是另一个取自夏多布里昂先生的例子，他只提出一种很流行的因袭论而已：

“风俗的腐败是和人民的文明齐头并进的。如果文明提供自由的手段，腐败则是奴役的永不枯竭的源泉。”当然，文明提供自由的手段，腐败是奴役的源泉，这是无可置疑的。但值得怀疑的是（岂止是值得怀疑），文明和腐败齐头并进。至于我，我正式否定这一点。如果真是这样，在*自由的手段和奴役的源泉*之间就会建立一个必然的平衡，人类就会注定停滞不前。

此外，我不相信人会有一种想法，即：人类，不论他是否愿意、是否知道，总是朝着文明方向行动，而……文明就是腐败！没有任何思想比这更可悲、更令人气馁、更令人忧伤，它使人更失望、更无信仰、更大逆不道、更爱诅咒、更亵渎神明。

再者，如果一切文明都是腐败，它的好处又是什么呢？因为主张文明并无任何物质、精神和道德上的好处，这是不可能的，这就不会是文明。在夏多布里昂的思想里，文明意味着物质进步和人口、财富、福利的增长，智力的发达，科学的增多；而所有这些进步，在他看来，都意味着并决定着道德感的相应退步。

啊！这就会足以导致人类大量自杀，因为，我重申，物质和精神上的进步毕竟不是来自我们的准备和命令。上帝作出了这个决定，并赋予我们可扩大的欲望和可完善的能力。我们都不知不觉地朝这个方向努力。夏多布里昂以及和他一样的人物更是如此。而这个进步却会由于腐败，愈来愈把我们投入不道德和奴役之中！……

我原以为，夏多布里昂只是随口说出一句未经思考的话，就像诗人那样，不过，对于这类作家，形式重于实质。只要对比是对称的，错误的和糟透的思想有什么关系？只要隐喻起作用，看上去是有灵感的和深刻的，引得公众拍手叫好，赋予作者一种忏语的口气，对于作者来说，正确性和真实性又有什么作用？

所以，我曾认为，夏多布里昂，出于一时的愤世嫉俗心理，不由自主地提出一种因袭论，一种到处泛滥的粗俗论调。“文明和腐败是齐头并进的。”这种论调从赫拉克利特[①]起就世代相传下来，但

① Héraclitus，古希腊哲学家，主张火是物质的原始要素。——译者

并未因此而变成正确的。

但是，隔了许多年之后，这同一个大作家，在自称是专业用语的形式下，重新又提出这同一思想，这就证明，他的见解是坚定不移的。这种见解应予以抨击，这不是因为它来自夏多布里昂，而是因为它流传甚广。

“物质状态在改善（他说），精神进步在加速，而民族不但没有受益却在变弱。对于社会的衰败和个人的增强，可以做如下的解释。如果道德感根据智力的发展而发展，就会有平衡，而人类就会平安地壮大起来。但情形完全相反。随着智力得到启发，善恶感却模糊起来；随着观念的扩大，觉悟却在萎缩。”（《墓外随笔》，卷十一。）……

第二十五章　政治经济学与道德、政治、立法、宗教的关系[①]

一个现象总是处于另外两个现象之间，其一是它的动力因，另一个则是它的目的因；只要这些关系中之一未被政治经济学发现，政治经济学就不能解释这个现象。

我认为，人类头脑通常首先发现目的因，因为目的因更直接与我们有关。再者，没有一种认识更能促使我们倾向于宗教观念，更能使人全心全意地感到对上帝的无限慈爱的强烈感激之情。

的确，习惯使我们对许许多多的上帝意图已经习以为常，以致我们总是不假思索地享受它们。我们看，我们听，却不想到耳朵和眼睛的巧妙构造；日光、露水或雨滴把它们有益的效用给予我们或使我们感觉愉快，却不使我们惊奇和感激。这就仅仅是因为这些奇异的现象在持续地影响着我们。因为，只要我们偶然发现一个比较无足轻重的目的因，例如，植物学家教导我们为什么这种植物具有这样的形状，为什么另一种植物有那样的颜色，我们心里立即

---

① 关于以上所列出的四章（原列入作者的著作计划），除了末一章有一个引言之外，可惜作者未曾留下只言片语。——原编者注

感到一种难以表达的愉快,这又一次证明,这种愉快是上帝的威力、慈爱和智慧给予我们的。

所以,对于人的想象力来说,最终意愿的境界就像是一种充满宗教观念的气氛。

但是,在看到现象的这一面之后,我们还需要研究它的另一面,即它的动力因。

奇怪的是:有时候,在充分认识了这个动力因之后,我们发觉,它必然要导致我们起先曾经加以赞赏的后果,因而必不承认其目的因的性质;于是我们说:我原来很天真地相信,上帝曾为某一计划作出某种安排,现在,由于我找到了那个动力因(它是不可避免的),这种安排势必随之而来,而无需所谓上帝的意愿。

不完整的科学有时就是这样用它的手术刀和它的分析来摧毁大自然的简单易解的景象在我们心灵中造成的宗教感情。

这种情况常见于解剖学家或天文学家那里。当一个异物进入我们体内大肆破坏时,患处却会发炎和化脓,以便把它排出去。一个外行的人会说:这是多么奇妙啊!不,解剖学家说,这个排除绝不是有意识的,它是化脓的一个必然结果,而化脓本身又是异物侵入我们体内的一个必然结果。如果你愿意,我就向你解释这个机制;你自己将会承认,结果来自原因,但原因并不是被有意识地安排来产生结果的,因为它本身又是一个先前的原因的必然结果。

外行的人说,我多么赞赏上帝的远见啊,上帝要雨水不成片地倾注大地,而是点点滴滴地落下来,就像来自园丁的喷壶那样!否则,一切植物就不可能生长了。博学的物理学家回答说,你不要说这些赞美之词吧，云并不是一大片水，大气是无法承受它的，它是类似肥皂泡的一些微小的泡泡。当它们的厚度增加，或者在压力下破裂时，这些无数的小水滴就落下来，中途由于凝聚水蒸气而增加体积，等等……如果植物的生长从中受益，这是偶然的事情，而不应该认为，上帝在娱乐，用一个巨大的喷水壶把水洒给你们。

当政治经济学这样考虑因果关系时，它的合乎情理之处在于，愚昧无知经常把一个现象归因于一个不存在的、并会在知识面前消失的最终意愿。

起初，在获得有关电的知识之前，害怕雷声的人只能把这种暴风雨中的巨响理解为一种天怒的征兆。和许多其他的联想一样，这是经不住物理学方面的进步的考验的。

人就是这样的。当一个现象影响他时，他就寻求其原因；如果他找到了这个原因，他就给它命名。然后他再去寻求引起这个原因的原因，依此类推，直到不能再追溯时为止；于是他就停下来，然后说：这是上帝，这是上帝的意旨。这就是我们的 ultima ratio[①]。然而人的停止时间从来只是短暂的。科学在进步。不久，尚未发现的第二个、或第三个、或第四个原因就被找到了。于是，科学就说：这个结果并不像人们所认为的那样应归功于上帝的直接意旨，而应归功于我刚才发现的那个自然原因。人类在获得了这个发现之后，满足于把他们的信仰提高一步，想知道：这个原因的原因是什么吗？由于找不到那个原因，他们就坚持他们通用的那个解释：这是上帝的意旨。事情就是这样在交替出现的科学发现和信仰活

① 拉丁文：最后论据。——译者

动中延续了许多世纪。

人类的这个进程在认识肤浅的人看来，可能破坏了一切宗教观念，因为随着科学的进步，上帝难道不是因而在倒退吗？随着自然原因的领域的扩大，最终意愿的领域在缩小，这难道不是很清楚吗？

对这个重大的问题给予一个如此狭隘的解决办法的那些人是可悲的。不，随着科学的进步，关于上帝的观念并未在倒退；恰恰相反，这个观念确实在我们的智慧中成长、壮大和提高。在我们曾以为看到上帝意旨一个直接的、自发的、超自然行为的地方，当我们发现一个自然原因时，是否意味着这个意旨并不存在或无动于衷？显然不是；这只证明，上帝的意旨以不同于我们乐于想象的办法在起作用。这只证明，我们认为是创造中的一个失误的现象，在事物的普遍安排中占有自己的地位，而且一切，包括最特殊的结果，都是在上帝的思想中永远预先布置好了的。怎么！如果我们发现，我们所看到的或看不到的无数结果不仅各自有其自然原因，并且属于所有原因的无限大的范畴，因而没有一个运动、力量、形式、生命的细节不是那个整体的产物，而且在整体这个概念之外就不能自圆其说，那么，我们对上帝威力的观念就削弱了吗？

现在为什么出现这个似乎和我们探讨的对象无关的议论呢？这是因为社会经济的现象也有它们的动力因和它们的上帝意愿。这是因为在这类观念上，像在物理学、解剖学或天文学里那样，人们常常否定目的因，恰恰因为动力因是以一种绝对的必要性出现的。

社会是非常和谐的。只有当智慧追溯到原因，以便寻求解释，然后再回到结果，以便知道现象的目的时，人们才能对这些和谐有一个完整的认识……

——完——

图书在版编目(CIP)数据

经济和谐论/(法)巴师夏著;唐宗义译.--北京:商务印书馆,2025.--(汉译世界学术名著丛书).
ISBN 978-7-100-24793-1

Ⅰ. F095.654.1

中国国家版本馆 CIP 数据核字第 20247MP258 号

汉译世界学术名著丛书

经济和谐论

〔法〕巴师夏 著

唐宗义 译

唐肇文 校

商 务 印 书 馆 出 版

(北京王府井大街 36 号 邮政编码 100710)

商 务 印 书 馆 发 行

北京新华印刷有限公司印刷

ISBN 978-7-100-24793-1

2025 年 8 月第 1 版　　开本 850×1168 1/32

2025 年 8 月第 1 次印刷　　印张 18⅛

定价:78.00 元